창업마케팅

창업기업의 성공을 위한 마케팅 원리와 실제

창업마케팅
창업기업의 성공을 위한 마케팅 원리와 실제

2015년 8월 20일 초판 인쇄
2015년 8월 25일 초판 발행

지은이 | 서상혁 · 이소영 · 김희진 · 최병조 · 이형곤
펴낸이 | 이찬규
펴낸곳 | 북코리아
등록번호 | 제03-01240호
주소 | 462-807 경기도 성남시 중원구 사기막골로 45번길 14
우림2차 A동 1007호
전화 | 02-704-7840
팩스 | 02-704-7848
이메일 | sunhaksa@korea.com
홈페이지 | www.북코리아.kr
ISBN | 978-89-6324-435-8 (93320)

값 25,000원

Marketing for Start-up Biz

창업 마케팅

창업기업의 성공을 위한 마케팅 원리와 실제

서상혁 · 이소영 · 김희진 · 최병조 · 이형곤 공저

북코리아

서문

다시 창업 열기가 대단하다. 1990년대 말 벤처 열풍이 우리 사회를 뒤덮었다가 하염없이 사그라졌는데 이제 청년실업과 조기퇴직, 인구 고령화 등 사회 문제와 함께 다시 창업에 대한 관심이 뜨겁다. 현 정부 정책 기조의 한 축을 담당하는 이른바 '창조경제'의 주요 전략 중 기술창업, 기술사업화 등이 중요한 자리를 차지하는 것도 그 원인 중 하나로 보인다.

이렇듯 창업이 마치 우리 사회와 경제 문제를 해결해 주는 돌파구인 것처럼 부각되는데, 과연 창업 이후의 성공률은 얼마나 될까? 그리고 창업으로 말미암은 신규고용 증가효과는 얼마나 될까? 유감스럽게도 이에 대한 답은 그다지 긍정적이지 않다. 벤처창업이든 일반창업이든 성공률이 그다지 높지 않은 것이 사실이며 이에 따라 신규고용 창출 효과 역시 그다지 높지 않다.

창업은 젊은 시절에 도전하기도 하지만 웬만큼 특정 기술이나 경영 등에 전문성을 갖추고 나서 시작하게 된다. 그리고 흔히 도전정신, 미래지향적 정신을 가지고 꿈과 야망을 두루고 각고의 노력을 하게 된다. 그럼에도 불구하고 많은 경우 실패의 쓴잔을 마시고, 때로는 다시 일어설 힘조차 남지 않을 정도로 쇠락하기도 한다. 그렇다면 창업의 성공률이 이처럼 낮은 이유는 무엇일까? 이는 한마디로 '준비되지 않은 창업'을 하기 때문이라고 볼 수 있다. 한 조사 결과에 따르면 시장조사만 제대로 해도 창업기업 실패의 60%는 미연에 방지할 수 있다고 한다.

저자들이 그간 수없이 보아온 바에 따르면 자신이 가진 기술이나 특정 전문성을 믿고 창업을 하면 시장이 문을 활짝 열고 기다려 준다고 착각하는 것이 실패의 첫 단추이다. 전문 용어로 표현하면 지속가능한 경쟁우위가 부족한 경우가 많은 것이다.

본서는 이러한 맥락에서 쓴 책이다. 다시 말해 창업이 대세인 것처럼 인식되는 작금의 현실에서 창업이 주는 기회와 위험이라는 양날의 칼을 어떻게 잘 관리해야 할지 평소 고민하고 강의하는 사람들끼리 뜻을 모아 이 책을 만들게 되었다.

저자들은 창업의 성패에 가장 큰 영향을 미치는 것이 마케팅이라는 점에 동의하고 의기투합하여 각자 자신이 가장 자신 있거나 자신이 집필해야 한다고 판단되는 부분을 맡아 원고를 작성하기 시작했다.

저자 중 주필은 국내에서 기술창업이 최초로 시행된 한국생산기술연구원의 수석연구원으로 근무하다가 역시 국내 대학 중 창업보육센터를 최초로 설립한 호서대학교에 재직하며 글로벌 창업대학원에서 창업마케팅, 소비자 행동론 등을 강의하고 있다. 또 한 사람의 교수는 기업생활을 거쳐 호서대학교 벤처대학원에서 시장조사, 브랜드 관리, 서비스 마케팅 등을 강의하면서 이 분야의 연구를 계속 수행해 오고 있다. 나머지 세 사람의 저자들 역시 창업 혹은 벤처 분야에서 석 · 박사 과정을 거치면서 국내 창업 분야의 교육, 컨설팅, 코칭 및 멘토링 등 제반 창업서비스 혹은 창업기업의 직접 운영 등 다양한 경력을 보유하고 있다. 따라서 이들은 국내 창업 혹은 중소기업들이 피부로 느끼는 어려움을 매우 잘 아는 전문가들이다. 이런 점에서 이 책은 당초부터 딱딱한 이론서가 되기보다는 실제 창업 현장에서 자주 들춰보는 좋은 지침서이기를 지향한다. 실제로 책을 보면 창업마케팅의 최근 사례와 시장 및 창업 트렌드들이 자주 눈에 띌 것이다.

특히 이 책은 국내 특수 마케팅 분야 저서들이 가진 한계를 극복하고자 노력하였다. 즉 마케팅의 일반적인 내용을 그대로 나열하면서 창업이라는 모자를 듬성듬성 씌우기보다는 책의 구성부터 창업 자체를 중요시하고 있다는 점을 확연히 느낄 수 있을 것이다. 책의 전반부에 사업기회 분석(제2장), 시장성 평가(제3장), 시장조사 및 수요예측(제4장) 등 철저히 사전조사 단계를 중시한 측면, 그리고 신제품 출시(제5장), 신제품 개발 성패요인(제6장) 등 창업마케팅의 중요 요소들에 책의 절반 정도의 지면을 할애한 점에서 이를 확인할 수 있으리라 생각한다.

배가 항구에 정박해 있으면 안전하고 평온하겠지만 이는 배를 만든 궁극적 목적은 아니다. 하지만 정작 거친 바다를 항해하자면 어떤 경우에 풍랑이 일고 암초에 부딪히는지 사전에 숙지하고 항해술을 충분히 익힌 후 바다로 나가는 것이 중요하다. 창업마케팅에 관한 체계적 전문지식이 아직 척박한 현실에서 이 책이 작으나마 도움이 될 수 있기를 간절히 바란다. 그래서 창업을 통해 더욱 따뜻하고 행복한 인생의 항해가 펼쳐지기를 염원한다. 끝으로 창업에 관한 서적이 꼭 필요하다는 선각자적 인식을 가지고 선뜻 출판을 제의해 오신 북코리아의 이찬규 대표님께 감사의 말씀을 전한다.

2015년 7월

장마를 기다리는 우면산 자락에서

저자 일동

CONTENTS

CONTENTS

BUSINESS START-UP MARKETING

I

창업마케팅의 개요

1장
창업마케팅의 정체와 특징

본서의 도입부인 이 장에서는 창업마케팅의 개요에 관해 서술하고자 한다. 이를 위하여 마케팅의 개념을 간략히 서술한 후 창업에 있어서 마케팅이 얼마나 중요한가를 밝히고자 한다. 그런 다음 기업가 정신과 마케팅의 관계를 분석한다. 창업마케팅이라는 용어가 국내에서는 아직 생소한 관계로 이 장은 다소 개념적이고 이론적인 내용이 주종을 이룬다. 이 장은 다음과 같이 구성된다.

- 마케팅과 창업마케팅의 개념
- 창업기업의 성패를 좌우하는 마케팅
- 창업마케팅의 구조와 특징

Ⅰ 창업마케팅의 개요

1장. 창업마케팅의 정체와 특징

↓

Ⅱ 창업기업의 사업기회평가

2장. 창업기회 평가의 요소와 주안점

3장. 시장성 분석

4장. 마케팅 조사 및 수요예측기법

↓

Ⅲ 신제품 출시전략

5장. 신제품 개발과정과 성패 요인

6장. 신제품 출시 초기 대응 전략

↓

Ⅳ 창업을 위한 STP전략

7장. 시장세분화, 표적시장 선정 및 포지셔닝 전략

↓

Ⅴ 창업마케팅 실행

8장. 창업기업의 상품관리와 브랜드 전략

9장. 창업기업의 가격전략

10장. 창업기업의 유통전략

11장. 창업기업의 촉진전략

↓

Ⅵ 하이테크/창업기업 특화 마케팅

12장. 하이테크 제품의 고객행동과 마케팅

13장. 창업기업에 특히 유용한 마케팅기법

1. 마케팅과 창업마케팅의 개념

1) 마케팅의 개념과 주요 요소

마케팅이란 제품의 판매를 활성화시키는 기법 및 과학이다. 이를 위해서는 고객을 잘 파악하고 이해해야 하며, 이를 통해 고객가치를 창출하게 된다. 여기서 **고객가치**(Customer value)란 고객이 지출한 비용보다 효익이 더 높은 부분을 말한다. 고객가치를 창조한 다음에는 이를 효과적으로 전달하여 고객을 **확보**, **유지** 및 **증대**하는 것이 마케팅의 중요한 과제이다.

일반적으로 마케팅의 개념은 다음과 같이 정의된다(그림 1-1).

이상의 개념 정의에서 우리는 마케팅이 이루어지려면 **교환활동**이 발생해야 함을 알 수 있다. 교환(Exchange)의 대상은 아이디어, 제품 및 서비스인데, 이들을 통틀어 **제공물**(Offerings)이라고 표현하기도 한다. 제공물에 대해 고안(Conception)하고, 가격을 결정(Pricing)하며, 촉진(Promotion)하고 유통경로(Distribution channel)를 설정하는 과정을 마케팅의 기본적 요소라고 하며, 흔히 제품(Product)을 포함하여 **마케팅 4P's**라고 표현한다. 교환이 이루어진다는 것은 타인으로부터 바람직한 것을 얻고 그 반대급부를 제공하는 행동을 가리킨다. 교환이 이루어지면 거래가 성립되는데 이는 당사자 간의 가치가 매매되었음을 뜻한다.

마케팅은 **고객**(Customers), **경쟁자**(Competitors) 및 **자사**(Company)에 대한 분석을 기초로 한

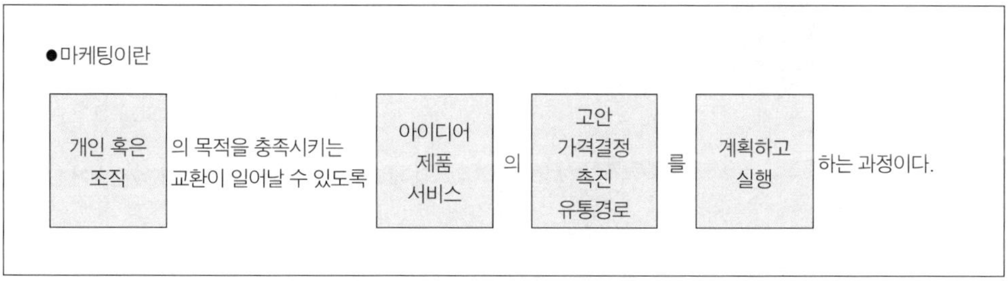

〈그림 1-1〉 마케팅의 개념

다. 마케팅은 어디까지나 고객과의 커뮤니케이션을 중요시하고 고객과의 관계를 구축하는 활동이므로 고객은 최우선적인 관심 대상이다. 또한 적을 알고 나를 알면 백전불퇴라는 말이 있듯이 자사와 경쟁사의 전략, 강 · 약점, 특징 등을 철저히 분석해야 한다(그림 1-2).

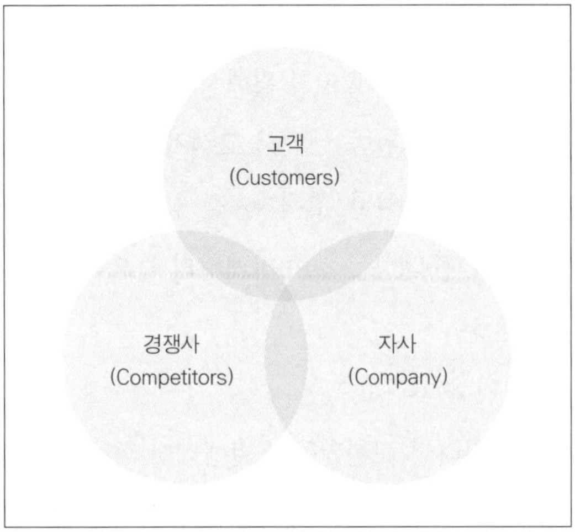

〈그림 1-2〉 마케팅 3C's

마케팅이 기업의 중요한 경영활동이기는 하지만, 마케팅을 단지 기업에만 유익한 행위라고 간주해서는 안 된다. 마케팅의 요체가 고객의 필요와 욕구를 효율적 · 효과적으로 파악하고 충족시키는 것이므로, 이러한 활동의 결과는 당연히 고객과 기업에 공히 유익하다. 즉, 고객에게는 욕구충족이라는 이익이, 기업에는 수익창출이라는 이익이 발생하는 것이다.

마케팅의 기본적 의사결정요소로서 마케팅 4P's라고 일컬어지는 마케팅 도구들에 관해 잠시 살펴보자. 이들은 **제품**이나 **서비스** 혹은 **아이디어**를 유통경로나 최종소비자에게 도달하도록 하기 위해 **가격**을 결정하고 **판매촉진, 광고, 홍보, PR,** 그리고 **거래경로**를 관리하는 행위를 말한다. 마케팅 믹스란 이러한 마케팅 요소들의 결합(Mix)을 말한다. 이들에 관한 구체적 설명은 뒤에서(제5부, 8~11장) 다시 이루어질 것이다.

〈그림 1-3〉 마케팅 4P's

오늘날 마케팅의 중요한 영향 요인

이 변화함에 따라 신경제시대에 걸맞는 새로운 마케팅 주제가 등장하고 있는데, 이를 요약하면 〈표 1-1〉의 내용과 같다. 마케팅의 대상이 일반제품이든 기술이든 불문하고 현대사회에서 성공하고자 하는 기업은 이러한 내용을 숙지하고 적극 대응해야 할 것이다.

마케팅은 판매를 활성화시키는 것인데, 이는 판매와 마케팅의 다른 점을 나타낸다. 판매란 제품의 거래 자체를 중심으로 하며 제품중심적, 즉 '제조하여 판매'하는 것을 위주로 한다. 반면 마케팅은 **고객중심적**, 즉 고객의 수요를 '감지하고 대응'하는 철학을 중심으로 하며, 고객을 찾는 대신에 **고객을 '가꾸고 돌보는'** 것이다. 따라서 마케팅에서는

〈표 1-1〉 신경제시대의 중요한 마케팅 주제

고객 관계 마케팅 (Customer relationship marketing)	거래에 집중하는 것에서 이윤을 창출할 수 있는 고객들과 장기적인 관계를 구축하는 것으로 변화하는 것이다. 기업은 가장 높은 이익을 가져다주는 고객, 제품 및 경로에 집중한다.
고객의 평생가치 (Customer lifetime value)	판매에서 이익을 창출하는 것에서 고객의 평생가치를 관리함으로써 이익을 창출하는 것으로 변화하는 것이다. 몇몇 기업은 단위당 낮은 가격으로 정상적인 기준에 따라 일상적으로 필요한 제품을 공급하고 있는데, 그 이유는 그 기업들이 장기간 동안 고객들의 사업에 도움을 줄 수 있기 때문이다.
고객점유율 (Customer share)	시장점유율을 획득하는 것에서 고객점유율을 구축하는 데 집중하는 것으로 변화하는 것이다. 어떤 은행은 그 고객의 지갑, 즉 지출액에 대한 점유율을 증가시키는 것을 목표로 한다. 기업은 직원들에게 여러 제품을 함께 묶어서 판매하게 하고(Cross-Selling), 또한 고급제품을 묶어서 판매하도록(Up-selling) 훈련시킨다.
맞춤화 (Customization)	표적시장 내의 모든 사람들에게 동일한 방법으로 동일한 제공물을 판매하는 것에서 메시지와 제공물을 개별화하고 고객의 주문에 맞게 맞춤화하는 것이다.
고객 데이터베이스 (Customer database)	판매 자료를 수집하는 것에서 개별 고객의 구매, 선호성, 인구통계적 특성, 수익성 등에 대한 정보를 자료로 구축(데이터 웨어하우징)하는 것이다. 그 후 기업들은 그 자료 속에 숨겨져 있는 새로운 세분시장과 추세를 발견하고자 데이터마이닝 기법을 응용할 수 있다.
통합적 마케팅 커뮤니케이션 (Integrated marketing communication)	광고나 판매원과 같은 하나의 커뮤니케이션 수단에 지나치게 의존하는 것에서 일관된 상표 이미지를 고객들에게 전달하고자 여러 가지 수단을 통합하는 것이다.
동반자로서의 경로 (Channels as partners)	중간상들을 고객으로 생각하는 것에서 중간상들을 최종고객들에게 가치를 전달하는 동반자로 간주하고 대우하는 것이다.
모든 구성원을 마케팅 요원으로 인식 (Every employee as marketer)	마케팅이란 마케팅, 판매 및 고객지원 직원에 의해서만 행해진다고 생각하는 것에서 모든 구성원이 고객 집중적이 되어야 한다고 인식하는 것이다.
모델에 기초한 의사결정 (Model-based decision making)	직감이나 불충분한 자료에 기초하여 의사결정을 하는 것에서 시장이 움직이는 방법에 대한 모델과 사실들에 따라 의사결정을 하는 것이다.

판매이전의 단계, 즉 시장을 분석하고 수요를 예측하여 시장성 있는 기술을 고안하는 기술기획 내지는 연구기획단계도 중요하며, 아울러 판매 이후의 활동도 매우 중요한 요소이다. 따라서 마케팅은 고객욕구에서 시작하여 고객욕구에서 끝난다고 볼 수 있다.

2) 창업마케팅의 등장과 개념

(1) 기업가 정신의 대두

지난 20여 년 동안 새로운 마케팅 분야인 창업마케팅이 연구 분야에서뿐만 아니라 새로운 강의주제와 마케팅 기법으로서 점진적으로 주목을 받아왔다. 특히 **기업가 정신**(Entrepreneurship)이 사회에서 점차 더 필요해지고 아울러 경제성장이 여러 국가에서 절실해짐에 따라 더욱 그 필요성이 높아지고 있다. 사실, 최근까지 마케팅과 기업가 정신은 두 개의 독립적인 학문영역으로 존재하였다. 그러나 지난 10년간 기업가 정신 연구의 양적 증가는 마케팅 지식을 향상시키는 수많은 발견을 초래해왔다.

일반적으로 마케팅은 대기업 내부의 관행과 과정을 이해하는 데 초점을 맞추어왔다. 그러나 중소기업 부문과 전 세계적인 기업가적 행태에 대한 관심이 높아짐에 따라 중소기업과 창업마케팅 측면의 중요성도 함께 증가해왔다. 대기업이 다운사이징을 하면서 직원을 감원할 때에 중소기업 부문이 더욱 중요해진다. 판별 기준은 다소 다르지만 우리나라의 경우 전 기업의 99%, 미국 기업의 99.7%가 중소기업이다. 또한 국내 고용의 88%를, 미국 사회 고용의 90%를 중소기업이 차지하고 있다.

기업가적 행태와 창업마케팅이 물론 대기업과도 관련이 있지만 전통적으로 중소기업 부문과 더 연결되어 있었다. 오늘날 대부분의 기업이 리스크가 증가하고 예측능력이 감소하는 급변하는 환경 속에서 운영된다. 조직경계는 점차 불명확해지고 있으며, 더 유동적인 조직구조와 네트워크 속에서의 기업경영은 종종 거미줄처럼 보이기도 한다. 전통적인 경영, 기획 및 예측은 적용하기 어렵고 때때로 불가능하기까지 하다. 이와 같은 기업환경에서 기업 리더들은 전통적인 경영원리들을 버리고 변화를 사용할 뿐만 아니라 시장에서 필요한 변화를 스스로 만들어내는 새로운 사고와 행태로 기존의 행태를 대체해야 한다. 기업가 정신은 당연히 이를 위한 도구이며, 마케팅은 기업규모와 무관하게 매우 중요하다. 이하에서는 이러한 맥락에서 창업마케팅을 탐구할 것이다. 먼저 이 분야의 역사적 배경과 근원을 제시한 후에 창업마케팅이 다루는 영역을 논의하고 창업마케팅의 주요 측면을 강조할 것이다.

(2) 창업마케팅의 개념

마케팅과 기업가 정신에 대한 정의들이 연구자마다 상당히 다르고, 모든 것을 포괄하는 기업가적 마케팅에 대한 통일된 정의를 발견한다는 것은 어려운 일이다. 초기에는 창업마케팅에 대한 정의가 연구자들의 수만큼이나 많이 존재하였다. 현재의 연구범위를 충족시키는 현대적 정의는 Morris et al.(2002)의 것이다. 그들에 따르면 창업마케팅은 "리스크 관리, 자원 활용 극대화 및 가치창출을 위한 혁신적 접근방법을 통하여 수익을 제공하는 고객들을 확보 및 유지하고 나아가 그러한 가치를 능동적으로 확인하고 활용하는 활동"이다.

본서에서는 창업마케팅을 다음과 같이 간략히 정의한다.

> 창업마케팅이란 "창업기업들이 시장에 신제품이나 새로운 서비스를 성공적으로 출시하고 관리하는 활동"이다.

이 정의에 따라서 창업마케팅은 일반기업이 아닌 **창업기업**이 주체가 된다는 점, **신제품** 혹은 **새로운 서비스**를 마케팅 대상으로 한다는 점, 그리고 **출시활동**을 중시한다는 점에서 기존의 마케팅과 다르다고 할 수 있다. 신규 창업기업이 주체이므로 주로 소규모 기업이고, 창업자의 **기업가 정신**이 중요하게 발휘되며, 신제품 출시를 위주로 하므로 **하이테크 마케팅**적 요소가 가미되며 혁신 지향적이다.

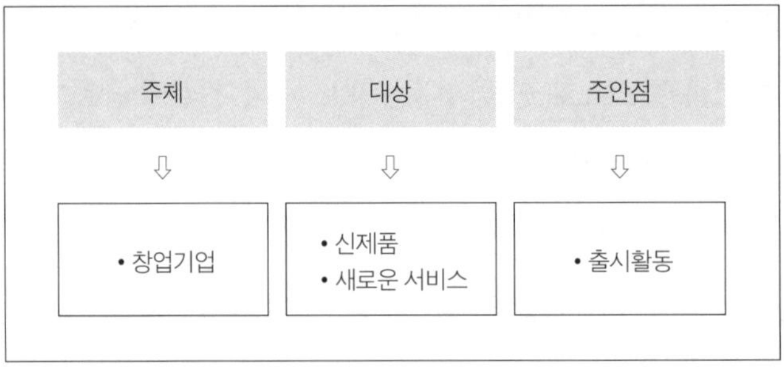

〈그림 1-4〉 창업마케팅의 차별점

오늘날 창업마케팅 아이디어를 전통적 마케팅 이론이 적용될 수 있는 분야라고 주장하는 사람은 거의 없다. 수많은 연구자들은 이 분야는 근본적으로 다른 어떤 것이라고 주장한다. Hills(1995)는 과거에 여러 연구자들 사이에서 중소기업은 대기업에서 사용되는 세련된 마케팅 기법의 단순화된 버전을 필요로 할 뿐이라는 생각이 만연해 있다고 기술하고 있다. 그러나 오늘날 중소기업에서의 마케팅은 대기업에서의 마케팅과 근본적으로 다르다. 부분적으로 중소기업의 마케팅에서는 기획이나 전략보다 마케팅 실행이 성공에 더 중요할 수 있기 때문이다.

창업마케팅 행태를 관찰해보면 많은 성공기업들은 전통적인 마케팅 문헌, 특히 미국의 마케팅 연구 문헌에서 기대되는 것과 명백히 다르게 행동한다는 점을 볼 수 있고 이 기업 중 많은 수가 상당한 성공을 거두었다. Hills & Hultman(2005)은 실증적 연구들을 종합하여 창업마케팅의 특징을 다음과 같이 제시하였다.

① 경영 전반 측면

- 마케팅이 기업의 모든 수준과 기능적 영역에 침투해 있음.
- 제품/서비스 및 전략에서의 혁신을 이룸.
- 제품/사업 개발이 상호작용적이고 점진적이고 비공식적이며 조사나 분석 활동은 거의 없음.
- 판매와 프로모션에 대한 집중적 관심을 가짐.
- 비전과 전략은 전술적 성공에 의해 추동됨.

- 기업에는 기회의 인식에 대한 타고난 관심 집중력을 보임.
- 열정, 열망, 몰입의 역할이 중요함.

② 시장 및 고객관리 측면

- 시장에 대한 유연한 고객맞춤형 접근이 중요.
- 작은 틈새시장을 활용함.
- 시장을 능동적으로 창출하고 활용하는 데 초점을 둠. 마케팅 전술은 보통 고객과 쌍방향적임.
- 고객 선호의 변화에 대해 신속히 반응함.
- 고객을 선도하려고 노력함.

③ 마케팅 활동의 특징

- 마케팅 의사결정은 개인적 목표 및 장기적 성과와 연결되어 있음.
- 창업자 및 기타 핵심인물들이 마케팅의 중심이 됨.
- 개인적인 명성, 신뢰 및 신용에 근거한 마케팅 활동을 전개함.
- 관계와 동맹을 통해 가치를 창출함.
- 직관과 경험에 의존함.
- 일상적 접촉과 네트워크에 근거한 마케팅 의사결정을 실행함.
- 공식적인 마케팅 조사는 별로 이루어지지 않음.

창업사례

구글을 사로잡은 주차 대행 서비스

지난해 5월 서비스를 시작한 럭스 발레는 샌프란시스코의 수많은 공유 경제 스타트업 중 하나다. 회사 이름 그대로 모바일 애플리케이션(앱)으로 신청하면 주차 대행 요원(발레)이 와서 주차를 대신해 준다. 이 시장에 눈독을 들인 스타트업은 이미 여럿이지만, 럭스 발레는 작년 10월 구글 벤처스 등으로부터 550만 달러의 자금 유치에 성공하며 두각을 나타냈다.

주차 공간 찾으려 평균 27분 헤매

샌프란시스코의 주차 앱은 이미 여러 개 나와 있었지만, 대부분 주차장을 검색하고 예약할 수 있게 해주는 게 전부고 여전히 실제로 차를 몰고 주차장까지 가는 것은 운전자가 해야 할 일이었다.

이에 비해 럭스 발레 서비스는 모바일 앱을 설치하고 원하는 지역을 입력하거나 지도에서 해당 지역으로 핀을 이동시키면 럭스 발레 시스템이 고객의 스마트폰을 활용해 경로 추적을 시작한다. 고객의 이동 위치를 자동으로 추적해 요청 장소에 주차 대행 요원을 미리 대기시키는 것이다. 또 주차 대행뿐 아니라 주유와 세차를 신청하면 기름이 가득 차고 말끔하게 닦인 차를 돌려받을 수 있다. 또한 기존의 업체들과 충돌이 있는 다른 공유 경제 서비스와 달리, 기존 주차장 업체들은 럭스 발레 서비스를 샌프란스시코에서만 수백 개의 주차 공간을 임대해 쓰기 때문에 오히려 환영하고 있다.

출처: 「한국경제매거진」, 2015년 2월 4일자.

2. 창업기업의 성패를 좌우하는 마케팅

1) 창업에서 마케팅의 중요성

마케팅은 신규창업기업에 필수적 도구이자 절차이며 노하우이다. 스포츠에 있어서 성공하려면 단지 타고난 소질만 가지고는 충분하지 않은 것처럼 마케팅도 자질만 가지고는 성공할 수 없다. 비즈니스를 창업하고 이를 성공적으로 영위한다는 것은 아마추어의 수준을 넘는 진정한 프로의 세계인 것이다. 고도의 기술력이 요구되는 스포츠경기처럼 탁월한 기법을 습득하고 실행하는 것이 필요하다는 뜻이다. 마케팅은 창업기업의 성공을 좌지우지하는 부동의 핵심요소이기 때문이다. 창업기업에 있어서 마케팅의 중요성을 단적으로 보여주는 몇 가지 자료를 살펴보자.

- 200여 개의 기업에 자금을 투자하고 후원해준 미국의 캐피탈 리스트들을 대상으로 조사한 결과 신생기업의 성공을 위한 요소 중 마케팅이 7점 만점에 무려 6.7점으로 평가되었다.
- 이들은 창업단계에서 사전에 시장조사를 실시한다면 기업의 실패율을 60%나 감소할 수 있다는 진술에 동의하였다.
- 미국에서 초고속 성장하는 500대 기업의 강약점을 조사한 결과 〈표 1-2〉와 같이 초

〈표 1-2〉 초고속 성장기업의 경영부문별 강 · 약점

부문	강점	약점
판매 및 마케팅 전략	145	19
인사관리	112	89
재무전략	53	75
정보기술	28	19
제품혁신	12	2
기타	59	35

고속으로 성장하는 기업 중 절대 다수가 판매 및 마케팅에서 강점을 보이고 있다.

이상의 조사 결과들은 창업기업에 마케팅 활동이 얼마나 중요한 것인지 실감케 해 준다. 흔히 창업자에게 마케팅은 무척 어려운 과업이다. 마케팅을 제대로 수행하는 데는 정밀한 절차들을 동반하는 전문성이 필요하기 때문이다. 이러한 어려움에 대처하는 방안으로서 두 가지의 마케팅 활동이 필수적이며 이는 바로 **시장**을 제대로 **분석**하고 그 시장을 **확보**하는 일이다.

2) 창업마케팅의 특징

(1) 창업마케팅 행태는 기업가적 사고에서 출발

창업 마인드와 그 특징이 창업마케팅 영역을 결정한다. Miller & Frisen(1983)과 Covin & Slevin(1994)은 기업가(Entrepreneur)의 특성에 대하여 다음과 같이 요약하였다.

- 혁신적(Innovative)
- 계산된 위험 감수자(Calculated risktakers)
- 적극적(Proactive)
- 기회 지향적(Opportunity-oriented)

위의 특징들은 창업마케팅이 왜 기존의 전통적인 마케팅과 다른가를 결정적으로 보여주는 요소이다. 경영자는기업가와 달리 행동하고 달리 의사결정을 한다. 다시 말해 관찰된 창업마케팅 행태의 주요 특징이 경영자적 마케팅이 규정하는 것과 일치하지 않는다. 그러나 이들이 창업한 기업들은 상당히 성공적이다. 이런 점에서 창업마케팅 이론은 마케팅을 어떻게 수행해야 하는가에 대한 기존의 견해를 더욱 풍부하게 해주는 가치 있는 추가 지식을 제공한다.

(2) 중소기업 마케팅과 창업마케팅

어떤 학자들은 창업마케팅을 중소기업 마케팅과 동의어로 보고 있다. Kotler(2003)는 창업마케팅을 마케팅 관행이 점차 공식화되어가는 방식에 관한 것으로 본다. Kotler는 조직이 성장함에 따라 마케팅 관행이 다음과 같이 세 단계로 확립된다고 보았다.

첫 번째 단계는 **창업마케팅**이다. 대부분의 기업은 일정한 직업 없이 그럭저럭 살아가는 사람들에 의해 창업이 된다. 그들은 기회를 마음속에 떠올리면서 주목을 끌고자 모든 문을 노크한다. Kotler는 창업가가 대규모 커뮤니케이션 예산도 없이 어떻게 성공하는지 보여주는 좋은 사례를 제시하고 있다. 최고로 잘 팔리는 생맥주인 Samuel Adams 맥주를 만드는 Boston Beer 회사의 창업자 Jom Koch는 1984년에 창업한 후 바텐더들을 설득하려고 Samuel Adams 맥주병들을 들고 이 바에서 저 바로 돌아다녔다. 10년 동안 광고에 예산을 쓸 여력이 없었던 그는 직접 판매와 풀뿌리 PR을 통해서 맥주를 판매했다. 최근 그의 사업은 2.1억 달러를 벌어들이면서 생맥주 시장의 선두주자로 자리 잡고 있다.

두 번째 단계의 마케팅 관행은 **공식화된 마케팅**(Formulated marketing)이다. 중소기업들은 성공함에 따라 더 성숙된 마케팅으로 옮겨가게 된다. Boston Beer는 오늘날 TV광고에 상당한 돈을 쓰고 있고, 수백 명의 영업인력을 고용하고 있으며, 정교한 마케팅 조사를 수행하고 있다. 그 회사는 지속적인 성공을 위해서는 역량 있는 마케팅 부서를 설치 관리하는 것이 필요하다는 것을 발견하였다.

마지막으로, 조직이 너무 많은 공식화된 마케팅 관행에 빠져들게 되어 기업가적 단계의 게릴라 마케팅이 보여주는 창조성과 열정을 결여하는 단계이다. 이런 경우 기업들은 **사내 기업가적 마케팅**이 필요하다. 이는 브랜드 매니저 및 제품 매니저들이 사무실을 벗어나 고객들과 생활하기 시작하고 고객들의 삶에 가치를 더해줄 새로운 방식을 마음속에서 상상하고 실행에 옮기는 것이다.

Kotler의 문헌에 따르면, 창업마케팅은 기업가 정신 수준이 높고 마케팅 관행의 공식화 정도는 낮은(그런 관행이 아직 발전되기 않았기 때문에) 초기발전단계와 관련이 있다. 기업이 성장함에 따라 더 많은 사람들이 관련되면서 표준화된 루틴(일상업무)이 점차로 필요해지기 때문에 공식화의 수준은 일반적으로 높아진다. 어쨌든 기업가 정신은 기업성장과 별개의 것이기에 성장대비 감소하거나 상당기간 동안 높은 수준으로 유지될 수 있다.

보통 창업기업과 중소기업 사이에는 근본적 차이가 있다고 주장된다. 본질적으로, 그 차이는 기업가적 행태와 관련이 있다. 많은 기업은 소규모로 출발해서 그 소유주/경영자들이 성장하고자 하는 동기가 없거나 성장을 지향하기 않을 때 소규모의 상태로 그대로 남아있다. 사업 행위가 금전과 생활양식의 측면에서 경영자의 개인적 목표가 충족되면 더 확장하고자 하는 동기가 상실되고 따라서 그 기업은 현 운영수준을 그대로 유지한다.

다른 기업들은 성장 과정에서 성장에 대한 열망이 기업 내 모든 사고와 행위에 스며있는 모습을 보여주고 그런 기업은 계속 성장한다. IKEA는 이의 좋은 사례이다. 창업자인 Ingvar Kamprad는 평생 사업가로서 지속적인 성장을 추구한다. 후자 범주의 기업들이 기업가적이라고 간주된다. 기업가적 기업들이 동종 산업 내의 다른 기업보다 더 많이 성장한다는 단순한 사실이 그들을 다르게 만들며, 그 기업들은 다른 덜 성공적인 기업들과 비교하여 다르게 행동한다.

마케팅사례
개방·혁신으로 시장을 파괴한 넷플릭스

최근에는 정보통신기술(ICT)의 급격한 발전을 바탕으로하는 플랫폼 기업이 등장하며 시장의 가능성을 무한대로 확장하고 있다. 플랫폼 기업들의 성공 전략을 말할 때 단골 메뉴로 등장하는 기업 중 하나는 미국의 주문형 비디오(VOD) 스트리밍 기업인 넷플릭스(NETFLIX)다. 미국의 경제 전문 매체 쿼츠는 "파괴적인 스트리밍 TV 서비스로 넷플릭스가 이미 CBS의 시장 가치를 넘어섰다"고 보도했다.

넷플릭스의 가입자는 이미 기존 미국 내 유료 방송 1위 사업자인 컴캐스트(Comcast)를 추월했으며, 글로벌 가입자를 기준으로 하면 컴캐스트와 타임워너케이블(Time Warner Cable) 합병 기업의 가입자보다 많다. 넷플릭스는 이제 남이 제작한 프로그램을 전송하는 플랫폼 역할을 떠나 자체 프로그램을 제작하는 수준까지 성장했고 이 프로그램 중 하나인 '하우스 오브 카드'는 에미상과 골든 글로브도 수상했다. 플랫폼과 콘텐츠 부문에서 모두 1위에 오른 기업은 미국 역사상 넷플릭스가 유일하다.

CBS·HBO·컴캐스트 같은 기존의 미디어·콘텐츠 강자들을 무너뜨리고 있는 넷플릭스의 저력은 플랫폼 비즈니스의 극대화로 설명할 수 있다.

창업자이자 최고경영자(CEO)인 리드 헤이스팅스 회장은 1997년 넷플릭스란 이름으로 DVD 대여업체를 창업했다 당시 미국의 DVD 대여사업은 전국적인 체인망을 가진 블록버스터(Blockbuster) 같은 업체가 시장을 차지하고 있었다. 이에 넷플릭스는 오프라인 매장 대신 우편을 통한 DVD 대여 방식으로 차별화를 꾀했다. 넷플릭스는 매장 중심의 세계 최대 비디오 대여업체인 블록버스터를 앞질렀고 2013년 파산에 이르게 하였다. 2007년 들어서부터 본격적으로 온라인 스트리밍 서비스에 나섰고 미국의 유료 방송 수신료에 비해 값싼 월정액으로 무제한 서비스를 제공하였다.

확장된 플랫폼 기반도 넷플릭스의 폭발적인 성장을 도왔다. 넷플릭스는 PC·스마트폰 등 모바일은 물론이고 기존의 TV·셋톱박스를 비롯해 플레이스테이션·엑스박스·닌텐도 같은 콘솔 게임기까지 플랫폼으로 활용한다. 운영체제 역시 완전히 개방돼 있다. 현재 넷플릭스 서비스는 거의 대부분의 운영체제를 지원하고 있으며 덕분에 다양한 플랫폼에서 넷플릭스 서비스를 이용하는 것이 가능하다.

출처: 『한국경제매거진』, 2015년 5월 13일자.

3) 창업마케팅의 학문적 연구 분야와 인접 분야

창업마케팅의 정의와 특징에 관한 서술에 이어 학문 분야로서 창업마케팅의 위상을 살펴보자. 결론부터 말하면 창업마케팅의 연구 분야는 **기업가 정신**과 **마케팅** 그리고 **혁신**이 중첩된 영역이다. 이 중 혁신은 **인터페이스**의 핵심이다. 혁신은 발명을 상업화하는 현상 혹은 과정으로 이해된다. Gardner(1994)는 "기업가적 행태와 마케팅의 인터페이스는 혁신을 시장으로 가져오는 그 영역이다. 혁신에서 마케팅의 역할은 지속가능한 경쟁우위를 달성하고자 혁신과 시장 포지셔닝 간의 격차를 줄이기 위한 개념, 도구 및 하부구조를 제공하는 것이다"라고 말하고 있다.

다른 측면에서 이 문제를 바라본다면, 혁신은 시장에서의 변화를 야기하는 도구로 볼 수도 있다. 혁신이 잠재적 구매자들에게 기존의 해결책보다 큰 가치를 제공해준다면, 변화를 야기하기 위해서 혁신을 이용할 수 있다. 사실 혁신활동을 적극적으로 수행하여 수익을 창출하고 지속적으로 성장하는 기업가적 형태의 기업이 많다(<그림 1-5> 참조).

〈그림 1-5〉에서 마케팅, 기업가 정신 및 혁신 간의 이론적 중첩 부분이 창업마케팅의 연구분야이다.

창업마케팅은 초기발전단계의 마케팅이라고 볼 수 있다. 이런 의미에서 창업마케팅과 중소기업 마케팅은 같은 맥락이다. 연구를 통해 보면 중소기업 마케팅은 매우 비공식적이고 기업주의 인성과 개인적 목표를 반영한다는 점을 알 수 있다. 또한 종종 **공식적** 기획과 과학적인 **시장분석** 없이 제한된 자원을 가지고 실행되며 기업주의 **사적 네트워크**와 연결되어 있다는 것을 발견하게 된다.

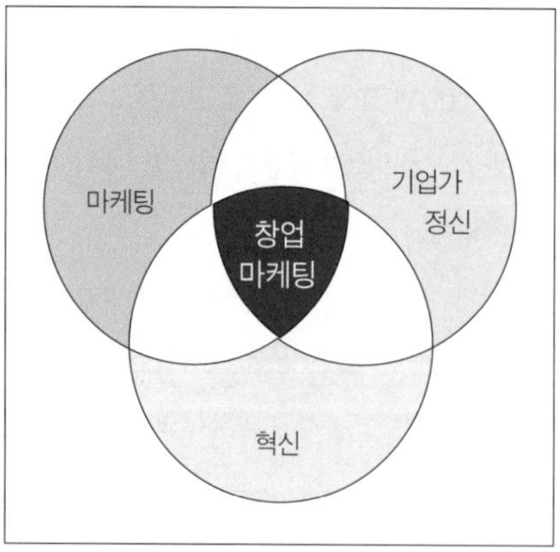

〈그림 1-5〉 창업마케팅의 연구 분야

이에 비해, 창업마케팅은 훨씬 더 복잡하고 매우 경쟁적이고 역동적인 환경에서의 마케팅과 관련되어 있다. 이러한 의미에서 Morris et al(1992)은 창업마케팅의 개념을 '변화, 복잡성, 혼돈, 모순 및 자원감소의 시대에서의 마케팅으로 통합'한 것이라고 제안하였다. 이것은 마케팅 사고의 관행 및 기업가 정신 분야에서 보여지는 최근의 주요한 발전 측면들을 하나의 포괄적 구성물로 결합한 것이다. 창업마케팅에 대한 그러한 관점하에서 마케팅 기법과 방법들을 포괄하는 우산으로 간주할 만한 수많은 기존의 방법이 있는데 이들은 〈표 1-3〉과 같다.

〈표 1-3〉

신 마케팅 (Neo-marketing)	기본적 규칙은 낡은 규칙을 깨뜨리는 것이다.
파괴적 마케팅 (Subversive marketing, Bonoma, 1986)	마케터가 혁신적인 마케팅 구조를 수행하기 위해서 회사구조와 관행을 손상시킬 필요성을 가리킨다.
환경 마케팅 (Environmental marketing, Zeithamel & Zeithamel, 1986)	마케팅 이론은 환경조건의 관리에 대한 적극적이고 기업가적 지향을 명확하게 채택해야 한다. 고객과 시장을 이끌고 외부 운영환경의 중요 측면들을 재규정할 필요가 있다. 이들은 환경관리전략 유형론을 제시하고 이 전략들을 재무분석 및 제품 라이프사이클의 여러 단계와 연결시킨다.
적극적 마케팅 (Proactive marketing, Davis, Morris & Allen, 1991)	환경조건과 관련된 마케팅 관행이다. 평온한 시기에 기업은 점진적 개선과 기존 고객 니즈의 충족에 집중할 수 있다. 기업 간에 강력한 상호의존성이 존재할 때, 마케터는 경쟁자들의 움직임을 미리 예측하고 신속하게 반응하는 데 더 많은 관심을 기울여야 한다. 급변하는 환경에서 경영자들은 조직 내에 더 높은 수준의 기업가 정신을 도입할 필요가 있다.
탐험적 마케팅 (Expeditionary marketing, Hamel & Pralad, 1992)	경쟁자들보다 앞서가는 마케터의 역할을 의미한다. 마케팅은 명확하지 않은 고객의 니즈와 제품의 잠재적 고객들을 확인하여 기업의 "기회지평"을 확대하는 데 도움을 준다. 마케터는 또한 고객을 선도해야 한다.
카오스 마케팅 (Chaos marketing, Nilson, 1995)	고도로 혼란스럽고 역동적인 시장에서의 마케팅을 말한다.
급진적 마케팅 (Radical marketing)(Hill & Rifkin, 1999)	현상 유지나 불변의 마케팅 법칙에 도전하는 것으로 간주되는 일련의 접근방법을 가리킨다.
게릴라 마케팅 (Guerrilla marketing, Levinson, 1993)	자력추진(Bootstrapping), 이용가능한 자원의 창조적 활용 그리고 특정 타깃을 겨냥한 혁신적인 의사소통기법들의 혼합된 마케팅을 총칭한다.

기술트렌드 1

GE, "2015년 이후의 미래기술 트렌드 6가지"

발명가 토머스 에디슨이 1892년 GE를 창업한 지 120년이 지났다. 전구로 세상을 밝혔던 GE는 이제 에너지, 항공 엔진, 금융, 헬스케어 등의 산업재 기업으로 거듭났다. GE가 최근 산업분야의 발전을 이끌 여섯 가지 트렌드를 공개했다.

1. 산업인터넷

사물인터넷과 비슷하면서 다르다. 사물인터넷이 모바일 제품들의 연결성에 중점을 뒀다면, 산업인터넷은 산업 현장에서 쓰이는 기계에 인공지능과 네트워크가 달려 커뮤니케이션이 가능해지는 개념에 가깝다. 기계에 인공지능이 달리면 기계가 고장나기 전에 이미 이상 유무를 판별해 예방정비가 가능해지고, 산업 현장의 자원을 효과적으로 관리할 수 있게 된다. 따라서 다양한 산업 현장에서 기술자들은 망치와 너트를 들고 기계에 올라가는 대신 아이패드와 컴퓨터로 수리를 하는 세상이 다가올 것이다. 기술자들은 앞으로 팔 힘을 키우기 보다는 코딩을 배워야 하고, 블랙커피에 익숙해져야 한다. 물론 팔 힘을 키우는 편이 나을 수도 있다. 하지만 로봇의 팔과 경쟁하는 것보다는 코딩에 익숙해지는 편이 경쟁력이 있을 것이다.

2. 슈퍼 소재

에디슨이 발명한 전구의 필라멘트는 불에 그을린 대나무로 만들었는데 이는 원시적인 탄소섬유 형태다. 에디슨이 전구를 발명한 지 120여 년이 흐른 지금 다시 탄소섬유의 시대가 도래했다. 현대 기술에서 탄소섬유는 제품이나 기계의 무게를 줄이고, 강도를 높이는 최적의 대안으로 환영받고 있다. 이미 1980년대 나사(NASA)는 우주선에 탄소섬유가 가장 적합한 소재라고 판단했고, 자동차나 경량화가 필요한 다양한 분야에서 두루 쓰이고 있다. 최근 탄소섬유를 개량한 4세대 물질이 GE에 의해서 개발됐다. 이 새로운 소재는 향후 15년간 폭발적으로 수요가 늘어날 것이다. 항공기는 물론, 전자제품, 모바일, 자동차까지, 미래의 제품은 좀 더 가벼워지고, 단단해질 것이다.

3. 마인드 맵핑

인간의 몸 중에서 인간이 아직 효과적으로 정복하지 못한 분야가 있다면 바로 '뇌'이다. 그리고 현대인이 가장 두려워하는 병 역시 알츠하이머나 파킨슨병 또는 뇌졸중 같은 뇌 관련 질환이다. GE는 뇌의 뉴런에서 발생하는 전기적 신호를 해석하고 있다. 이 전기적 신호가 우리 몸을 움직이기 때문이다. 뇌질환 환자들에게 극소형 임플란트를 이식해서 뇌가 보내는 것과 비슷한 신호를 보내면 뇌질환 중 상당수를 치료할 수 있으리라 보고 있다. 뇌의 전기 신호를 해석하는 것은 단순히 뇌질환 환자를 구원하는 것 외에도 인공지능이나 나노컴퓨팅 분야에도 큰 영향을 끼칠 것이다. 물론, 4억 5천만명의 신경정신성 증상에 시달리는 인류를 구원할 수도 있을 것이다.

4. 전천후 에너지

만약 전기 사용자가 있는 곳 근처에서 직접 발전을 한다면 전력과 에너지 산업 구조가 모두 달라질 수 있다. GE는 '옌바허 가스엔진'과 '연료전지' 라는 두 가지 방식을 제안했다. 우선 옌바허 가스 엔진은 음식물 쓰레기나 쓰레기 매립지에서 발생하는 가스를 이용해 발전을 하는 방식이다. 오스트리아의 로젠하임에서는 GE의 옌바허 가스엔진 방식으로 도시에서 사용되는 전기의 40%를 공급한다. 특히 옌바허 가스엔진은 국내에도 80여 대가 설치되어 가축 배설물을 활용해 전기를 생산하고 있다. 연료전지는 건전지를 대형화시킨 개념으로 화학반응을 통해 에너지를 만들어 낸다. 사실 지난 20년간 자동차 회사들도 엔진을 연료전지로 대체하려고 무수히 시도해 왔다. 다행히 최근 도요타에서 출시한 '미라이'라는 수소연료전지차를 비롯해 연료전지 연구는 서서히 결실을 맺고 있다. 가까운 미래에는 충전식 연료전지가 전 세계에서 필요한 상당 부분의 에너지를 대체하게 될 것이다.

5. 스마트 공장

GE에서는 생각하는 공장(Brilliant Factories) 개념을 제시했다. 미래의 얘기가 아니라 지금도 실행되고 있다. 우선 제품에 따라 새로운 생산라인을 깔 필요 없이 3D프린터로 한 공장에서 항공, 에너지, 발전 관련 제품을 제조한다.

이미 인도의 GE공장이나 폭스바겐의 인도공장에서는 100개 이상의 로봇이 레이저용접 및 제작을 수행하고, 센서를 통해 유럽에 있는 엔지니어들이 원격수리를 한다. 캘리포니아의 테슬라모터스의 공장은 로봇이 좌석 설치, 차체 도장, 앞 유리 설치 등의 다양한 작업을 수행한다. 기계들간의 커뮤니케이션도 중요한 이슈다. 기계의 센서와 컨베이어 벨트가 정보를 교환하다 문제가 생기면 자동으로 감지하여 컨베이어 벨트를 멈춘다. 미래의 공장은 신기술과 신소재, 클라우드 업무수행, 로봇 공학이 망라된 오픈 이노베이션 공간이 된다.

6. 극한환경의 기계

인간이 다가갈 수 없는 화염과 땅 속, 바다밑 등의 극한환경 속에서 슈퍼소재로 제작된 기계들이 활약하게 될 것이다. 미국에서는 화염에서도 버틸 수 있는 '파이어호크' 헬기로 매년 발생하다시피 하는 초대형 산불을 효과적으로 진압하고 있다. 원유시추 작업 중 사용되는 폭발방지기(Blow Preventer)에 쓰이는 '실리틱스 솔루션' 역시 클라우드 기반의 소프트웨어 플랫폼인 프레딕스(Predix)와 산업인터넷을 기반으로 제작되었다. 이 시스템은 센서를 통해 압력, 위치, 해류 등의 데이터를 분석해서 문제를 미리 예측하고 고장을 예방한다.

출처: www.earlyadopter.co.kr, 2014. 12. 17, 김정철.

참고문헌

Bonoma T. V.(1986), "Marketing Subversives", *Harvard Business Review*, Vol. 64, pp. 113-118.

Covin J. G. and Slevin D. P.(1994), "Corporate Entrepreneurship in High and Low Technology Industries; A Comparison of Strategic Variables, Strategy Patters and Performance in Global Markets", *Journal of Euro-Marketing*, Vol. 3, No. 3. pp. 99-127.

Gardner W. B.(1994), "Marketing/Entrepreneurship Interface; A Conceptualization.", in Gerald Hills(ed). *Marketing and Entrepreneurship: research Ideas and Opportunities*, Quorum Books, pp. 35-54.

Hill S. and Rifkin G.(1999), *Radical Marketing: From Harvard to Harley, Lessons From Ten that Broke the Rules and Made it Big*, New York: Harper Collins.

Hills G.(1995), "Foreword" in David Carson, S. Cromie, P. McGoqan & J. Hill Marketing and Entrepreneurship in SMEs. An Innovative Approach(xiii-xiv). Prentice Hill.

Hills G. and Hultman C.(2005), "Marketing, Entrepreneurship and SMES: Knowledge and education revisited", paper presented at the Academy of Marketing Special Interest Group on Entrepreneurial and SME marketing, Southampton, UK, January.

Kotler P.(2003), Marketing Management. 11th. Edition, Prentice Hall.

Levinson C.(1998), *Guerrilla Marketing: Secrets for Making Big Profits From Your Small Business*, Boston, MA: Houghton Mifflin Company.

Miller D. and Friesen, P. H.(1983), "Innovation Conservative and Entrepreneurial firms: Two Models of Strategic Momentum," *Strategic management Journal*, Vol. 3, No. 1, pp. 1-25.

Morris M. et al.(1992), "The role of entrepreneurship in marketing education," *Marketing Education Review*, Vol. 2, pp. 1-10.

Morris M., Schindehutte, M. and La forge R. W.(2002), "Entrepreneurial Marketing: A construct for integrating emerging entrepreneurship and marketing perspectives," *Journal of Marketing Theory and Practice*, Vol. 10, No. 4, pp. 1-18.

Zeithaml C. and Zeithaml V.(1984), "Environmental management: revising the marketing perspective," *Journal of Marketing*, Vol. 48, pp. 46-53.

II

창업기업의 사업기회평가

2장
창업기회평가의 요소와 주안점

창업마케팅의 중요성과 개념적 틀에 관한 이론적 서술에 이어 여기서는 시장기회평가에 관해 다룬다. 이를 위해 사업기회평가의 요소와 절차를 서술한 다음 시장경쟁분석을 다루고 끝으로 시장분석을 다룬다. 이 장의 주요 논점은 사업기회를 어떻게 판별해 낼 것인가이며 이를 위해 어떻게 시장을 조사, 분석, 예측하는가이다. 따라서 이 장은 다음과 같이 구성된다.

- 사업기회평가의 요소와 주안점
- 경쟁 분석

Ⅰ 창업마케팅의 개요

1장. 창업마케팅의 정체와 특징

↓

Ⅱ 창업기업의 사업기회평가

2장. 창업기회 평가의 요소와 주안점

3장. 시장성 분석

4장. 마케팅 조사 및 수요예측기법

↓

Ⅲ 신제품 출시전략

5장. 신제품 개발과정과 성패 요인

6장. 신제품 출시 초기 대응 전략

↓

Ⅳ 창업을 위한 STP전략

7장. 시장세분화, 표적시장 선정 및 포지셔닝 전략

↓

Ⅴ 창업마케팅 실행

8장. 창업기업의 상품관리와 브랜드 전략

9장. 창업기업의 가격전략

10장. 창업기업의 유통전략

11장. 창업기업의 촉진전략

↓

Ⅵ 하이테크/창업기업 특화 마케팅

12장. 하이테크 제품의 고객행동과 마케팅

13장. 창업기업에 특히 유용한 마케팅기법

21세기는 역사상 가장 혼잡한 비즈니스 시대라 할 수 있다. 국가 간의 무역거래가 활발해짐에 따라 세계시장의 제품 경쟁이 어느 때보다 치열하다. 각국 정부는 일관성 없는 금융정책으로 금융시장 혼란을 야기하고, 주요 기업들은 치명적 금융위기를 맞으며 세계 금융시장이 혼란에 빠져들었다. 그러나 이러한 것들은 기업의 경영자들이 직면해야 하는 환경적 요소 중 일부분일 뿐이다.

비즈니스 환경의 변화로 많은 시장이 쇠퇴하고, 사라지는 가운데 대다수 경영자는 자신들이 속한 시장 전반에서의 성공 가능성을 재평가하였다. 그 결과 과거에는 성공의 관건이 단순한 기획 중심에서 비롯되었다면, 변화된 비즈니스 환경에서는 장기적이고 전략적인 기획에 있다는 것을 알게 되었다.

1. 창업기회평가의 요소와 절차

본 절은 전략적 기획과정에서 난해한 부분인 기회분석에 초점을 맞추고 있다. 기회분석이 어떻게 전략기획과 연관되는가를 다룰 뿐만 아니라, 기회분석을 수행하는 데 사용될 수 있는 기법들도 제시한다. 따라서 이 절에서는 경영자가 무엇을 어떻게 해야 하는가를 설명함으로써 경영자로 하여금 분석능력을 갖추도록 하는 것을 목표로 한다.

1) 기회분석의 절차

사업기회분석은 외적, 재무적, 내적 여건의 측면을 고려하여 조직의 사업 환경에서 이용 가능한 기회가 무엇인지 정확히 규명하는 과정이다. 〈그림 2-1〉에 나타나 있듯이 특정기회분석은 기회를 추구할 것인지에 대한 결정을 하기 전에 대안의 모든 측면을 포괄적으로 분석하는 것이다. 그러한 분석의 결과로 의사결정자들은 환경 속에 존재하는 다양한 대안 중에서 경영진이 구체화한 재무적 및 내적 여건에 부합되는 대안을 선택할 강력한 데이터 기반을 보유하게 된다.

사업기회평가는 제안된 비즈니스의 사업 환경에 관한 세밀한 조사로부터 출발된다. 여기에는 법적, 정치적, 경제적, 사회적, 문화적 및 기술적 환경뿐 아니라 시장 규모, 시장 성장성 및 소비자의 태도와 행위가 포함된다. 이와 아울러 기업이 추구하고자 하는 고객들과 동일한 고객들을 **표적화**할 수 있는 현재 및 잠재적 경쟁업체도 관련된다. 이러한 요인에 대한 철저한 분석에는 많은 노력이 필요하며 정보 수집에 상당한 시간과 자금의 투입이 요구된다.

〈그림 2-1〉 사업가치평가의 절차

이러한 분석을 통해 **외적 요인**이 잠재적 비즈니스에 우호적인 것으로 밝혀진다면, 다음 단계로 **재무적 분석**에 착수해야 한다. 재무적 분석에서는 비즈니스의 잠재적 수익성과 예상되는 투자수익률을 알아내는 것이 관건이다. 이러한 분석의 결과는 창업에 필요한 자본을 확보하기 위해 만나게 될 투자자를 끌어들이는 데 사용될 수 있는 정보를 제공한다. 분석의 마지막 단계는 주어진 기회를 추구할지의 여부를 결정하는 데 영향을 미칠 **내적 요인**에 대한 분석과정이다. 이를 위해 조직이나 개인의 목적, 목표 및 자원을 제안된 기회와 관련되어 분석해야 한다. 잠재적으로 수익성이 있다고 할지라도 그 기회가 목적, 목표나 조직의 자원에 적합하지 않을 수 있다. 그러한 기회는 이들에 더 적합한 사업들을 위해 포기해야 한다.

〈그림 2-1〉에서 나타내고 있듯이, 기회에 대한 철저한 분석 없이 바로 의사결정을 내리는 것은 실패 가능성을 증폭시킬 뿐이다. 비록 예견하지 못한 환경에서 비롯되는 실패 가능성을 완전히 제거할 수는 없지만, 기회를 추구하기 전에 기회를 철저히 평가함으로써 성공 가능성을 크게 높일 수 있다. 실패를 낳는 요인 중 새로운 비즈니스를 침몰시키는 첫 번째 원인은"**철저한 분석 대신 단지 짐작하는 것**(Guessing instead of digging)"이라는 격언이 이 점을 잘 표현한다.

시장기회 분석 요소로서 제시된 사업환경요인, 내적 요인, 재무적 요인 등 세 유형은 다시 〈그림 2-2〉와 같이 세분화할 수 있다.

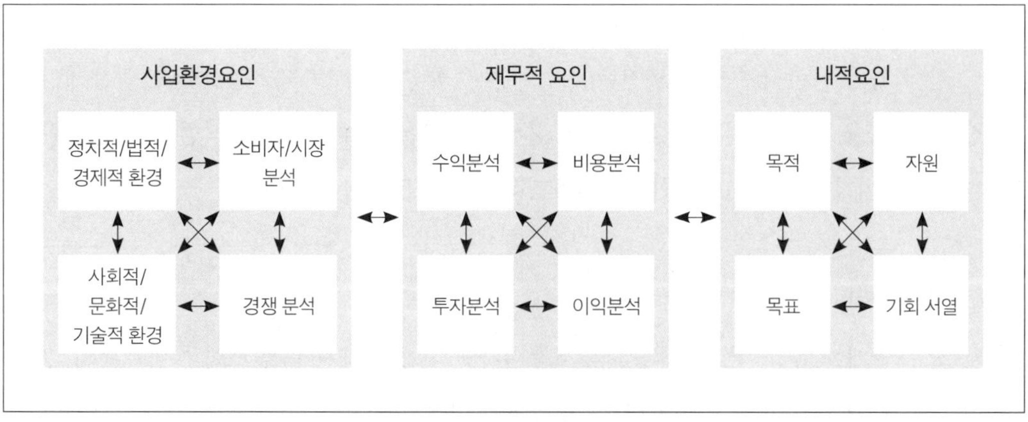

〈그림 2-2〉 사업기회평가의 내용과 절차

2) 사업환경요인

사업환경요인(External analysis)에는 시장 규모와 경쟁 분석, 사회 · 문화 · 기술적 환경, 정치적 · 법적 · 경제적 환경 등 주로 거시적이고 통제불능한(Uncontrollable) 요소들이 포함된다.

(1) 시장

① 시장 규모

제품 및 서비스 시장의 규모와 구성은 한 조직이 직면하는 기회의 성격에 영향을 미친다. 시장의 성장과 수명은 기회의 추구 여부뿐 아니라 회사가 기회 추구를 위해 몰입할 수준에도 영향을 미친다.

② 경쟁

일부 기업과 시장은 기업 전략과 전략적 기획을 경쟁기업의 현재 행위나 예상되는 행위에 초점을 맞춘다.

(2) 정치적 · 법적 · 경제적 환경

① 인플레이션과 경제

한 국가의 기본적인 경제 조건은 기업이 마주할 기회의 범위를 결정한다. 인플레이션, 자금 공급, 이자율 및 현금흐름 같은 경제적 조건은 오늘날 기업이 직면한 경제적 환경의 일부이다. 가장 크고 강력한 기업들조차 이러한 문제에 봉착한다.

② 정부 규제

정부 규제는 유통, 광고, 가격정책, 제품디자인 및 소비자 이용을 포함한 마케팅의 많은 국면에 영향을 미친다. 비록 정부 규제에는 억제와 기회가 모두 포함되지만, 규제의 부작용으로 종종 더 비싼 대가를 치러왔다. 오염통제장치, 통보의무, 조세정책(불로소득세 등), 안전 정책과 기타 여러 형태의 정부 규제는 기업과 소비자가 부담해야 하는 비용을 증대시켜왔다. 새로운 기존 법규의 입법활동에 대한 평가는 모든 기업에 있어 전략적 기획의 핵심적 부분이다.

③ 정치적 조건

정치적 리스크의 고려는 전략적 기획의 핵심적 부분이 되어야 한다. 1974년의 석유위기와 중동의 전반적인 정치적 불안으로 불안정한 원료 공급에 의존하는 많은 기업들이 영향을 받았다. 정치적 사건의 잠재적 불확실성은 오늘날 피할 수 없는 국제 비즈니스 환경의 일부분이 되었다. 이라크에서의 사담 후세인 타도, 북 아일랜드의 지속적인 갈등, 아프리카에서의 수많은 국지전, 국경분쟁과 게릴라전 그리고 세계의 여러 지역에서 발생하는 많은 다른 문제가 해외투자 시 정치적 리스크의 영향에 관한 불안을 증대시켜왔다. 전략적 기획가들은 오늘날의 다국적 기업들이 처한 사업 환경을 묘사하기 위해 "소용돌이"라는 말을 자주 사용한다.

(3) 사회적 · 문화적 · 기술적 환경

① 기술

주요 기술적 진보는 그 기술을 이용할 준비가 된 회사들에 기회를 만들어 준다. 컴퓨터 칩, 전기 트랜지스터 및 합성섬유는 모두 해당 시장에서 작은 혁명을 낳았다.

② 사회적 변화

사회적 변화는 기업에 위험뿐만 아니라 기회도 제공한다. 사회적 변화의 영향은 시간이 흘러감에 다소 천천히 드러난다. 그러나 그 영향들은 궁극적으로 기업의 경제적 생존 가능성에 심각한 영향을 미칠 수 있다. 사회적 변화는 중요한 소비자집단의 행태에 근본적인 영향을 미칠 수 있다. 예를 들어, 기술 혁신이 경제적으로 생존하기 위해서는 소비자들이 그 혁신을 소화 흡수해야 한다. 지속적으로 사회적 변화를 추적하여 그것이 비즈니스에 미치는 영향을 평가하려는 중요한 연구 노력이 계속되고 있다. 중요한 많은 사회적 변화가 완만하게 일어나기 때문에, 기업들이 사회적 변화가 기업활동에 미치는 영향을 파악하지 못하여 손해를 줄이거나 기회를 이용하기에는 너무 때가 늦어버리는 경우가 종종 발생한다.

③ 자연

가뭄, 홍수, 눈보라, 지진, 태풍과 그 밖의 다른 자연재해가 비즈니스에 중요한 영향을 미칠 수 있다. 많은 경우, 자연의 변덕스러운 행동은 예측 불가능하기는 하지만 그럼에도 불구하고 적절한 상황별 대비책을 필요로 하는 것이 자연이라는 환경 요인이다.

3) 재무적 요인

재무적 요인(Financial analysis)은 수익추정, 비용추정 및 투자수익률(ROI: Return on investment) 등의 측면에서 사업 대안들의 재무적 영향을 나타낸다. 이 재무적 요인은 시장에서 효과적으로 경쟁하는 데 필요한 투자의 규모뿐만 아니라 그 투자와 연계된 잠재적 수익도 나타낸다.

① 수익추정

수익추정은 새로운 경쟁업체의 시장진입이 미치는 영향을 평가하는 데 필요한 핵심적 정보를 제공한다. 만약 기업이 기존 시장으로의 진입을 고려하고 있다면, 그 기업은 정해진 수준의 시장 점유율을 달성할 가능성과 구체적 수익 흐름을 평가해야 한다. 비용추정과 판매수익 추정은 기회의 예측분석을 위한 중요한 데이터를 제공한다.

② 비용추정

비용추정은 제안된 사업에 의해 발생되는 수익과 연관될 비용 수준을 나타낸다. 모든 비용은 기회로 인해 발생할 수입 혹은 현금흐름을 정확하게 반영하도록 추정되어야 한다.

③ 투자수익률(ROI)

미래 수익과 비용추정이 완료되면, 재무분석의 다음 단계는 투자수익률 분석이다. 여기서 두 가지 관심사는(1) 효과적으로 경쟁하는 데 필요한 투자 수준과(2) 주어진 투자 수준에서 가능한 수익 잠재력(Profitability potentials), 즉 총수익액이다. 다른 말로 하면, "어떤 대안을 추구하는 데 얼마나 많은 돈이 지출이 되는가"와 "어느 정도의 수익이 발생할 수 있는가"이다.

4) 내적 요인

내적 요인(Internal analysis)은 기업의 사명 · 목적, 성취 목표 및 가용 자원을 포함한다.

① 기업 목적

목적 혹은 사명(Mission)을 진술하는 것은 조직의 성격에 관한 경영진의 의사표현이다. 이것은 "우리는 어떤 종류의 조직인가?" 그리고 "우리는 어떤 종류의 조직이 되고자 하는가?"라는 질문에 대한 해답을 제공한다. 기업이 하는 일이 기업의 정체성을 나타내야 하기 때문에 목적이나 사명의 정의는 전략적 의사결정을 인도하는 힘이 된다.

② 기업 목표

기업 목표는 "우리는 무엇을 성취하려고 하는가"라는 질문에 대한 답을 제시한다. 따라서 목표는 기업이 자신의 조직적 사명을 달성하는 특정 방식과 아울러 조직의 효과성을 판단하는 기준이 된다. 효과성은 기업이 명시된 자신의 목표를 달성하는 정도에 의해 측정된다.

③ 자원

조직의 자원은 기업의 목적 달성을 가능하게 하는 요인이다. 자원은 기업이 소유하거나 획득할 능력을 가진 인력, 자금, 기계, 시설 등으로 구성된다. 기업의 인력인프라 및 물적자원 기반이 조직의 기회 추구 역량을 나타낸다.

이상을 종합하면 외적 요인은 **기회의 성격**을 규정하고, 재무적 요인은 **기회의 재무적 영향**을 알려주며, 내적 요인은 기업이 기회(사명과 목표)를 추구해야 하는지 그리고 기회를 **추구할 역량**이 있는지의 여부를 결정해준다.

미래 예측

무인車·드론·가상현실…구글·페북은 미래투자 올인

• 새 먹거리 찾아나선 글로벌 모바일업계

업체	facebook	Google	Alibaba.com
진출분야	가상현실 사물인터넷	자율주행자동차 인공지능	생체인식 드론배송

페이스북, 구글, 알리바바 등 전 세계 IT 산업을 이끄는 글로벌 외국 기업은 이미 모바일 서비스를 벗어나 다양한 분야에 대한 투자를 적극적으로 진행하고 있으며, 특히 당장 비즈니스 모델이 나오지 않거나 직접적인 상관이 없는 분야에까지 투자를 확대하며 큰 그림을 그리고 있다.

지난달 말 마크 저커버그 페이스북 최고경영자는 VR, 사물인터넷(IoT), 드론, 인공지능 등 미래를 위한 새로운 기술 투자에 나설 것임을 밝혀 큰 박수를 받았다. 이날의 관심은 페이스북 메신저를 통한 결제, 송금 등 '핀테크'에 몰려 있었지만, 그는 이를 뛰어넘는 '미래 기술' 투자의 방향을 밝혔다.

페이스북이 '신기술 투자'에 진입한 업체라면 구글은 아예 '신기술 기업'으로 변신한 모양새다. 자율운전차, 구글글라스, 아라프로젝트(조립 스마트폰), 로봇, 인공지능 등을 공개한 데 이어 최근에는 조립식 자동차 회사 'OS비히클(OSVehicle)'을 인수하기도 했다. IT와 무관했던 거의 모든 산업분야에서 신사업 발굴에 나서고 있는 구글은 '구글 X'를 중심으로 암 탐지용 알약 개발 등 모든 분야에서 다양한 연구개발을 진행하고 있다.

중국 인터넷 기업도 '미래 투자'에 박차를 가하고 있다. 알리바바는 세계 최초로 얼굴인식 결제 시스템을 선보이며 타사와 차별화된 모바일 결제 플랫폼을 공개하기도 했다. 또 교육, 미디어, 음악 등 다양한 콘텐츠 기업을 인수하고 클라우드 서비스 투자를 확대하는 등 신사업 발굴에 사활을 걸고 있다.

전문가들은 이처럼 글로벌 기업들이 발 빠르게 움직이는 상황에서 한국 IT 기업의 위기감은 더욱 커질 수밖에 없다고 지적하고 있다. 정지훈 경희사이버대학교 교수는 "글로벌 기업은 포스트 모바일 주도권을 쥐기 위해 적극적인 투자와 개발을 진행 중"이라며 "국내 기업이 지금이라도 발 빠르게 대응해 새로운 먹거리 발굴에 나서야 한다"고 말했다.

출처: 「매일경제」, 2015년 4월 5일자, 추동훈 기자.

2. 시장 경쟁분석

특정한 세분시장에서 환경요인, 재무적 요인, 기업 내부요인을 분석하고 나서 다음 단계는 각각의 특정 세분시장에 대해 경쟁분석을 실시하는 것이다. 매우 **혁신적인 신제품**의 경우에는 경쟁기업이 아직 노출되지 않은 경우가 많으므로 경쟁분석 작업이 **잠재적 경쟁자**에 한정될 것이다. 그러나 일반적으로는 기존 시장에서 경쟁자들의 전략 및 강 · 약점을 평가할 수 있는 경우가 대부분이다.

이에 다음에서는 기존 시장 경쟁분석에 필요한 개념과 도구들을 제시한다. 특히 다음의 내용 중 유용한 것은 마케팅 믹스 평가 양식이며, 이를 통해 모든 기본전략 요소 차원에서 경쟁자에 대한 평가가 가능하게 된다.

1)경쟁분석의 목적

경쟁분석에서 제기되는 가장 기본적인 질문은 "어떤 경쟁자들이 어떤 마케팅 전략을 가지고 어느 세분시장을 추구하고 있는가"이다. 여기서 초점은 역시 소비자 분석을 통해 식별해낸 특정 세분시장에 있다. 이미 각 세분시장의 잠재적인 크기와 특징을 알고 있어야 하며, 이를 기반으로 **세분시장별 경쟁분석 작업**이 시작된다. 경우에 따라서는 자사나 경쟁자가 아직 마케팅 대상으로 삼고 있지 않는 세분시장들을 찾아내려고 노력할 수 있다.

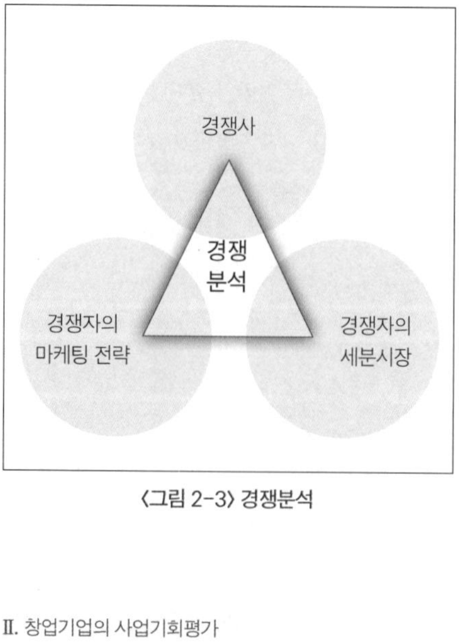

〈그림 2-3〉 경쟁분석

예를 들면 한때 샴푸시장은 크게 비듬용과 일반용의 두 범주의 샴푸로 구분지어졌다. 그러나 소비자들의 상이한 모발 및 두피 상태에 대한 인식으로 건성, 지성 및 일반 모발용 샴푸가 개발되었는데, 이는 과거보다 더 정확하게 소비자의 욕구를 충족시키려는 시도였다. 특별히 아동을 위해 만들어진 샴푸의 도입은 과거 어떤 경쟁자도 잘 충족시키지 못했던 욕구에 부응하려는 시도였다.

2) 경쟁의 유형

경쟁분석이 완벽해지려면 기존 경쟁과 잠재적 경쟁을 고려해야 한다. 경쟁자의 움직임을 예측하려고 노력하는 것은 어느 특정 세분시장을 표적으로 할 것인지, 그리고 노력이 필요하다면 어떤 전략을 사용할 것인지 선택하는 기초가 될 수 있다. 이러한 맥락에서 이하에서는 경쟁의 성격에 대한 논의로 시작해서 경쟁분석을 위한 기본적 도구들을 서술하려 한다.

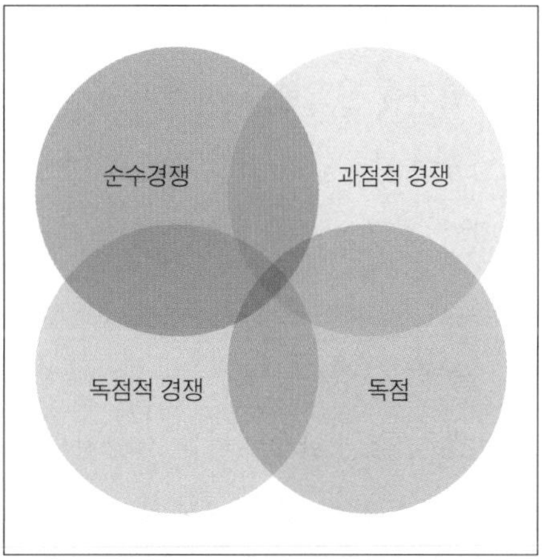

〈그림 2-4〉 경쟁 유형

① 순수경쟁

경제학자들이 확인한 최초의 경쟁 유형 중의 하나는 **순수경쟁**이다. 이런 유형의 경쟁은 실제로 시장에서는 거의 발견되지 않는다. 순수경쟁은 일부 시장환경의 특징이며 분석에서 유용한 개념으로 활용된다. 순수경쟁으로 기술될 수 있는 산업이나 지역시장은 다음과 같은 특징을 지닌다. 규모가 작은 여러 경쟁자가 존재하고, 추구하는 전략에 차이가 거의 혹은 전혀 없으며, 새로운 경쟁자의 진입이 용이하다. 소규모의 경쟁자가 많다는 것은 경쟁자 간의 행동을 다른 경쟁자들이 알지 못할 수도 있음을 의미한다. 전략 간의 차이는 적으며 따라서 좋은 입지가 고객을 유치하는 데 중요한 요소는 조건이 될 것이다. 진입의 용이성은 새로운 경쟁자들이 계속적으로 들어오고 기존 경쟁자들이 계속적으로 떠난다는 것을 의미할 수 있다. 거대 경쟁자가 시장에 진입하거나 경쟁 환경의 변화가 없다면, 기존 기업의 고객과 경쟁사의 수가 판매전략을 결정하면서 시장은 비 조직화나 파편화가 되는 경우가 발생한다. 경쟁기업 간에 가격, 제품, 서비스, 유통, 프로모션 등 마케팅 프로그램이 대체로 상호유사하다.

② 독점적 경쟁

독점적 경쟁 시장에서는 다양한 기업의 개별 이미지가 차별화 전략의 측면에서 나타나기 시작한다. 여전히 많은 경쟁자가 존재하고 진입이 용이한 가운데, 각 기업은 경쟁사와 차별화를 시도한다. 이러한 독점적 경쟁시장에서는 기업 간의 가격, 유통, 제품과 서비스, 판촉활동이 다양할 수 있다. 이러한 경쟁 환경에서 각 경쟁자는 마케팅 믹스 변수에 대해 더 많은 통제력을 가지며, 따라서 다양한 전략이 가능하다.

③ 과점적 경쟁

과점적 경쟁 환경에서는 경쟁자의 수와 진입의 용이성은 모두 감소한다. 또한 대규모 경쟁자와 더불어 작은 규모의 경쟁자들도 소수 존재하므로 다른 경쟁자의 행동이 나타내는 성격과 영향을 명백히 인식하여, 자사의 경쟁적 조치에 대한 경쟁자의 반응을 예상한다. 이러한 과점적 경쟁시장에서 추구할 수 있는 전략은 다양하지만, 일반적으로 비 가격적 성격을 띨 가능성이 높다. 만일 소비자가 기꺼이 한 기업의 제품을 다른 기업의 제품으로 대체하는 경우라면 가격경쟁에 반응해야 한다. 만약 특정 기업이 **가격결정권**을 행사한다면 **가격 리더십**이 발생하게 된다.

④ 독점

독점은 판매자가 하나만 있는 시장 환경이다. 자연독점(Natural monopoly)이라면 시장진입에 법적 규제가 가해지고, 가격과 유통의 측면에서 정부의 규제를 받는다. 만약 비 자연독점이 성공한다면 커다란 수익을 올릴 수 있으므로 진입장벽을 뛰어넘기 위해 다른 경쟁자들을 유인한다. 따라서 비 자연독점은 일반적으로 지속되기 어렵다.

3) 경쟁우위요소

효과적인 경쟁분석이 되려면 **차별적 우위**(Differential advantages)의 탐색과 필요성을 고려해야 한다. 차별적 우위는 특정 조직이 경쟁 조직들을 능가하거나 그 이상의 잠재력을 가진 요인들을 말하며 전략 수립의 결과는 조직을 위해 차별적 우위를 제공해야 한다. 차별적 우위는 생산, 기술, 자원, 마케팅, 경영 등의 영역에서 발견될 수 있다.

주요 경쟁자들에 대해서는 개별적으로 조사가 진행되어야 한다. 만일, 이것이 가능하지 않다면 가장 가까이에 있는 경쟁자들의 전략을 평가해야 한다. 기존 경쟁자들의 전략을 분석하는 것은 세분시장, 제품 특징, 마케팅 믹스, 생산전략, 그리고 연구개발투자, 성장전략, 유통 및 프로모션의 측면에서 경쟁자가 어떻게 그 산업을 규정하는가를 확인하는 것이다. 이러한 분석은 여러 형태를 취할 수 있지만, 아마도 가장 유용한 것은 다음에 설명하는 **경쟁 시장-믹스 평가**(Competitive market-mix audit)일 것이다.

〈표 2-1〉 경쟁우위요소

경쟁우위요소	내용
생산	제품을 생산하는 뛰어난 능력은 많은 기업이 활용해 온 중요한 차별적 우위이다. 이러한 차별적 우위는 경쟁자보다 뛰어난 제품 품질을 유지하는 것으로 기업의 능력이 된다.
기술	초기의 혁신적 연구개발과 적절히 관리된 과학적인 응용은 경쟁자보다 강력한 차별적 우위를 확립하고 유지할 수 있게 해준다.
천연자원	대체로 가치가 있거나 희소한 자원은 전략 수립의 기초가 되는 적절한 자산이다. 천연자원을 통제하거나 아니면 자원과 인접한 곳에 입지해 있는 조직이나 기업연합(카르텔)은 엄청난 우위를 가질 수 있다.
마케팅	시장우위는 한 기업이 고객의 마음속에 좀 더 긍정적으로 포지셔닝되기 때문에 그 기업이 다른 기업에 비해 갖게 되는 우위를 말한다. 더 많은 인지도, 높은 선호도 혹은 강한 소비자 애호도를 가진 기업은 경쟁자들과 구별되는 차별적 마케팅 우위를 지닌다.
경영	경영우위는 효율적인 인력관리, 기획 및 정보 시스템, 그리고 전반적인 경영 역량의 형태로 나타난다.

4) 경쟁 시장-믹스 평가

경쟁 시장-믹스 평가는 기업과 경쟁자의 **마케팅 성과**를 평가하는 매우 유용한 방법이다. 이러한 성격의 평가는 종합적이고 독립적이며 주기적이어야 한다. 평가는 특정 목표에 근거해서 이뤄져야 한다. 평가의 목표와 범위가 확정되면 우선 자료 수집 노력을 시작해야 한다. 자료 수집 노력은 객관적인 외부 컨설턴트나 내부 직원이나 태스크 포스팀에 의해 수행될 수 있다. 평가 결과는 그 기업과 경쟁자를 명확히 비교하는 것이어야 하며, 그러한 비교는 **기회와 위협**뿐만 아니라 **상대적인 강점과 약점**도 보여준다. 그뿐만 아니라 부적절한 목표를 알아내고, 진부한 전략이나, 무분별한 자원 활용, 경쟁과 관련한 회사 방향의 수정 필요성 등도 파악할 수 있다.

평가라는 단어는 그 단어가 사용되는 맥락과 상관없이, 현재 무엇이 어떻게 진행되고 있는지에 대하여 공정하게 분석하는 것을 가리킨다. 예컨대 회계평가는 기업의 회계 분야에서 행해지는 모든 것에 대한 분석을 가리킨다. 이와 마찬가지로, 경쟁 시장-믹스 평가는 세분시장별로 경쟁자의 활동을 분석하는 것이다. 〈표 2-2〉에 제시된 양식은 소매기업에 대한 평가를 수행하는 데 이용할 수 있는 가장 유용한 도구 중 하나이다. 다른 산업 범주에는 상이한 비교 항목으로 구성되는 다른 평가 양식을 사용해야 한다. 평가는 마케팅 담당자가 주요 경쟁기업의 마케팅 믹스와 비교하여 자사의 마케팅 믹스의 모든 측면을 평가하는 것이다. 평가를 완료하기 위해 이 양식을 사용할 때는 몇 가지 단계가 포함된다.

첫째 단계로서, 평가 양식은 분석 대상 기업의 마케팅 믹스 활동 성격을 반영해야 한다. 예를 들어, 장소는 외관, 배치, 전체 상점들의 내부 동선의 측면에서 분석될 것이다. 이러한 분석은 제조업체에는 적절하지 않다. 왜냐하면, 일반적으로 소비자들이 그 업체의 물리적 시설을 보거나 그 내부를 관통해서 이동하지 않기 때문이다. 둘째, 현실적인 비교를 할 수 있도록 주요 경쟁자의 이름이 확인되어야 한다. 이러한 요구 조건은 기업의 마케팅 담당자가 특정 세분시장을 목표로 하는 경쟁자를 파악하도록 하며, 이들 특정 기업에 대한 자료를 수집할 수 있도록 해준다. 셋째, 평가를 완수하기 위해서 자료의 출처

〈표 2-2〉 경쟁시장-믹스 평가 양식

	기업 A				기업 B				기업 C			
	-	?	0	+	-	?	0	+	-	?	0	+
제품 혹은 서비스												
1. 고객수용도 2. 고객의 사용만족도 3. 제품의 품질수준/혁신 4. 구색의 적절성 5. 제공되는 서비스												
장 소												
1. 고객접근성 2. 장소의 적합성 3. 고객 통행량 4. 시설의 외양 5. 판매구역 6. 주차시설 7. 인근 기업의 흡인력 8. 시설에 대한 고객 이미지												
가 격												
1. 상대적 가격수준 2. 가격에 대한 고객의 인식 3. 가격 라인의 수 4. 가격정책의 일관성 5. 신용전략												
프로모션												
1. 프로모션 능력 2. 프로모션 노력의 질과 양 3. 윤리적 기준 4. 노력의 일관성												

를 확인해야 한다. 어떤 자료들은 이미 이전 분석이나 연구에서 수집 가능하기 때문에 단지 자료 업데이트만 하면 될 수도 있다. 아니면 자료를 새로 수집해야 할 수도 있다. 어떤 유형의 경쟁 비교에서는 다른 객관적 자료를 이용할 수 없는 경우도 있으며, 이때에는 직관적으로 판단해야 한다. 이럴 경우 가급적 한 사람의 판단에 의지하기 보다는 여러 명의 판단을 활용하는 것이 좋다.

〈표 2-3〉 레스토랑들의 경쟁가격

	8온스 갈비	햄버거와 감자튀김	조식	뷔페	연회
Southern Inn	$7.26	$3.50	$1.95	$3.95	$6.50
King's Inn	3.70	2.05	-	-	-
Charlie's Place	7.68	-	-	-	-
Tony's	6.84	3.25	1.75	-	5.25
Sandpiper	6.49	3.00	1.75	-	6.00
The Castle	7.96	3.60	1.85	-	요청 시
Ramble Inn	6.20	3.05	1.80	-	7.95
The Rib Jiont	6.88	2.55	1.75	-	6.50-7.50
The Ice Box	7.16	3.40	-	-	6.50
Uncle Joe's	7.87	2.25	-	-	6.50
Captain Bill's	7.95	2.95	-	-	-
John's Diner	7.50	2.85	-	4.95	6.35
Holiday Restaurant	7.25	2.75	1.95	4.95	6.50

〈표 2-2〉의 맨 위 칸에서 마이너스(-) 표시는 평가 중인 사업이 해당 항목에서 경쟁자보다 저조한 위치에 있다는 것을 가리키고, 둘째, 의문부호(?) 표시는 상대적인 위상이 알려지지 않다는 것을 가리키며, 셋째, 제로(0) 표시는 동등한 경쟁 지위를 나타내고, 넷째, 플러스(+) 표시는 경쟁자보다 높은 위치에 있다는 것을 가리킨다.

끝으로, 평가의 모든 측면에 대해 기업의 노력과 경쟁자를 평가하는 시스템을 만들어야 한다. 앞서 말한 순위 시스템은 하나의 가능성이다. 이 시스템에 의하면, 시장에 진입하고자 하는 새로운 기업에 각각의 경쟁자들은 평가의 각 항목에서 어떻게 판단되는지에 따라 순위가 매겨진다. 이를 통해 경쟁자들을 순서대로 서열화할 수도 있다.

한 레스토랑에 대해 수행된 소비자 조사에서 응답자들은 자신들의 친구가 그 레스토랑에서 식사를 할 것이라고 생각하는가라는 질문을 받았다. 만일 "아니오"라고 대답하면 그 이유를 물었다. 가장 공통된 답변은 가격이 "너무 비싸다"는 것이었다. 그러나 〈표 2-3〉에 제시된 가상의 식당에 대한 경쟁분석 조사결과는 완전히 다른 상황을 보여준다.

즉 Holiday Restaurant의 가격은 유사한 메뉴에 대해서 다른 경쟁업체와 거의 같았으나 응답자들은 이 식당의 가격이 너무 높다고 생각하고 있었다. 이러한 문제는 가격이 경쟁자들의 가격보다 실제로 높은 경우와는 완전히 다르게 **소비자 인식을 전환**시키려는 전략이 필요하다.

5) 경쟁 전략과 자원

시장 경쟁자들에 대한 더 완벽한 평가를 하려면 몇 가지 다른 요인들을 추가적으로 분석해야 한다. 여기에는 경쟁자들의 **전략적 경향**과 **자원**, **마케팅**, **재무** 및 **생산자원**이 포함된다. 이 요인들은 단기적인 것인 것이 아닌 장기적인 행동과 관련이 있다.

첫 번째 요인은 경쟁 행위를 변화시키거나 그에 반응하려는 경쟁자의 의지에 관한 것이다. 두 번째는 전략적 행동 수행능력을 다룬다. 전략적 경향을 평가하는 것은 경쟁자의 행동이 주도적인지 반사적인지를 결정하는 것이다. 반사적 전략은 시장에서 다른 기업들의 선도를 따르거나 단순히 틈새에 정착하는 전략이다. 주도적 전략은 시장 리더십 혹은 시장 리더에 대한 도전과 관련된다. 시장 리더와 시장 도전자를 확인할 수 있으면, 그들의 행위를 예측해야 한다. 이들 기업에 대한 시장-믹스 평가는 단기적 접근법에서 그들이 구사하는 전략의 정확한 성격을 확인하는 데 도움을 준다.

최근에 많은 기업이 사용하는 전략은 **포지셔닝**(Positioning)전략이다. 이는 "소비자들이 시장의 다른 제품들과 관련하여 우리 제품을 **어떻게 인지하기**를 원하는가"라는 질문에 대한 답을 제공한다. 시장-믹스는 그 제품을 소비자들 마음속의 자리에 위치시키려는 시도에 따라 바뀐다.

어떤 제품시장을 다차원 평면으로 본다면, 제품의 모든 속성이 그 제품의 포지션을 구성한다. 그러나 실제로는 분석을 위해 보통 한두 개의 중요 차원만 선택된다. 예를 들어, 비누 브랜드의 "제품 포지셔닝"은 소비자들이 비누가 피부를 보습해준다고 지각하는 정도와 냄새를 제거해준다고 지각하는 정도의 두 차원을 나타낼 수 있다. 제스트 앤 세이

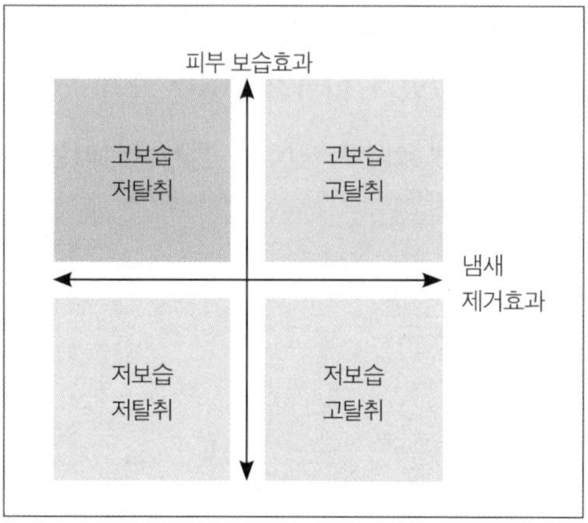

〈그림 2-5〉 비누의 포지셔닝 전략의 예

프가드(Zest and Safeguard)는 오랜 기간 높은 수준의 보습/탈취 사분면을 점유해왔다. 레버(Lever)가 새로운 브랜드인 Lever 2000을 출시했을 때, 레버는 이 제품을 오래된 브랜드들 사이에 포지셔닝시키고 대규모 고객집단의 니즈를 더욱 밀접하게 충족시켰기 때문에 매우 확고하게 세분시장을 개척할 수 있었다.

경쟁자의 자원을 평가하는 것은 특정 경쟁자가 시장에서 발생하는 일들에 대해 성공적으로 대응할 수 있는 마케팅 전문지식, 수요와 기술 수준의 측면에서 대응할 수 있는 생산능력, 그리고 발생하는 문제와 기회에 대응할 수 있는 금융자원을 가지고 있는지 판별하는 것이다. 대부분의 기업은 자신들의 강점을 강화하고 약점을 없애고자 노력하기 때문에, 분석은 그들이 보일 것 같은 반응 유형을 예측하는 데 도움을 준다. 생산능력을 보유하고 있고 재정적으로 튼튼하지만 마케팅 능력은 약한 기업은 그와 반대되는 특징을 가진 기업보다는 가격인하나 판촉비용 증가로 도전에 대응할 가능성이 더 높을 것이다.

시장이 과점적 경쟁으로 옮겨감에 따라 이러한 유형의 분석의 필요성은 더욱 커지게 된다. 경쟁반응을 예측하지 못하는 것은 시장의 움직임을 무시하는 것이다. 세분시장별로 경쟁분석을 완료한 후에 경쟁에 관련하여 각 세분시장에 대한 요약보고서를 만들어야 한다.

마케팅사례

[올해의 히트 상품 30] 전 세계 시장에서 대박 난 '셀카봉'

소비재 부문 히트 상품 1위이자 종합 순위 1위에 오른 '셀카봉'은 간단한 아이디어지만 사람들의 욕구와 불편을 잘 파악하고 개선한 혁신 제품이다. 이때문에 국내뿐만 아니라 세계적으로 올해 대박을 친 상품이다. 작은 아이디어로 만들어 낸 변화는 전 세계로 빠르게 퍼져나갔다.

• 소비재 부문 순위

순위	상품	총점
1	셀카봉	7560
2	해외 직구	2496
3	아이스 버킷 챌린지 기부	999
4	하이패스 행복 단말기	894
5	러버덕	706

셀카봉은 초기에 미국·캐나다·호주 등에서 베스트바이나 월마트 등 소매점에서 판매되기 시작했다. 젊은이들 사이에서 인기를 얻으며 일본·영국 등으로 빠르게 확산된 셀카봉은 가격이 20~30% 하락하고 중국에서 대량 생산하기 시작하면서 국내에 유입된 것으로 추정되고 있다.

특히 셀카봉은 6~8월 여행 시즌을 맞아 폭발적으로 보급되기 시작했다. 오픈 마켓뿐만 아니라 대형 마트들도 앞 다투어 물건 수급에 나섰고 1만 원에서 5만 원까지 다양한 제품이 등장했다. 1세대는 리모컨 촬영, 2세대는 블루투스 일체형 촬영, 3세대는 블루투스를 통해 줌까지 조절할 수 있도록 진화하고 있다.

출처: 「한국경제매거진」, 2014년 12월 24일자, 이진원 기자 zinone@hankyung.com.

6) 차별적 우위의 탐색

각 세분시장별로 각 경쟁기업의 전략과, 강 · 약점을 분석하면서 마케팅 담당자는 기존의 경쟁기업이 마케팅 활동을 하고 있는 세분시장들과 그렇지 않은 세분시장들을 찾는다. 시장에서 **차별적 우위**를 발견하는 기업에 성공적인 진입과 시장 기회의 활용은 훨씬 수월하다. 차별적 우위는 한 기업에 **경쟁자들을 앞설 수 있는 이점**을 제공하고 시장의 다른 기업들과 차별화시키는 기반이 된다. 이러한 우위의 기반은 **가격, 제품 개선, 판촉 효과, 제품 혁신** 등이 될 것이다.

7) 기업/제품의 경쟁적 위치 설정*

경쟁에 대한 적절한 분석과 평가가 이루어지고 경쟁분석에 근거해서 제품, 기업 혹은 **전략사업단위**(SBU: Strategic business units)별로 경쟁위치 전략을 수립해야 한다. 대부분의 기업들은 시장 선도자, 시장 도전자, 시장 추종자, 틈새시장 공략자 중의 하나에 속하게 된다.

시장선도자는 특정한 제품 또는 제품 라인의 시장점유율에서 1위를 차지하고 있다. 그들은 1위 자리를 유지하기 위한 전략을 수립하고 그들의 목표는 보통 현재의 시장 점유율을 유지하기 위해 제품에 대한 전체적인 **활용도**(Usage)를 확대하는 것이다.

시장도전자는 시장점유율에서 2위, 3위 혹은 4위(시장규모와 경쟁자의 수에 따라서)를 차지하고 있다. 이 기업들은 시장선도자만큼 크지는 않더라도 보통 나름대로는 꽤 큰 편이다. 시장도전자들도 시장 점유율을 늘리고자 한다. 그들은 시장주도자에 대한 전면적 혹은

〈그림 2-6〉 시장에서의 경쟁 위치

* 포지셔닝에 관해서는 제4부, 7장에서 구체적으로 서술한다.

우회적 공격을 통해서 시장점유율을 확대하려고 시도한다. 시장도전자들은 시장선도자에게서 드러난 약점에 공격을 집중할 수 있기 때문에 일반적으로 우회 전략을 선호한다. 시장도전자들은 시장선도자보다는 소규모 경쟁자들을 공격함으로써 자신들의 목표를 달성할 수도 있다. 이것은 때때로 구피(Guppy) 전략이라고 언급된다.

시장추종자들은 시장선도자에 대해 전면 공격을 거의 선택하지 않는다. 그들의 작은 규모와 덜 공격적인 철학 때문에 시장추종자들은 보통 경쟁의 장에서 우회 전략을 사용한다.

틈새시장 공략자(Market nichers)는 자신들의 독특한 강점을 기반으로 특정세분시장을 공략하는 소규모 기업이다. 따라서 그들의 전략에는 일반적으로 선도자나 도전자들에 대한 언급은 포함되어 있지 않다. 틈새시장 공략자는 대규모 회사들이 간과하거나 무시하는 경향이 있는 전문 분야나 특정 세분시장을 공략한다.

제품/기업의 성공적인 위치 설정은 기업의 강점, 약점 및 역량에 대한 광범위한 지식뿐 아니라 경쟁시장에서 그 기업의 시장 포지션에 대한 이해로부터 시작되며 이는 그 기업의 장기적인 성장을 이끌어 줄 포지션으로 배치될 수 있도록 해준다. 제품/기업의 성공적인 포지셔닝은 종종 제품혁신, 핵심 공급자 및 고객과의 긍정적인 관계 형성, 소비자 인지도 형성 그리고 내부적 효율성 및 역량의 개발을 필요로 한다.

산업트렌드 1

유엔미래보고서 2045, "산업트렌드 변화에 대한 3가지 관점"

미래예측의 방점, 2045년 특이점이 다가온다.

미래학자들 가운데 일부는 미래에는 기술 변화의 속도가 급속히 높아지면서 그 영향이 넓어져 인간의 생활을 되돌릴 수 없도록 변화되는 기점이 있다고 주장한다. 그 기점 이후의 변화에 대해서는 우리가 인지하고 이해할 수 없는 기술 범위에 속하기 때문에 더 이상 예측을 할 수 없다는 것이다. 그야말로 미래학, 미래예측의 방점이며, 한편으로는 마침표가 되기도 하는 시점이다. 미래학자들은 이를 싱귤래리티(Singularity), 특이점이라고 말한다. 인류의 기술 개발 역사로부터 추측해서 얻을 수 있는 미래 예측의 한계인 것이다.

그렇다면 미래 예측에서는 이 특이점을 어떤 기준으로, 언제로 잡고 있을까? 학자들마다 의견이 조금씩 다르지만, 대체적으로 인공지능이 인간의 지능을 뛰어넘는 시점을 특이점으로 보며, 시기는 2045년이다.

유엔미래보고서 2045는 더 이상 예측할 수 없는 미래가 다가오는 그 시작점에 세계에는 어떤 일이 벌어질지 총체적으로 점검하고 있다. 2045년 특이점을 앞뒤로 과연 지구에는 어떤 일들이 일어나고 인류의 삶은 어떻게 변할까? 이번 유엔미래보고서는 특이점을 전후해서 세 가지 관점에서 미래를 살펴본다.

첫 번째 관점, 인간의 지능을 뛰어넘은 인공지능, 인간과 구별할 수 없는 로봇: 그들에게 빼앗기는 일자리

2045년의 화두는 단연 인공지능이다. 우리가 일상에서 접하는 인공지능이나 로봇은 인터넷의 검색결과를 분석해 보여주는 인공지능 광고, 단순작업을 하는 공장의 로봇이나 로봇청소기 정도다. 따라서 인공지능이 인간의 지능을 뛰어넘고 또 인간과 똑같이 생긴 로봇, 휴머노이드가 등장하는 미래가 피부에 와 닿지 않을지도 모른다. 하지만 인공지능의 발전은 빠르게 다가오며, 인류의 삶을 바꿀 뿐만 아니라, '인류' 자체를 바꿀 수 있는 큰 힘을 갖고 있다. 인공지능과 로봇은 인류의 삶을 편리하게 만들어주겠지만, 인간의 일자리도 대부분 빼앗아간다. 지금도 데이터를 이용한 분석이나 정밀함을 요하는 수술 등을 로봇이 대신하고 있다. 미래에는 더 많은 일자리에 로봇과 인공지능이 투입될 것으로 예측된다.

두 번째 관점, 지역별 기후를 송두리째 바꾸는 온난화: 21세기의 가장 뜨거운 산업 대체 에너지

두 번째는 계속되는 기후 변화 사안이다. 2041년에 지구 온도는 2℃ 상승할 것으로 예측된 바 있다. 향후 10년간의 기후 변화는 우리가 지금까지 배출한 이산화탄소로 인해 일어날 것이다. 따라서 2021년에 예측되는 지구 온도 1℃ 상승은 우리 힘으로는 막을 수 없다. 하지만 재앙 수준이 될 2041년 이후의 기온 상승을 막는 것은 현대를 살아가는 우리의 의무다. 인류의 지속가능성을 위해 공동의 노력을 기울여 적극적으로 탄소 배출을 저지해야 하는데, 그 결과 30년 후에는 이 분야야말로 세계가 가장 많은 투자를 하는 산업이 될 수도 있다. 그리고 탄소 배출에 큰 부분을 차지하고 있는 에너지 부분에서 화석 연료를 대신할 새로운 에너지가 그 해답이 되어줄 것으로 예상된다.

세 번째 관점, 의학과 생명공학, 인공지능의 발달로 늘어나는 수명, 희미해지는 '인간'의 경계: 인간다운 삶을 누리기 위한 미래의 사회 모습

세 번째는 수명연장기술이다. 우리는 그동안 의료기술의 발전으로 찾아올 수명연장에 대해 이미 여러 차례 살펴보았다. 하지만 이번에 살펴볼 것은 단순이 의료과학의 발전이 아니다. 의료기술의 발전과 함께, 인공지능 및 로봇의 발달이 가져올, '인간'이라는 한계를 뛰어넘는 포스트 휴먼, 트랜스휴먼까지 길고도 극적인 변화의 미래를 다루게 된다. 우리는 다양한 방법으로 수명연장을 이루고 심지어 어쩌면 영생을 얻을 수도 있다. 하지만 이것이 반드시 행복과 연결되는 것은 아니다. 기후 변화, 자원 고갈, 높은 실업률 등 인류의 삶에는 많은 장애물이 존재해 왔다. 이를 극복하고 인간다운 삶을 누리기 위한 해답을 사회 및 경제 분야의 변화에서 중점적으로 설명하는 내용이 본 보고서에 담겨 있다.

출처: www.indaily.co.kr, 2014. 12. 31.

참고문헌

설성수 · 서상혁 · 송경모(2003), "기업 및 기술의 가치요인 분석", 한남대학교 출판부.

Badoc Michel(1994), "Le marketing de la start-up," Editions d'organisation.

Bjorn Bjerke, and Hultman M. Claes(2002), "Entrepreneurial Marketing", Edward Elgar.

Chris Easingwood, et al.(2006), "Bringing High Technology to Market."

Cooper Robert G.(2001), *Winning at New Products, Third Edition.*

Gardner, W. B.(1994), "Marketing/Entrepreneurship Interface: A Conceptualization," in Gerald Hills(ed), *Marketing and Entrepreneurship: research Ideas and Opportunities*, Quorum Books.

Hills Gerald and Hultman, C.(2005), "Marketing, Entrepreneurship and SMES: Knowledge and education revisite: paper presented at the Academy of Marketing Special Interest Group on Entrepreneurial and SME marketing, Southampton, UK, January.

Hills Gerald E. and Hultman M. Claes(2008), "The evolution and Development of Entrepreneurial Marketing."

Hills Gerald(1995), "Foreword" in David Carson, S. Cromie, P. McGoqan & J. Hill Marketing and Entrepreneurship in SMEs. An Innovative Approach(xiii-xiv), Prentice Hill.

HillJimmy and Len Tiu Wright(2000), "Defining The Scope of Entrepreneurial Marketing."

MorrisM., Schindehutte, M. and La forge, R. W.(2002). "Entrepreneurial Marketing: A construct for integrating emerging entrepreneurship and marketing perspectives," *Journal of Marketing Theory and Practice*, Vol. 10, No. 4, pp. 1-18

Omura G., Calantone, R. J., and Schmidt, J. B.(1994), "Entrepreneurism as a Market Satisfying mechanism in a Free Market System," in Hills, G. and Sumaria T. Mohan-Neill(eds.) *Research at the Marketing/Entrepreneurship Interface*, UIC.m, pp. 161-171.

Perrien Jean(1989), "Recherche en marketing: methodes et decisions."

Robert Stevens E. et al.(2006), *Market Opportunity Analysis*, Best Business Book.

Roger J. Best(2000), *Market-Based management*, Prentice Hall.

3장
시장성 분석

앞에서는 사업기회평가에 관해 서술하였으며 여기서는 범위를 좁혀 시장성 분석을 다룬다. 앞에서 비즈니스 자체의 타당성 문제를 대상으로 하였다면 여기서는 관점을 마케팅의 가장 중요한 요소인 시장에 국한시킨 것이다. 따라서 이 장은 다음과 같이 구성된다.

- 시장 분석의 요소
- 시장성 분석

Ⅰ 창업마케팅의 개요

1장. 창업마케팅의 정체와 특징

↓

Ⅱ 창업기업의 사업기회평가

2장. 창업기회 평가의 요소와 주안점

3장. 시장성 분석

4장. 마케팅 조사 및 수요예측기법

↓

Ⅲ 신제품 출시전략

5장. 신제품 개발과정과 성패 요인

6장. 신제품 출시 초기 대응 전략

↓

Ⅳ 창업을 위한 STP전략

7장. 시장세분화, 표적시장 선정 및 포지셔닝 전략

↓

Ⅴ 창업마케팅 실행

8장. 창업기업의 상품관리와 브랜드 전략

9장. 창업기업의 가격전략

10장. 창업기업의 유통전략

11장. 창업기업의 촉진전략

↓

Ⅵ 하이테크/창업기업 특화 마케팅

12장. 하이테크 제품의 고객행동과 마케팅

13장. 창업기업에 특히 유용한 마케팅기법

1. 시장 분석의 주요 요소

1) 시장 분석의 의의와 차원

먼저 시장의 개념을 살펴보자. 시장의 의의를 묻는 질문에 대해 "수요와 공급이 만나는 곳", 혹은 "재화와 용역이 거래되는 곳"이라는 식의 공간적, 물리적 개념을 가지고 있는 경우가 많다. 그러나 시장이란「제품 또는 서비스를 구매할 현재 및 잠재고객의 집합」* 이라고 보는 것이 타당할 것이다. 예컨대 자동차시장이 연평균 10% 성장한다는 것은 자동차 구매고객의 수가 연간 10% 증가함을 의미하는 것이다. 넓은 의미로는 고객 이외에도 경쟁업자들 및 경쟁 제품 등이 포함될 수 있다.

시장성 분석의 요소를 크게 두 가지 차원으로 본다면 첫째, 시장이 얼마나 매력적인가(Attractive), 둘째, 시장의 역동성(Dynamics)은 어느 정도인가로 구분할 수 있다. 첫째 요소에는 현재 및 잠재적 **시장규모, 시장성장률, 수익성** 등이 포함되고, 둘째 요소에서는 **시장의 추세와 전망, 핵심 성공 요인의 변화** 등이 주요 내용이 될 것이다**

- 얼마나 매력 있는 시장인가?: 시장 규모, 성장성, 수익성, 진입장벽 등
- 시장의 변화는?: 시장의 추세, 새로운 기회/위협요소, 핵심 성공 요인

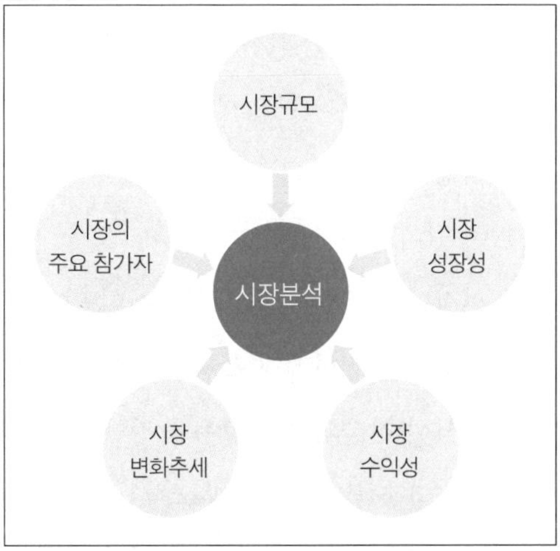

〈그림 3-1〉 시장 분석 요소

* Philip Kotler(2000), "Marketing management", Prentice Hall, 유훈현 역, 석정.

** David A. Aaker, Strategic market management(1998), 전인수(1999), "마케팅전략: 전략적 시장관리", 석정

〈표 3-1〉 시장성 분석의 차원

시장규모	주요 하부시장, 하부시장별 규모
성장성	성장속도, 쇠퇴기 시장, 쇠퇴속도, 매출추동력
수익성	수익가능성, 기존 업체 간 경쟁도, 잠재진입자 및 대체제품 위협, 공급선 및 구매자의 교섭력 등
추 세	시장 변화 추이
참가자	시장 내 주요 참가자(경쟁자, 공급자 등)

이를 좀 더 구체적으로 구분하면 〈표 3-1〉과 같이 제시할 수 있다.

또한 이상의 요소들을 포함하여 시장분석의 항목들에 관해 좀 더 구체적으로 살펴보면 다음과 같다.

1. 제품이 손쉽게 파악할 수 있는 시장에 적합한 것인가?
    - 총 시장규모는 어느 정도인가?
    - 시장의 성장은 얼마나 급속하게 이루어지고 있는가?
2. 시장의 성격은 어떠한가?
    - 시장은 혁신활동이 빈번한 시장인가 아니면 전통적/정적 시장인가?
    - 시장수요가 안정적인가 주기적인가 혹은 계절적인가?
    - 주요경쟁자가 얼마나 있는가?
3. 시장의 경쟁력이 다수의 참여자에게 분산되어 있는가 혹은 소수에게 집중(과점)되어 있나?
4. 시장에 중요한 가격 제약조건이 있는가?(예: 규제, 산업, 협회, 지배적 가격 선도자 등)
5. 경쟁자들은 마케팅 활동 측면에서 일반적으로 공격적인가 혹은 수동적인가?
6. 유사한 기술의 개발활동을 진행 중인 사람들이 있는가?
    - 경쟁적인 연구/개발 노력이 존재하는가?
    - 기술을 복제하기가 얼마나 용이한가?
    - 이 기술 분야에서 연구 중인 다른 경쟁사 팀의 연구는 어느 단계인가?
7. 해당 기술(제품)은 단일품목을 위한 것(즉 단일품목 의존적)인가?

8. 진입장벽은 얼마나 큰가?(특허, 평판, 가격 등)

9. 사업 목적을 달성하려면 시장점유율은 얼마나 되어야 하는가?

10. 제품이 가용단계에 있을 때 소비자들은 얼마나 신속하게 이를 인지하고 반응을 보일 것인가?

다음에서는 위에서 제시한 시장분석의 요소들에 대해 세부적으로 검토해 보고자 한다.

2. 시장성 분석

1) 시장규모 분석

(1) 분석요소

시장을 평가할 때 흔히 가장 먼저 고려하는 것이 시장 규모이며, 여기에는 다음 요소들이 포함된다.

- 기존고객(Existing customers): 현재의 고객
- 잠재고객(Potential customers): 미래시장의 수요. 새로운 용도, 새로운 사용자 집단, 사용 빈도증가 등에 기인
- 최대 시장규모(Market potential): 이상적인 조건 하에서 모든 기업이 달성할 수 있는 최대 매출액
- 최대 매출규모(Sales potential): 최대 시장 규모 중 자사가 차지할 수 있는 최대 매출액
- 구매 교체 및 신고객 구매율
- 시장 점유율 및 잠재시장 점유율

(2) 최대시장규모

상기 분석차원들이 명확히 이해되어야 시장의 현재 및 미래수요에 대한 평가가 가능할 것이다. 여기서 특히 유의해야 할 개념은 최대시장규모(Market potential)로서, Potential이라는 용어 때문에 잠재시장이라고 간주하면 혼란이 발생할 수 있다. 최대 시장 규모와 현재의 침투율(Market penetration) 간의 관계를 그림으로 표시하면 〈그림 3-2〉와 같다.

시장 규모는 정부간행물 중 통계자료나 협회 등 생산자단체 또는 기타 다양한 단체의

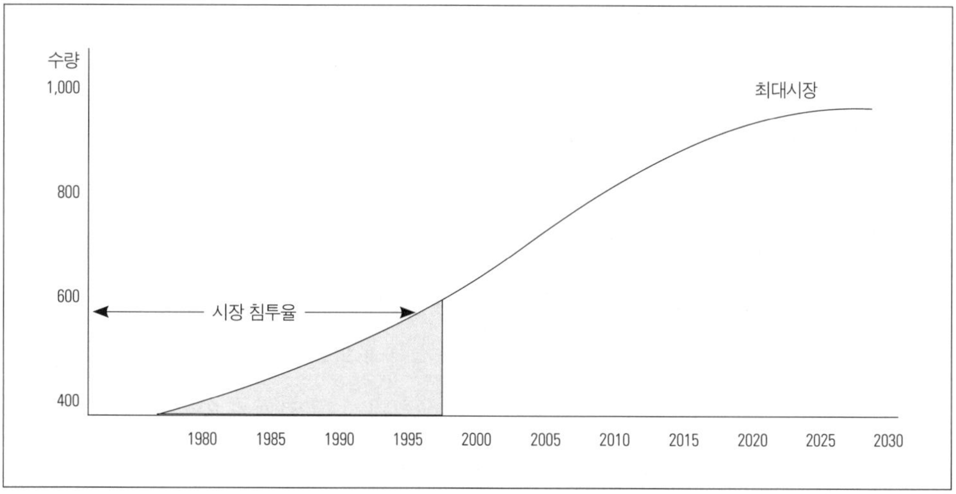

〈그림 3-2〉 PC시장의 최대시장규모

출처: Roger J. Best(2000), Marketbased Management, Prentice Hall.

보유자료, 각종 시장조사기관의 조사결과, 기업 공시자료 등 2차 자료 분석을 통해 추정할 수 있다. 만약 이러한 자료가 충분하지 않다면 직접 시장조사를 실시하여 시장 규모를 추정하여야 한다(제4장 마케팅 조사기법 참조).

(3) 시장 선견(Vision)

시장을 분석할 때 흔히 발생하는 오류 중 미래시장에 대한 선견을 갖지 못하는 것을 들 수 있다. 다시 말해서 사업 퇴출과 시장기회 포착 실패의 가장 큰 이유는 폭넓은 시장선견(Vision)이 미흡한 데에서 오는 경우가 많다.

잠재시장에 관해 근시안적으로 예견하게 되면 제품 중심의 협소한 시장정의(Market definition)를 하게 될 수 있다. 반대로 포괄적인 시장선견을 가지게 되면 기존 제품시장의 범위를 초월하여 미개척시장 혹은 신생시장의 기회발견이 가능해진다. 즉 포괄적인 시장 선견을 가짐으로써 기업의 움직임이 목표를 향해 더욱 민첩해질 수 있는 것이다. 이러한 점에서 시장 수요파악의 첫 단계는 시장에 관한 폭넓은 선견지명을 보유하는 것이라고 볼 수 있다.

(4) 시장의 범위 설정과 표출수요/미표출수요

시장의 범위를 좁게 설정하면 고객의 "표출수요"(Articulated needs)에만 관심을 두게 되지만, 포괄적인 시장선견을 가지면 "미표출수요"(Unarticulated needs)를 발견할 수 있고 신규시장 기회포착이 가능하다. 예컨대 나이키(Nike)의 시장은 스포츠 의류뿐만 아니라 신발류 등도 포함하며 마이크로소프트는 컴퓨터 사용자 전체를 대상으로 한다.

1980년대 콜라 전쟁은 제한적인 비전과 시장정의에 의한 것이었다. 즉 콜라 생산기업들은 탄산음료의 시장기회 및 경쟁위협에 관해 예측하는 데 한계가 있었고, 기존의 시장점유율에만 관심이 국한되어 있었다. 그러나 최근 25년간 새로운 경쟁위협(미네랄워터, 스포츠 음료, 과일주스, 특수차, 커피음료)이 출현함에 따라 코카콜라와 펩시콜라는 신규 시장 진입을 적극적으로 모색할 수밖에 없었다. 당시 신규시장은 기존 음료시장의 2배 속도로 증가 중이었다(그림 3-3 참조).

시장 범위를 편협하게 설정하지 않으려면 **전략적 시장 정의**(Strategic market definition)가 필요하다. 이를 통해 현재 기업들이 활동 중인 제품시장의 잠재적 대체제품시장의 파악이 용이해진다. 포괄적 시장정의에서 **대체가능성**(Substitute ability)의 정도는 시장 간의 거리

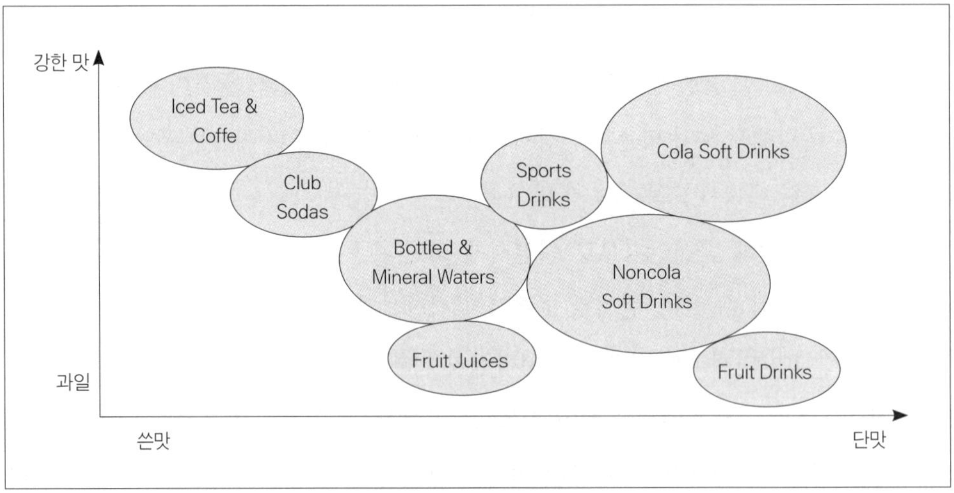

〈그림 3-3〉 음료시장의 변화

출처: Roger J. Best(2000), 상게서.

로써 측정된다. 즉 두 개의 시장 간 거리가 가까울수록 고객들이 사용하던 제품에서 다른 제품으로 옮겨갈 가능성이 높다.

(5) 시장개척지수

포괄적 차원에서 시장 정의를 하는 것의 실제적 이점은 시장의 **최대수요**와 현재 **시장 수요 억제요소**를 이해하게 된다는 점이다. 최대시장수요와 현재시장수요 간의 비율을 **시장개척지수**(MDI: Market development index) 라고 부르는데, 만약 시장개척지수가 33 이하라면 상당한 수준의 성장잠재력이 있는 시장을 뜻한다. 다음 그림은 시장개척지수를 도식화한 것이다.

$$\text{시장개척지수(MDI)} = \frac{\text{현재시장수요}}{\text{최대시장수요}} \times 100$$

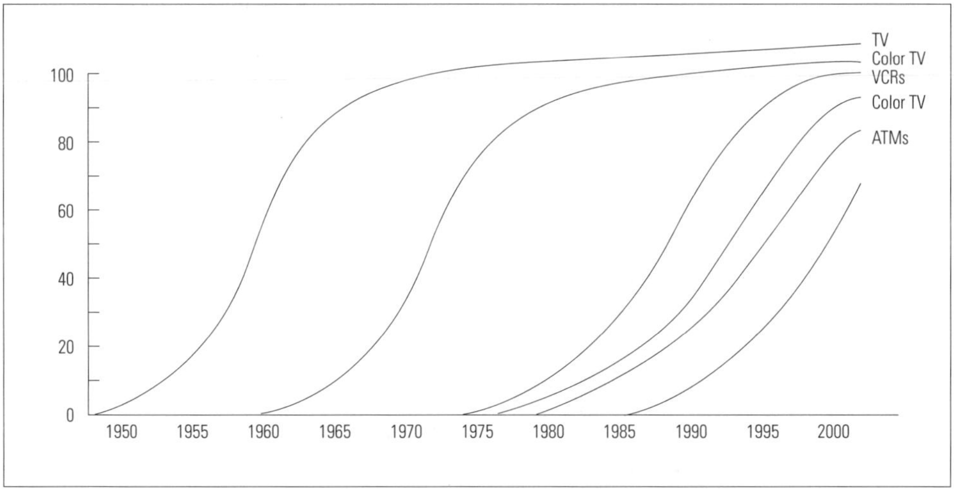

〈그림 3-4〉 시장개척지수(Market Development Index)

출처: Roger J. Best, 상게서.

(6) 시장점유율

최대시장규모, 시장성장률, 제품수명주기(PLC: Product life cycle) 등에 대한 파악은 **현재** 및 **미래수요에 관한 통찰력**을 제공한다. 기업은 이들을 제품판매 예측자료로 활용할 수 있어야 한다. 적절 매출액 추정의 첫 단계는 시장수요에 대한 올바른 추정이며, 시장수요는 매출액의 상한선이다. 따라서 매출액은 시장수요에 시장점유율을 곱한 것이 된다.

매출액 = 시장수요 × 시장점유율

차년도 시장매출 규모 역시 총수요 및 시장점유율에 따른다. 그런데 시장이 수명주기상 **성숙기**라면 수요는 극적인 하락을 보일 것이다. 또한 **성장기**라 할지라도 많은 경쟁자의 진입(entry)이 발생할 경우 시장수요와 시장점유율은 해마다 많은 변화를 겪게 될 수 있다. 시장점유율을 추정하기 위해서는 복잡한 수학적 전제조건들이 필요하지만, 단순한 마케팅논리 추론방식인 **점유율 개발나무**(Share development tree)를 사용할 수 있다(그림 3-5). 점유율 개발나무의 각 단계는 제품인지, 제품선호, 구매의사보유, 구매력보유, 제품구매로

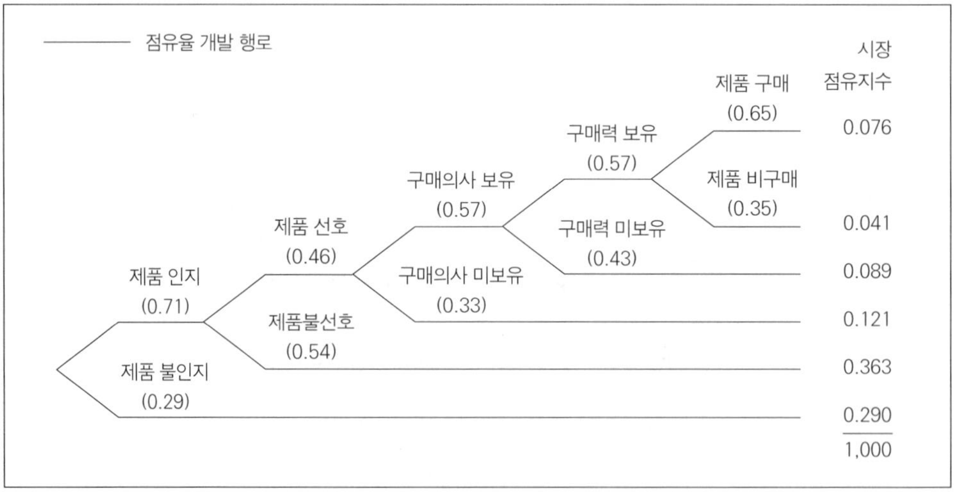

〈그림 3-5〉 점유율 개발나무

※ 각 행로의 마지막 지수는 각 행로의 조건들을 곱한 값임.

구성되어 있다.

전반적인 시장점유율 지수는 다음과 같은 기본적인 마케팅 요소들의 상호작용결과라고 볼 수 있다.

(7) 시장의 계절성/주기성

시장 규모는 주기적인 형태로 변동할 수 있다. **주기적 변동요인**은 크게 **계절적** 요인과 **주기적** 요인으로 구분되는데, 흔히 1년이라는 기간을 기준으로 한다. 예컨대 2-3년에 한 번씩 주기가 나타난다면 주기적 요인이라고 할 수 있다. 계절적 요인이라고 해서 춘하추동의 계절을 의미하는 게 아니라 짧은 기간이라는 의미이다. 즉 아침에 극장에서 조조할인 하는 것도 계절성에 따른 고정비 부담을 완화하려는 전략이다. 계절성이 있는 제품은 냉난방 기구, 음료수, 아이스크림 등이며, 주기성이 있는 제품은 자동차, 조선 등 주로 장치산업에 해당한다. 시장의 계절성/주기성의 특징으로는 호황기에는 생산시설 풀가동, 고인건비 등의 부담이 있고 반면에 비수기에는 재고처분, 가격경쟁 등 부담이 크다는 점을 들 수 있다.

2) 시장 성장성 분석

시장규모의 추정 다음에는 시장의 **성장성 분석**이 중요하다. 이때에는 무엇보다 시장 매출액의 변화를 결정하는 **추동력**(Driving force) 파악이 필요하다. 예컨대 포도주 시장에 영향을 미치는 요소에는 금주운동, 세금정책, 적포도주와 건강 간의 상관관계 인식 등이 있다.

(1) 성장 선행지표

- 65세가 될 인구 수치 → 실버산업 수요 선행지표

마케팅사례

명품이 된 폐품 가방 '프라이탁' 열어보니

모두가 사랑한 '백' - 트럭의 폐방수천으로 만들었지만 평균 50만 원 스위스산(產) 가방 브랜드 '프라이탁(Freitag)'

가장 싼 것도 15만 원은 하고, 비싼 것은 60만 원을 넘는 이 가방이 매년 전 세계에서 20만 개가량 팔린다. 왜 사람들은 쓰레기 가방을 수십만 원이나 주고 사고, 할리 데이비드슨 동호회 같은 열성 팬이 한국에만 3,000명에 이르는 걸까?

숫자로 보는 프라이탁

40만개	연간생산량
10만 6,000개	가방 만드는 데 드는 폐차 안전벨트
4만 8,000대	가방 만드는 데 드는 폐 자전거
470곳(22개국)	프라이탁을 취급하는 매장 수
400t	가방 만드는 데 드는 폐 방수천
170명	직원
45일	가방 1개 제작 기간
5년	폐 방수천 사용 연수 최소 기준

자료: 프라이탁

희소성

프라이탁 가방의 주재료인 트럭 방수천은 절대로 새것을 쓰지 않는다. 실제로 트럭에서 5년 정도 사용된 것을 쓴다. 그러니 같은 소재, 같은 디자인의 방수천이라도 저마다 헌 정도, 묻은 때가 달라진다. 이미 사용한 천을 수거해 그중 일부분을 떼어 내 만든 프라이탁은 태생 자체가 세상에서 유일함을 의미한다.

스토리

재활용이란 제품의 '두 번째 인생', 트럭 방수천이 최근 5년간 어디에서 어떤 일을 했는지가 고객들에게 '역사'로 전달된다. 그리고 고객이 가방을 사용하면서 제품에 새로운 이야기를 덧붙여가는 것이다.

'스토리 브랜딩'의 핵심은 '진정성'이다. 프라이탁은 재활용으로 새로운 가치를 창출한다는 회사 철학을 지키고자 비용을 감수하면서 폐방수천만 활용하고 있다. 고객들은 가방이 어떻게 만들어지는지 알고, 이것이 사회적으로나 환경적으로 '옳다'고 생각해 준다.

패션보다는 기능

비가 많이 내리는 취리히의 기후에는 비에 젖지 않는 방수가방의 필요성이 많았다. 트럭의 방수천을 쓰게 된 것은 '방수'와 '튼튼함'이라는 기능성에 대한 이러한 필요에서 출발했다. 또한 비싸고, 소재가 훼손되기 쉬워 함부로 다루기 어려운 명품 가방보다 훨씬 편하게 들 수 있다는 장점이 있다.

출처: 「WeeklyBiz」, 2014년 3월 22일자, 취리히(스위스)=윤형준 기자.

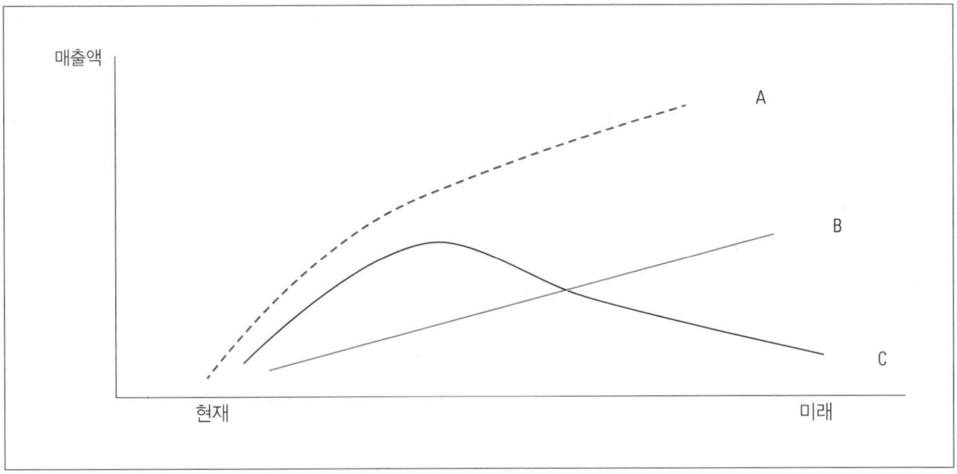

〈그림 3-6〉 성장 전환점(Turning point)

출처: David J. Aaker(1998), 상게서.

- PC, Printer매출액 → 소모품, SVC수요 선행지표
- 신규시장은 유사업종을 토대로 하여 추정한다. 예컨대 컬러TV시장의 성장성은 흑백TV시장의 성장률을 바탕으로 하여 유추한다.(Color TV ← 흑백 TV)

시장성장성을 분석하려면 추세분석을 통한 **성장률**과 **성장 전환점**(Turning point)에 주목해야 한다. 전환점의 예측을 위해서는 시장 매출액의 **선행지표** 파악이 유용한데, 그 예로써 65세가 될 인구 수치는 실버산업 성장의 선행지표로 사용될 수 있다. 〈그림 3-6〉에서 A선은 시장에서 아직 성장 중인 제품 상황을, C선은 시장에서 이미 성숙기를 지난 상황을 가리킨다(그림 3-6).

(2) 성장률을 고려한 시장수요 추정

시장수요는 시장 내 **고객 수**와 **고객 당 구매량**으로 추산할 수 있으며, 고객은 기존 고객과 신규 고객으로 구분된다. 이 두 고객 집단의 평균 사용량은 서로 다를 수 있으므로 시장수요 산출 시 별도로 계산해야 한다. 예컨대 휴대폰시장은 매년 500만 명의 신규시

장을 창출하고 2000년까지 고객수가 6,500만 명에 달할 것으로 전망된다. 또한 신규 고객은 기존 고객보다 더 낮은 비율로 소비할 것으로 추정하면 휴대폰시장의 총 시장규모(총 연간 이용시간)는 다음과 같이 산출한다.

시장수요 =(6,000만 명 × 연간 400분) +(500만 명 × 연간 200분)
= 연간 250억(분)

또 다른 예로써 PC시장의 수요를 추정해 보자. 우선 기존 고객의 제품 대체 구매율을 4~5년으로 추산한다(즉 현재 고객의 일부는 4-5년 전 고객과 같다).

- 따라서 2000년도 시장 수요는 1995~1996년 평균매출액에 기반을 둔 것이다.
- 1995년과 1996년에 각각 6천만 대, 7천만 대씩 매출되었으므로 평균 6,500만 대가 2000년에 재구매될 것으로 추정된다.
- 2000년 말까지 6,500만 명의 신규 고객이 시장에 진입할 것으로 추산된다. 따라서 2000년도 수량은 다음과 같이 추정한다(그림 3-7).
- 시장수요(2000년)

고객대체구매 (1995~96년 구입)		신규고객구매 (2000년 구입)		
6,500만 대	+	6,500만 대	=	1.3억 대

(3) 시장 수명주기상 전환점*

시장은 도입기, 성장기, 성숙기, 쇠퇴기로 구분할 수 있다. 이중에서 일반적으로 성장기 시장이 가장 매력적이며, 그 이유는 이 시기의 **시장성장률**이 가장 가파르기 때문이다. 매출액의 중요 **전환점**은 성숙단계나 쇠퇴단계로 변환하는 시기인데, 이 시기는 전체적

* David J. Aaker(1998), 상게서.

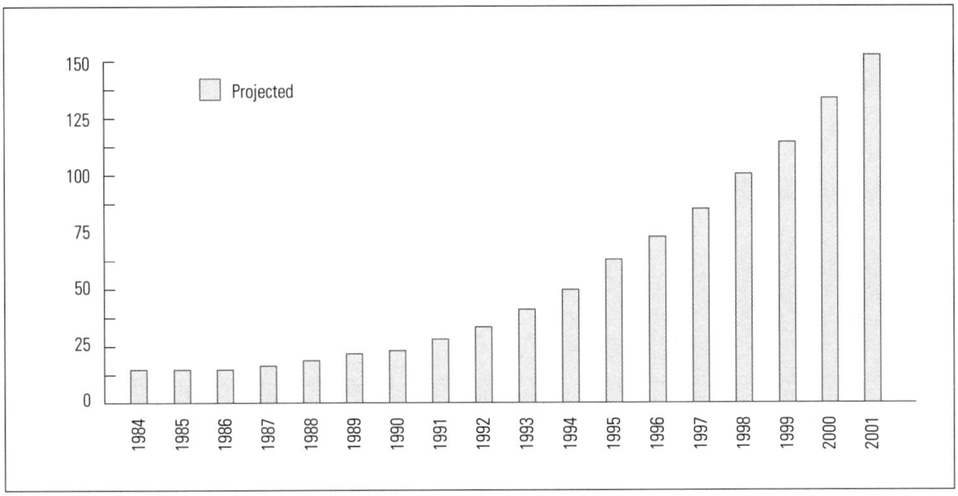

〈그림3-7〉 PC 시장수요

출처: Roger J Best, 상게서.

시장 성격이나 **핵심성공요인**(KSF: Key success factor) 및 **시장견실도** 등이 변화하는 시점이다. 시장의 성숙기, 쇠퇴기 여부를 판단하려면 시장 매출액 및 이윤추이를 분석하면 되지만, 다음과 같은 자료들도 시장 수명주기상 전환점 도달 여부의 중요한 판별지표이다.

- **제품차별화부족**, **과잉설비**로 인한 가격압박이 발생한다.
- 고객의 제품 관련 지식이 증대한다.
- **대체품**이나 기술의 출현이 시작된다.
- 시장이 **포화상태**에 도달한다.
- 새로운 성장원이 없다. 즉 새로운 용도나 사용자가 더는 발생하지 않는다.
- 고객의 무관심이 시작된다.

(4) 시장성장 촉진요인

소비자의 제품 관련 인지율과 제품가용성이 충분하다는 전제하에 시장성장률 결정요소는 크게 **고객관련요인**, **제품관련요인**, **시장관련요인** 등 세 가지로 분류할 수 있으며 이

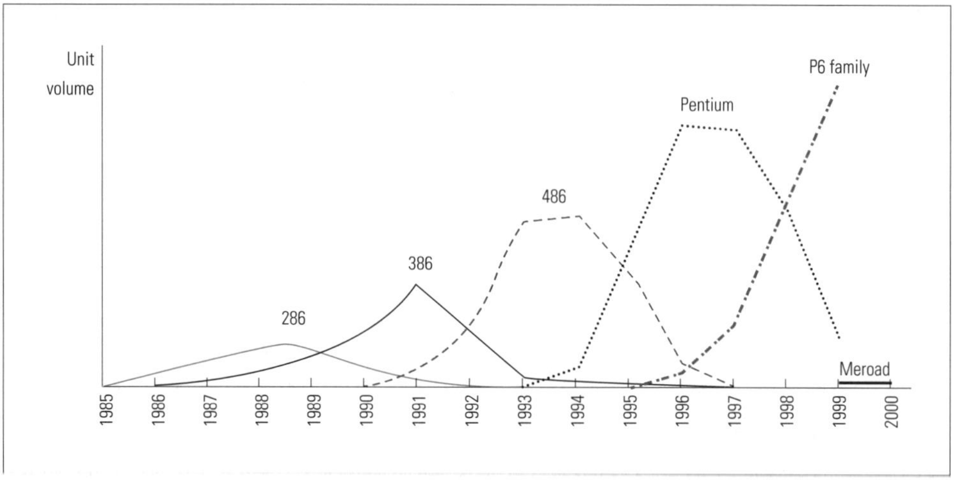

〈그림 3-8〉 시장 수명주기 전환점

출처: Reger J Best(2000)

	완만한 시장성장		급속한 시장성장
• **고객관련요인**			
필요인식	저	―――――――――	고
리스크	고	―――――――――	저
혁신성	저	―――――――――	고
의사결정단위	집단	―――――――――	개인
• **제품관련요인**			
상대적 이점	최소	―――――――――	고
상대적 비용	고	―――――――――	저
복잡성	대	―――――――――	소
사용간편도	불편	―――――――――	간편
• **시장관련요인**			
관찰가능성	비가시적	―――――――――	가시적
시용가능성	사용불가	―――――――――	사용용이
마케팅 효과	최소	―――――――――	집중적

를 다시 11가지로 구분할 수 있다.

첫째, 고객관련요인으로는 고객이 얼마나 신제품을 **필요**하다고 느끼는가, **구매 리스크** 정도는 어떠한가, 고객의 **혁신성**(신제품 구매성향)은 어느 정도인가, 그리고 구매결정단위가 **집단**인지 **개인**인지 여부 등을 말한다. 리스크가 작을수록 성장성이 높은 반면 구매결정 단위가 집단인 경우는 구매의사결정이 더 완만하다.

둘째, 제품관련요인은 주로 제품의 포지션을 의미한다는 것이다. 제품의 **상대적 이점**이 크고 **비용**이 낮게 인식될수록 소비자 가치가 높아지고, 따라서 소비자의 시장 진입이 빨라지게 된다. 제품의 **복잡성**이 높거나 **사용**이 불편할수록, 그리고 기존의 사용법과 호환성이 낮을수록 구매의사가 낮아질 것이다.

셋째, 시장관련요인 중 **관찰가능성**은 워크맨, 자동차, 디지털카메라처럼 쉽게 눈에 띄는 제품인가의 여부를 말한다. 예컨대 워크맨은 사용가능성이 높으나, 보험은 관찰가능성과 **시용가능성**(Triability)이 낮다. 끝으로 **마케팅 노력**이 광범위할수록 **시장성장속도**가 높아질 것은 자명하다.

3) 시장 수익성 분석

(1) 산업구조 분석

장기적인 **투자 수익률**(ROI, Return on investment)에 의해 측정되는 시장 매력도는 대체로 **산업구조분석접근법**에 의존하는 경우가 많다. 마이클 포터교수에 의하면 시장의 수익성은 **현재시장의 경쟁강도, 잠재경쟁사 존재 여부, 대체재 존재 여부, 구매자 교섭력, 공급자 교섭력** 등 다섯 가지 요인에 의해 결정된다.

① 기존 경쟁사

기존 경쟁사 간의 경쟁강도는 다음과 같은 요인에 의해 영향을 받게 된다. 즉 경쟁자

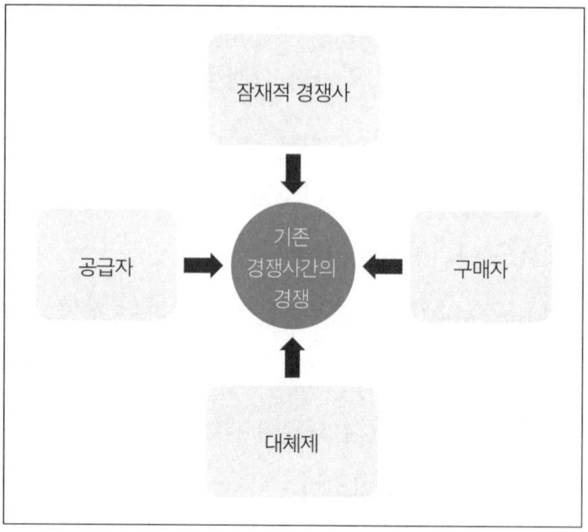

〈그림 3-9〉 마이클포터의 5-Forces Model

출처: Michael Porter, Industry Structure and Competitive Strategy(1980), "Keys to Profitability", Financial Analysis Journal, Vol. 36, No. 4, pp30-41.

수가 많을수록, 경쟁자의 크기가 클수록, 자사와 제품과 전략의 유사성이 높을수록 **가격압박**이 높고 이는 수익성을 저하시키는 요소이다. 또한 경쟁사의 시장 몰입도가 높을수록, 즉 경쟁사의 다각화의 정도가 낮거나 설비조달 투자가 높을수록 **경쟁강도**가 높다. 이러한 경우는 매우 불리한 시장상황에 직면하게 된다. **퇴출장벽**의 내용과 규모, 즉 기업특유자산(타 사업으로 이전 시 잔존가치 희박), 노동협약, 사회적 책임, 기업이미지 등에 따라 수익성이 달라진다. 기업이 현재시장에서 퇴출하려 할 때는 퇴출장벽이 낮아야 한다.

② 잠재경쟁사

잠재경쟁사의 시장진입 여부는 진입장벽의 특성과 크기에 좌우되는데, 일반적으로 진입장벽요소는 **필요투자 자본 정도, 규모의 경제 존재 여부, 유통경로 확보 용이성, 제품차별화, 고객애호도, 기업 이미지** 등으로 구성된다. 잠재 경쟁자의 진입장벽이 높을수록 수익성이 높다.

③ 대체품 출현

대체품은 기존 제품과 매우 높은 관련성을 가지며 시장수익성에 영향을 미치는 위협 요인이다. 예컨대 전자경보시스템은 경비시장의 대체품이 될 수 있다. 또한 전자우편시스템은 페덱스의 고속배달시장에 심각한 위협이 될 수 있다. 대체품의 **출현 가능성**이 높을수록 수익성이 악화될 수 있다.

④ 구매자의 교섭력

구매자의 구매량이 클 때, 구매자가 구매 선을 바꿀 수 있을 때 **교섭력**이 강화된다. 이 경우 구매자는 가격인하 혹은 서비스 증대를 요구함으로써 수익성을 저하시킬 수 있다. 또한 구매자가 때로는 **후방통합**을 하여 제품의 일부를 만들기도 한다. 최근 유통업체의 강력한 정보기술력은 구매자로서 유통업체의 교섭력을 강화시키는 역할을 하기도 한다.

⑤ 공급자의 교섭력

공급이 몇 개 기업에 집중해 있을 때 혹은 여러 구매자에게 공급중일 때 공급자의 **가격 영향력**이 확대된다. 또한 공급자가 **전방통합**을 할 수 있을 때에도 교섭력이 강화되어 수익성에 영향을 줄 수 있다.

4) 시장변화 추세와 새로운 시장 기회 분석

시장의 성장성과 시장의 변화는 일견 유사해 보이나 시장 환경요소나 시장기회 등을 다룬다는 점에서 시장변화추세 분석이 더 광범위하다고 할 것이다. 시장 추세분석은 '**변화**'에 초점을 맞추고 '**중요한 것**'을 파악하는 것이며, 그 결과 **전략적 통찰력**을 획득하려는 것이다. 예컨대 청량음료시장의 경우 추세를 보면 가격민감도가 높아지고 소비자의 건강과 영양에 대한 관심이 커지면서 기존 향에 대해 싫증을 내고 있는 실정이다. 또한 오렌지소다, 생수 등 비 콜라음료 소비가 많아지고 있다.

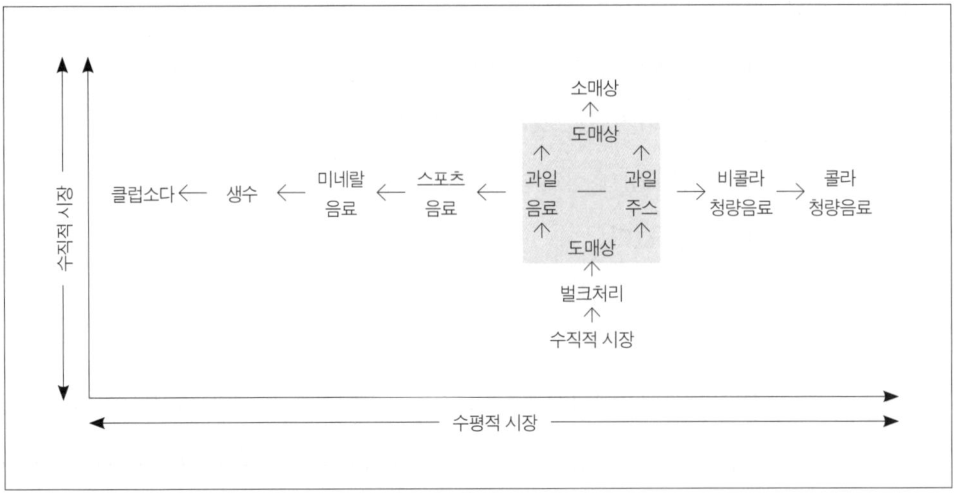

〈그림 3-10〉 수직적 시장의 가치사슬

출처: Roger J Best, 상게서.

(1) 수직적/수평적 시장기회

수직적 시장기회란 수직적 시장의 **가치사슬**(Value chain)에 따른 시장기회를 나타내는 것이다. 기업은 시장영역과 성장기회를 확대하기 위해 **전 · 후방 통합**을 시도하며, 소매 유통망을 인수하는 제조업자는 수직적 시장 확대와 성장기회 확대를 도모하는 것이다. 한편 수평적 시장기회는 대체적 제품/시장(Substitute product/market)에 존재한다. 예컨대 청량음료시장에서 스포츠음료나 클럽소다 등이 수평적 시장 기회를 뜻한다고 할 수 있다.

(2) 시장 환경적 요인

시장추세분석에는 시장 환경 요인분석이 포함되어야 한다. 대체로 환경변화에 민감한 시장은 매력적인 시장이 될 수 없다는 것이 일반적인 정설이다. 다음은 마케팅 환경분석에 흔히 사용되는 거시적 환경요소로서 시장에 대해 직접적인 영향보다는 간접적인 영향을 미치는 경우가 더 많은 것들이다. 그러나 시장 분석을 위하여 반드시 고려되어야 할 요소들이다.

- 인구통계적 환경: 인구 증가율, 결혼/이혼율, 연령/지역별 구성비, 독신 가족 비율, 교육수준 등
- 경제적 환경: 경제 성장률, 이자율, 저축률, 물가상승률, 실업률, 환율 등
- 사회적 환경: 환경문제, 건강관심, 가치관 변화, 여성사회 참여 등
- 기술적 환경: 신기술 개발 등
- 법률적 · 제도적 환경: 입법, 규제활동 등

산업트렌드 2

마스터카드, “2015년 모바일 산업트렌드 15가지”

전 세계 신용카드 시장을 삼분하는 기업 중 하나인 마스터카드에서 2015년 모바일 산업에서 주목해야 할 15가지 모바일산업 트렌드를 Mashable에 기고했다. 신용카드사와 모바일 산업은 일견 연관성이 없어 보이지만 마스터카드는 방대한 소비자 정보를 보유한 기업이고, 고객 역시 모바일상의 서비스 이용을 위해 필수 불가결하게 신용카드사를 거친다. 아래는 마스터카드가 발표한 15가지 모바일 산업 트렌드이다.

1. 웨어러블 기기 시장의 격전이 예상되며, 애플 워치가 본격 출현 결과에 따라 시장 흐름이 결정지어질 것으로 판단된다.
2. 모든 브랜드가 모바일을 활용한 마케팅, 브랜딩에 중점을 두고 고객 데이터 확보, 서비스 차별화, 고객관리 등의 활동을 펼치는 데 심혈을 기울일 것이다.
3. 모바일 결제는 지역경제, 특히 소매상을 중심으로 빠르게 확산될 것이다.
4. 모바일 결제 경쟁은 국경을 넘어선 소비를 가능케 해 국외 고객과 국외 시장 확대를 불러 올 것이다.
5. 커넥티드 홈 경쟁도 애플과 구글의 이코시스템 아래에서 격화될 것이다.
6. 자동차는 이제 더는 단순한 자동차가 아니라 달리는 스마트폰이 될 것이다.
7. IoT는 스마트홈, 웨어러블 디바이스, 커넥티드 카를 통해 새로운 족적을 남기는 한 해를 맞이할 것이다.
8. 서비스 이용 과정에서 발생하는 개인정보 보호에 대한 대비가 필요하다.
9. 모바일 기기는 해킹과 정보 유출의 타깃이 될 수 있다.
10. 같은 앱이나 정보가 스마트 폰, 태블릿, 웹 환경에서 자유롭게 연동되는 플랫폼이 성장한다.
11. 모바일 거래 증가에 따라 유통업체들의 기회비용이 증가한다.
12. 여행 서비스 업체들은 예약 서비스 기능을 모두 모바일 환경에 최적화한다.
13. 웨어러블 디바이스 확대로 건강과 식생활에 대한 모니터링 서비스가 증가한다.
14. 기업들이 모바일 기기상에서 보안이 확보된 앱을 사용하고자 하기 때문에 주문형 애플리케이션 및 플랫폼 의뢰가 증가한다.
15. 기업의 모든 업무 환경이 모바일 중심으로 바뀌면서 데스크탑 환경은 순위에서 밀린다.

출처: KOTRA SV 뉴스, 2015년 1월 9일자.

참고문헌

Aaker, D. A.(1998), *Strategic market management*, 전인수 역(1999), 『마케팅 전략: 전략적 시장관리』, 석정.

BadocMichel(1994), "Le marketing de la start-up," Editions d'organisation.

Best Roger J.(2000), *Market-Based management*, Prentice Hall.

Cooper Robert G.(2001), *Winning at New Products, Third Edition.*

Hill Jimmy and Len Tiu Wright(2000), "Defining The Scope of Entrepreneurial Marketing."

Kotler, P.(2000), *Marketing management*, Prentice Hall, 유훈현 역(2000), 『마케팅 관리론』, 석정.

M. Morris, Schindehutte, M. and La forge, R. W.(2002). "Entrepreneurial Marketing: A construct for integrating emerging entrepreneurship and marketing perspectives," *Journal of Marketing Theory and Practice*, Vol. 10, No. 4, pp. 1-18.

Perrien Jean(1989), "Recherche en marketing: methodes et decisions."

Porter, M.(1980), "Industry Structure and Competitive Strategy: Keys to Profitability," *Financial Analysis Journal*, Vol. 36, No. 4, pp.30-41.

Robert Stevens E. *et al.*(2006), *Market Opportunity Analysis*, Best Business Book.

Roger, J. B.(2000), "Marketbased Management," Prentice Hall.

Sumaria T. and Mohan-Neill(eds.) *Research at the Marketing/Entrepreneurship Interface*, UIC.m, pp. 161-171.

4장
마케팅 조사 및 수요예측기법

기존 시장의 문제를 파악하고 새로운 아이템 혹은 아이디어로 비즈니스 기회를 모색하고자 하는 창업기업에 마케팅 조사는 매우 중요한 활동이라 할 수 있다. 마케팅 조사(Marketing research)란 기업이 당면한 구체적인 마케팅 문제를 해결하는 데 필요한 데이터와 정보를 체계적으로 수집하고 분석하여 정확한 의사결정을 지원하는 작업을 말한다. 본 장에서는 전반부에 마케팅 조사의 방법과 절차 그리고 실행과 관련된 제반 사항을 다루고, 후반부에서는 수요예측기법에 대해 다루고 있다. 특히 하이테크 시장의 수요예측기법은 별도로 설명하여 하이테크 시장에 진출하려는 창업기업이 더 유용하게 활용할 수 있도록 하였다.

이 장에서 다룰 내용은 구체적으로 다음과 같다.

- 마케팅 자료의 원천: 1차 자료 및 2차 자료
- 마케팅 조사의 절차와 방법
- 시장수요예측기법
- 하이테크 시장의 수요예측기법

Ⅰ 창업마케팅의 개요

1장. 창업마케팅의 정체와 특징

↓

Ⅱ 창업기업의 사업기회평가

2장. 창업기회 평가의 요소와 주안점

3장. 시장성 분석

4장. 마케팅 조사 및 수요예측기법

↓

Ⅲ 신제품 출시전략

5장. 신제품 개발과정과 성패 요인

6장. 신제품 출시 초기 대응 전략

↓

Ⅳ 창업을 위한 STP전략

7장. 시장세분화, 표적시장 선정 및 포지셔닝 전략

↓

Ⅴ 창업마케팅 실행

8장. 창업기업의 상품관리와 브랜드 전략

9장. 창업기업의 가격전략

10장. 창업기업의 유통전략

11장. 창업기업의 촉진전략

↓

Ⅵ 하이테크/창업기업 특화 마케팅

12장. 하이테크 제품의 고객행동과 마케팅

13장. 창업기업에 특히 유용한 마케팅기법

1. 마케팅 자료의 원천

마케팅 정보 혹은 마케팅 자료에는 1차 자료와 2차 자료가 있다. **1차 자료**(Primary data)란 현재의 특별한 목적을 위하여 직접 수집하는 자료를 말하며, **2차 자료**(Secondary data)란 이미 다른 목적을 위해 수집한 자료를 말한다. 2차 자료의 원천으로는 협회, 기업정보, 국제정보 등이 있다. 이들은 기업(기관) 내부에 있는가의 여부에 따라 내부/외부자료로 구분되며, 보관, 전달되는 형태에 따라 출판, D/B, Syndicated자료 등으로 분류하기도 한다. 다음의 〈표 4-1〉, 〈표 4-2〉, 〈표 4-3〉 은 다양한 2차 마케팅 자료원들을 보여준다.

2차 자료는 이미 수집한 자료이기 때문에 데이터 수집 비용과 시간을 절약할 수 있을 뿐 아니라 바로 사용할 수 있다는 장점이다. 하지만 2차 자료는 이미 다른 목적을 위해 수집한 자료이므로 현재의 마케팅 문제를 해결하기에 충분하지 않거나, 다소 오래된 자료이거나, 수집한 주체가 누구냐에 따라 어느 정도 편향적일 수 있다는 단점이 있다. 그러나 이러한 단점에도 불구하고 시간과 비용을 절약하기 위해서는 먼저 2차 자료를 찾아보고 부족한 부분에 대해서 1차 자료를 수집하는 것이 비용대비 효과적이라 할 수 있겠다.

2차 자료만으로 당면한 마케팅 문제를 해결하기에 충분하지 않을 때, 1차 자료를 수집하는데 이를 마케팅 조사(Marketing research)라 부른다. 다음 절에서는 마케팅 조사에 대해 알아보도록 하겠다.

〈표 4-1〉 국내 2차 자료원 – 정부기관

기관명	인터넷 주소	발행되는 주요 통계 · 조사자료
통계청	www.kostat.go.kr	인구주택 총 조사, 인구 통계, 사망원인 통계 경제활동 인구조사, 산업총생산, 도시가계 조사 소비자 물가조사, 사회통계조사, 경기종합지수, 통계이용실태 및 수요조사, 추계인구, 시 · 도별 추계인구, 생명표, 한국의 사회지표, 농업 총 조사, 어업 총 조사, 소비자 전망조사
과학기술부	www.moe.go.kr	과학기술 연구개발 활동 조사
환경부	www.me.go.kr	수질오염 실태보고, 배출시설업무처리현황 대기오염도 자동측정, 환경오염배출업소 조사 상수도 통계, 하수도 통계

※이하 정부부처 생략

<표 4- 2> 국내 2차 자료원 – 주요공공기관

기관명	인터넷 주소	발행되는 주요 통계 · 조사자료
한국소비자원	www.kca.or.kr	소비자생활지표조사, 조사보고서
한국보건사회연구원	www.kihasa.re.kr	전국 출산력 및 가족실태 조사
한국표준과학연구원	www.kriss.re.kr	정밀계량계측표준 실태조사
한국노동연구원	www.kli.re.kr	한국노동패널조사
한국교육개발원	www.kedi.re.kr	교육통계조사
한국산업기술평가관리원	www.keit.re.kr	산업기술개발지원현황

※이하 정부부처 생략

<표 4-3> 해외 시장조사 2차 자료원(예)

Organization	URL
Economic Research Service, Department of Agriculture	www.econ.ag.gov
Equifax National decision Sustems	www.ends.com
Find/svp	www.findsvp.com
Mediamark Research	www.mediamark.com
Office of research & Statistics, SSA	www.ssa.gov/policy
Pcensus for Windows	www.tetrad.com
Population Reference Bureau	www.prb.org
Strategic Mapping	www.stratmap.com
U.S. Census Bureau	www.census.gov
U.S. Demography	www.ciesin.org
USA Data	www.usdata.com
World Opinion	www.worldpinion.com
American Demographics/Marketing Tools	www.demographics.com
BLS Consumer Expenditure Surveys	www.ama.org
Bureau of Economic Analysis	www.bea.doc.gov
Bureau of Transportation Statistics	www.bls.gov
CACI	www.demographics.caci.com
The Dismal Scientist	www.dismal.com
Easy Analytic Software	www.easidemographics.com

2. 마케팅 조사

1) 마케팅 조사의 개념

마케팅 조사(Marketing research)란 기업이 당면한 특수한 마케팅 문제를 해결하는 데 필요한 데이터와 정보를 체계적으로 수집하고 분석하고 보고하여 의사결정을 지원하는 활동을 말한다. 기업을 둘러싼 마케팅 환경이 급변하고 경쟁 환경이 글로벌화되어감에 따라 기업 간 경쟁이 점점 더 치열해져 가고 있다. 특히 새롭게 창업을 하는 기업에 있어 마케팅 정보의 신속한 분석과 이에 따른 정확한 의사결정이 이루어지지 않는다면 효율적이고 성공적인 창업은 어려울 것이다. 마케팅 목적을 효과적으로 달성하려면 마케팅 의사결정에 영향을 미치는 여러 가지 요소에 대한 정보를 정확하게 수집 분석하고 그 결과를 마케팅 의사결정자에게 제공할 수 있는 마케팅 조사 체계가 잘 갖추어져야 할 것이다.

2) 창업기업에 있어 마케팅 조사의 중요성

과거에는 마케팅 조사가 주로 특정 마케팅 문제에 대한 해결책을 찾기 위해 자료를 정확하고 체계적으로 수집, 분석, 해석하는 것에 초점을 맞춰 온 것이 사실이다. 그러나 최근 기업 간 경쟁이 심화되고, 경쟁 환경이 변함에 따라 마케팅 조사는 마케팅 문제에 대한 분석이라는 차원을 넘어서 **마케팅 문제가 무엇인지 미리 예측하고, 새로운 사업기회를 포착하는 데 활용**되고 있다.

따라서 기존 시장의 문제를 파악하고 새로운 아이템 혹은 아이디어로 비즈니스 기회를 모색하는 창업기업에 있어 마케팅 조사는 마케팅 현실을 정확히 파악하고 올바른 의사결정을 내릴 수 있게 해주는 근간이 되어 줄 것이다.

3) 마케팅 조사 과정과 방법

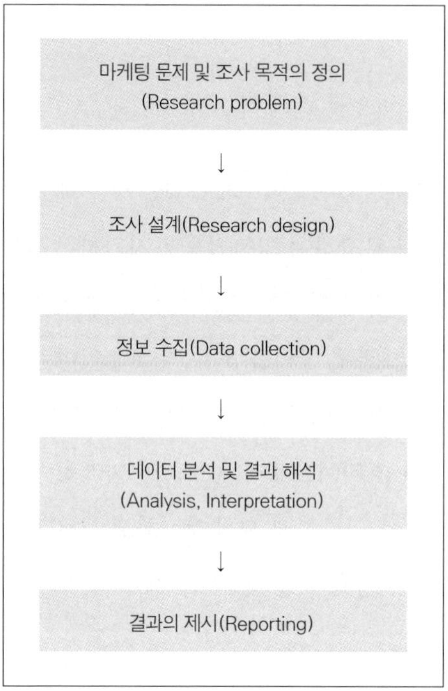

〈그림 4-1〉 마케팅 조사의 과정

일반적으로 마케팅 조사의 과정은 조사를 통해 파악하고자 하는 문제의 정의와 필요한 정보가 무엇인지 파악하는 것에서 출발하여 조사결과의 정리 및 제시까지를 포함한다.

(1) 마케팅 문제 및 조사목적의 정의

보통 마케팅 조사는 기업의 마케팅관리자가 어떤 문제에 직면하여 이 문제에 대한 해결 방안을 찾기 위해 정보가 필요할 때 시작된다. 예를 들어 강력한 경쟁 상품이 나타났다든지, 판매율이 급격히 저하되었다든지, 시장 점유율이 떨어졌다든지 하는 경우가 이에 해당된다. 그러나 이러한 위협 요소뿐만 아니라 좋은 기회가 발견되었을 때에도 마케팅 문제가 발생했다고 말한다. 아래의 창업 성공사례에서 볼 수 있듯이 남성들의 바지가 짧아지면서 양말이 많이 드러나게 되자 패션 양말시장도 커질 것이라는 비즈니스 기회를 발견하는 것이 그 예가 되겠다.

다음 창업성공사례의 경우, 마케팅 조사의 목적은 패션 양말 아이템 선정이 될 것이며, 수집하고자 하는 정보는 어떤 특징을 가진 소비자들이 패션 양말을 구입할 것인가? 패션 양말의 속성 가운데 그들에게 가장 어필하는 가치는 무엇인가? 등이 될 것이다.

창업사례

근엄한 까만 양말은 No… '양말 벤처'로 대박 낸 세 청년

국내 첫 온라인 양말숍 창업
양말에 이름 새겨주는 서비스… 獨·홍콩·日 편집숍에 진출도

회색, 검은색 일색의 근엄했던 국내 양말 시장을 20·30대 젊은 창업자들이 뒤흔들고 있다. 디자인을 전공한 젊은이들이 '1인 창업 형태'로 직접 제품을 기획하고 디자인해서 공장에 맡기는 식으로 양말 사업에 도전하는 것이다. 이렇게 만들어진 브랜드만 '아이헤이트먼데이(I hate monday)', '모스그린', '삭스어필' 등 20여 개에 달한다.

창업자 성태민(29) 대표는 "남성들의 바지 기장이 점점 짧아지면서 양말이 많이 드러나게 되고 그러면 패션 양말 시장도 커질 거라고 본 게 주효했다"고 말했다. 삭스타즈는 '양말 선물' 문화를 만들기 위해 포장을 고급화하고, 와이셔츠처럼 양말에 이름 자수(刺繡)를 새겨주는 서비스도 제공한다.

패션 양말을 창업 아이템으로 택한 것은 시장 조사의 산물이었다. 처음엔 연회비를 내면 정장용 까만 양말을 정기적으로 배송해주는 서비스를 생각했다. 하지만 네이버 키워드 검색 데이터를 보니 당시만 해도 생소했던 '패션 양말', '연예인 양말' 같은 키워드들의 검색량이 매월 급증하는 추세였다. 그래서 방향을 틀었다.

삭스타즈는 형형색색의 양말부터 흘러내림 방지 처리를 한 기능성 양말 등을 내놔 지금까지 총 26만켤레를 팔았다. 소문이 나면서 일본, 홍콩, 독일 편집숍에도 진출했다. 올해 매출 목표는 15억 원. 성 대표는 "그동안은 온라인 양말 판매에 집중했지만 올해엔 백화점과 오프라인 매장도 열어 양말 선물 문화를 더욱 확산시킬 계획"이라고 말했다.

출처: 조선닷컴, 2014년 2월 5일자, 박순찬 기자.

(2) 마케팅 조사 설계

조사 목적을 정의하고 어떤 정보가 필요한지 파악한 후에는 필요한 정보를 수집하기 위한 조사 계획을 구체적으로 세워야 한다. 이를 마케팅 조사 디자인 또는 **마케팅 조사 설계**라고 한다. 시장조사설계에는 **자료원천**, **자료수집방법**, **자료수집도구**, **표본선정**, **자료 분석 기법** 및 **일정과 예산** 등이 포함되어야 한다.

① 조사의 성격 규정

조사의 목적과 필요한 정보에 따라서 마케팅 조사는 **탐색적 조사**(Exploratory research), **기술적 조사**(Descriptive research) 그리고 **인과적 조사**(Causal research) 중 하나의 성격을 띠게 된다. 조사의 목적을 분명하게 정의하기 어렵거나 어떤 정보가 필요한지 분명하지 않을 때에는 탐색적 조사를 하는 것이 보통이다. 탐색적 조사에서 얻은 정보를 통해 조사목적을 분명하게 정의할 수 있게 되고 또 필요한 정보의 종류도 명확해지면 기술적 조사나 인과적 조사를 한다.

마케팅관리자는 기술적 조사나 인과적 조사에서 얻은 정보로 마케팅 문제를 해결하기 위한 의사결정을 내리게 된다.

㉠ 탐색적 조사

탐색적 조사란 마케팅 문제 및 현재 상황을 더욱 잘 이해하기 위하여, 조사 목적을 명확히 정의하기 위하여 혹은 필요한 정보를 분명히 파악하기 위하여 시행하는 일종의 예비조사적인 성격을 지닌다.

탐색적 조사가 필요한 이유는 신제품을 시장에 내놓기 전에 테스트가 필요한 이유와 비슷하다. 즉 현재 직면한 마케팅 문제나 상황, 조사 목적 또는 필요한 정보에 대한 명확한 정의 없이 조사를 진행한다면 조사 결과가 마케팅 문제를 해결하는 데 도움이 되지 않고 비용과 시간만 낭비할 가능성이 높기 때문이다.

탐색적 조사에서는 주로 다음과 같은 방법들이 이용된다.

• 문헌조사

• 전문가 면접

• 표적집단면접

㉡ 기술적 조사

기술적 조사란 현재 일어나고 있는 마케팅 현상을 더 정확하게 이해하기 위하여 수행하는 조사를 말한다. 기술적 조사의 목적은 현재 상태를 있는 그대로 정확하게 파악하는데 있다. 기술적 조사는 많은 사람들을 대상으로 주로 설문 조사를 통하여 데이터를 수집한다는 점에서 탐색적 조사와 다르다. 예를 들어 어떤 상품에 대한 소비자의 사용행동이나 태도 등을 설문조사 하는 것 등이 기술적 조사에 속한다.

㉢ 인과적 조사

인과적 조사란 어떤 마케팅 현상의 원인이 무엇인가를 밝혀내기 위한 조사를 말한다. 예를 들어 소매점에서 제품의 진열대 위치가 좋을수록 매출액도 높아진다는 사실을 발견했다고 가정하자. 이때 제품의 진열대 위치가 원인이 되고 매출액이 결과가 된다고 단정 지을 수는 없다.

이 경우 인과관계를 분명히 밝히려면 우리가 관심을 가지고 있는 **원인변수**(진열대 위치) 이외에 결과변수(매출액)에 영향을 미칠 수 있는 모든 변수의 영향을 배제한 상태에서 원인변수가 변하면 결과변수도 변하는가를 보아야 한다. 이는 일반적인 설문조사로는 불가능하며 실험이라는 엄격한 조사 방법을 사용해야 한다. 그러나 실험은 설문에 비하여 훨씬 더 복잡한 절차를 거쳐야 하고, 시간과 비용이 많이 들어가므로 기업들이 실험을 하는 경우는 흔하지 않다.

② 데이터 수집방법의 결정

앞서 설명한대로 마케팅 조사 방법은 **기술적 조사**가 대부분이므로 기술적 조사를 중심으로 마케팅 조사 과정을 설명해 나가기로 한다. 기술적 조사에서 데이터를 수집하는 방법은 크게 **관찰법**과 **설문조사**로 나누어진다.

㉠ 관찰법

관찰법(Observation)은 사람들의 행동이나 어떤 사건이 전개되는 과정을 관찰한 다음에, 그 결과를 정리하여 데이터를 만드는 조사방법을 가리킨다.

관찰법은 설문조사의 단점을 보완해 주는 방법으로 쓰이기도 한다. 설문조사에서는 응답자들이 표기한 '답'에 전적으로 의존할 수밖에 없는데, 응답자들의 답과 그들의 '행동'이 일치하지 않을 때를 종종 발견할 수 있다. 그러나 관찰은 실제 행동에 근거하므로 이러한 문제로부터 비교적 안전하다는 장점이 있다.

실제로 많은 기업이 관찰법을 마케팅 조사 방법으로 이용하고 있다. 하지만 관찰법은 소비자의 행동을 단지 관찰만 할 뿐 그러한 행동을 보인 이유에 대해서는 파악하기 어렵다는 단점이 있다. 이를 파악하기 위하여 면접법을 병행하기도 한다.

㉡ 설문조사법

설문조사(Survey)란 설문지를 이용하여 조사자와 응답자 간에 질문과 응답을 통해 데이터를 수집하는 방법을 말한다. 설문 조사에서 응답자를 접촉하는 방법은 크게 대인면접, 우편/팩스 조사, 전화조사, 온라인조사 등이 있다. 다음의 〈표 4-4〉는 각 설문조사방법의 장단점을 비교하여 보여주고 있다.

〈표 4-4〉 설문조사법의 종류와 장단점

	장점	단점
대인면접	탄력성, 응답률, 관찰가능, 응답자 지원/통제가능	조사비용, 익명성 훼손, 조사시간, 면접자 영향 가능, 조사자 개입 가능성
우편/팩스조사	익명성 보장, 응답지역, 비용 저렴, 조사자 영향 배제	낮은 응답률, 자료회수기간, 응답자 지원/통제 불가능
전화조사	경제성, 신속성, 특정 직업 조사 용이, 익명성, 응답자 지원/통제 가능	소요시간 촉박, 면접자 영향 가능, 표본의 대표성 문제
온라인조사	신속성, 응답자 통제가능, 응답편리성, 즉각적인 자료처리	표본의 대표성 문제

③ 데이터 수집 도구 결정

마케팅 조사자들은 1차 데이터를 수집하는 주요 도구로 설문지, 정성적 측정 그리고 기계장치 중 하나를 선택하게 된다. 데이터 수집 도구는 데이터 수집 방법이 무엇인가에 따라 결정된다. 예를 들어 **관찰법**을 이용하기로 하였다면 **카메라**, **녹음기** 등이 이용될 것이고, **설문지법**을 사용하기로 하였다면 **설문지**가 필요하다. 잘 구성된 설문지는 측정된 자료의 신뢰성과 타당성을 보장해 주며 자료 분석을 용이하게 한다. 그러나 지나치게 긴 설문지나 응답이 쉽지 않은 내용들은 응답의 성실도를 크게 훼손하게 된다. 따라서 설문지는 다음 사항을 유의하여 작성하도록 한다.

㉠ 설문 문항 유형

설문 문항의 유형에는 개방식과 폐쇄식이 있으며 각각의 특징은 다음과 같다.

- 개방식문항(Open-ended question): 다양하고 광범위한 응답이 요구될 때 활용되며, 탐험조사에 유용하다. 그러나 응답자 성의를 저하시키는 요인이 될 수 있으며, 응답자 표현능력이 부정확할 수 있으므로 결과 분석 시 분석자의 전문성이 필요하다.
- 폐쇄식문항(Closed-ended question): 면접원 영향, 표현 기피, 자료처리문제를 어느 정도 해소할 수 있는 방법이어서 설문조사에서는 주로 폐쇄식 문항을 사용한다. 응답문항은 상호배타적(Mutually exclusive)이고 포괄적(Collectively exhaustive)이어야 한다. 즉 응답 내용 간에 중복성이 없어야 하며 응답할 수 있는 내용이 모두 포함되어야 한다.

㉡ 질문순서

설문의 순서는 물 흐르듯 자연스러워야 하며, 특히 앞부분과 말미에 위치해야 좋은 문항들이 있다. 그러므로 다음의 사항들을 유의하는 것이 좋다.

- 도입부분은 잠재고객에게 응답의 흥미를 유발하고 공감대를 느끼게 하는 내용을 넣는다.

- 논리적 흐름을 중요시한다. 즉 종합적 문항을 먼저 제시하고 나서 세부적 문항을 제시한다.
- 응답하기 곤란하거나 사적인 질문은 말미에 넣는다(위신, 규범 관련 사항 등).

㉢ 질문용어 선택 시 유의사항

- 불명확한 질문은 삼간다.

예) 귀하의 수입은?(월, 연 수입, 보너스 포함 여부, 개인소득 등)

예) 어떤 집에 거주 중입니까?(가옥 형태, 소유 유무, 평수 등)

- 미리 가치판단 자료를 제시하고 질문(유도, 강요 질문)을 하지 말아야 한다.

예) 귀하께서는 과연 국내 정치가 이대로 가도 좋다고 보십니까?

- 두 개 이상의 차원을 묻는 질문은 삼간다.

예) 이 제품의 성능과 디자인은 어떻다고 보십니까?

- 응답 항목의 상호배타성, 포괄성: 응답 항목 간 내용이 중복되거나 응답 항목에 누락된 사항이 있으면 안 된다.
- 장황한 질문: 지나치게 긴 문항, 복잡한 질문을 주의한다.

④ 표본선정

데이터 수집 방법이 결정되면 표본을 선정하는 절차로 들어가야 한다. 일반적으로 마케팅 조사는 그 상품을 구입해 본 경험이 있는 혹은 구입할 가능성이 있는 사람들을 대상으로 이루어지는 경우가 많은데 그런 사람들의 수는 엄청나게 많은 것이 보통이다. 이 모든 사람들로부터 데이터를 모을 수는 없으므로 이들을 대표할 수 있는 응답자를 어떻게 선정할지 결정하는 일이 필요하다.

표본 선정은 다음과 같은 과정으로 이루어지는 것이 일반적이다.

모집단 정의 → 추출방법 결정 → 표본 크기 결정 → 표본 추출

㉠ 모집단의 정의

모집단(Population)이란 조사대상자의 범위로서 조사 적용 대상이 되는 모든 개체의 집합을 말한다. 예를 들어 특정 지자체장 선거지지도를 조사하려면 특정지역 내 거주하는 성인 남녀 모두가 모집단이 되는 것이다. 모집단의 정의 이후에는 모집단 프레임(모집단에 포함된 조사대상자들의 명단이 들어있는 명부, 예를 들어 전화번호부, 회원명부 등)이 결정되어야 한다.

㉡ 표본추출방법의 결정

표본추출방법은 크게 **확률표본추출법**(Probability sampling)과 **비확률표본추출**(Non-probability sampling)로 구분할 수 있다. 표본프레임이 있으면 확률추출을 할 수 있다. 확률추출법을 사용하면 추출된 표본이 모집단을 얼마나 잘 대표하는지 알 수 있다는 장점이 있다. 비확률표본추출법은 조사자의 편의나 주관적 판단에 의해 추출하는 것으로 다음과 같은 종류로 나누어 볼 수 있다.

- 비확률표본추출법
  - 편의추출법(Convenience sampling): 조사의 편의를 위해 추출하며, 편리성과 저비용이 장점
  - 판단추출법(Judgement sampling): 연구자 자신의 판단에 근거한 추출
  - 할당법(Quota sampling): 몇 가지 할당 기준을 적용하여 추출
- 확률표본추출법
  - 단순무작위법(Simple random sampling): 제비뽑기식
  - 체계적 추출법(Systematic sampling): 연속선상의 i번째 표본을 계속 선택
  - 층화추출법(Stratified sampling): 모집단을 층화시켜 추출(상호배타성, 포괄성 유지)
  - 군집추출법(Cluster sampling): 층화추출 하위집단 중 하나를 선택

㉢ 표본 크기 결정

일반적으로 마케팅 조사의 유형에 따라 다음과 같은 요인을 고려하여 표본의 크기를

결정한다.

- 의사결정의 중요성: 중요한 문제이거나 많은 정보가 필요하거나 정확도가 높아야 할 때 대규모 표본
- 조사의 성격: 예컨대 탐험조사의 경우 소규모 표본
- 변수의 수, 분석의 성격: 변수의 수가 많고 분석이 복잡할수록 대규모 표본
- 유사조사의 표본 크기: 타 유사조사에서 사용하는 표본 규모 참조
- 자원의 제약성 등

다음 〈표 4-5〉는 마케팅 조사의 유형에 따른 표본의 크기를 예시해 주고 있다.

〈표 4-5〉 마케팅 조사유형과 표본 크기

조사유형	최소크기	전형적 범위
문제파악연구(예: 총 시장규모)	500	1,000~2,500
문제해결연구(예: 가격설정)	200	300~500
제품테스트	200	300~500
시험시장연구	200	300~500
TV, 라디오, 인쇄광고	150	200~300
시험 시장감사	10개 점포	10~20개 점포
목표 집단	2개 집단	4~12개 점포

출처: N. K. Malhotra(1996), Marketing Research: An Applied Orientation, 2nd ed., Prentice-Hall International, Inc.

(3) 데이터 분석 및 결과의 해석

마케팅 조사를 실시한 후에는 수집된 데이터를 분석하여 조사의 목적을 충족시킬 수 있는 정보를 도출해야 한다. 일반적으로 분석과 해석의 의미를 엄밀히 구분하지 않는 경향이 있는데 다음과 같이 두 개의 개념이 다르다. 즉 분석(Analysis)이란 수집된 자료를 가

공, 처리하여 어떤 의미를 전달토록 해주는 것이며, 해석(Interpretation)이란 자료 분석결과에서 얻은 정보를 결합하여 연구의 목적에 적합한 새로운 정보를 제공하는 것이다. 다음에서는 조사 결과 얻어진 데이터 분석에 쓰이는 여러 기법을 소개하겠다.

① 수집자료의 정리: 편집(Editing), 코딩(Coding), 데이터 파일 구성, 가공

마케팅 조사 후 수집된 자료는 통계분석작업에 들어가기 전에 분석이 가능하도록 자료를 검증하고, 모순된 자료는 수정하며 무응답을 보완하게 된다. 또한 통계처리가 용이하도록 부호화(Coding)하는 작업이 필요하다. 이 과정을 자료의 정리과정이라 한다.

- 편집(Editing): 불완전한 응답 재정비, 무응답 분석, 보완, 틀린 응답처리, 수정작업 등
- 코딩(Coding): 응답 결과를 숫자나 문자로 변환하여 일정한 값을 부여하는 과정
- 자료입력, 데이터 파일 구성, 가공(Recode, Compute)

② 기술통계분석

분석을 위하여 준비한 자료로 먼저 기본적인 분석 작업을 실시한다. 이에는 기본 빈도분석, 교차분석, 가설검증 등의 작업이 포함된다.

- 기본 빈도분석(Frequency): 평균, 중위값, 표준편차 등 응답의 분포 계산
- 평균분석: 소집단별 평균, 표준편차 산출

③ 변수 간의 관계 분석

단일변수들의 평균, 표준편차, 중심화 경향 등의 분석을 마치면 두 변수 간의 관계 분석 또는 여러 변수 간의 분석(다변량 분석)작업이 진행된다. 변수 간 관계에 대한 분석을 위해서는 다음과 같은 통계기법이 이용된다.

- T-test: 두 집단 간 평균의 차이를 분석

- 분산분석(ANOVA): 독립변수가 두 개 이상이고 종속변수가 하나인 경우
- 판별분석(Discriminant analysis): 둘 또는 그 이상의 집단이 어떤 측면에서 서로 구분되는지 분석
- 다차원분석(Multidimensional analysis): 제품 등에 관한 인식을 근거로 제품 간의 상대적 위치파악
- 결합분석(Conjoint analysis): 제품 속성의 조합에 의해 만들어진 여러 제품 대안에 대한 선호도분석
- 정준상관관계분석(Canonical analysis): 회귀분석과 유사하나 종속 변수가 여러 개인 경우
- 회귀분석(Regression): 종속변수에 영향을 미치는 변수의 영향 정도, 방향분석

여기서는 전술한 바와 같이 조사방법론에 관한 본격적인 서술보다는 시장성 평가를 위한 조사방법을 다루기 때문에 분석기법에 대한 더 이상의 구체적인 소개는 하지 않기로 한다. 〈그림 4-2〉 와 〈그림 4-3〉 은 두 변수 간 및 다변량 분석체계를 요약한 것이다.

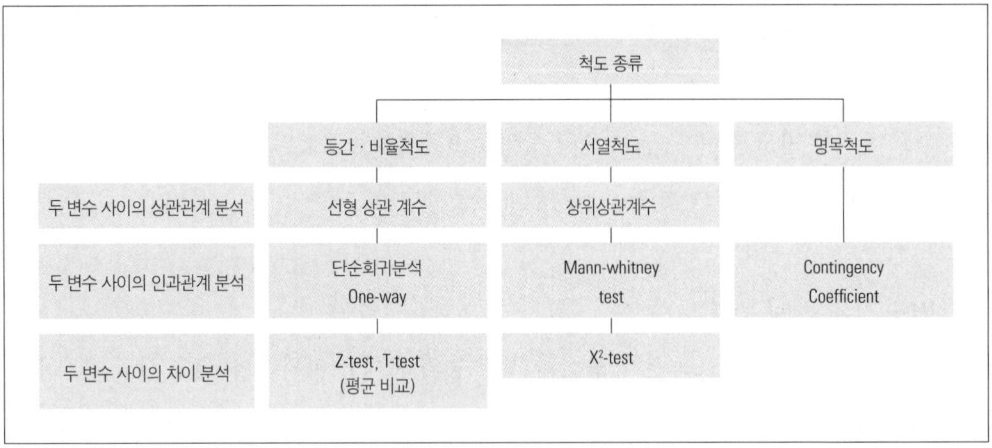

〈그림 4-2〉 두 변수의 분석 체계

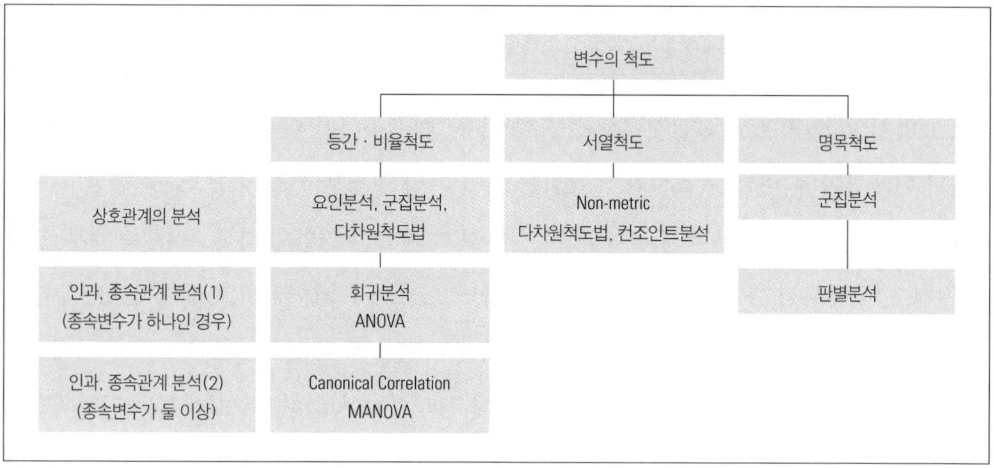

〈그림 4-3〉 다변량 분석의 체계

출처: 임종원 외(2002), 『마케팅 조사론』.

(4) 결과의 제시

분석 결과를 바탕으로 여러 가지 대안의 장단점을 평가하고 그중에서 가장 나은 대안을 골라서 실행에 옮기도록 제시한다. 그러나 마케팅 보고서는 의사결정을 지원할 뿐이지 의사결정을 대신해 주는 것은 아니라는 점을 마케팅 관리자는 명확히 알고 있어야 한다.

3. 시장수요예측

기업이 마케팅 조사를 실시하는 중요한 이유 중의 하나가 마케팅 기회를 확인, 규명하기 위해서이다. 마케팅 조사가 완료되면 기업은 각 시장의 기회의 규모, 성장 및 이익 잠재성 등을 측정하고 예측해야 한다. 이 판매 예측 자료는 기업의 다른 부서, 즉 재무, 인사, 제조, 구매부서 등에서 공유하여 사용하게 되므로 매우 과학적이고 체계적으로 수행해야 한다. 판매 예측은 결국 수요에 대한 예측에 바탕을 두고 있으므로 경영자와 마케팅 관리자는 시장수요가 의미하는 바를 신중하게 생각하여야 한다. 이 절에서는 창업기업이 실제로 활용할 수 있는 수요예측기법을 소개하고자 한다. 이 절에서 다루는 수요 예측 방법은 다음과 같다.

- 연쇄비율법
- 의견조사법
- 시장시험법
- 시계열분석법
- 인과관계분석법

1) 시장수요예측 개요

(1) 시장수요 영향 요인

먼저 시장수요에 영향을 미치는 요소를 살펴보면 다음과 같다.

- 제품요인: 제품 자체의 특성으로 기능, 성능, 가격, 용도, 규격, 상표, 디자인, 이미지 등

- 공급요인: 수요자가 신제품에 접근할 기회 정도로서 생산량, 공급량, 공급지역, 경로 등
- 정보요인: 수요자의 신제품정보 접촉 기회 정도로서 광고, 홍보, 인적 매체 등
- 경쟁요인: 경쟁품, 대체품의 유무, 가격, 용도, 규격, 보급상황 등
- 소비자요인: 수요자의 소득, 구매패턴, 연령, 직업, 라이프스타일 등
- 기타 요인: 사회, 문화, 기술, 법, 제도, 경제 등 거시적 환경 및 기타 요인

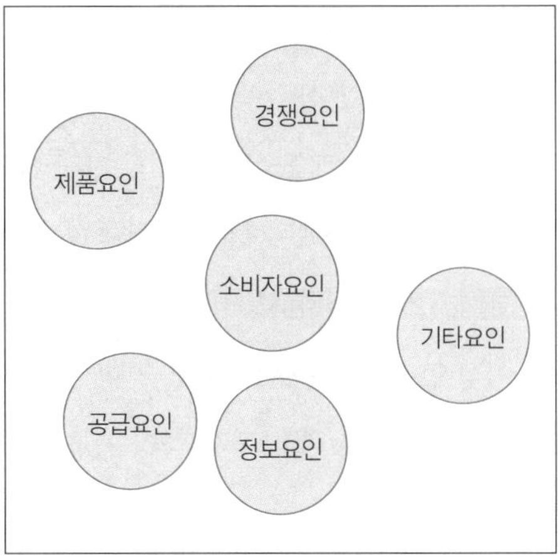

〈그림 4-4〉 시장수요 영향 요인

출처: 유동근 · 이용기(1997), 『마케팅 수요예측』.

(2) 시장수요의 발생구조: 신제품 수용 과정

수요의 발생 구조를 보면 잠재 소비자가 신제품에 관해 새로이 알게 된 후 최종적으로 이를 구매하기까지 몇 단계의 심리적 과정을 거치게 되며, 이를 **신제품 수용과정**이라 한다.

- 인지단계는 신제품 관련 정보에 처음 노출되는 것을 말한다.
- 관심단계는 신제품에 대해 정보를 적극적으로 탐색하는 과정이다.

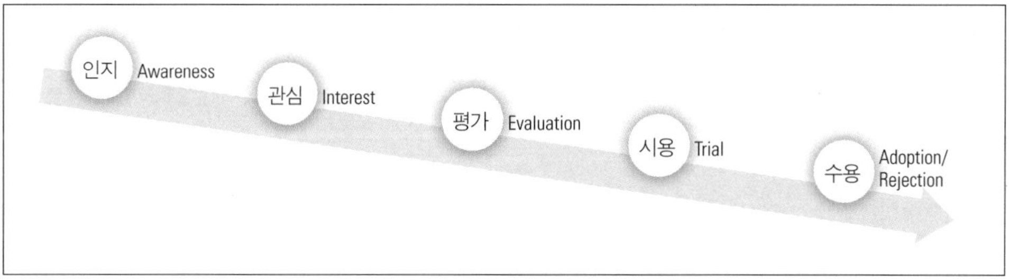

〈그림 4-5〉 신제품 수용 과정

- 평가단계에서는 신제품을 기존 제품 및 자신의 욕구, 기대, 동기 등에 비추어 비교, 평가한다.
- 시용단계는 신제품을 한 차례 시험적으로 구매, 사용해 보는 단계이다.
- 수용단계는 신제품을 채택하기로 결정하는 시기이다.

이상으로 시장수요의 주요 영향 요인과 시장수요발생구조에 대한 간략한 서술을 마치고 다음은 마케팅 분야에서 널리 사용되고 있는 수요예측기법들을 제시하기로 하겠다.

2) 시장수요예측기법

(1) 연쇄비율법

시장수요를 예측하는 방법 중 **시장잠재력**(Market potential)**추정**이란 **일정기간 이상적 조건 하에서 특정기업뿐만 아니라 경쟁기업 모두가 달성할 수 있는 최대매출액**을 말한다. 시장잠재력은 다음 식과 같이 잠재구매자 수, 구매자당 평균 구매량 및 가격을 곱한 값으로 구한다.

시장잠재력 = 잠재구매자 수 × 구매자당 평균 구매량 × 가격

사실, 각 산업, 시장, 제품의 구매자 수를 예측하는 것은 매우 어려운 일이다. 시장잠재력은 여러 가지 방법으로 추정되는데 일반적으로 **연쇄비율법**, 즉 **고객이 될 수 있는 인구 전체에서 출발하여 구매 관련 조건**(확률)**들을 연쇄적으로 곱하여 압축해 나가는 기법**이 많이 사용된다.

연쇄비율법을 구매자 규모 파악과 구매량 추정의 순으로 제시해 보면 다음과 같다.

① 잠재구매자(또는 사용자)의 범위, 크기 파악

잠재구매자의 수는 폭넓게 정의할 수 있다. 즉 해당 제품에 대한 욕구와 여건, 능력을 갖추고 있다면 모두 포함시켜야 한다. 이 단계에서 필요한 자료들은 정부의 각종 센서스 자료나 생산자 단체, 민간 연구소, 공공기관 등의 발간자료, 통계들로부터 얻을 수 있다. 경우에 따라서는 총인구 중에서 구매자가 될 수 없는 사람들을 제외해 나가는 것이 더 쉬울 수 있다. 예컨대 책의 경우 총인구 중 문맹자와 12세 이하 어린이는 책을 구매하지 않으며, 이들이 각각 총인구의 30%와 20%를 차지한다면 전체 인구에서 그만큼 제외해야 할 것이다.

② 잠재구매자의 구매량(또는 사용량)을 추정

현재 구매자 또는 사용자의 평균 구매량(사용량) 추정치가 흔히 사용되곤 한다. 구매자 집단을 대량 사용자와 소량 사용자로 구분하는 것이 필요할 수 있다. 이를 위하여 현재 사용자들을 대상으로 설문조사를 실시하여 두 집단별 평균 사용량을 산출할 수 있을 것이다. 예컨대 일회용 기저귀 사용자의 경우, 생후 12개월 이하가 69만 명, 13개월 이상~24개월 이하가 71만 명이며, 이 두 집단의 1일 평균 사용량이 각각 10개와 5개라면 연간 총 사용량은 38억 1,425만 개로 추정할 수 있다. 이 숫자에는 만 2세 이하의 어린이들은 모두 일회용기저귀를 사용하는 것으로 가정하였기에 천기저귀 사용자들도 포함되어 있다.

산업재의 경우 표준산업분류(SIC, Standard Industrial Classification)를 사용하여 총 시장규모를

〈표 4-6〉 일회용기저귀 시장의 최대매출액 추정

연령대	총인원 수 ①	하루 평균 사용량 ②	연간 총 사용량 (= ①×②×365)
12개월 이하	69만 명	10개	25억 1,850만 개
13개월 이상~ 24개월 이하	71만 명	5개	12억 9,575만 개
총 계			38억 1,425만 개

출처: 박찬수(2014), 『마케팅원리』.

<표 4-7> 전기코일의 최대시장 추정

SIC	명 칭	구매액수 (백만 원)	구매처의 근로자 수	일인당구매액수 (백만 원)	총 종업원 수	잠재력 추정치 (백만 원)
D29511	가정용전열기기제조업	2,840	10,896	0.26	119,330	31,145
D29519	기타가정용전기기기제조업	4,010	4,678	0.86	46,805	40,112
D30011	컴퓨터제조업	160	3,200	0.05	34,913	1,746
D31101	전동기기 및 발전기 제조업	5,015	4,616	1.09	42,587	46,249
계		12,025				119,252

출처: 박찬수(2014), 『마케팅원리』.

산출하는 경우가 많다. 예컨대 전기코일생산 판매기업의 경우 SIC로 분류하면 <표 4-7>과 같다.

SIC코드 D30011번에 속하는 기업들이 총 1.6억 원을 구매하였고, 이 기업들의 근로자가 총 3,200만 명이라면 근로자 1명당 5만 원어치씩 구매한 셈이다. 그런데 SIC코드 D30011번에 속하는 기업들이 고용하는 총 종업원 수가 34,913명이라면 이 시장에서의 최대 시장규모는 17억 4,600만 원으로 추정할 수 있다. 나머지 SIC코드에 대해서도 마찬가지로 계산하면 총 최대시장규모는 약 1,200억 원으로 추정된다.

(2) 의견조사법

① 소비자 구매의도 조사(Survey of buying intentions)

구매의도분석이란 잠재고객을 대상으로 주로 설문조사를 통해 신제품을 구매하거나 사용할 가능성을 조사한 후 이를 신제품 구매확률로 환산해내는 방법이다. 조사의 주요 내용은 구매의도 정도와 적합한 가격, 호감도 측정 등으로 구성되어 있다. 구매의도를 구매확률로 환산하는 방식은 예컨대 "분명히 사겠다."라는 응답에 0.7을 곱하고, "아마도 살 것이다"에 0.5를 곱하는 등 확률수치를 적용하는 방식이다. 이때 이 수치는 산업별 특성이나 관리자의 판단, 제품의 포지셔닝 등을 고려하여 주관적으로 결정해야 한다.

<표 4-8>은 총 100명의 응답결과를 구매확률로 환산한 예이며 전체 표적시장 잠재고객이 10만이라면 구매추정은 10,200으로 볼 수 있다.

〈표 4-8〉 구매의사의 환산

응 답	1. 전혀 없다	2. 조금 있다	3. 많다	4. 매우 많다	5. 확실하다
응답자	50	35	7	5	3
구매확률(%)	0	0.1	0.3	0.5	0.7
산 출	0	3.5	2.1	2.5	2.1
Σ			10.2		

$$100{,}000 \times \frac{10.2}{100} = 10{,}200$$

이 방법의 장점은 잠재고객의 의견을 직접 수집하며, 매우 간단하다는 점이다. 한편 이 방법의 한계는 잠재고객의 규모추정과 대표성이 높은 표본을 추출하기가 어렵다는 점과 구매확률을 산정하는 데 자의성이 개입된다는 점이다.

② 판매원/유통업자 의견통합

구매자를 직접 면접하기 어려운 경우 **자사 영업사원**이나 **유통업자**를 대상으로 조사하여 수요를 예측할 수 있다. 이때에도 판매원이나 유통업자가 추정한 결과를 조정하여 사용해야 한다. 즉 판매원이나 유통업자의 본성이 낙관적이거나 비관적일 수도 있으며 최근의 실적에 따라 극단적인 성향을 보일 수도 있기 때문이다. 응답자에게 인센티브를 제공하는 것도 좋은 방법이다. 이 방법의 장점은 고객과 가장 가까운 위치에 있는 사람들의 통찰력을 활용할 수 있다는 점이다. 총 수요량은 판매원들의 담당 지역별 추정치를 합계하여 산출할 수 있다.

③ 전문가의견 수렴

특정 제품, 기술, 혹은 산업분야에 능통한 전문가들을 대상으로 예측치를 수집한 다음 이를 평균하는 방법이다. 대표적인 방법으로는 **델파이법**(Delphi method)이 있다. 델파이법은 집단토의와 개별 측정을 통합하는 방식으로 흔히 3차 이상의 수정반복(Round)을 통하여 의견 일치를 추구하게 되는데, 이 방법은 미래 매출액에 대한 영향 요인을 반영하여 전문적인 예측을 얻을 수 있다는 장점이 있다. 반면, 외부전문가 활용비용이 높으며, 전문가들의 예측도 매우 큰 오차를 나타낼 수 있다는 점이 한계이다. 따라서 이 방법은 다른 방법의 보완적인 형태로 실시되는 경우가 많다.

(3) 시장시험법(Market test)

시장시험법은 누구를 대상으로 의견을 묻는 것이 아니고 직접 시장 환경에서 조사하는 것으로서 제품이 소비재인지 산업재인지에 따라 방식이 다르다.

① 소비재시장 시험

소비재의 경우 시장시험법은 잠재구매자들로 하여금 신제품을 직접 사용해 보도록 한 다음 이들의 반응을 조사하고, 이 결과를 기초로 매출액이나 시장점유율을 예측하는 방법이다. 이 방법은 실제로 수백 개 정도의 가정에 신제품과 경쟁 제품을 주고 일정기간 사용하게 한 다음 구매 의도나 만족도, 재사용률을 조사한다. 또는 몇 개의 시험도시에서 일정기간 실제 판매와 같은 방식으로 유통경로를 통하여 마케팅 활동을 전개해 볼 수 있다. 경우에 따라서는 실험실이나 모의시장에서 수백 명의 잠재고객을 대상으로 예비시험을 하기도 한다. 시장시험법은 구매자들이 신제품의 경우 구매에 관해 신중하게 계획하지 않거나 전문가들의 의견수렴이 바람직하지 않을 경우에 주로 사용한다. 이 방법을 사용할 때 시험도시의 수, 시험도시 선정기준, 시험 기간 등에 관해 신중한 판단이 필요하다. 한편, 경쟁자에게 신제품에 관한 많은 정보가 노출된다는 점이 단점으로 지적되고 있다.

② 산업재시장 시험

고가의 산업재나 새로운 기술제품 등은 대체로 기업 내의 알파테스트나 외부고객을 대상으로 하는 베타테스트를 거치게 된다. 베타테스트 동안 기술자들은 고객들이 제품을 어떻게 사용하는지, 예측하지 못했던 문제나 서비스상의 보완점이 있는지 등을 주시

할 수 있게 된다. 시험기간이 끝난 후에는 참가 고객들로 하여금 구매 의도나 기타 의견을 진술토록 요구할 수도 있다. 참가대상고객들에게는 참여에 대한 보상으로 무료 혹은 염가로 제품을 공급하는 것이 일반적이다. 전시회를 통해서 실시하는 산업재 시험방식은 신제품을 단시간 내에 소개하는 목적도 달성할 수 있다. 전시회에 초청 받은 고객들이 신제품의 특성과 조건들에 대해 어떤 반응을 보이는지, 구매 의도나 주문 정도는 얼마나 되는지 알 수 있다. 이 방법 역시 출품된 제품이 경쟁자들에게 노출되므로 가급적 전시회 출품 즉시 출시하는 것이 유리하다. 유통기관의 전시장 역시 일상적 판매환경에서 고객의 선호도를 조사할 수 있는 곳으로 활용 가능하다. 이상의 방법들이 가진 단점은 시험대상 고객들이 표적시장을 대표한다고는 볼 수 없다는 점이다.

(4) 시계열 분석법(Time-series analysis)

이 방법은 과거 실적을 바탕으로 미래 수요를 예측하는 방법으로 분석 시 매출액에 더 높은 가중치를 부여하는 것이다. 이 방법의 요건은 시계열 자료가 있어야 하고 미래는 과거와 유사하다는 가정이 성립되어야 한다는 점과 과거 자료에서 패턴을 추출할 수 있어야 한다는 점 등이다. 시계열 분석은 과거의 시계열자료를 추세, 주기, 계절적 요인, 불규칙한 사건 등 네 가지 구성요소로 분리한 후 이를 이용하여 미래의 매출액을 도출하게 된다.

- 추세(Trend): 시간 경과에 따른 매출 실적 변화
- 주기(Cycle): 매출 실적의 변동을 가져오는 데 기여한 경기 순환적 요소
- 계절적 요인(Seasonal component): 계절에 따라 변하는 패턴을 야기하는 요소
- 불규칙 요인(Erratic component): 수요에 영향을 미치는 예측 불가능 요소. 과거 자료로부터 불규칙 요소들에 의한 수요변동을 제거해야 함.

이 기법은 간편하고 비용이 적게 드나 시장이 불안정한 경우 신뢰성에 한계가 있는

것이 단점이다. 시계열분석법에는 다음과 같이 이동평균법과 지수평활법이 포함된다.

① 이동평균법

이동평균법(Moving average)은 과거 자료에 존재하는 왜곡요소(Noise)를 제거하여 패턴을 찾아내려는 데 목적이 있다. 예컨대 매출액이 꾸준한 상승세를 타고 있으나 표면적으로 불규칙한 양상을 보이고 있을 때 최근 몇 기의 평균을 구해보면 이러한 왜곡요소를 상쇄할 수 있다.

$$\hat{S}t+1 = (St + St-1 + St-2)/3$$

② 지수평활법

지수평활법(Exponential smoothing)은 이동평균법과 마찬가지로 자료에 들어있는 왜곡요소를 제거하려는 목적을 가지고 있으나, 최근 자료에 더 높은 가중치를 부여한다는 점이 다르다.

$$\hat{S}t+1 = \alpha St + (1-\alpha)St$$

여기서, α: 가중치

(5) 인과관계분석법

인과관계분석법은 매출액과 상관관계가 높은 변수들을 이용하여 미래 매출액을 예측하는 방법으로서 회귀분석법과 선행지수법이 있다.

① 회귀분석법

회귀분석법(Regression analysis)은 인과관계분석기법 중 가장 대표적인 것으로서, **매출액에 영향을 주는 변수들과 매출액 간의 통계적인 함수관계를 이용하여 매출액을 예측하**

는 것이다. 이 방법의 절차는 먼저 이론적 근거를 토대로 매출액에 영향을 주는 변수들을 선정한 다음 회귀분석을 통하여 회귀식을 도출하고, 독립변수들의 값들은 회귀식에 대입하여 구한다. 회귀식은 다음과 같이 표현된다.

$$y = \beta_0 + \beta_1 x_1 + \beta_2 x_2 + \cdots + \beta_k x_k$$

여기서, y: 매출액, x_i: 영향변수, β_i: 회귀계수

예컨대 새로운 맥주 매출액(y, 단위: 억 원)은 광고비(x_1, 단위: 억 원), 가격(x_2)과 높은 상관관계가 있다고 보고, 추정된 회귀계수(β_0, β_1, β_2)의 값이 각각 1,000, 3.0, -0.01이라면 매출액과 설명변수들 간의 함수관계는 다음과 같다.

$$y = 1{,}000 + 3.0x_1 - 0.01x_2$$

만약 광고비가 50억 원, 가격이 1,500원이라면 총매출액은 1,135억 원이다.

$$y = 1{,}000 + 3.0(50\text{억}) - 0.01(1{,}500)$$

회귀분석법은 수요예측을 위하여 유용하게 쓰일 수 있고, 광고나 가격 등 마케팅 통제가능 요소들을 설명변수에 포함시키므로 유용한 정보가 된다. 그러나 이 방법은 여러 영향변수들에 대한 자료를 필요로 한다는 점이 단점이다.

② 선행지수법

선행지수법(Leading indicator method)은 **특정제품의 수요변화를 예측하기 위하여 그 제품 수요 변화에 선행하는 변수들을 이용하는 방법**이다. 예컨대 개인용 컴퓨터의 소모품과 서비스의 수요예측은 개인용 컴퓨터와 프린터 매출액이 선행지표가 된다. 이 방법은 비교적 간단한 인과관계법으로서, 일본은 반도체, 건설 등의 분야에서 각 산업 고유의 선행지표를 개발하여 산업 전체의 미래시장규모를 예측하는 데 이용하고 있다.

4. 하이테크 시장의 수요예측기법

하이테크 기업은 소비자 피드백과 시장조사 결과를 수집하여 신제품을 개발하고 혁신을 위한 아이디어를 창출하고 나면 신제품에 대한 수요예측이라는 난관에 봉착할 때가 많다. 하이테크 제품의 미래 수요를 예측한다는 것은 다양한 이유에서 매우 어려운 일이다. 수요예측을 위해 일반적으로 **실적자료**(Historical data)를 사용하지만 매우 급진적인 신제품은 실적자료가 없는 경우가 많다. 또한 전통적인 기법으로 얻은 데이터는 불확실한 경우가 많은데 이는 소비자가 아직 신기술에 대한 이해를 충분하게 하지 못한 상황에서 그들의 선호와 기대를 정확하게 표현하기 어렵기 때문이다. 하이테크 시장의 수요예측은 이처럼 불확실성과 오류가 좀 더 많기 때문에 예측을 위한 체계적인 프로세스의 중요성이 다른 제품의 경우보다 특히 강조된다.

1) 수요예측 방법

수요예측 방법을 선택하기 전 마케팅 관리자들은 다음과 같은 질문을 검토해야 한다.

- 무엇을 예측하기 원하는가?(예: 시장수요, 기업판매, 기술추세)
- 왜 예측을 해야 하는가?(예: 신제품개발 투자를 위해, 제조능력을 측정하기 위해)
- 미래를 측정하기 위해 과거는 얼마나 중요한가?
- 미래를 구성하는 데 있어서 우리는 어떠한 영향력을 가지고 있는가?
- 어떠한 요인들이 수요예측을 변환시키는가?

수요예측 기법은 **정량적 기법**과 **정성적 기법**으로 나누어질 수 있으며 어떤 경우에는 정성적 기법과 정량적 기법을 결합한다. 다음의 〈그림 4-6〉은 수요예측 방법을 선택하기 위한 체계를 보여주고 있다. 그림에서 나타나는 바와 같이 이전의 경험을 가진 기업이

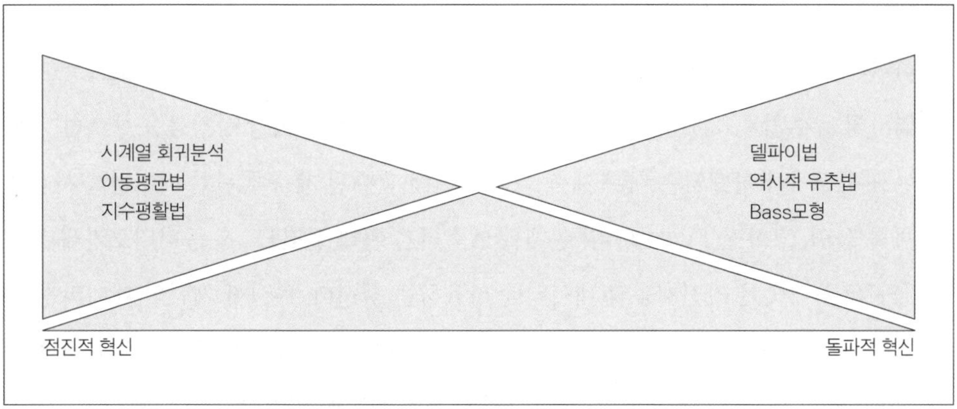

〈그림 4-6〉 혁신의 형태에 따른 수요예측 측정방법의 유형

점진적 혁신을 개발했다면, 기업의 실적 데이터를 이용한 기본 정성적 기법, 즉 이동평균법, 지수평활법, 시계열 회귀분석 등이 적절한 기법이다. 초기 지료를 수집하고 **컨조인트 분석**(Conjoint analysis)을 활용하는 것은 기업이 과거 판매한 경험이 없는 점진적 혁신 제품의 시장점유율 예측을 할 수 있도록 돕는다.

획기적인 제품을 위해서는 각각 다른 조합의 수요예측 기법을 사용하는 것이 적절하다. 다음은 하이테크 기업이 사용할 수 있는 응용기법을 소개한다.

(1) 정성적 기법

델파이법(Delphi method)은 정성적 기법(Qualitative tools)에서 가장 흔히 사용되는 기법일 것이다. 델파이법에서는 전문가 집단을 소집하여 신제품이 언제 널리 수용될지 등을 포함한 특정 질문을 한다. 전문가들을 분리하여 조사를 진행하는데 이는 그들의 판단이 다른 동료에 의해 영향을 받지 않게 하기 위함이다. 첫 질문에 대한 응답은 참여자들에게 공개되어 참여자들이 그들의 판단을 개선하고 다른 참여자들의 응답을 예측하게 하여 의견을 일치시킨다. 각 참여자에 대한 익명제도는 열린 토론을 가능하게 한다. 이 방법은 신뢰성 평가의 부족과 같은 한계가 있지만 이러한 한계는 다른 측정 방법에도 존재한다. 전문가 선택에는 세심한 주의를 기울여야 한다. 선도사용자를 포함한 산업 전반의 전문가는 유용한 벤치마크로서 통찰력 있는 지식을 제공할 수 있다.

하이테크 시장에서 신기술에 대한 추론을 하기 위해 사용하는 또 다른 수요예측 기법은 **역사적 유추법**(Analogous data)이다. 이 예측방법은 신제품의 예상 성장률을 예측하기 위해 현재 시장에서 판매되는 다른 제품 혹은 과거에 판매된 제품에 관한 데이터를 사용한다. 예를 들면, 고화질 TV(HDTV)의 판매를 예측하기 위해 컬러TV 혹은 비디오카세트 녹화기와 같은 비슷한 가전제품의 데이터를 사용하는 것이다. 유사한 제품의 데이터를 사용하려면 두 제품 간 논리적 관련성을 구축하는 것이 무엇보다 중요하다. 예를 들어 두 제품이 비슷한 니즈를 충족시켜주거나 다른 중요한 특성을 공유하고 있는지 살펴보아야 하고 더불어 신제품 성장에 영향을 미치는 시장상황 및 환경적 요인들을 고려해야 한다. 그런 다음 유사한 제품의 판매 패턴을 바탕으로 직관적인 판단을 하면 신제품 판매의 예상 패턴을 추정할 수 있다.

역사적 유추법은 두 제품 간의 유사성이 존재할 경우에만 유효하다. 유사성의 정도가 적절한지는 제품 간의 논리적 관련성에 달려 있다. 1999년도 PDA의 수요를 예측하기 위한 잠재 유사제품으로 개인용 컴퓨터와 휴대폰을 사용한 것이 예에 해당된다.

(2) 정량적 기법

돌파적 혁신에서 수요예측을 위해 가장 많이 사용되고 있는 기법은 정량적 기법(Quantitative tools)인 **Bass모형**이다. Frank Bass의 이름에서 유래한 이 모형은 출시 전 수요예측 기법으로 사용될 수 있으며, 이는 예비 판매수치를 얻을 수 없는 시점에서 추정한다는 뜻이다. 이 모형은 경쟁기술이 없는 신기술 판매를 예측하는 데 가장 적합하다. 오랫동안 연구가 진행되었던 이 모형은 다양한 혁신에 대한 확실한 수요예측을 입증했다. Kodak, IBM, RCA, Sears 그리고 AT&T와 같은 기업들이 이 Bass모형을 사용하고 있다.

신제품 판매곡선에 대한 역사적 분석은 신제품의 누적판매의 가장 흔한 패턴은 S모양의 곡선임을 나타냈다. S곡선은 〈그림 4-7〉에서와 같이 신제품 판매량이 처음에 많지 않을 수 있으나 빠른 속도로 성장하며 어느 시점에서 성장률이 점점 줄어들게 된다는 사

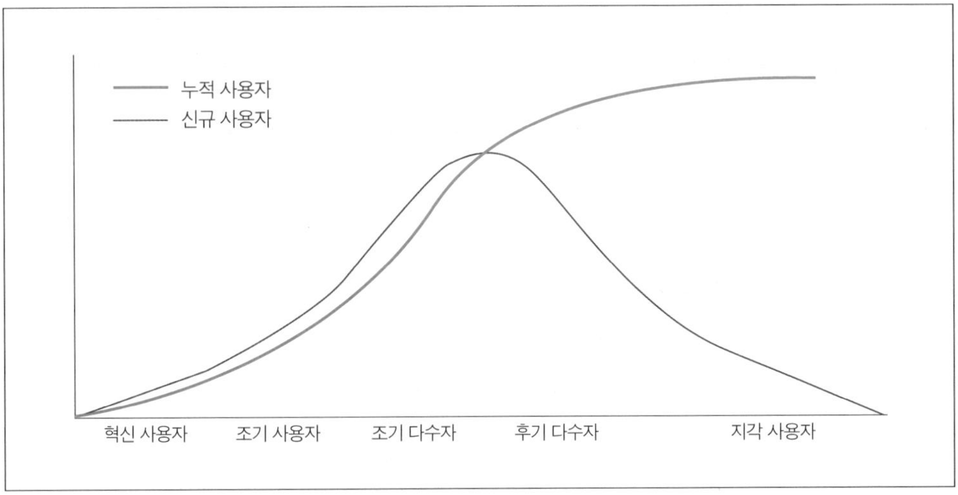

〈그림 4-7〉 혁신의 확산

출처: E. M. Rogers(2003), Diffusion of Innovations, 5th ed.

실을 보여준다.

Bass모형은 **확산이론**(Diffusion theory)에 근거하여 S곡선을 설명한다. 확산이론은 왜 혁신이 시장에 확산되는지에 대한 이유를 검토한다. 확산이론에서는 각 소비자를 기술의 채택시점에 따라 혁신수용자, 조기사용자, 조기 다수자 후기 다수자, 그리고 지각사용자로 분류하였다. 신제품이 출시되었을 때 잠재사용자들은 신제품의 우수성에 대한 불확실성을 느낀다. 잠재사용자들은 이러한 불확실성을 신제품에 대한 정보를 확보함으로써 낮추려고 한다. 조기사용자들은 제품정보를 위해 매스미디어(Mass media)와 다른 외부 정보원에 의존하는 경향이 있고, 후기다수자들은 이러한 정보를 구전 커뮤니케이션 및 관찰과 같은 대인적 채널(Interpersonal channels)에서 확보하려는 경향이 있다.

Bass모형은 따라서 신제품 사용자들이 두 가지 유형의 커뮤니케이션에 의해 영향을 받는다고 추정한다. 이 두 가지 유형은 매스미디어와 대인관계 채널이다. 조기사용자에게 많은 영향을 미치는 **매스미디어** 효과는 제품 출시의 초기단계에서 매우 높으며 대다수의 후기다수자에게 영향을 미치는 **대인관계 커뮤니케이션**의 효과는 확산 프로세스의 후기 단계에서 매우 높다.

이 모형은 마케팅 관리자가 처음 1년의 판매와 전체 판매에 대한 예측방법을 개발하도록 하고 있다. 마케팅 관리자는 또한 **혁신계수**(Coefficient of innovation)와 **모방계수**(Coefficient of imitation)를 측정해야 한다. 이러한 계수들은 간단하게 p(매스미디어)와 q(구전)로 표현되며 비슷한 제품 혹은 산업가치에 대한 데이터를 통해 예측가능하다. Bass모형의 공식은 다음과 같다:

n_t=(p × 남은 잠재사용자) +(q × 사용자 비율 × 남은 잠재사용자)

여기서 n_t = t시간에 존재하는 사용자

모형이 다소 복잡하게 보이지만 실제로 기본 스프레드시트 프로그램을 사용하면 쉽게 계산할 수 있다. Bass모형을 응용하기 전 혹은 응용하고 있을 때 다음과 같은 다양한 가정을 고려해야 한다.

- 잠재시장에서 전체 사용자의 크기는 시간이 지나도 변함이 없다.
- 새로운 사용자 한 명당 하나의 제품만을 구입한다.
- 혁신계수와 모방계수는 변함이 없다.
- 신제품 혁신은 제품수명주기 동안 변하지 않는다.
- 혁신 판매는 지리적으로 단일 지역에 국한되어 있다.
- 마케팅 전략의 영향은 모형변수에 의해 충분히 확보된다

위의 다양한 가정을 고려해 보면 Bass모형의 유용성과 입증된 실행가능성에도 불구하고 어떤 상황에서는 신뢰성이 부족할 수 있다는 점을 알 수 있다.

2) 수요예측의 다른 고려사항

어떤 방안을 단독으로 사용하든 또는 결합된 방안을 이용하든 예측자(Forecaster)들은 신

기술 성공에 대한 개인 혹은 기관의 욕구 때문에 편견을 갖지 않도록 주의해야 한다. 흔히 신기술의 이해당사자들은 미래 성공예측을 부풀리는 경향이 있다. 마케팅 관리자들은 이러한 편견을 성공과 낮은 이해관계를 가지고 있는 신기술의 잠재소비자를 조사함으로써 피할 수 있다. 하지만 잠재고객에게 접근하는 것이 어렵고 정확한 시장조사를 하기 위한 비용과 시간이 다소 많이 들기 때문에 이러한 초기연구를 수행하는 것이 어려울 수 있다.

신기술의 수요예측에 대한 또 다른 문제는 '같은 시장에서 공급되고 있는 기존 기술과 신기술의 경쟁'이다. 신기술을 위한 수요예측 방법을 개발할 때 마케팅관리자들은 기존 기술의 견고한 시장 포지션을 고려해야 한다. '기존 시장의 기술'이 보유한 주요 이점은 구축된 유통경로와 충성고객 확보를 통해 이미 시장에서 성장했다는 것이다. 또한 그들은 입증된 제품 프로세스와 높은 생산량을 보유하고 있다. 이러한 요인들은 구축된 기술이 비용우위(Cost leadership)전략으로 판매될 수 있도록 하며 가격상승을 억제시키고 시장점유율이 유지되거나 혹은 증가할 수 있도록 하고 있다.

기업의 의사결정자들은 특정 기술의 수요예측에 대해 확신하지 못하는 경우가 많으며 기술에 대한 자신감 결핍은 가끔 확실하지 않은 결정 혹은 잘못된 결정을 초래할 수 있다. 신기술에 대한 수요예측은 어렵지만 그럼에도 불구하고 수요예측은 의사결정자에게 매우 중요한 정보를 제공한다.

기술트렌드 2

가트너, "2015 전략 기술 10대 트렌드"

매년 IT 분야 10대 전략기술을 제시해 온 전문 리서치회사인 미국의 가트너가 발표한 "2015년 IT 10대 전략 기술"(Top 10 Strategic IT Trends For 2015)'은 아래와 같다. 데이비드 설리 부사장은 이번에 선정된 톱10 기술들은 세 가지 테마로 설명할 수 있다고 밝힌다. 첫째는 사물인터넷, 3D 프린팅 등 실제와 가상 세계의 융합을 보여주는 것들이다. 둘째는 장소에 구애받지 않고 '어디서나' 가능한 지능형 서비스(Intelligence everywhere)이다. 갈수록 진화해가는 스마트 머신이 이 범주에 속한다. 셋째는 기술적 변화에 따른 디지털 비즈니스의 중심이동이다. 클라우드의 확산이 초래하는 변화가 여기에 해당한다.

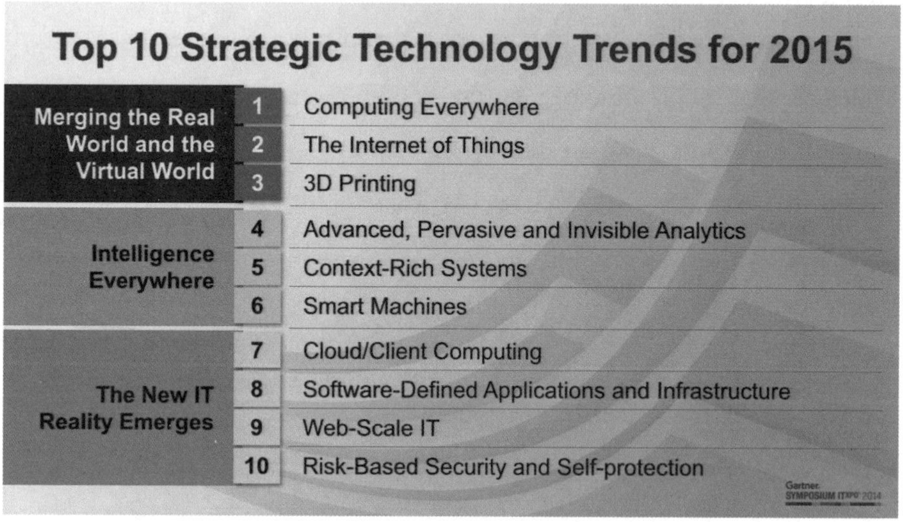

1. 어디서나 컴퓨팅(Computing Everywhere)

가트너는 스마트폰 같은 모바일 기기들이 급증함에 따라, 기기 그 자체보다는 다양한 환경에 처한 모바일 이용자들의 요구에 대응하는 기술이 더 강조될 것이라고 예상한다.

2. 사물인터넷(IoT)

데이터 전송과 서비스의 결합은 네 가지의 기본적인 사물인터넷 이용 모델을 만들어 내는 데 이는 관리(Manage), 현금화(Monetize), 운영(Operate), 확장(Extend)이다.

3. 3D 프린팅(3D Printing)

3D 프린터 시장의 급속 성장이 예상된다. 상대적으로 낮은 가격의 3D 프린터 시장이 빠르게 성장하고 산업적 용도 또한 크게 늘어날 것이다. 새로운 산업, 생물의학, 소비자 부문에서 잇따라 나오게 될 3D 프린팅 제품들이 더욱 세련된 디자인과 간결한 시제품, 짧은 제조 공정에 힘입어 비용을 절감할 수 있게 해줄 것이다.

4. 고차원 분석(Advanced, pervasive, invisible Analytics)

기기에 내장되는 데이터 양이 증가하고, 기업 안팎에 깔려 있는 방대한 데이터 풀도 활용할 수 있게 되면서 애널리틱스(분석기술)가 IT 무대의 정중앙에 서게 될 것이다.

5. 상황 인지 시스템(Context-rich systems)

언제 어디서나 이용 가능한 기기 내장형 정보들은 분석기술의 발전에 힘입어 주변 환경에 신속하고 적절하게 반응하는 시스템의 개발을 촉진할 것이다. 상황 인지형 보안 시스템은 이런 새로운 시스템의 초기 사례이다. 사용자가 요구하는 상황을 파악하게 되면 IT 기기들은 정보를 전달해주는 방식에서도 변화를 줄 수 있다. 이는 갈수록 복잡해지는 컴퓨터 세계를 매우 단순화하는 쪽으로 작용할 것이다.

6. 스마트 머신(Smart Machines)

차세대 알고리즘과 결합해 기계 스스로 환경을 이해하고 학습하며, 그에 따라 스스로 작동하는 시스템으로 발전해갈 것이다. 자율주행차량, 차세대 로봇, 가상 비서들의 초기 버전은 이미 개발돼 있다. 이들은 앞으로 급속히 진화해가면서 '기계 도우미'(Machine helpers)라는 새로운 장을 열어갈 것이다.

7. 클라우드/클라이언트 컴퓨팅(Cloud/Client Architecture)

모바일 기기와 클라우드가 융합될 것이다. 이는 어떤 기기에도 적용 가능한 애플리케이션의 성장을 촉진할 것이다. 가까운 시일 안에 여러 단말기들의 콘텐츠와 앱을 동기화하는 것이 클라우드/클라이언트 서비스의 초점이 될 것이다.

8. SW형 인프라와 애플리케이션(Software-Defined Infrastructure and Applications)

기업들이 디지털 비즈니스에 필요한 유연성을 발휘하려면 앱에서부터 기본 인프라에 이르는 모든 것들에 대한 Agile 방식의 프로그래밍이 필수적이다. Agile 방식이란 개발자 뿐 아니라 사용자, 테스터가 함께 참여해 변화된 상황에 맞춰 수시로 수정하면서 민첩하게 소프트웨어를 개발하는 것을 말한다. 소프트웨어형 네트워킹(SDN), 스토리지, 데이터 센터, 보안이 성숙단계에 진입했기에 이를 가능하게 할 것이다.

9. 웹스케일 IT(Web-Scale IT)

웹스케일 IT란 기업 안에 글로벌 차원의 대용량 클라우드 서비스 공급 능력을 갖춘 세계적인 대기업들의 컴퓨팅 패턴이다. 더 많은 기업이 아마존이나 구글, 페이스북 같은 공룡 수준의 웹 인프라와 앱을 구축하기 시작할 것이다.

10. 보안과 자가방어(Risk-Based Security and Self-Protection)

디지털 세상의 미래로 나아가려면 어찌됐든 보안이라는 장벽을 통과해야만 하는데 기업들은 점점 100% 안전한 환경을 구축하는 것은 가능하지 않다는 점을 깨닫고 있어서 좀 더 복잡한 리스크 평가와 완화 방법을 쓰기 시작할 것이다. 보안 인식형 앱 디자인, 앱 보안 테스트, 그리고 런타임 애플리케이션 자가방어(RASP) 등이 모두 필요하다. 방호벽으로는 더이상 충분치 않기 때문에 앱에 직접 보안 시스템을 구축하는 새로운 모델을 만들어낼 것이다. 모든 앱은 자기인식과 자가방어 기능을 갖춰야 한다.

출처: 미래창, 2014년 10월 14일자, 곽노필.

BUSINESS START-UP MARKETING

III

신제품 출시전략

5장
신제품 개발과정과 성패요인

제1부에서 서술한 창업마케팅의 특징을 보면 창업기업은 신제품 전략의 비중이 매우 높음을 알 수 있었다. 업종이 기술을 기반으로 하든 그렇지 않든 새로운 비즈니스를 창업한다는 것은 신제품 혹은 신서비스를 개발하는 과정이 필수적이기 때문이다.

아울러 신제품의 출시 전략은 비단 창업기업뿐만 아니라 중견 기업이나 대기업에도 매우 중요한 요소이다. 물론 일반기업보다 창업기업의 경우에 신제품 출시와 더욱 밀접한 관계가 있는 것이 사실이다. 그러나 이러한 중요성에도 불구하고 국내에서는 이 분야에 대한 연구문헌, 특히 대학교재나 단행본이 거의 전무한 실정이다.

이에 여기서는 신제품 개발과정과 성패요인을 일반적인 마케팅 문헌에서 더 구체적으로 다루고자 한다. 이 장은 다음과 같이 구성 된다.

- 신제품 개발 과정의 유의점과 문제점
- 신제품의 8가지 성공요인
- 신제품 개발에 성공하는 기업의 특징

* 이 장의 내용은 대체로 다음의 문헌에서 발췌 · 요약하였음. Hopkins.D.S, New Product Winners and Losers(1980), Conference Board Report, Hopkins D.S. and Bailey E.L(1971), "New Product Pressures," Conference Board Record8

Ⅰ 창업마케팅의 개요

1장. 창업마케팅의 정체와 특징

↓

Ⅱ 창업기업의 사업기회평가

2장. 창업기회 평가의 요소와 주안점

3장. 시장성 분석

4장. 마케팅 조사 및 수요예측기법

↓

Ⅲ 신제품 출시전략

5장. 신제품 개발과정과 성패 요인

6장. 신제품 출시 초기 대응 전략

↓

Ⅳ 창업을 위한 STP전략

7장. 시장세분화, 표적시장 선정 및 포지셔닝 전략

↓

Ⅴ 창업마케팅 실행

8장. 창업기업의 상품관리와 브랜드 전략

9장. 창업기업의 가격전략

10장. 창업기업의 유통전략

11장. 창업기업의 촉진전략

↓

Ⅵ 하이테크/창업기업 특화 마케팅

12장. 하이테크 제품의 고객행동과 마케팅

13장. 창업기업에 특히 유용한 마케팅기법

1. 신제품 개발과정의 유의점과 문제점

1) 21세기 기업환경과 기업의 대응

신제품 성패요인에 관한 서술에 앞서 먼저 신제품 개발에 영향을 미칠 수 있는 최근의 기업 경영환경변화와 신제품 개발의 새로운 고려 요인에 대하여 검토해 보기로 한다.

(1) 21세기 기업환경의 변화

21세기 경제사회상의 여러 변화를 비롯하여 기업을 둘러싼 환경이 변하고 있다. 이러한 변화가 제품의 시장 위치에 미치는 영향을 다음과 같이 정리해 볼 수 있다.

- 경쟁의 본질이 상품에서 **서비스**로 변화되고 있다. 과거의 단순 상품 위주의 경쟁 양상에서 서비스가 경쟁의 새로운 요소로 추가되었으며 경쟁의 주요한 요인으로 작용한다. 또한 경제 전반에서 서비스의 중요성이 높아지고 있다.
- 제품이 복잡해지고 있으며 이에 따라 많은 변형 모델과 옵션이 출현하고 있다.
- 기술발전 속도의 증가와 생산기술의 향상으로 제품의 수명주기가 점차 짧아지고 있다.
- 표준 제품에서 점차 **소비자 맞춤** 제품으로 변화해가고 있다.
- 각종 기술의 융합/복합제품 및 주변의 시스템과 연계된 **네트워크 관련 제품**이 늘어나고 있다.

(2) 기업의 대응

이러한 환경변화는 기업에게 신제품 개발과 관련하여 다음과 같은 대응을 요구하고 있다.

- **새로운 혁신제품의 출시**: 새로운 시장상황에 대응하고 신제품의 성공을 통해 기업의 지속적인 성장을 보장하려면 새로운 혁신제품을 출시하는 것이 필수적으로 요구된다.
- **제품 수명주기에 맞춘 마케팅 전략**: 복잡하고 변화가 빠른 시장에서 생존하려면 제품수명주기의 전 과정인 출시부터 시장철수까지 각각의 과정에 맞춘 기민하고 적절한 마케팅 전략이 요구된다.
- **제품개발의 글로벌화**: 경쟁력 확보를 위해서는 시장트렌드에 신속하게 대응하고 복잡한 제품사양 요구에 부응하면서도 개발비용을 절감해야 한다. 이를 위해 제품개발 과정의 글로벌화가 필요하며 이를 관리할 수 있는 인프라구축이 요구된다. 글로벌 제품개발 체제구축의 몇 가지 원칙을 다음과 같이 정리할 수 있다.

- 제품개발 과정의 디지털화를 통한 분산개발 가능시스템구축
- 세계시장에 맞는 지역별 요소를 고려한 제품개발
- R&D기능 일부 해외이전, 아웃소싱(Outsourcing)
- 단계적 글로벌 제품 개발 체계 구축

2) 개발단계별 유의점

신제품의 개발을 일련의 단계로 이루어진 활동으로 볼 때 각 단계에서 실제로 나타나는 유의점들을 알아야 한다. 이를 위해 우선 R.G Cooper(1975)가 123개 성공기업과 80개 실패기업을 대상으로 수행한 사례분석을 통하여 제시한 신제품 개발 과정상의 유의점과 문제점을 각 단계별로 살펴본다.

① 초기 아이디어의 선별(Initial screening)

90%의 기업들이 초기단계인 개발 **프로젝트 선별**과정을 거친다고 하지만 이 과정은 개발의 모든 과정에서 능률성이나 효율성이 가장 떨어지는 활동이며 개선의 여지가 매우 많다는 조사 결과를 보이고 있다. 기업들이 이 활동을 수행하는 방법을 보면 다음과

같다.

60%의 기업에서 이 활동이 R&D, 마케팅, 기타 기능이 통합된 다기능 집단에 의해 수행된다. 또한 결정을 위한 공식적인 기준이 없으며 비공식적인 토의에만 의존한다.

24%의 기업들에서 공식적인 기준이 없이 한 명에 의해 향후 추진 여부가 결정된다. 이러한 결정과정의 배경에는 결정을 담당한 그 한 명은 기술, 시장, 생산, 전략 등 모든 면에서 모든 것을 알고 있으며 또한 의사결정에 매우 능숙하므로 별도의 기준이 필요 없다는 가정이 전제된다.

13%의 기업에서는 정상적인 과정으로 볼 수 있는 초기단계의 선별 활동에 가까운 활동이 있었다. 즉 여러 분야에서 참여한 사람들로 구성된 다기능 그룹이 객관적인 기준에 따라 프로젝트 진행 여부를 결정한다. 이러한 조사 결과를 비추어 볼 때 초기단계 선별 과정상에 개선의 여지가 많다고 볼 수 있다.

〈그림 5-1〉 신제품 과정의 13개 핵심적 활동

② **예비시장 평가**(Preliminary market assessment)

개발과정 중 최초로 **총시장 규모**와 **시장침투 기대치**를 평가하는 과정이다. 본 과정 또한 활동이 매우 취약하게 이루어지고 있으며 거의 1/4의 경우에 이 과정이 통째로 생략되었다. 이것은 신제품 개발 프로젝트가 시장에 대한 대략적인 검토도 없이 다음 단계로 넘어갔음을 의미한다. 혹 실행한 경우라 할지라도 매우 취약하게 진행된 것으로 나타났기 때문에 이 과정 또한 개선의 여지가 절실하다.

③ 예비기술 평가(Preliminary technical assessment)

신제품 개발 과정 중 첫 번째 기술측면의 검토 과정이며 이 활동은 전체의 85%에 달하는 기업에서 수행되었고 수행과정 또한 능률적으로 이루어진 것으로 파악되었다.

④ 세부 시장조사(Detailed market study)

이 과정은 203개 프로젝트 중 3/4의 경우에서 생략되거나 또는 전체 개발과정 13단계 중 가장 취약하게 실행한 과정으로 조사되었다. 조사결과 나타난 시장조사 관련 활동은 경쟁 제품과 가격조사(26%), 제품 사양을 결정하기 위한 고객의 필요와 욕구에 대한 조사(19%), 시장규모를 결정하기 위한 조사(19%)였다. 상기 결과는 세부시장조사의 중요항목을 모두 포함하고 있지 않으며(예: 개념테스트) 여러 측면에서 개선의 여지를 보여준다. 즉 시장이나 세분시장에 대한 명확한 정의와 초점화, 그리고 더 깊고 다양한 고객접촉 등이 부족하다. 또한 고객에 대한 조사 이전에 제품과 기술에 대한 확실한 정의와 시장조사 목적에 대한 명확한 정의 등이 개선의 여지로 남아 있다.

⑤ 개발 전 사업성 및 수익성 분석

63%의 경우에서 본격적인 개발에 앞서 이 과정을 거쳤으며 다른 단계의 활동에 비해 능률적으로 수행된 것으로 나타났다. 이 단계에서는 시장에 관한 정보 및 고객정보입력, 그리고 공식적이고 일관된 진행과정이 요망된다.

⑥ 제품 개발

실질적인 제품개발 과정인 본 과정은 개발과정의 13단계 중 비교적 원활하게 진행된 것으로 평가되지만 아직 개선의 여지는 남아있다.

⑦ 기업 내 테스트(In-house product testing)

89%의 경우 이 과정을 거쳤으며 평균적으로 개발 과정 중 가장 잘 수행된 것으로 나타났다. 그렇지만 이 과정 또한 더 엄격한 테스트 및 공식적인 테스트 절차에 대한 필요성은 남아있다.

⑧ 제품에 대한 소비자 테스트

66%의 경우에서 소비자 테스트 과정이 시행된 것으로 나타나 비교적 충분히 수행된 활동으로 평가되며 78%의 경우에서 샘플이나 원형제품을 고객에게 제공한 것으로 나타났다. 이 과정은 비교적 잘 수행되고 있으나, 좀 더 요구되는 개선의 여지로는 테스트가 다양한 장소에서 여러 차례에 걸쳐 소비자 테스트가 이루어져야 하고 테스트 과정의 효율적인 관리가 필요하다는 점을 들 수 있다.

⑨ 시제품 판매, 테스트 마케팅

시험시장(The test market) 과정은 13개 과정 중 가장 참가율이 낮은 활동으로 조사되었으며 1/4 이하가 하나의 지역과 제한된 일부 고객층만을 대상으로 한정적으로 테스트마케팅을 시도한 것으로 나타났다.

⑩ 시험 생산운용(Trial/Pilot production or operation)

50% 이하의 경우에서만 시험 생산을 시행한 것으로 나타났으며 이것이 시행된 경우는 시행과정에 대하여 긍정적인 평가를 받고 있다.

⑪ 출시 전 사업분석(Prelaunch business analysis)

대부분의 전문가들은 출시 전 사업분석을 권장하지만 조사결과에 의하면 35%의 경우에서만 이러한 활동이 이루어진 것으로 나타났다.

⑫ 생산 착수

대부분의 경우 즉각적인 생산개시가 이루어졌다. 그중 13%는 기존 생산 시설의 변경이 없었으며 35%의 경우는 일부 변경이 있는 것으로 나타났다.

⑬ 신제품 출시

평균적으로 제품출시단계는 긍정적으로 평가되었으나 30% 이상의 경우에서 출시단계가 공식적이고 분명하게 구별되는 단계로 인식되지 않았다.

3) 신제품 실패의 이유

대부분의 신제품은 실패한다. 기업이 신제품의 **콘셉트 개발**이나 **제품개발** 및 출시에 투자하는 비용의 46%는 시장에서 실패하거나 시장에 진출해 보지도 못하는 제품에 소비된다. 그리고 개발을 시작한 네 개의 제품 중 한 개 정도가 **상업적**으로 성공을 거둔다. 또한 제품의 시장출시 단계에서도 설령 모든 테스트와 제반 마케팅 계획이 완료된 제품

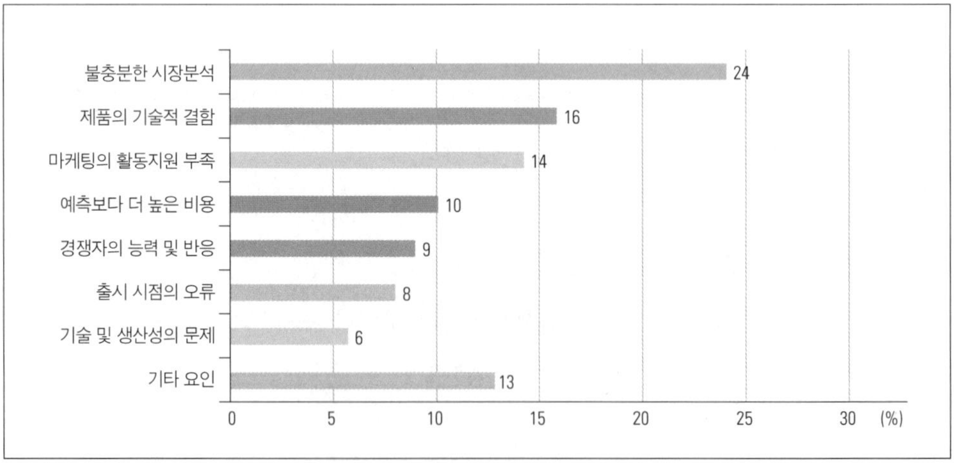

〈그림 5-2〉 신제품 실패의 주요 원인

출처: Cooper R.G(1975). "Why new industrial products fail," Industrial Marketing Management4

이라 할지라도 세 개 중 한 개의 제품은 상업적으로 실패한다.

여기서는 이렇게 많은 신제품이 상업적으로 실패하는 요인에 대하여 살펴보고자 한다. 신제품의 성공을 위한 필수 요건을 이해하려면 실패의 요인을 먼저 살펴보는 것이 의미가 있을 것이다. 실패요인에 대한 검토 없이 성공요인만을 검토하는 것은 동전의 한 면만을 보게 되는 것과 같은 우를 범할 수 있다. 즉 성공과 실패를 동시에 검토해 봄으로써 성공의 요인이 무엇인지 명료하게 이해할 수 있으며 신제품 아이디어 발상과 개발과정에서 나타날 수 있는 문제점에 대비할 수 있을 것이다.

신제품 실패에 대해서 지난 수십 년간 행해진 심도 깊은 분석에 의하면 실패원인은 거의 동일하게 요약될 수 있는데, 이는 제품의 기술적인 요인보다는 **마케팅의 불충분한 수행**이라는 측면에서 대부분의 실패원인을 찾을 수 있다는 것이다(그림 5-2 참조).

① 불충분한 시장조사(24%)

신제품이 실패하는 첫 번째 원인은 **부정확**하고 **불충분한 시장조사**이다. 즉 시장에서 수요분석과 경쟁자 반응에 대한 철저한 **사전예측이 없는 것**이 신제품 실패의 첫 번째 원인이 되는 것이다. 또한 소비자들의 욕구(Need)에 대한 잘못된 이해, 아이디어 분석의 불충분 및 시장의 필요나 수용에 대한 **지나친 낙관** 등이 신제품 실패의 원인으로 나타나고 있다. 또 다른 원인으로는 제품 디자이너나 연구 개발자의 시각을 소비자가 그대로 수용할 것이라는 지나친 자신감을 들 수 있다.

② 기술적인 결함(16%)

두 번째로 공통되게 나타난 신제품 실패 원인은 제품 디자인이나 생산과정에서의 기술적인 문제점이다. 제품개발 과정 중 실험실이나 파일럿 생산단계에서 양산단계로 넘어갈 때 문제가 발생하는 것은 매우 흔한 현상이다. 초기단계인 기술적인 검토, 디자인, 엔지니어링 단계에서의 철저한 점검이 이루어지지 않았기 때문이다. 다른 경우가 있다면 때때로 고객의 모든 필요를 충족하는 완벽한 제품의 개발을 추진함으로써 소비자들의 실제요구사양보다 **너무 높은 비용**이 발생하거나 제품에서 결함이 발생하는 것이다.

③ 불충분한 마케팅 활동 지원(14%)

기업의 경영진이 신제품의 **시장성**을 너무 **과신**한 나머지 출시 단계에서 필요한 마케팅, 판매, 프로모션 활동을 충분히 지원하지 않는 경우 이는 신제품의 실패 원인이 된다.

④ 부적절한 출시 타이밍(8%)

출시 타이밍 또한 신제품 실패에 중요하게 영향을 미치는 것으로 드러났다. 너무 빠르거나 너무 늦은 출시는 기술적인 이유보다는 잘못된 계획과 판단 혹은 통제과정에서 나타난다. 제한된 시장기회에 맞추어 적절한 시기에 출시하지 못한 많은 신제품이 실패하고 그로 인해 고객들의 선호가 바뀌거나 경쟁사가 신제품으로 시장을 선점하는 경우도 많다. 그렇다고 조기출시를 위해 제품발매를 서두르기만 한다면 적정 절차가 무시되고 성급하게 지름길을 택하여 제품의 실패를 초래하는 원인이 되기도 한다. 사이클 타임을 단축하는 방법이 있으나, 이를 서두르면서 필요한 절차를 따르지 않는 것은 적절한 해결책을 제시하지 못한다.

마케팅사례

플랫폼 가진 자가 '룰'을 지배한다

모든 것이 플랫폼이다

2005년 하버드 비즈니스 리뷰에 '모든 제품은 플랫폼이다(Every Product's a Platform)'라는 제목의 논문이 발표됐다. 무려 10년 전 발표된 이 논문이 말하는 바는 분명하다. 무엇이든 상상력만 발휘한다면 플랫폼이 될 수 있다는 것이다.

'플랫폼, 경영을 바꾸다'의 저자인 최병삼 과학기술정책연구원(STEPI) 연구원은 "플랫폼은 일상생활과 비즈니스에 너무 다양하게 사용하고 있는 보편적인 개념"이라고 설명했다. 기업이 만들어 놓은 시장(플랫폼)으로 다양한 고객들을 끌어들이고 이를 통해 만들어지는 다양한 가치를 수익으로 전환하는 시스템이 중요해진 것이다.

애플과 삼성의 결정적 차이

이미 시장의 경쟁 구도가 '플랫폼 간 경쟁'으로 옮겨 가고 있는 것도 같은 맥락에서 바라볼 수 있다. 서비스를 제공하는 툴(플랫폼)이 선택의 기준이 되면서 구글의 안드로이드 대 애플의 IOS 대결 구도가 형성되는 것이다.

글로벌 기업들의 경쟁에서 '플랫폼 패권'을 쥐는 것이 무엇보다 중요한 이유는 플랫폼을 가진 기업이 '시장의 룰'을 지배하기 때문이다. 애플리케이션(앱) 장터인 구글플레이 초기만 해도 결제 시스템에 대해 별다른 통제를 하지 않던 구글은 2012년부터 자사의 결제(IAP) 시스템을 사용하도록 강제하고 있으며 이를 지키지 않으면 구글플레이에서 앱을 삭제할 것이라는 방침을 취하고 있다. 이는 다시 말해 플랫폼을 가지지 못한 기업은 플랫폼을 가진 기업에 종속될 수밖에 없다는 얘기다.

출처:한국경제매거진 2015.5.13. ,이정흔 기자 vivajh@hankyung.com

2. 신제품 개발 성공요인

지금까지 우리는 신제품 개발이 실패하는 원인과 신제품 개발 과정에서 문제가 되는 것이 무엇인지 살펴보았다. 이제는 신제품 개발을 성공적으로 만드는 요소는 무엇인지 규명할 차례이다.

Cooper는 2,000개 이상의 신제품 프로젝트에 대한 연구를 실시했는데 이를 통해 성공과 실패의 사이에서 중요한 차이점을 발견할 수 있었다. 성공한 프로젝트에는 8개의 핵심요인이 존재했다. 이들에 관해 서술하면 다음과 같다.

1) 고객에게 독특한 효익을 제공하는 우월한 제품

고객에게 진정으로 **독특한 효익**을 제공할 수 있는 우월한 제품은 단순한 미투(Me-too, 모방) 제품에 비해 월등한 성공률을 **나타내는** 것으로 판명되었다. **높은 효익**을 제공하는 상위 20%의 제품과 **최소한의 차별화** 포인트만을 가진 하위 20%의 미투제품과의 비교 결과는 다음과 같이 **나타났다**. 즉, 우월한 제품은 98.0%의 높은 **성공률**을 보인 반면 미투

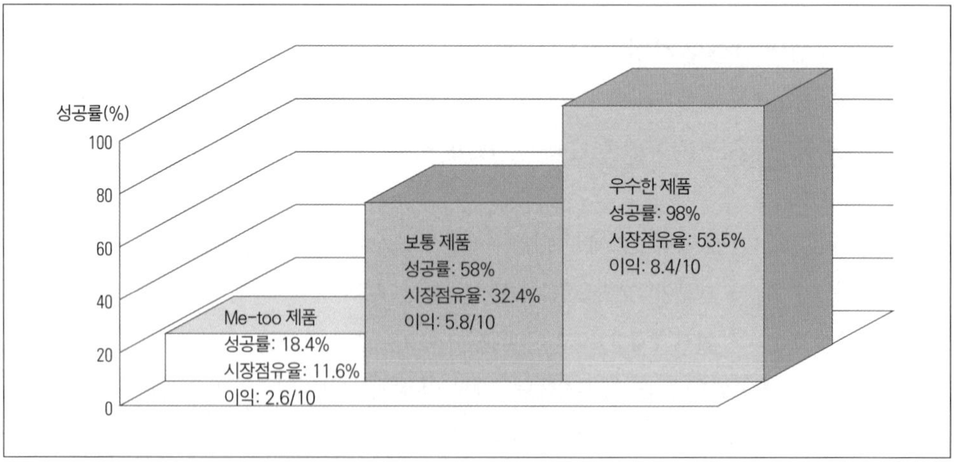

〈그림 5-3〉 제품 우월성이 성과에 미치는 효과

출처: Cooper and Kleinschmidt(1988).

제품은 18.4%의 성공률을 보인데 그쳤다. 우월한 제품은 표적시장에서 53.5%의 **시장점유율**을 보이며 미투제품은 11.6%의 점유율을 보였다. **수익성** 면에서 우월한 제품은 10점 만점 기준 8.4포인트를 달성했지만 미투제품은 2.6 포인트에 그쳤다. 우월한 제품은 미투제품 대비 기업의 판매 및 이익 목표달성률이 월등히 높았다.

2) 개발시작 전 단계에서 제품에 대한 명확한 정의

성공적인 신제품의 경우 개발시작 전 단계에서 제품에 대한 **명확한 정의**를 내린다. 이러한 제품은 그렇지 않은 경우에 비해 **성공확률**이 3.3배 더 높고 **수익성** 면에서는 10점 기준 7.7을 **나타낸다**(제품규정이 명확하지 않은 경우 3.1점). 또한 **시장점유율**(평균 38%)과 기업의 판매 및 수익 **목표달성률**이 매우 높다.

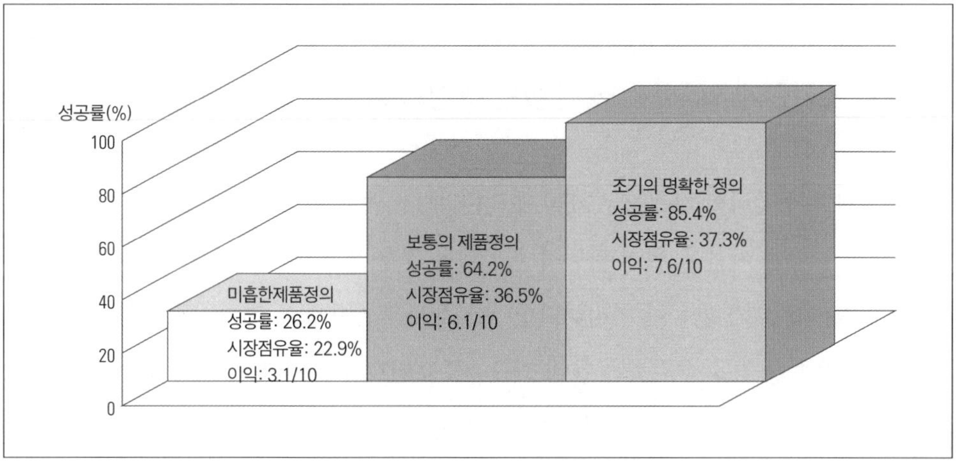

〈그림 5-4〉 명확하고 신속한 제품정의의 효과

출처: Cooper and Kleinschmidt(1988).

3) 기술관련 제반 활동 수행의 질

높은 수준의 기술관련 제반 활동을 보이는 프로젝트는 더 높은 성공률(2.5배)과 시장점유율(21%)을 보인다.

4) 내부 기술역량의 활용(기술 레버리지)

성공적인 프로젝트는 프로젝트의 필요시항과 기업의 R&D, 운영기술, 경쟁상의 우위점, 보유자원과의 상호적합도가 뛰어나다. 이러한 제품은 높은 성공률(2.8배)과 수익성 및 매출목표 달성률을 보인다. 이 점은 신제품 아이디어의 선별이나 우선순위 결정에 매우 중요하게 작용한다.

5) 개발 초기단계(개발 시작 전 단계)의 활동 수행의 질

본격 개발에 앞서서 행해지는 **개발 초기단계**에서의 활동의 질은 프로젝트 성공에 매우 중요한 영향을 미친다. 초기 활동이 활발했을 경우 프로젝트의 평균 성공률이 75%에 이르는 데 비해 초기 활동이 미비하다면 프로젝트의 성공률은 31.3%에 그친다. 초기단계 활동이 우수한 경우 수익률은 10점 기준 7.2 포인트를 보인 반면 초기 활동 미비 프로젝트의 경우 3.7포인트의 수익률을 보였다. 또한 시장점유율도 45.7% 대 20.8%로 차이가 나타났다. 이 초기단계 활동에는 **아이디어 선별, 초기단계 시장 기술 분석, 영업 및 재무적 측면 분석**이 포함된다. 이 과정은 신제품 개발절차상의 예외 없는 정규 절차로 확립되어야 하며 이는 앞의 ②번 과정과도 긴밀히 관련되어 있다(그림 5-5).

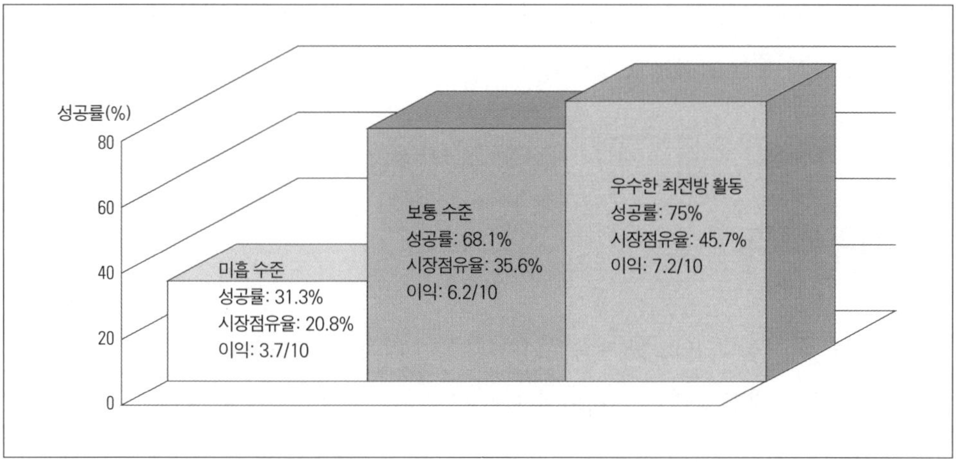

〈그림 5-5〉 (시장)전방 활동의 견고한 수행효과

출처: Cooper and Kleinschmidt(1988).

6) 내부마케팅 역량의 활용(마케팅 레버리지)

신제품의 성공은 프로젝트의 필요와 기업의 **영업력, 유통시스템, 광고, 마케팅 리서치, 서비스능력** 등에 밀접히 연관되어 있다. 이러한 분야의 **레버리지**(역량 활용)가 존재한다면 성공률(2.3배)과 수익성이 높으며(10점 기준 6.6 대비 3.7), 시장점유율은 14%로 높아진다. 마케팅 레버리지는 상기 ④번의 기술 레버리지와 프로젝트 검토, 선별, 우선순위 결정에 결정적인 요인이 된다.

7) 마케팅 활동 수행의 질

많은 기업의 프로젝트 수행에 있어서 마케팅 측면에 한계가 많다. 훌륭한 마케팅이란 강력한 **출시활동 및 판매활동** 이상을 의미한다. 더욱 중요하게는 프로젝트의 모든 과정, 특히 초기단계에서 **고객의 의사**를 반영하는 것을 의미한다. 이는 시장에 대한 사전조사와 고객의 욕구파악을 위한 정밀한 **시장조사**, 프로토타입이나 샘플에 대한 고객시험, 시장 테스트, 출시 등의 활동을 포함한다.

8) 시장의 매력도

매력적인 시장을 목표로 한 제품은 성공확률이 더욱 높다. 매력적인 시장이란 성장성이 높고 큰 시장, 제품에 대한 고객의 수요가 많고 제품구매를 중요하게 생각하는 시장을 말하며 이러한 시장에서의 신제품 성공률은 1.7배 높으며 수익성과 매출목표 달성률 또한 매우 높다.

3. 신제품 개발에 성공한 기업의 특징

단지 프로젝트 수준에서의 성공과 실패에 대한 연구는 프로젝트의 차원을 넘어 **기업적인 차원**에서의 성공과 실패 요인을 밝히는 데 있어서는 한계가 있을 수 있다. 따라서 중요한 점은 신제품 개발에 성공적인 기업의 특징이 무엇인가를 밝히는 것이다. 이에 대한 연구가 활발하게 진행되고 있으나 문제점도 있는 것이 사실이다.

Cooper-Kleinschmidt의 연구는 이러한 문제를 극복하기 위하여 다음과 같은 방법을 적용했다. 첫째, 개별프로젝트 차원이 아닌 기업차원에서 **성공적인 기업의 특징이나 관행에 초점**을 맞추었다. 둘째, 연구과정에 대한 철저한 사전계획을 수립하고 많은 양의 데이터를 확보한 후 정밀한 자료 분석수단을 활용하였다. 마지막으로 기업의 관행과 신제품 성과의 상호관계를 조사하여 어떤 관행이 실제로 신제품의 성과와 관련이 있는가를 밝히려고 노력했다. 연구결과 성공적인 기업과 여타 기업을 가르는 핵심적인 세 가지 요인을 발견할 수 있었으며 이는 다음과 같다.

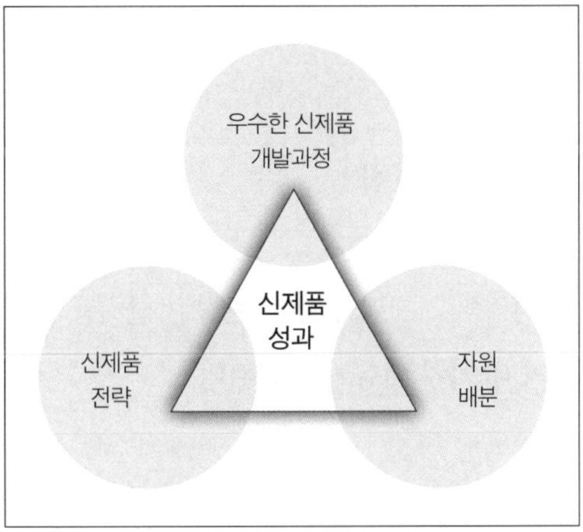

〈그림 5-6〉 성공적인 신제품 성과를 위한 세 가지 핵심요소

※Cooper and Kleinschmidt(1993)

1) 우수한 신제품 개발과정

수준 높은 신제품 개발과정의 존재는 성공적인 기업의 가장 공통적인 현상이다. 이는 단순히 신제품 개발 과정이 존재함을 말하는 것이 아니고 개발과정의 **질적 수준**을 의미하며 이는 다음과 같은 내용으로 이루어진다. 개발 초기단계, 즉 본격 개발에 앞선 시점

에서의 시장 및 기술에 대한 검토를 강조하며 개발과정에서 개발 시작 전 초기에 제품속성에 대한 엄격한 규정 과정을 포함한다. 여기에는 **제품의 목표시장, 개념, 사용상의 이점, 필요사양, 스펙** 등이 포함된다.

- 개발과정에서 프로젝트의 진행 및 중단을 결정하는 엄격한 의사결정 단계를 가지고 있다.
- 개발과정 수행에서 **질적 수준**을 강조한다.
- 개발과정이 완벽하고 철저하며 필요한 모든 활동이 생략되지 않고 수행된다.
- 개발과정에서 프로젝트의 속성과 위험 여부에 따라 진행과정 및 의사결정 시점이 없어지거나 통합 또는 중복수행할 수 있는 **유연한 형태**를 취한다.

2) 신제품 전략

기업의 전체적 활동과 관련된 신제품 **전략의 수립**이 두 번째 성과요인이며 이에는 다음의 네 가지 내용이 포함된다.

- 전체적인 신제품과 관련되어 **기업의 목표**가 존재한다. 즉 신제품의 매출, 이익 등이 기업의 성과에 기여하는 것이다.
- 신제품의 역할은 기업목표 달성에 기여한다.
- 기업의 신제품 개발 방향을 제시하는 전략적인 중점 분야에 대해 명시한다.
- 기업의 신제품 개발에 관한 **장기적**인 주요 **관점**을 확립한다.

3) 자원 확보와 투자재원

세 번째 성과요인은 적절한 **자원**과 **인력**, **투자재원**의 **확보**이다. 이에 대한 세 가지 내용은 다음과 같다.

- **상위 경영층**의 지원으로 신제품 목표를 달성하기 위한 필요 자원이 확보된다.
- 프로젝트 수행을 위하여 적정한 R&D **예산**이 확보된다.
- 프로젝트를 위하여 필요 **인력**과 개발**기간**이 주어진다.

기술트렌드 3

구글, "세상을 바꿀 5가지 기술"

공중에서 손동작만으로 기기를 조정하고 소파를 누르면 TV가 켜진다. 세계 여행을 하지 않아도 360도 화면을 통해 세계 방방 곡곡을 누릴 수 있고, 영화의 주인공은 영화배우가 아닌 바로 내가 된다. 이 모든 것의 중심에는 구글이 있고, 구글과 파트너들이 꿈같은 일을 현실로 구현해낸다. 미국 샌프란시스코 모스코니 웨스턴 컨벤션 센터에서 이틀간 일정으로 열린 '구글 I/O 2015'에서 제시된 세상을 바꿀 5가지 기술은 다음과 같다.

영화 마이너리티리포트의 세상, 머지않았다: 프로젝트 소리(Soli) 기술

이날 구글은 손 움직임만으로 기기를 조정할 수 있는 기술 '프로젝트 소리(Soli)'를 선보였다. 프로젝트 소리는 레이더를 이용해 공중의 손 동작을 읽어내는 기술이다. 영화 마이너리티리포트에서 등장했던 미래 기술이다. 프로젝트 소리는 마이너리티리포트를 능가하는 동작 인식을 구현해냈다. 영화에서는 사람의 큰 손동작으로 화면을 조정하지만, 구글이 구현해낸 기술은 공중에서 손가락을 문지르는 움직임까지 감지해냈다. 마치 손목시계의 용두를 돌리듯 엄지손가락과 검지를 문지르면 화면 속 시계 숫자가 돌아간다. 2개 손가락을 이용해 누르고, 좌우로 움직이고, 돌리는 등의 모든 동작을 감지하는 것이 프로젝트 소리의 핵심이다. 문제는 동작을 감지해내는 레이더를 얼마나 작게 만들 수 있느냐이다. 구글은 이미 동전 크기만큼 작은 레이더를 만드는 데 성공했다. 이 레이더를 스마트워치와 같은 웨어러블 기기에 넣는다면 굳이 작은 화면을 터치해야 되거나 물리적인 버튼을 누를 필요가 없어진다.

허공에 손을 움직이는 것만으로 컨트롤이 가능한 시대를 보여주고 있는 영화 '마이너리티리포트' 스틸컷

소매를 눌러라, 스마트폰이 켜질 것이니: 프로젝트 잭쿼드(Jacquard) 기술

또 다른 놀랄만한 기술은 옷감을 터치패드처럼 사용할 수 있는 '프로젝트 잭쿼드'(Jacquard)였다. 책상 위에서 마우스를 사라지게 만들 구글의 새로운 기술로 파란 천 위를 누르거나 옆으로 밀거나 아래위로

손가락을 쓸면, 스마트폰에 켜있는 음악이 다음 곡으로 넘어가기도 하고 켜지거나 꺼진다. 구글은 이미 실같이 얇은 잭쿼드 터치 센서 옷감을 생산해내는 데 성공했다. 다양한 색상으로 이 옷감을 뽑아낼 수 있기 때문에 옷이나 소파, 카페트, 침대보 등 다양한 곳에 적용할 수 있다. 구글은 이날 유명 의류 브랜드 리바이스와 파트너십을 체결하고, '스마트 옷' 생산을 선언했다. 구글 I/O 행사장에 프로젝트 잭쿼드를 시연하는 공간도 마련되어 있었는데 책상 위에 놓인 천을 누르거나 양옆으로 밀거나 아래위로 문질러서 스마트폰 화면을 터치하는 것과 똑같은 효과를 낼 수 있었다. 컴퓨터 마우스 대신 천으로 만든 터치패드를 사용할 수 있다거나 조명, TV 등을 켜고 끌 수 있다는 점에서 프로젝트 잭쿼드가 얼마나 유용한 기술인지 볼 수 있었다.

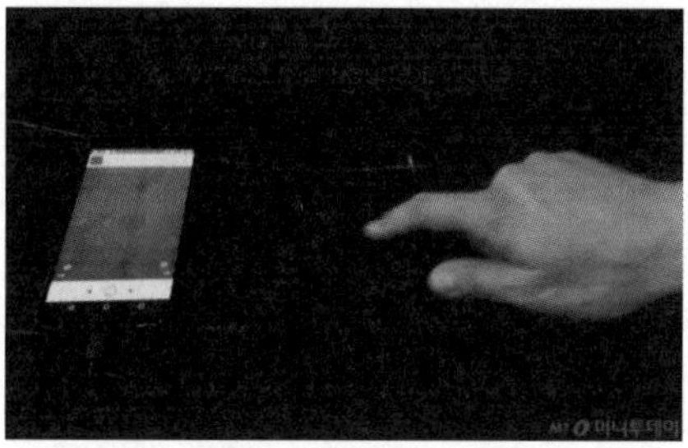
책상 위에서 마우스를 사라지게 할 구글의 새로운 기술 '프로젝트 잭쿼드'.

영화는 보는 것? NO! 당신이 영화의 주인공: 구글 스포트라이트 스토리

구글은 360도 시청이 가능한 '구글 스포트라이트 스토리'를 구글 I/O 기간에 공개했다. 스포트라이트 스토리는 스마트폰을 상하좌우로 움직이면 마치 내가 서 있는 공간이 영화 속 공간이 된 것처럼 모든 방향을 바라볼 수 있는 서비스다. 기존에는 가상현실기기 착용을 통해서만 360도 시점으로 시청이 가능했지만, 이제는 스마트폰만 있으면 가상현실처럼 영상을 볼 수 있게 되는 것으로. 360도 영상의 대중화가 예상되는 대목이다. 스포트라이트 스토리는 이미 안드로이드 앱 마켓에 서비스를 시작했다. 해당 앱에는 '분노의 질주' 시리즈로 잘 알려진 저스틴 린 감독의 스포트라이트 스토리용 영화 '헬프'(HELP)가 담겨있다. 도시를 습격한 괴물과 맞서 싸우는 내용인데, 영화를 감상하는 이용자가 360도 시야를 이용해 다른 출연자를 잘 따라가야만 이야기가 전개된다. 지금까지 모든 영화가 그냥 '보는 것'이었다면 앞으로는 관람객이 영화 속에 뛰어 들어 참여하는 양상으로 변화가 예상된다. 아울러 키노트에서 발표한 '점프'(JUMP) 프로젝트는 스포트라이트 스토리 콘텐츠를 확장하는 데 큰 도움을 줄 것으로 보인다. 구글은 고프로(GoPro)와의 제휴를 통해 가상현실 전용 콘텐츠를 촬영할 기기인 어레이(Array)를 공개했다. 어레이는 고프로 카메라 16대를 원형으로 배치해 360도 파노라마 촬영이 가능하게 한다.

모든 사람과 사물을 연결하라: IoT(사물인터넷) 운영체제 '브릴로'와 통신 플랫폼 '위브'(WEAVE)

구글은 이번 I/O에서 사물인터넷(IoT) 운영체제(OS) '브릴로(Brillo)' 프로젝트와 이를 위한 기기간 통신 플랫폼 '위브(WEAVE)'를 공개했다. 브릴로는 안드로이드를 기반으로 낮은 전력에서도 이용할 수 있도록 시스템을 효율화한 OS며, 위브는 기기간 통신을 가능케 하는 통신망이다. 구글이 브릴로를 통해 IoT시대에 자신의 영역을 확장하겠다는 선언을 한 셈이다. 당장은 집 안의 문을 열고 닫거나, 온도를 조절하거나 안드로이드 오토를 OS로 사용하는 자동차가 집 근처에 갔을 경우 차고 문이 열리는 등의 홈오토 시스템 정도로 상상하기 쉽지만 구글의 야심찬 계획은 이에 그치지 않는다. 구글이 실험하고 있는 무인자동차가 '브릴로'를 장착한 신호등, 요금소 등과 통신해 완벽한 무인자동차 시스템을 갖춘다거나, 자신이 입고 있는 옷이 보안프로그램과 '위브'로 교신해 출입증, 주민등록증 등의 역할을 대신해줄 수도 있다. 단순히 사물과 사물을 잇겠다는 목표가 아니라 전 세계를 구글화하겠다는 것이 브릴로 프로젝트의 핵심이다.

작은 것부터 바꿔 나간다: '구글 포토'와 '앱 검색'

똑똑한 '구글 포토'. 인물, 장소, 테마 등을 알아서 인식해 분류해준다. 검색 기능을 통해 '축구', '호텔' 등 자신이 원하는 테마로 사진을 모아보거나 지우고 싶은 사람만 따로 모아서 한 번에 사진을 지울 수도 있다. 구글코리아의 민경환 구글플레이 총괄은 이번 구글 I/O에서 가장 인상적인 기술로 '앱(애플리케이션) 검색'을 꼽았다. 지금까지 불가능했던 앱 내부의 콘텐츠 검색이 구글 덕분에 가능해 진 것이다. 예를 들어 '맛집'을 추천해주는 앱 내에 있는 특정 레스토랑의 정보를 보기 위해서 그동안은 앱 마켓에서 맛집 정보를 제공해주는 앱을 설치해 가입한 뒤 그 안에서 해당 레스토랑을 찾아야했지만, 앞으로는 구글 검색만으로 앱 안에 있는 정보를 볼 수 있게 되는 것이다. 앱의 첫 화면이나 디자인보다는 앱 내 콘텐츠가 앱의 인기를 좌우하게 되는 셈이다. 이를 통해 구글은 모바일 시대에도 검색 주도권을 놓지 않겠다는 목표를 다진다. 무제한 용량, 무료를 선언한 '구글 포토' 앱도 클라우드 서비스나 사진기반 SNS(소셜네트워크서비스) 업체에 막대한 타격을 줄 것으로 보인다.

출처: 「머니투데이」, 샌프란시스코, 2015년 6월 1일자.

참고문헌

Cooper, R. G.(1975), "Why new industrial products fail," *Industrial Marketing Management*, Vol. 4, pp. 315–326.

Cooper, R. G. and Kleinschmidt, E. J.(1988), "Resource allocation in the new product process," *Industrial Marketing Management*, Vol. 17, pp. 249–262.

Cooper, R. G. and Kleinschmidt, E. J.(1993), "Uncovering the keys to new product success," *Engineering Management Review*, Vol. 21, pp. 5–18.

Hopkins, D. S. and Bailey, E. L.(1971), "New Product Pressures," *Conference Board Record 8*, pp. 16–24.

Hopkins, D. S.(1980), "New Product Winners and Losers," Conference Board Report, #773.

Porter, M.(1980), "Industry Structure and Competitive Strategy: Keys to Prefitability," *Financial Analysis Journal*, Vol. 36, No. 4, pp. 30–41.

6장
신제품 출시 초기대응 전략

앞에서 신제품 출시의 성패 요인에 관해 살펴보았다. 이러한 요인들은 신제품 출시뿐만 아니라 기업성과의 주요 영향 요인이기도 한다. 이어서 여기서는 신제품 출시와 관련된 기업의 초기 대응전략을 다룬다. 이를 위하여 창업기업의 마케팅 자원 확보에 관해 서술한 다음 초기고객 확보 문제와 시장에서의 베타테스트, 파트너링 등의 전술적 측면을 살펴본다. 따라서 이 장은 다음과 같이 구성된다.

- 창업기업의 신제품 출시 전략
- 베타프로세스
- 초기 기업 마케팅
- 파트너링

Ⅰ 창업마케팅의 개요

1장. 창업마케팅의 정체와 특징

↓

Ⅱ 창업기업의 사업기회평가

2장. 창업기회 평가의 요소와 주안점

3장. 시장성 분석

4장. 마케팅 조사 및 수요예측기법

↓

Ⅲ 신제품 출시전략

5장. 신제품 개발과정과 성패 요인

6장. 신제품 출시 초기 대응 전략

↓

Ⅳ 창업을 위한 STP전략

7장. 시장세분화, 표적시장 선정 및 포지셔닝 전략

↓

Ⅴ 창업마케팅 실행

8장. 창업기업의 상품관리와 브랜드 전략

9장. 창업기업의 가격전략

10장. 창업기업의 유통전략

11장. 창업기업의 촉진전략

↓

Ⅵ 하이테크/창업기업 특화 마케팅

12장. 하이테크 제품의 고객행동과 마케팅

13장. 창업기업에 특히 유용한 마케팅기법

1. 창업기업의 신제품 출시 전략

1) 창업기업의 출시전략

신제품이나 새로운 서비스의 마케팅에서 가장 중요한 시점은 시장진입 초기이다. 제품에 대한 첫 인상이 오래 지속되므로 창업기업에는 첫 인상이 좋게 남을 수 있는 제품을 성공적으로 출시하는 것이 필수적이다. 인터넷시대에서 초기 출시의 실패와 성공은 시장가치로 환산한다면 엄청난 금액의 차이를 보인다. 신제품의 출시 이전 단계에 **베타 테스트 과정**을 통하여 제품에 대한 반응을 수집하고, 고객 확보 과정의 시동을 거는 데 필요한 많은 정보를 얻을 수 있다. 다시 말해서 이러한 과정을 통하여 가장 적합한 준거

〈표 6-1〉 신제품 출시 체크리스트

1	**제품개발일정 확정 및 모니터링**
2	**초기 준거고객 확보** 1) 표적 준거고객 선정 2) 준거고객 접근 전략 수립 3) 준거고객 위한 강력한 오퍼링(제품/서비스) 구축 • 제품 이상으로 추가 제공되는 효익은 무엇인가? • 준거고객이 기대하는 것은 무엇인가? 4) 성공적인 신제품 출시를 위한 내부자원 결정 • 영업조직 • 고객 담당 조직 • 기술조직 • 제품 / 고객 경험 피드백 프로세스 5) 실행
3	**신제품을 위한 외부 지원 체계 확보** • 애널리스트 • 업계 전문가 • 컨설턴트
4	**파트너링 기획** • 제품 성공 가능성에 대한 신뢰 증가 가능 • 홍보 기회 확대
5	**제품 출시에 채널/유통 포함** • 채널/유통 위한 마케팅 자료 제작

고객(Reference Account)의 확보, 언론의 관심 획득, 공식 출시 이전에 제품의 결함을 발견 및 보완을 위한 필수적 정보를 확보할 수 있다. 이 중 가장 중요한 것이 만족한 준거고객으로부터 추천 의견을 확보하는 것이다.

신제품 출시를 제대로 계획하고 실행하려면 마케팅부서가 제품 가용 날짜를 확인하는 것이 필수이다. 제품 개발 부서와 마케팅 담당부서는 효과적인 제품 출시를 위해 긴밀하게 서로 발맞춰야 한다. 안타깝게도 현실에서는 문제란 등장하기 마련이고 제품 결함도 드러난다. 때로는 협력을 약속했던 협력업체가 사라지기도 하여 출시 날짜는 변경될 수밖에 없다. 신제품 개발 일정의 관리에 있어서 주도권을 마케팅 부서가 가지고 있어야 한다. 앞의 〈표 6-1〉은 신제품 출시를 위해 이루어지는 활동들을 요약하여 보여준다.

2) 준거고객

판매대상 제품이 소프트웨어이든 혹은 잠재고객이 매우 높은 위험을 느끼는 어떤 제품의 판매에서든 강력한 준거집단만큼 큰 도움을 주는 고객층은 없다. 일반고객들이 기업의 광고나 판촉물을 신뢰하도록 하기 위해서는 신뢰성 측면에서 커다란 도약이 필요하다. 대부분의 일반고객은 제품 사용 경험이 있는 기사용자들이 제품에 대한 장단점에 대하여 피력하는 의견을 아무런 의심 없이 믿게 되는 양상을 보이는데 이때 기사용자가 믿을 수 있는 준거고객인 경우 더욱 그러하다. **준거고객**은 조직화된 구전 활동을 펼치며, 언론이나 고객들이 해당 기업의 **정보원천**에서 제품에 대한 구체적 정보를 얻고자 할 때 정보제공자로서의 역할을 한다.

준거고객이 기업에 주는 이익은 대체로 매우 크다. 그들과 비슷한 고객들로부터 신뢰를 얻을 수 있고, 그로 인해 언론에 직간접적으로 제품에 대한 광고나 홍보가 이루어질 수 있다. 이러한 이익을 얻으려면 준거고객에게 제품구매 시 초기 기간에 가격할인이나 다양한 제품의 활용정보를 제공하는 것이 필요하다. 그를 통해 제품에 대한 신뢰를 얻을 수 있고 공식 출시 이전에 제품의 결함을 발견 및 보완하는 효과를 거두게 된다. 때로는

SEI Corp 사례

1970년대 와튼 스쿨의 MBA 과정에 있었던 한 학생은 은행의 신탁계정의 처리를 자동화할 수 있는 시분할 컴퓨터프로그램을 개발하였다. 이것이 오늘날의 SEI Corp이다. 그는 이 소프트웨어와 보조 서비스를 상용화하고자 하였으나 당시 경쟁사는 은행 자체로 그들은 이미 수동으로 작동하는 회계시스템을 보유하고 있었다. 이론상으론 Trust-Aid라고 명명한 그의 소프트웨어 방식은 이를 채택하는 것이 실제이익을 고려해 볼 때 매우 쉬운 결정이라 할 수 있었다. 그러나 은행들은 신뢰성이 없는 프로그램을 사용하지 않는다는 것을 곧 깨닫게 되었다.

그의 교수는 "매우 신뢰할만한 준거고객 하나를 확보하게. 만약 이를 확보하기 위해 자네의 소프트웨어와 보조서비스를 무료로 제공해야 하게 되더라도 이는 가치가 있을 것이네."라는 조언을 해주었다. 학생은 교수의 조언을 참고삼아 소프트웨어와 보조서비스를 그의 처음 고객에게 1년 이상 무료로 제공하였고 아무런 이익이 발생하지 않는 것에 실망하지 않았다. 이것이 아마도 회사로 시작할 수 있는 유일한 방법이었을 것이다. 그의 시스템을 사용한 지 9개월이 지나서야 그는 처음으로 가격을 지불하는 고객을 확보할 수 있었다. 물론 이때도 할인 가격을 적용해야 했지만. 처음의 고객은 사용해 오던 과거 수동시스템의 사용을 중지하고 그의 소프트웨어에 맡긴 이후 진정으로 믿을 수 있는 준거고객의 역할을 수행해 주었다. 이후 회사는 수십억 불의 가치가 있는 기업으로 성장했다.

준거고객으로 인해 시장진입 초기의 제품 출시에 따른 자금 부족이나 재무구조 악화 문제가 해결되는 단초가 마련되기도 한다.

3) 초기 준거고객을 확보하는 문제

혁신성이 매우 강하고 위험성이 높다고 간주될 수 있는 제품이나 서비스는 초기의 준거고객으로 누구를 확보하느냐가 그 제품이 향후 시장에서 얼마나 빨리 수용될 수 있는지, 혹은 과연 시장에서 수용될 수 있을지 여부를 결정하는 데 큰 영향을 미칠 수 있다. 상기의 "Trust Aid"의 사례에서 초기의 준거고객이 다른 은행에 새로운 기술적 혁신을 위한 안내의 역할을 할 수 있는 정도의 높은 명성과 큰 규모를 갖춘 은행이었다면 아마도 매출 증가 속도는 훨씬 빨랐을 것이다.

대부분의 시장에는, 기술의 응용이나 적용에서 준거고객이나 **선도고객**으로 알려진 개인이나 집단이 있다. 이때 선도고객이 어떤 기업의 신제품을 선택한다면 선택되지 않은 기업의 제품에 비해 신제품의 수용 속도가 훨씬 빨라진다. 이러한 범주에 해당하는 시장의 가장 적합한 예로 의료시장을 들 수 있다. 의약품이나 의료기기는 누가 최초의 사용자인지가 성공 여부에 결정적인 역할을 한다. 예로서 GE사는 MRI와 CT Scanning이 시장에서 매우 성공을 거두고 있다. 이 경우 GE의 기술력이 우수해서만이 아니라 영향력 있는 의사와 병원 및 다양한 건강 증진 관련 기관과 강력한 관계를 맺고 있기 때문이다. 명성과 존경이 중요하게 작용하는 의사들의 세계는 페킹 오더(Pecking order) 라고 알려진 메카니즘 위에 구성되어 있기에 조제 약품이나 새로운 의료 기기 분야의 신제품을 누가 먼저 사용하는지 여부는 뒤에 따라오는 고객들의 의사결정에 많은 영향을 미친다. 따라서 그런 영향력 있는 집단과 연계되지 않은 경쟁사가 미국의 의료시장에 새로운 기술로 진출한다는 것은 매우 어렵다. 매우 영향력 있고 존경받는 준거고객들이 이미 GE와 연결돼있기 때문이다.

Elscint라는 이스라엘 회사는 GE의 경쟁회사로서 기술적으로 더 뛰어난 것으로 알려졌으나 미국시장에서 본격적인 성공을 거두지 못하고 있는데, 이는 미국에서 가장 영향력 있는 사람들이나 기관들이 GE과 오랜 관계를 유지하고 있기 때문이다. GE는 이러한 관계를 지속해서 유지하기 위해 모든 필요한 조치를 수행하고 있으며, 연구나 학회 지원, 외부의 영향력있는 전문가 집단을 GE의 자문단에 포함시켜 관계를 유지하는 것이 그 예이다.

목표로 할 준거고객이 파악된 후에는 해당 준거고객에게 도달하기 위한 전략 수립이 필요하다. 목표 대상 준거고객에게 자사를 소개시키려는 노력에서 기존의 네트워크를 활용하는 것 못지 않게 자사의 이사회, 투자자, 자문단, 심지어는 회계 법인 등 자사의 협력사를 주저없이 활용해야 한다.

많은 신생 창업기업이 최초의 고객으로 연결되는 소개를 위해 네트워크에 깊이 의존하는데 예를 들어 이사회 멤버나 투자자에게 지인의 리스트를 요청하는 것은 프로페셔

널한 자세도 아니고 생산적이지도 않다. 준거고객 후보 리스트를 작성하고 좁혀나가는 것은 창업기업이 주도적으로 해야 할 일이다. 그 작업을 먼저 한 다음에 자사를 소개시켜 줄 수 있는지 묻는 것이 수순이다. 이때 이런 종류의 요청을 이메일 수신 리스트를 통해 하는 것은 바람직하지 않다. 대부분의 경우 사람들이 사용하는 이메일리스트는 각자 별도로 특별히 관리한다는 점을 유념할 필요가 있다. 소개를 요청하는 것이 소개하는 사람 입장에서는 위험 부담을 요구하는 것을 의미한다. 소개를 통해 소개받은 기업이나 사람에게 뭔가 가치있는 제안점이 있다는 것을, 그리고 그 제안점이 달성될 거라는 점을 믿을 수 있어야 소개가 이루어진다.

회계법인이나 법무법인 등의 협력사는 종종 탁월한 소개자의 역할을 수행한다. 회사의 전문가 집단이 다양한 업계와 지역에 걸쳐 조직되어 있는 경우가 많기 때문이다. 설사 창업기업과 일하는 파트너사의 회계사나 변호사가 직접적인 도움을 주지 못하더라도 그럴 수 있는 역량을 가진 다른 사람을 연결시켜 줄 수 있을 것이다.

일단 준거고객이 파악된 후에 창업기업은 준거고객의 확보를 위해 노력해야 한다. 준거고객이 창업기업의 첫 고객이 되는 위험을 감수하기에 충분한 확고한 근거 이유가 있어야 하고 창업기업으로부터 받은 혜택이 무엇인지, 그 혜택에 대한 대가로 무엇을 기대받는지 준거고객이 분명하게 이해하는 것이 필요하다. 이때 제공되는 혜택은 준거고객이 기존 제품이나 서비스를 이용함으로써 가지고 있는 관성 또는 경쟁 제품을 사용함으로써 얻는 혜택을 능가할 수 있어야 한다. 창업기업이 제공할 수 있는 혜택의 예는 아래와 같다.

- 제품 가격 할인
- 많은 트레이닝 기회 제공
- 문의사항에 대해 후기 고객 대비하여 더 적극적이고 신속한 대응

출시를 준비하는 신제품과 관련하여 준거고객에게 바라는 바를 분명하게 전달하는 것이 중요하며 계약상으로 합의하는 것이 바람직하다. 일련의 신제품 출시를 계획하고

나서 막판에 준거고객사의 정책상 공동 언론 보도에 등장할 수 없음을 알게 되는 것과 같은 사태는 미연에 막아야 한다. 다음은 준거고객에게 창업기업의 신제품 출시 지원을 요청할 수 있는 항목의 예이다

- 창업기업의 신제품을 사용한다는 내용의 공동 언론 보도
- 준거고객 기업명을 창업기업의 마케팅 자료와 웹사이트에서 사용 가능
- 창업기업 신제품의 효익을 강조하는 사례연구에 참여
- 세미나 또는 웹비나(Webinar)에 공동 참가
- 언론 또는 다른 잠재고객으로부터의 전화에 응답

2. 베타프로세스

많은 제품이 초기 개념단계에서 최종제품이 나오기까지 수많은 보완과정을 거친다. 이러한 보완과정을 통해 실제 사용자의 요구사항이 개발 및 생산 담당자들에게 전달되기도 한다. 이러한 과정이 일어날 수 있도록 도와주는 것이 베타프로세스(Beta process)이다. 베타프로세스는 하드웨어나 소프트웨어의 엔지니어링 분야에서 통용되는 용어로서 처음으로 생산되어 사내에서 자체 테스트를 받게 되는 과정은 알파테스트, 고객에게 테스트를 받는 과정은 베타테스트라 한다. 이 과정에서의 제품을 시제품이라 하며 이 과정이 끝나고 출시되는 제품이 최종 제품이다.

각 단계가 진행될 때마다 계속적으로 더 많은 사용자가 제품을 사용해 보며 제품관리팀에게 요구사항을 전달하게 된다. 베타프로세스는 엔지니어링 분야에서의 필요에 의해 운영되나, 베타프로세스를 잘 활용하면 제품을 마케팅하는 데 큰 도움이 될 수 있다.

오늘날의 인터넷 시대에 베타 제품 사용자들은 제품에 대한 입소문을 만들어 내기 때문에 제품 출시 후 진행되는 마케팅의 효과를 한층 배가시키는 역할을 한다. 일반적으로 베타 사용자는 몇 십 명 내외지만 오늘날은 수만 명에 이르는 경우도 있다. 마이크로소프트사는 10만 명이 넘는 베타 사용자를 활용하고 있으며, 넷스케이프사는 대부분의 기간에 베타제품을 사용 가능하게 하고 있다.

어떤 사용자가 베타프로그램에 참여하기로 동의하면, 허용된 시간만큼 제품을 사용하고 제품의 기능이나 효익에 관해 언론이나 다른 사용자에게 알린다. 이에 대한 대가로 그들의 질문이나 문제제기는 우선순위가 높게 다루어져야 한다. 베타 사용자들은 준거고객으로 간주될 수 있는 기회를 얻으며 그 제품에 대한 인터뷰나 기사에 이름이 알리는 기회를 얻을 수 있다. 적합한 고객을 베타 사용자로 선택하는 것은 그들이 언론에 영향을 미칠 뿐 아니라, 제품의 변경이 필요한 시점에 정곡을 찌르는 피드백을 제공할 수 있기 때문에 매우 중요하다.

인터넷상에선 수많은 게시물이 생겨난다. 따라서 기업은 핵심 전략 고객리스트를 만들고(특정 규모의 기업들, 특정 지역의 소비자들 등) 각기 다른 기준을 적용하여 이들이 새로운 제품의 효익에 대해 관심을 보일 수 있는 네트워크를 형성하도록 유도하며 이들에게 가격할인을 제공할 뿐 아니라 경쟁사에 비해 얻게 되는 우월한 이점을 설득하는 것이 필요하다. 이러한 베타프로세스 과정 중 사용자는 정기적으로 사용자 인터페이스, 호환성, 디자인, 사용 느낌, 미션, 효과성 등 사이트에 대한 전반적인 코멘트를 받게 된다. 이들의 사이트에서의 활동사항을 추적하여, 모든 정보가 제품 개발자에게 전달되어 필요한 부분의 변경이 이루어지게 한다. 베타프로세스의 후기 단계에 도달하면 베타테스터의 동료나 혹은 비사용자의 제품에 대한 평가가 중요하게 된다. 동료로서의 평가와 비사용자의 평가는 사용자에 비해 더 날카롭게 비평하게 되며 때로는 혹독한 비평으로 인해 제품의 성능을 변경하여 다른 사용자들에게 훨씬 좋은 제품을 만들게 하기도 한다. 〈표 6-2〉는 베타테스트를 실시한 사례들을 요약한 것이다.

B2B 제품이나 서비스의 경우 초기 고객을 확보하는 것이 더욱 어려울 수 있다. 제품

〈표 6-2〉 베타테스트 실시 사례

iExchange.com 사례	• 증권 시장에 대해 정보 제공하게 하고 해당 정보의 정확성에 대해 평가하는 사이트로서 2가지 이유에서 베타 테스트 진행 - 프로그램이 잘 작동되는지 그리고 과부하 관련 대응성 여부 - 일반 사용자에게 매력적으로 소구되기 위해 요구되는 충분한 예측정보, 충분한 증권, 흥미유발하는 콘텐츠 확보 가능성 • 최초 베타테스트 : 150명의 사용자를 회사로 초빙한 후 추천 의견을 포스팅하도록 함 • 2단계 : 2주후 수천 건의 추천이 모이자 베타테스트 참가자들에게 주변의 친구 및 가족들에게 바이럴 이메일(Viral email)을 보내줄 것을 요청 • 후반기 : 친구나 지인뿐 아니라 전문 비평가들의 의견 수렴 : 해당 내용에 대한 직접적인 필요성을 느끼는 전문가 집단은 단순한 친구나 가족보다 더욱 신랄하고 진솔한 의견 제시함으로써 사이트 개선을 위한 유용한 아이디어를 촉발함. 개선점 확인 후에는 비판자의 입장에서 팬(Fan)으로 전환
InsiderPages.Com 사례	• '친구가 작성한 전화번호부'라고 별칭이 매겨진 웹사이트 • 각 지역의 상점에 대한 의견을 달고 평점을 매기게 한 후 해당 내용을 친구와 지인들이 볼 수 있게 하는 서비스 • 성공을 위해서는 유의미한 수의 리뷰 의견과 카테고리 필요. 그를 통해 신규 사용자 확보 및 추가 네트워크 구축 가능 • 베타테스트 통해 리뷰 올리기 용이성 점검 : 아웃룩(Outlook) 상에서 의사/엔지니어/배관공 등 다양한 단어 검색이 간단하고 직관적일 수 있도록 여러 차례에 걸쳐 최적의 코딩 파악 노력 수행
AutoDesk 사례	• 매우 성공적인 CAD&M 용 SW 제조사 • 베타테스트 준거고객의 중요성 인지 • 베타테스트 과정 중 도착하는 의견, 제안, 문제점만 집중 대응하는 전담 부서 운영 • 참여 준거고객의 의견이 제품 보완에 반영되든 안 되든 해당 설명 제공 • AutoDesk 사에 대한 막강한 신뢰로 이어져 10년 이상 시장선도 위치 유지에 공헌

을 사용하는 기업으로서는 실패라는 모험을 걸어야 하기에 이를 설득하는 작업이 무엇보다도 중요하다. 준거고객을 확보해야 하는 필요가 바로 여기에 있는 것이다.

시장진입을 방해하는 실수 요인들

제품이나 서비스를 잘 만들었으나 마케팅의 저조함으로 인해 결국 시장실패로 끝나는 경우를 흔히 볼 수 있다. 마케팅의 부진 혹은 실패는 마케팅 능력의 부족에서 기인하는 경우가 대부분이지만 경우에 따라서는 창업기업 스스로 자사의 신제품 출시를 가로막는 행위를 하기도 한다. 물론 이 경우 역시 무지에서 오는 것이지만 실패의 쓴맛을 보고도 태연하게 종래의 행동을 답습하기도 한다.

일본의 거라지 테크놀로지벤처스사의 설립 파트너인 가이 가와사키사는 「시장진입을 방해하는 요인들」이라는 주제로 실수의 유형을 아래와 같이 제시한 바 있다.

① 강요된 회원가입

대부분의 사이트에서 처음부터 등록을 요구하는데 이는 성급하다. 새로운 이용자에게 정보를 요구하는 것은 옳지 않다.

② 너무 긴 URL

URL이 어처구니없게 길면 불편하고 고객이 외면하기 쉽다. 70개 이상의 문자로 된 URL도 있다고 한다. 두 줄 이상의 URL은 복사해서 붙여넣기도 어렵다.

③ URL을 발생시키지 않는 윈도우

다른 사람들에게 알려주고자 하는데 URL이 없는 경우는 링크나 추가적 트래픽을 무시하는 행위이다.

④ 검색기능의 부재

검색이 허용되지 않는 사이트는 불편을 초래한다.

⑤ 공유할 수 있는 방법이 부재

제품이나 사이트를 주변의 타인에게 공유하고자 하는데 쉽게 할 수 있지 않다면 매우 유감스러운 일이다. '친구와 공유하세요.' '친구에게 보내기' 등의 버튼을 갖추어야 한다.

⑥ 연락처의 제한

기업 중 단지 이메일로만 연락하도록 제한하고 전화나 주소를 기입하지 않는 경우도 있다. 불친절하고 현명하지 못한 태도이다.

⑦ 정보 혹은 이메일 리스트 부재

제품이나 서비스 혹은 가입시 관심을 가진 소비자들에게 정보를 손쉽게 얻을 수 있게 해야 한다. 콘텐츠와 PR 뉴스레터용 이메일을 제공하는 것이 좋다.

⑧ 메일주소 확인 요구

아무리 성장성이나 전망이 우수한 기업이라 할지라도 이를 추천키 위해 타인들의 이메일 주소를 하나씩 모두 타이핑하도록 하는 것은 지나친 요구이다. 표준 주소불러오기 및 전환시스템이 필요하다.

⑨ 이메일 주소와 아이디가 다른 경우

이메일 주소를 아이디로 사용할 수 있게 하는 것이 기억에도 유리하고 유용하다

⑩ 대,소문자 구별 방식의 아이디와 비밀번호

이로 인해 불편, 오류, 실수와 중요한 일처리 지연 등이 자주 발생한다.

출처 : 가이 가와사키(2008),"리얼리티체크", 조은이, 김가영, 이혜진 옮김, 비스북스

3. 초기 고객에 대한 마케팅

초기단계의 B2B 고객기업은 영향력 있는 준거고객이므로 일반적인 고객과 차별화가 필요하다. 잠재적인 준거고객들이 어떻게 취급되기를 원하는지 알아보는 것은 매우 유용하다. 보통 유통기관이나 제조업체에 의해 서비스 되는 산업에서는 준거고객들은 적어도 초기단계에서 다른 방법으로 취급되기를 희망하는 경우가 있다. 준거고객들은 새로운 제품이나 서비스를 시험해 보는 과정에서 위험을 부담해야 한다는 점을 알고 있기에 이러한 위험을 대처하는 데 있어 기업과 직접적인 관계 형성을 원한다는 것이다.

만약에 기업이 이러한 상황에 처했다면 준거고객들의 요구를 수용하는 것이 중요하다. 이를 통해 나중에 기업의 직접적인 영업 인력의 역할까지도 대신 수행할 수 있으며 상위레벨의 영업 영역까지 담당할 수도 있기 때문이다. Geoffrey Moore는 그의 유명한 명저 "Crossing the Chasm"에서 특별히 판매 초기단계에서 준거고객들(Moore는 이들을 Visionaries라고 표현함)을 상대하기 위해서 소수의 최고위직으로 구성된 판매조직을 추천한바 있다.

이러한 영업조직의 역할은 매출이 이루어진 다음에도 끝나는 것이 아니다. 이들 초기 고객의 추천이 향후 기업 활동의 성공 여부를 결정한다. 만약 이 초기 영업조직의 구성원이 기업의 고위 직급자들이 아니라면 이들은 CEO로부터 영업에 관한 권한을 위임받아 책임을 완수해야 한다.

이스라엘 하이테크 창업기업 사례

매우 성공적인 이스라엘의 어느 하이테크 회사에서 북미지역의 콜센터나 대형 장비 업체를 통해서 제품이나 서비스를 하려는 훌륭한 비즈니스 모델을 가지고 있었다. 대기업의 안전담당 부서를 타깃으로 한 여러 다양한 신제품을 가지고 있었던 이 기업의 당초 계획은 새로운 안전관련 제품을 소개하기 위하여 기존과 같은 영업 및 유통망을 활용하는 것이었다. 그러나 잠재적인 준거고객들과의 인터뷰 후에 이러한 마케팅 계획을 바꾸지 않을 수 없었다. 잠재적인 초기 고객들은 중간거래인과는 거래를 희망하지 않았다. 그들은 회사와의 직접 거래를 원하고 있었던 것이다. 결국 사내의 고위 직급자들을 직접 영업 인력으로 활용하여 새로운 혁신적인 제품을 성공적으로 출시할 수 있었다. 이들이 만약 초기 고객들이 무엇을 원하는지 묻지 않았다면 시장진입에서 심각한 문제에 부딪혔을 것이다.

창업사례
회원 100만 명이 아이디어… 투표로 상품화 결정

상품화 전문기업 美 퀄키社

여러 개의 전원 케이블을 꽂을 수 있는 멀티탭 중에 '피봇 파워(Pivot Power)'란 아이디어 제품이 있다. 미국 퀄키(Quirky)가 만든 이 제품은 멀티탭 칸칸이 척추처럼 구부러져 크기가 큰 케이블도 걸리적거리지 않게 꽂을 수 있는 것이 특징으로 지난 3년간 전 세계에서 총 70만 개가 팔릴 정도로 인기를 끌며 2012년엔 세계 3대 디자인 어워드로 꼽히는 '레드닷 디자인상'도 받았다.

사진 : 코프만 컬퀴사 CEO / 퀄키의 베스트셀러 제품들.(왼쪽부터) 구부러지는 멀티탭 '피봇 파워(Pivot Power), 달걀노른자 분리기 플럭(Pluck), 컴퓨터 · 스마트폰 케이블 정리 기구 '코디스(Cordies)'. /크로베리 제공

퀄키의 벤 코프만(Kaufman·28) 최고경영자(CEO)는 "휴대폰 액세서리, 와인오프너, 연필꽂이 등 우리가 생산하는 모든 제품의 아이디어는 100만 명으로 구성된 회원 커뮤니티에서 나온다"라고 말했다. 제품 개발을 직원들이 아니라 수많은 일반인의 머리를 빌려 해결한다는 기발한 발상으로 회사 이름인 퀄키(quirky)는 '기발(奇拔)한'이라는 뜻이다. 고등학생 때 휴대폰 액세서리를 만드는 1인 기업을 차렸다가 매번 기발한 아이디어를 내는 것의 어려움에 직면해 사람들의 머릿속에서 잠자고 있는 아이디어를 꺼내 상품화하는 새 사업 아이디어를 떠올린 것인데 이것이 바로' 소셜 크라우드 소싱(Social crowd sourcing)' 방식이다.

100만 명에 달하는 회원들이 매주 퀄키의 블로그에 4,000여 개가 넘는 아이디어를 제안한다. 이 증 3,000개는 쓸모없는 것들이지만 다양한 아이디어 덕분에 더 '퀄키한' 제품을 만들 수 있다는 것이 퀄키사의 설명으로 회원 커뮤니티는 퀄키사가 중요하게 생각하는 회사 자산이다. 그간 제안된 아이디어들을 바탕으로 104개 제품을 개발해 전 세계에서 판매하는 퀄키사는"갓 시작한 기업의 자세로 '오늘이 마지막인 것처럼' 사업을 추진한다고 설명한다. 매주 수요일 오후 6시 맨해튼 퀄키 본사에서 열리는 회의는 인터넷을 통해 생중계되고 회원들은 이 회의를 보며 아이디어와 디자인, 제품 설계 과정에 조언을 보태거나 다른 사람의 아이디어에 대한 투표도 한다. 200표 이상을 받은 아이디어는 전문가들의 회의를 거쳐 제품 개발 대상에 오르고 상품화가 결정된 제품은 전 세계 100여개 협력 업체를 통해 생산된다. 회사의 성장세는 놀라워서 초기 4년간은 마케팅 투자 전혀 없이 매년 500%씩 커 나갔다. 지난해 4,873만 달러(약 511억 원)를 벌었고, 올해는 1억 5,000만 달러의 매출 달성이 예상된다.

출처: 「비즈人」, 2014년 3월 26일자, 심현정 기자.

4. 파트너링

인텔이나 마이크로소프트는 신제품을 출시할 때마다 새로운 플랫폼이나 프로세스를 지원하는 기업들의 리스트를 제시한다. 이러한 파트너들은 궁극적인 성공을 확실하게 하는 데 도움을 주며 대기업 고객들이 제품을 사용해보는 것을 쉽게 가능하게 한다. 이미 다른 고객이 이 제품을 사용하는 것을 알고 있으므로 제품 사용에 있어 실패의 위험성을 낮추며, 만약 문제가 발생한 경우 공급자가 문제를 해결하지 못하는 것은 아닌가하는 두려움마저 떨어뜨린다.

창업기업들도 위에서 제시한 사례처럼 출시단계에 전술적인 파트너들을 포함시킴으로써 제품 출시의 성공가능성을 높일 수 있다. 이러한 작업은 직접적인 마케팅 및 영업조직보다는 신규비즈니스 개발팀이나 기술팀에서 담당하는 것이 좋다. 왜냐하면, 이들 신규비즈니스 개발팀이나 기술팀은 마케팅이나 홍보 활동이 펼쳐지기 전에 제품의 기술적인 성공 가능성에 대한 확신을 가져야 하기 때문이다. 이러한 확인 과정은 보통 2-3개월의 기간이 필요하며 이는 창업기업과 파트너사 간의 협력관계를 조기에 창출하게 하는 데 기여한다.

제품에 대한 강력한 출시활동은 성공의 기류를 형성할 수 있으며 고객과 시장의 수용을 얻어 내는 데 필요한 시간을 줄여준다. 최상의 준거고객을 선정하고 이들을 특별히 대우하며, 운용된 베타프로세스로 충분한 피드백을 확보하는 활동을 사전에 기획하는 것은 많은 시간을 필요로 한다. 웹사이트나 웹 기반 비즈니스의 경우에는 좀 더 빠르게 이루어질 수 있다. 그러나 고객들이 어떻게 각 웹사이트에 반응하는가를 보기 위해 테스트하고 시행하는 데 있어 역시 시간이 필요하다.

창업기업 특히 하이테크 기반의 기업에는 **파트너십**과 **제휴**가 중요하다. 시장 주기가 짧고 개발에 소요되는 비용과 위험이 높으므로, 그리고 제품 개발에 필요한 전문성이 부족할 수도 있어서 단독으로 개발하기보다는 서로 연계하는 것이 속도와 비용 측면에서 더 나은 효과를 가져 올 수 있다. 예를 들어 Google은 자체가 거대기업이기에 혁신과 성장에 필요한 모든 능력과 자원을 보유하고 있는 것으로 보이지만 여전히 Google의 광고

Viewpoint.com의 Viewpoint 3D 출시 사례

신제품 Viewpoint 3D의 출시를 준비하는 과정에서 Viewpoint.com은 강력한 파트너사들로부터 신뢰를 얻기를 희망했다. 이를 위해 출시 2개월 전 출시 이벤트에 참가할 파트너 사를 확보하려는 노력이 이루어졌다. 이에 Microsoft, Intel, AOL 사가 인터넷 상에서의 3D 확산에 관심을 가지고 있었다. 제품이 주는 효익은 기업마다 상이했다. 3D의 확산이란 Intel 입장에서는 더 많은 프로세싱 파워의 필요성을 가리키는 것이었고, Microsoft 입장에서는 자사의 Internet Explorer 5.5 브라우저를 위한 유리한 고지를 암시했으며 AOL에게는 더 나은 e-commerce를 의미했다. 그 외에도 Nike, Sony, CBS 등이 Viewpoint 상의 기술을 이용하기를 원했고 Viewpoint 3D 출시 이벤트에 참가하기로 동의했다.

이들 기업은 모두 강력한 언론 노출, 이미 확보하고 있는 리더십 위상과 전향적 사고를 가진 기업이라는 이미지를 강화할 수 있는 역량, 첨단 기술을 조기에 채택한다는 장점을 가지고 있다. 결국 강력한 파트너 기업들과 연계한 덕분에, Viewpoint.com 단독이었다면 그들의 출시 소식을 다루지 않았을 New York Times, CNBC 등 여러 유수의 매체로부터 관심과 기사 노출이라는 성과를 일구어냈다.

출처: 박치관 외 역(2003), 『이노비즈 마케팅』.

노출을 위해 다른 웹사이트들과 파트너십을 맺어야 한다. 수년 전 Google은 수익을 분배하는 대신 웹사이트에 광고하는 독점적 권리를 확보하고자 MySpace와 파트너십 계약을 체결한 바 있다.

제품수명주기 단계별로 적절한 파트너십이 다르게 적용되는데 이를 살펴보면 〈표 6-3〉과 같다.

제품수명주기 중 출시기는 상당한 수준의 불확실성이 내포되어 있다. 이 시기의 주요 구매자는 위험을 기꺼이 감수하는 **혁신가** 또는 **기술열광자**들로 이들은 전반적으로 높은

〈표 6-3〉 파트너링을 하는 이유

• 자원과 기술의 활용	• 혁신과 신제품 개발
• 비용 효율성 확보	• 보완제품 개발
• 시장 진입 속도 향상	• 시장 영향력 확보
• 새로운 시장 확보	• 핵심 경쟁에 집중
• 산업 표준화 규정 달성	• 파트너링으로부터 학습 효과

출처: 서상혁 역(2012), 『하이테크혁신마케팅』.

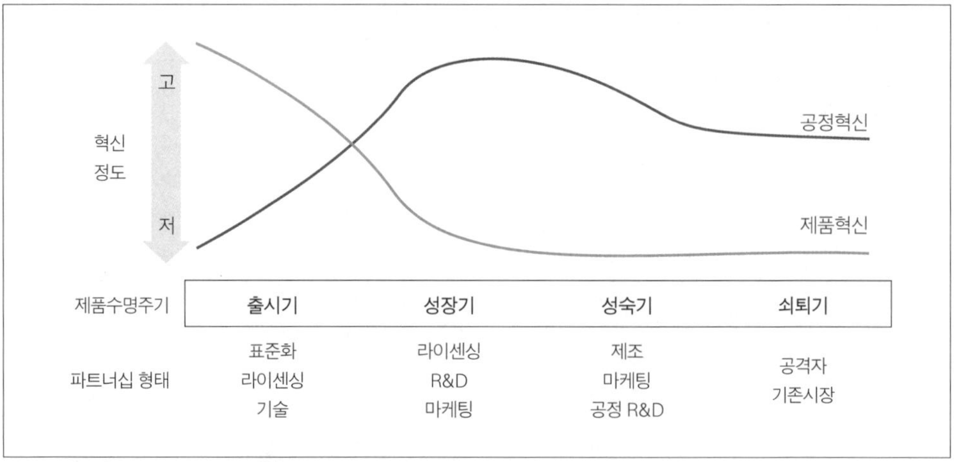

〈그림 6-1〉 제품수명주기 단계에 따른 파트너링의 이유

출처: 서상혁 역(2012), 『하이테크혁신마케팅』.

요구 수준을 보여주고, 혁신을 통해 얻을 수 있는 이익과 의무에 대해 상세히 설명듣기를 원한다. 개발 초기단계에서 등장하는 문제점을 발견하면 개발과정에 도움을 주고자 기업에서 많은 기술적 지식을 가진 사람과 커뮤니케이션하기를 바라고 누구보다 먼저 신제품이나 신기술을 빨리 특별한 가격으로 얻기를 희망한다. 브랜드 충성도는 아직 구축되지 않았고 학습은 아직 누적 단계에 이르지 않았으며 완제품을 위한 투자가 대규모로 수행된 것은 아닌 출시기는 어쩌면 진입장벽이 낮은 시점으로 보일지 모른다. 이 단계에서 **파트너링**을 하는 이유 중 하나는 표준화 구축에 있어 도움을 줄 수도 있는 잠재적 경쟁자와의 제휴를 위해서이다. 기업이 산업 표준 설정을 추구하는 데 있어 활용 가능한 전략은 라이센싱과 OEM 계약, 전략적 제휴, 보완제품의 다양화, 공격적인 제품 포지셔닝의 네 가지가 있을 수 있다.

파트너링이 창업기업에 제공하는 효익이 존재하는 것도 분명하지만, 파트너링의 지속적인 목적 달성이 실패하는 것도 현실이다. 파트너링 수행은 복잡성을 증가시키고 공동의 행보에는 자율권과 통제에 대한 잠재적인 손실이라는 측면도 등장한다. 기업 비밀의 잠재적인 누출 또한 높은 리스크 요인으로 작용할 수 있다. Oracle은 이에 대해 "우리의 핵심 솔루션을 따라잡고자 하는 파트너들은 유용한 파트너가 될 수 없다"고 언급한 바 있는데 이는 비록 파트너들이 가능한 한 서로 많이 학습하기를 바라면서도 파트너링의 각 당사자인 기업들이 가진 경쟁 우위 자원을 약화시키지 않도록 정보의 투명성과 유출을 제한하기도 해야 함을 상기시킨다. 파트너링에 따르는 위험*을 정리하면 아래와 같다.

- 파트너링의 위험
- 프로젝트 수행상 복잡성 증가
- 자율성과 통제의 손실 가능성
- 기업 비밀 누출 가능성
- 경쟁 우위 저하
- 법적 문제와 독점금지
- 목적 성취 실패

굳건한 상호 신뢰와 활발한 커뮤니케이션이 파트너링에 있어 매우 중요한 요소이다. 높은 위험이 내재될 수 있는 파트너링을 성공으로 이끌기 위해서는 상호의존성, 적절한 관리구조, 헌신과 신뢰, 커뮤니케이션, 공정성, 파트너링 기업 문화 간의 양립성, 공정한 갈등해결 구도, 합리적인 계약이 필요하다.

* 출처: 서상혁 역(2012), 『하이테크혁신마케팅』.

창업전략

스타트업이 취해야 할 3가지 O2O 전략

온오프라인 매장의 융합을 통해 소비자의 구매를 촉진하는 새로운 마케팅 활동인 'O2O(On-line to Off-line)'가 주목받고 있다. 앱으로 음료를 선택한 후, 등록된 카드로 결제하면 주문이 완료되는 스타벅스의 '사이렌 오더(Siren Order)', 상권에 대한 가상 영역을 설정하여 다양한 마케팅 및 정보를 제공하는 SK Planet의 지오펜스 솔루션(GeoFence Solution) 등은 성공적인 O2O 마케팅 사례이다. 다음은 일본 ICT 비지니스 전략 컨설팅 기업 D4DR과 EC연구회의 저서, 'O2O 마케팅 혁명 : 28가지 전략' 중 한국의 스타트업이 취해야 할 O2O 비즈니스 전략의 3가지 핵심적인 사항을 정리한 것이다.

1. 공간의 가치를 활용한 게이미피케이션(Gamification) 전략

일본에서는 인기 애니메이션의 무대를 재연하여 강한 방문동기를 부여하는 곳이 많은데 이는 O2O 마케팅의 핵심 콘셉트인 '지금 바로, 여기에서, 나에게만'과 일맥상통한다. 지도 검색 서비스 업체인 마피온(Mapion)은 이런 공간가치를 활용하여 모바일 영토 정복 전쟁 게임을 런칭했다. 2013년 기준 이용자 수가 100만명이 넘고 여행 관련한 다양한 연결고리 덕분에 철도 업체나 지방자치 단체, 상점가 등과 같은 새 고객들도 맞이했다. 마피온의 전략은 기존 온라인 활용 방안에 새로운 대안을 제시한다. 스팸으로 간주할 수 있는 쿠폰 등에 스토리텔링과 참신한 기획을 더하여, 능동적인 고객 참여를 끌어낸 것이다. O2O 마케팅에서는 온오프라인의 경험을 전달하며 고객의 재방문을 유도하도록 포지셔닝하는 것이 필요하다는 점을 상기시킨다.

2. LTV(고객의 평생가치) 중심의 프레임과 행동 정보 마케팅

최대 화장품 포털사이트 앳 코스메스토어(@cosmestore)는 인터넷 기반에서 오프라인으로 진출한 예이다. 온라인에서 호평받는 친근함과 일상감을 계승하여 매장을 운영하며, 온라인 사이트처럼 랭킹 코너 등을 갖추어 인기 상품을 제시했다. 온라인 사이트에서 정보를 얻고 오프라인 상점에서 체험을 하는 형태를 결합한 것으로 최근 오프라인 매장에서 보이는 쇼루밍(Show rooming)을 극복하는 모범적인 사례이다. 온오프라인 융합을 통해 고객들의 평생 가치(LTV)를 높이는 전략은 아마존, 알리바바와 같은 거대 유통사 대비, 비교우위를 확보할 수 있게 한다.

3. O2O 시대의 큐래이슈머(Curasumer)의 역량을 핵심자원으로 승화시키는 전략

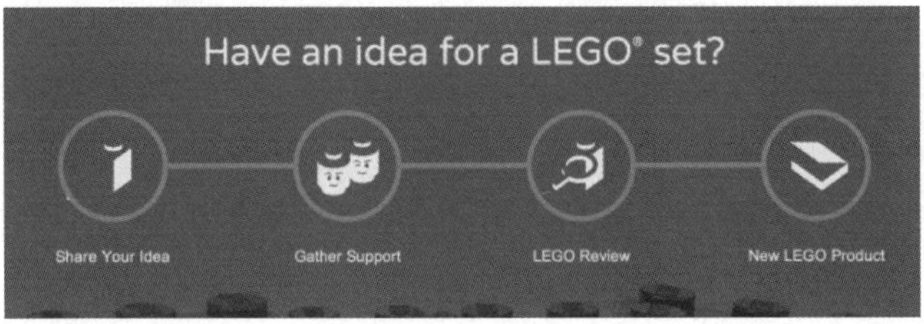

레고는 2012년 여아들 대상으로 레고 프렌드를 출시해 예상 목표 2배 이상의 매출과 25%의 높은 매출 신장을 기록했다. 이는 전 세계의 열성 팬들에 의한 아이디어 클라우드 소싱 덕분인데 그 원동력이 바로 '레고 쿠소'라는 웹사이트이다. 여기서는 신제품 아이디어를 상시 모집하고 1만 명 이상의 지지를 받은 응모작은 상품화를 검토한다. 프로슈머(Prosumer)개념을 넘어, 제품을 자신의 기호에 맞게 꾸미고 다양하게 활용하여 자신의 개성에 맞게 구성하는 큐래이슈머(Curasumer)가 O2O 시대에 주목받는다. 이들은 제품이나 서비스의 기능 및 품질 개선 필요성을 먼저 인식하고 스스로 해결책을 찾으며 시장을 선도하고 이들의 콘텐츠는 고객들의 소셜 네트워크를 통해 확산된다. 즉, 높은 콘텐츠 확산성과 스토리텔링 효과를 보여주는 것이다.

한국의 스타트업들 역시 컴퓨터, 모바일, 오프라인 매장, TV 홈쇼핑 등 여러 채널을 전체(Omni)의 관점으로 바라보는 옴니 채널 전략에 주목할 필요가 있다. 여러 채널을 유기적으로 결합해 어디에서든 같은 매장을 이용하는 것처럼 느끼도록 쇼핑 환경을 구축하는 것이 핵심으로 애플이 보여준 사용자 경험과 브랜드 이미지 일관성 사이의 수직적 통합이 그 예이다.

출처: http://besuccess.com, 2015. 4. 3., 이한종.

마케팅사례

슈스케 무너뜨린 후발주자 K팝스타…
경쟁보다 성장 원한 대중, 도전자와 함께 성장한 심사위원

2009년 등장한 오디션 프로그램 '슈퍼스타 케이(Super Star K·이하 슈스케)'는 "대중에게 오디션 문호를 열어 모두가 계급장 떼고 겨뤄 숨은 진주를 찾아내는 혁신적 프로그램"으로 평가되었던 사건이자 혁신의 상징이었다. 한때 케이블 TV에서 상상하기 어려운 18%까지 올랐던 슈스케의 시청률은 작년 말 1%대로 내려앉아 '망스케(망한 슈퍼스타 케이라는 뜻)'라는 말까지 나왔다. 반면 슈스케를 본떠 2011년 만들어져 현재 시즌3이 방영 중인 '케이팝스타(K Pop Star)'는 시청률 11·12%를 유지하는 일정한 인기를 보여준다. 이 사례는, 아무리 뛰어난 제품도 자기 혁신을 거듭하지 않으면 도태될 수 있으며, 후발 주자도 선도 주자와 제대로 차별화할 수 있다면 얼마든지 판을 뒤집을 수 있다는 것을 보여준다. 케이블보다 공중파가 유리하다는 측면도 있으나 다른 공중파의 오디션 프로그램이 대부분 사라진 지금 인기 행진 중인 케이팝스타의 행보에서 성공 요인을 분석해 본다.

1. 경쟁보다 성장

지난 9일 방영된 '케이팝스타 시즌 3'에서 심사위원 유희열 씨가 자신이 지도한 참가자 홍정희(오른쪽) 양이 탈락하자 오열하고 있다. / SBS 제공

슈스케의 초점은 경쟁의 스릴로서 그를 위해 당락을 두고 긴장감을 유도하는 편집을 해왔는데 이 방식이 그사이 변화한 소비자 의식과 괴리를 낳았다. 장기 경기 침체 속에 사람들은 경쟁 사회에 대한 피로감을 느끼고 시작했고, 경연 프로그램에서 보여주는 경쟁의 스릴을 예전만큼 즐기지 않게 된 것이다. 케이팝스타 시즌3는 참가자의 '성장'에 초점을 맞추고 있다. 심사위원이 참가자의 잠재력을 꽃피워주려는 노력이 눈물겨울 정도다. 자신이 지도했던 홍정희 양이 탈락하자 유희열 심사위원은 오열을 터뜨린 예를 들어보자. 홍양은 어릴 적 트로트 신동으로 불리며 전국을 누빈 이색 경력 소유자이지만 트로트는 빛이자 그늘이었다. 모든 사람이 트로트를 좋아하는 것은 아니었고, 경연 무대에선 불리하게 작용했다. 유희열씨는 홍양의 자신감을 위해 과감히 트로트를 선곡하고, 탱고에 쓰이는 악기인 반도네온과의 협연을 통해 그녀가 가장 잘할 수 있는 공연을 준비했다. 홍양의 탈락에 오열하는 유희열은 냉정한 심판이 아니라, 마치 아버지가 딸을 대하는 듯한 모습이었다.

2. 인센티브 메커니즘

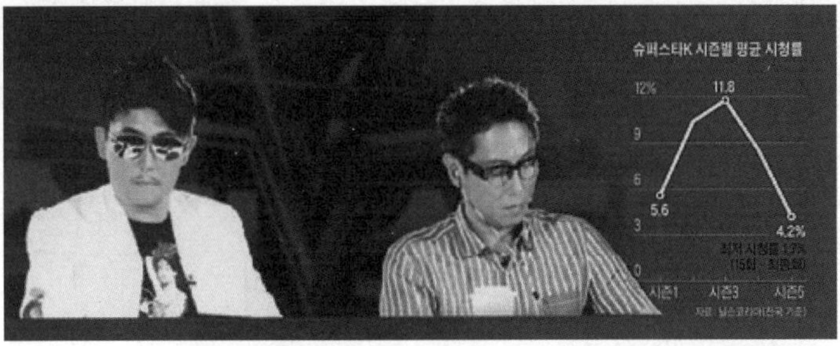

'슈퍼스타케이 시즌 5'에서 가수 이승철(왼쪽) · 윤종신씨가 심사하는 장면. / CJ E&M 제공

경연 프로그램의 성패를 결정하는 좋은 참가자의 모집을 위해서는 가장 필요한 인센티브를 제공해야 하는데 이 점에서 케이팝스타는 슈스케와 차별화된다. 방송 출연 기회와 거액 상금, 음반 제작 기회라는 슈스케가 만든 구조에 대형 연예 기획사의 연습생으로 채용되는 기회를 추가했고 이는 "대학 졸업장만 수여"하는 것과 "입학부터 취업까지 보장"이라는 인식의 차이를 낳았다. "시청률만 생각할 것이 아니라 출연자의 욕구가 무엇인지를 정확히 알아야 한다"는 점을 들어 서울대 경영학과 김상훈 교수는 "가수가 되는 것이 진짜 욕구이니 그 가능성을 보여줄 수 있는 메커니즘을 만들어야 하는데 이 점에서 케이팝스타는 양질의 참여자를 계속 끌어 모을 수 있었다"고 말했다.

출처: 「조선일보 위클리비즈」, 2014년 2월 15일자.

창업트렌드 1

웹닷컴, "2015년 스타트업 트렌드 10가지"

미국 온라인 마케팅 기업 웹닷컴(Web.com)의 데이비드 브라운(David L. Brown) 대표가 말한 2015년 스타트업 트렌드 10가지를 소개한다.

2015년 스타트업 트렌드 10가지

❶ 인터넷 보안 필수
❷ 공유경제는 새로운 비즈니스모델
❸ 일 처리는 스마트폰으로만
❹ 빅데이터 활용
❺ 크라우드펀딩 활용

❻ 모바일 결제
❼ 모바일 온리(Mobile Only) 시대
❽ 온라인 리뷰 관리
❾ 페이스북만 고집하면 안돼
❿ 과거 기술은 잊어야

1. 인터넷 보안 필수

삼성전자는 올해 '프라이버시 바이 디자인'을 각 사업부의 핵심 전략으로 내걸었다. 고객 프라이버시와 보안 관련 위험 요소를 각 사업부에서 점검하겠다는 것인데 그만큼 보안의 중요성이 강조되고 있다. 보안솔루션 업체 맥아피(McAfee)의 최근 연구조사에 따르면 스타트업 중 9%만이 모바일 보안체계 솔루션을 갖췄다. 80%는 데이터 보호나 개인정보 암호화 등을 전혀 갖추지 않았다.

2. 공유경제는 새로운 비즈니스모델

숙박공유기업 에어비앤비(Airbnb)와 차량공유 서비스 우버(Uber) 등 공유경제를 활용한 스타트업이 떠오르고 있다. 제품이나 서비스를 사는 대신 다른 사람에게 빌리는 공유경제가 새로운 비즈니스모델이 됐다. 이는 인터넷에서 개인과 개인이 쉽게 연결되는 P2P(Peer to Peer) 기술 활용으로 가능해졌다.

3. 일 처리는 스마트폰으로만

요즘 앱과 스마트폰으로만 일을 처리하는 창업가들이 많다. 데이터를 저장하고 수정할 수 있는 클라우드 기반 솔루션인 구글+ 행아웃, 드롭박스 등을 통해서다. 따라서 이런 솔루션들을 비즈니스에 활용할 필요가 있다.

4. 빅데이터 활용

토마스 한센 마이크로소프트 SMB(Small & Medium Business) Worldwide 부사장은 사물인터넷(IoT)이 올해 트렌드로 떠오를 것으로 봤는데 이는 스타트업에게 희소식이다. 사물인터넷의 발전으로 스타트업이 활용할 수 있는 빅데이터가 많아지기 때문이다.

5. 크라우드펀딩 활용

크라우드펀딩이 자금조달 방법 중 하나로 떠올랐다. 미국에서는 '창업기업지원법'(JOBS) 마련으로 크라우드펀딩이 활발하게 진행되고 있다. 우리나라에서도 크라우드펀딩 법안(자본시장법 개정안)이 국회에 계류 중이다. 법안이 통과되면 다양한 투자자들로부터 낮은 이자로 자금을 조달할 수 있다.

6. 모바일 결제

모바일결제가 트렌드다. 애플은 모바일결제 서비스 '애플페이'를 내놓았다. 에릭슨 컨슈머 랩(Ericson Consumer Labs) 연구결과에 따르면 고객 중 48%가 스마트폰으로 결제할 의향이 있다고 답했다. 2020년까지 고객 중 80%는 마그네틱 카드를 디지털 지갑으로 대체하고 싶어 하는 것으로 조사됐다.

7. 모바일 온리(Mobile Only) 시대

에릭 슈미츠 구글 회장은 2014년 11월 4일(현지시간) 아시아·태평양 지역 기자간담회 '모바일 퍼스트 월드'에서 "많은 기업들이 모바일 퍼스트를 주창하고 있지만 세상은 모바일 온리(Mobile Only)로 바뀔 것"라고 말했다. 크리스 에드가 구글플레이 아시아 태평양 엔지니어링 부사장은 "말레이시아 인구의 35%, 베트남 인구의 24%는 인터넷을 모바일로만 이용하고 있다"고 밝히기도 했다. 서비스나 제품을 반드시 모바일 중심으로 개발해야 하는 이유다.

8. 온라인 리뷰 관리

앱 평가란에는 칭찬보다 불평·불만이 대체로 많다. 이에 관리자가 어떻게 대처하느냐에 따라 사용자는 '뒤로가기'를 누르기도 하고 '내려받기'를 선택하기도 한다. 온라인 리뷰가 구매결정에 상당한 영향을 미치는 것이다. 회사 평판, 서비스 평가, 후기 등 온라인에 퍼져있는 각종 리뷰를 모니터하고 관리해야 한다.

9. 페이스북만 고집하면 안돼

고객 확보, 홍보 등을 위해 페이스북을 이용하는 스타트업이 많다. 그러나 페이스북 외에 다양한 SNS을 활용할 필요가 있다. 웹사이트 조사기업 쉐어홀릭(Shareaholic)의 조사결과에 따르면 동영상 사이트 유튜브에서 유저들이 머무는 시간은 평균 227.82초(4분 29초)였다. 홍보하고자 하는 사이트로 넘어가도록 유도하는 효과도 가장 높은 것으로 나타났다.

10. 과거 기술은 잊어야

스타트업 창업자는 지속적으로 새로운 기술을 찾고 적용해야만 한다. 인터넷 보안, 소셜 미디어 마케팅, 새로운 결제 방식 등 어떤 분야든 새로운 기술을 찾아 접목시켜야지 과거 기술에만 집착해선 안 된다.

출처: 「머니투데이」, 2015년 2월 18일자, 방윤영 기자.

참고문헌

박치관 외 역(2003), 『이노비즈 마케팅』, 북코리아.

서상혁(2010), 『창업마케팅: 벤처 및 하이테크 창업마케팅을 위한 원리와 실제』, 두남.

서상혁 역(2012), 『하이테크 혁신마케팅』, 경문사.

Leonard M. Lodish, Howard L. Morgan, and Shellye Archambeau(2007), *Marketing that Works*, Wharton School Publishing.

BUSINESS START-UP MARKETING

IV
창업을 위한 STP전략

7장. 시장세분화, 표적시장 선정 및 포지셔닝 전략

7장
시장세분화, 표적시장 선정 및 포지셔닝 전략

창업기업의 가장 중요한 이슈 중 하나는 그들의 새로운 기술, 제품 및 서비스를 가지고 추구해야 하는 첫 표적시장을 선정하는 것이다. 이를 위하여 우선 시장을 세분화하는데 그 이유는 고객의 니즈와 구매행동의 특징이 비슷하며 창업기업의 제공물에 대해 유사하게 반응할 고객의 집단을 확인하기 위해서이다.

고객들은 대체로 그 수가 너무 많고 구매 욕구가 매우 다양하기에 모든 분야에서 경쟁하는 대신에 더 효과적으로 접근할 수 있는 세분시장을 규명해야 한다. 또한 자사의 역량과 시장 매력도 등을 고려하여 목표시장을 선정하고 그 목표시장 내에 있는 고객의 마음에 경쟁상품과는 차별화되는 이미지를 심어주려는 노력을 해야 한다.

본 장은 시장세분화와 표적시장 선정 및 포지셔닝 전략을 다룬다. 이를 위해 먼저 시장세분화의 기준과 요건을 살펴보고, 세분시장의 매력도 평가와 표적시장 진출전략을 서술한 다음 포지셔닝의 절차와 방법을 제시할 것이다. 따라서 이 장은 다음과 같이 구성된다.

- 시장세분화의 기준과 요건
- 표적시장 선정
- 하이테크기업을 위한 시장세분화와 표적시장 선정
- 포지셔닝 전략

Ⅰ 창업마케팅의 개요

1장. 창업마케팅의 정체와 특징

↓

Ⅱ 창업기업의 사업기회평가

2장. 창업기회 평가의 요소와 주안점

3장. 시장성 분석

4장. 마케팅 조사 및 수요예측기법

↓

Ⅲ 신제품 출시전략

5장. 신제품 개발과정과 성패 요인

6장. 신제품 출시 초기 대응 전략

↓

Ⅳ 창업을 위한 STP전략

7장. 시장세분화, 표적시장 선정 및 포지셔닝 전략

↓

Ⅴ 창업마케팅 실행

8장. 창업기업의 상품관리와 브랜드 전략

9장. 창업기업의 가격전략

10장. 창업기업의 유통전략

11장. 창업기업의 촉진전략

↓

Ⅵ 하이테크/창업기업 특화 마케팅

12장. 하이테크 제품의 고객행동과 마케팅

13장. 창업기업에 특히 유용한 마케팅기법

1. 시장세분화

1) 시장세분화의 개요

(1) 시장세분화의 이해

시장은 다양한 제품에 대한 필요와 욕구 및 가치를 가진 개별 고객들로 구성되어 있다. 창업기업은 마케팅 개념을 실현하기 위하여 개별고객의 이러한 내용을 파악하여 충족시키는 것이 바람직하겠지만, 이러한 노력은 수익에 비해 더 많은 마케팅 비용을 지출하게 하는 경우가 많다. 반면, 단일 제품으로 전체 시장을 공략하게 되면 규모의 경제를 실현할 수는 있으나, 시장이 보여주는 다양한 필요와 욕구 그리고 가치를 실현시키는 관점에서는 한계와 불만의 요인이 발생하게 된다. 이러한 문제를 해결할 수 있는 방안이 시장세분화인 것이다.

즉, **시장세분화**란 전체시장을 어떤 기준이나 변수를 이용하여 동질적인 세분시장으로 구분하는 과정을 의미하며, 이는 창업기업이 주어진 자원(자금, 시간 및 인력 등)한도 내에서 전체시장 중 창업기업이 우선적으로 가장 효과적으로 공략할 수 있는 세분시장에 마케팅 노력을 집중할 수 있게 도와준다.

시장세분화 과정에서 창업기업이 고려해야 하는 요소는 흔히 **3C분석**이라고 하는 **창업기업**(Company)의 자원보유역량, **고객**(Customer)의 욕구변화 그리고 **경쟁**(Competition)의 영향분석이라 할 수 있다.

창업기업의 기본적인 목적은 매출과 이익의 최대화를 실현하는 데 있다. 모든 시장에서 같은 상품서비스를 제공하는 것으로 비용 효율을 높이는 일은 가능하지만 매출로 연결하기는 어렵다. 또한 시장마다 **커스터마이즈**(Customize), 즉 고객맞춤식 마케팅이 가능하다면 매출은 올라가겠지만, 모든 상품서비스의 커스터마이즈에 소요되는 비용은 높아진다. 시장을 적절히 세분화하여 **유망시장** 중심으로 시장세분화를 통한 효과적인 마케팅을 전개하여 창업기업의 매출과 이익을 최대화하는 데 노력해야 하는 이유가 여기에 있다.

(2) 시장세분화의 과정

1. 시장세분화의 역할을 명확하게 한다.
2. 시장세분화의 변수를 선택한다.
3. 수학적, 통계적 지식을 적용하여 고객들을 세분화한다.
4. 세분시장의 수를 파악한다.
5. 세분시장의 특성에 대해서 기술한다.

〈그림 7-1〉 시장세분화 5단계 과정

시장세분화의 과정은 〈그림 7-1〉과 같이 5단계로 구분할 수 있다.

먼저, 시장세분화를 어떻게 활용할 것인지 또는 창업기업의 특정 목표를 달성하기 위해서는 어떤 활동을 필요로 하는지 명확하게 규명한 후 전략의 취지와 핵심역량을 고려하여 시장을 세분화해야 한다.

둘째, **시장세분화 변수**들을 적절하게 선정해야 한다. 잠재고객의 요구나 바람의 관점에 기초하여 선정하되 고객 간의 차이를 명확하게 반영할 수 있는 변수들을 선정해야 한다. 시장을 세분화하는 방법이 무수히 많기 때문에 좋은 변수를 찾아 효과적으로 세분화해야 한다.

셋째, 수학적, 통계적 지식을 적용하여 고객들을 세분화하는 과정으로서 수학적, 통계학적 절차와 방법을 통해 세분화하고 각 고객들을 한 개의 세분시장에 포함할 것인지 아니면 중복적으로 여러 개의 세분시장에 포함할 것인지에 대한 의사결정을 내려야 한다.

넷째, **세분시장의 수**를 파악하는 단계로서 시장의 규모와 세분화 변수들을 고려하여 전체 세분시장의 수를 결정한다. 세분시장의 수를 결정하는 데에는 명확한 이론적 기준이 없어 잠재시장에 대한 통계나 사용가능한 세분화 변수들 그리고 마케터의 경험적 판단이나 마케팅 목적 등을 기반으로 하여 세분시장의 수를 결정해야 한다.

마지막은 세분시장의 특성에 대하여 기술하는 과정으로 도출된 세분시장의 특징을 정확하게 해석하고 각 세분시장의 특성에 맞게 정의하는 것이 필요하다. 이러한 과정을 세분시장 **프로파일**(Profiling)이라 한다. 프로파일에 사용되는 변수들은 세분시장들 간에 서로 차이가 있는 변수들이어야 한다.

(3) 시장세분화의 효과

시장세분화는 현대 마케팅의 핵심이라고 일컬어질 정도로 시장세분화를 하지 않고 마케팅 계획을 수립하는 것은 거의 생각할 수 없게 되었다. 그 이유는 시장세분화가 다음과 같은 세 가지의 효과를 가져 오기 때문이다.

① 경쟁우위 확보

시장세분화의 핵심은 하나의 상품보다는 여러 개의 상품을 내놓는 것이 고객 욕구를 더 잘 충족시킬 수 있다는 데에 있다. 그러므로 경쟁기업보다 한발 앞선 세분시장 마케팅을 하는 창업기업은 경쟁우위를 확보할 수 있다.

② 마케팅기회 발견

시장세분화를 하면 하지 않는 경우에 비하여 고객들의 욕구를 더 잘 이해할 수 있기 때문에 자칫하면 눈에 띄지 않을 수도 있었을 마케팅 기회를 더 잘 발견할 수 있다. 즉 보편적이고 평균적인 고객만 봐서는 발견되지 않았을 중요한 기회가 세분시장 수준에서는 발견되기 때문이다. 그뿐만 아니라 마케팅 노력을 유망한 세분시장에 집중함으로써 효율적이고 효과적인 마케팅을 할 수 있게 된다.

③ 차별화를 통한 가격경쟁 완화

세분시장 마케팅을 하면 고객욕구를 더 잘 충족시킬 수 있을 뿐만이 아니라 소모적인 가격경쟁의 정도를 약화시킬 수 있는 전략적인 이점도 거둘 수 있다. 이러한 효과는 특히 창업기업들에 중요하다. 창업기업들은 시장규모가 상대적으로 크지 않은 세분시장에 집중함으로써 중소, 중견, 대기업과의 경쟁을 피하고, 시장진입의 용이성과 안정적 매출 유지 및 확대 가능성을 도모하여 창업기업의 생존과 성장을 모색할 수 있다.

2) 시장세분화의 기준

어떤 세분화 변수를 사용하여 시장을 세분화하느냐에 따라 세분시장 간에 제품구매 행동이나 사용에서 상당한 차이를 보이므로, 유용한 마케팅 정보를 제공할 수 있는 최적의 변수를 세분화 기준으로 선정하는 작업이 중요하다.

세분시장 마케팅을 효과적이고 효율적으로 수행하려면 먼저 **고객 행동변수**를 이용하여 시장을 세분화한 다음, 고객 특성변수를 이용하여 세분시장 각각의 전반적인 특성을 파악하여야 한다. 고객 행동변수는 구매행동과 밀접한 관련이 있는 변수이므로 누가 비슷한 욕구를 갖고 있고 누가 다른 욕구를 갖고 있는가를 가려내는 데 효과적이다. 그러나 시장을 세분화하였다고 해서 곧바로 세분시장 마케팅을 할 수 있는 것은 아니다. 고객 특성변수를 이용하여 각 세분시장을 구성하는 고객들이 누구인지 파악한 후에 효율적으로 이들에게 접근할 수 있는 것이다.

고객 행동변수는 세분화의 기준변수가 됨으로써 1차적인 역할을 하고, 고객 특성변수는 일단 발견된 세분시장의 전반적인 특성을 알려줌으로써 2차적인 역할을 한다고 볼 수 있다. 〈그림 7-2〉는 시장세분화의 세부적인 절차별 내용을 나타낸다.

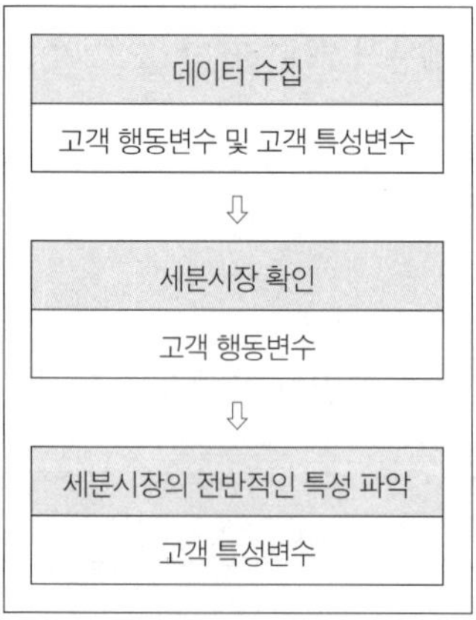

〈그림 7-2〉 시장세분화의 세부적인 절차

한편, 세분시장 마케팅을 수행하기 위해서는 고객의 **행동변수**와 고객의 **특성변수**에 대한 데이터가 필요하게 되는데 이러한 변수들에 대하여 좀 더 알아보도록 하겠다. 먼저 〈표 7-1〉에서 세분화에 이용되는 고객 행동 및 특성 변수에 대하여 간략하게 정리하였다.

〈표 7-1〉 세분화에 이용되는 고객 행동 및 특성 변수

	고객	조직 구매자
고객 행동변수 (1차적 역할)	- 추구효익 - 사용상황 - 사용량 또는 사용여부 - 브랜드 충성도(상표애호도) - 고객생애가치 - 반응단계	- 추구효익 - 용도/산업/기술/주문의 긴급성 - 사용량/주문량 - 애호도/거래관계 - 생애가치 - 구매방식(리스/입찰/시스템 구매 등)
고객 특성변수 (2차적 역할)	- 인구통계학적 변수 - 지리적 변수 - 심리적 변수	- 입지 - 규모 - 구매 결정의 집중화 정도 - 조직의 성향

출처: 박찬수(2014), 『마케팅원리』.

(1) 고객 행동변수

고객이 마케팅 요소에 대해서 어떻게 반응하고 행동하느냐를 알 수 있다면 그것에 따라 마케팅 전략을 수립하여 추진할 수 있을 것이다. 예를 들어 가격에 민감한 고객집단과 둔감한 고객집단이 구분되어 양 집단에 상이한 가격 정책들이 적용된다면 일방적인 가격정책보다는 높은 성과를 창출할 수 있을 것이다. 이러한 경우 가격민감도라는 고객 행동 혹은 반응 변수는 이상적인 시장세분화 변수가 될 수 있다. 이러한 고객세분화에 많이 사용되는 행동변수에는 **추구효익**, **사용상황**, **사용량** 또는 **사용 여부**, **브랜드 충성도**, **고객생애가치** 및 **반응단계** 등이 있다.

① 추구효익

고객들이 상품으로부터 추구하는 효익에 따라 시장을 세분화하는 기준으로 접근하는 방식을 말하며, 예를 들어 시계의 경우 싼 가격 제품, 품질과 내구성이 우수한 제품 그리고 값비싼 제품 등으로 고객의 추구효익을 나눌 수 있다. 또한 고객조사 결과에 따라 치약이 충치제거, 미백효과, 구취제거 등 여러 추구효익으로 구분되어 세분시장이 형성되어 있는 사례 등을 들 수 있다.

② 사용상황

고객들이 어떤 용도를 염두에 두고 상품을 구입하는 가에 따라 시장을 세분화하는 기준으로 누가, 무엇을, 언제, 어디서, 어떻게 사용하는가를 의미한다. 음료수의 경우 실내 모임의 경우는 대용량 음료를, 여행 시에는 캔 음료를 사는 경향을 볼 수 있다. 호텔의 경우에도 가족여행, 비즈니스출장, 모임 등 다양한 이용 상황으로 나눌 수 있다.

③ 사용량 또는 사용 여부

고객들이 사용하는 사용량이나 사용 여부에 따라 시장을 세분화하는 기준으로 접근하는 방식이다. 통신요금의 경우 서비스 사용 내용이나 빈도에 따라 다양한 요금제를 제공하고 있으며 소량보다는 대량의 사용고객에 더 많은 혜택을 주는 판매정책 추진 등의 경우가 있다.

④ 브랜드 충성도

고객들이 어떤 상표, 즉 브랜드에 대해 호의적인 태도를 보이고 반복적으로 구매하는 패턴에 따라 시장을 세분화하는 방식으로, 상품의 브랜드 충성도 차이에 따른 고객별 차별화 마케팅 수행 방안을 마련하는 경우를 들 수 있다. 하지만 브랜드 충성도에 따라 시장을 세분화하는 것은 고객의 변덕스러운 선호도 변경과 변심이라는 면이 있어 다소 까다로운 일이다.

⑤ 고객생애가치

고객으로부터 얻는 이익흐름의 현재가치인 고객생애가치에 따라 시장을 세분화하는 기준으로 접근하는 방식으로 은행에서 VIP고객을 특별하고 지속적으로 관리 운영하여 고객생애가치를 높이도록 노력하는 사례를 들 수 있다.

⑥ 반응단계

고객들이 상품을 인지하고 구매하기까지 거치게 되는 단계에 따라 시장을 세분화하는 기준으로 접근하는 방식으로, 자사 브랜드에 대한 인지, 사용, 반복, 선호 및 애호에 따라 각 구간별 병목현상을 파악하여 문제가 되는 고객층을 집중적으로 공략하는 사례를 볼 수 있다.

(2) 고객 특성변수

① 인구통계학적 변수

인구통계학적 변수에는 **연령, 성별, 직업, 교육수준, 종교, 소득수준** 등과 같은 변수들이 포함되어 주로 몇 가지 인구통계적 변수를 조합하여 시장을 세분화하는 방식으로, 이러한 변수들은 고객의 욕구, 선호, 사용량 등과 밀접한 관계를 가진 경우가 많고 측정하기 쉬운 장점이 있다.

② 지리적 변수

고객이 거주하는 지역적 특성을 이용하여 시장을 세분화하는 기준으로 접근하는 방식이며, 이때 지역적 구분의 단위는 제품 및 기업의 특성에 따라 달라질 수 있다. 글로벌 시장과 국내시장을 대상으로 할 경우에도 지역적 이질성을 고려하여 시장을 세분화 하게 된다.

③ 심리적 변수

고객의 심리적 특성을 반영하여 사회계층, 라이프스타일 및 개성 등과 같은 변수들을 사용하여 시장을 세분화하는 기준으로 접근하는 방식이며, 특히 생활양식에 따라 고객별로 필요한 상품이나 서비스가 다름을 인식하여 마케팅 활동에 활용하는 경우이다.

다음 〈표 7-2〉는 대표적인 시장세분화 변수별로 구분되는 세분시장의 세부내용을 정리한 것이다.

〈표 7-2〉 시장세분화 변수에 따른 세부내용

변수			세부내용
행동 변수	추구효익 변수		기능적 효익, 심리적 효익
	사용 상황 변수		제품에 따라 상이(예: 어버이 날, 스승의 날, 졸업식 등)
	구매 행동 변수	사용량 변수	소량 사용자, 보통 사용자, 다량 사용자
		사용 경험 변수	비사용자, 이전 사용자, 잠재적 사용자, 최초 사용자
		사용 기회 변수	규칙적, 불규칙적
		상표애호도 변수	전무, 보통, 강함, 절대적
특성 변수	인구통계학적 변수		연령, 성별, 거주지역 가족 구성 단위, 가족 생활주기, 개인 및 가족 소득, 직업, 학력, 종교
	심리적 변수	사회계층	농촌계층, 도시계층, 중하층, 중상층, 상층
		라이프스타일	전통적 알뜰형, 합리적 생활만족형, 진보적 유형추구형, 보수적 생활무관심형
		개성	강제적, 사교적, 권위주의적, 야심적

3) 시장세분화의 요건

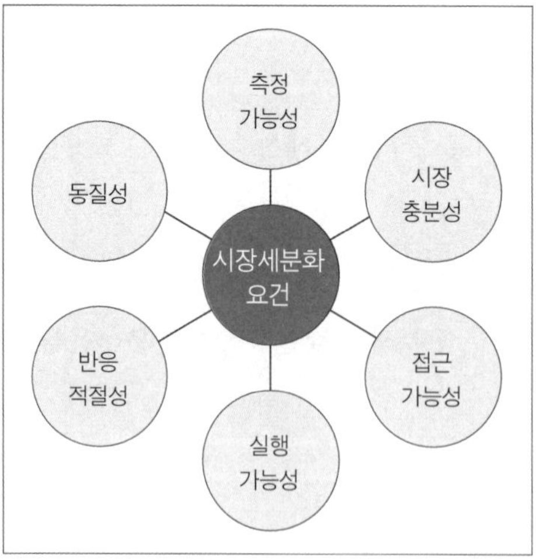

〈그림 7-3〉 시장세분화의 여섯 가지 요건

창업기업의 마케팅 노력이 충분한 효과를 거두려면 시장을 세분화할 수 있는 다양한 변수에 요구되는 중요한 속성이 있다는 점을 유념하는 것이 필요하다. 이는 시장을 세분화했다고 해서 무조건 마케팅 계획을 수립하는 것이 유용한 정보를 얻을 수 있는 것은 아니기 때문이다. 시장세분화가 유용하려면 가급적 다음과 같은 조건들을 충족시켜야 하며 〈그림 7-3〉에서 시장세분화의 여섯 가지 요건을 나타내었다.

① 측정가능성

세분시장의 규모, 구성원 매력도, 고객 특성 등이 측정 가능하여야 한다. 세분시장 규모를 알지 못한다면 제품개발 및 출시를 효과적으로 할 수 없으며, 고객 특성의 측정이 불가능하다면 적절한 커뮤니케이션 전략을 수립하기 어렵게 된다.

② 시장충분성

세분시장만을 표적으로 신제품 개발, 광고, 판매촉진 등의 마케팅 활동을 수행하여도 이익이 발생할 수 있을 정도로 시장규모가 충분해야 한다. 창업기업이 시장을 세분화하는 이유는 특정 세분시장에 자사의 마케팅 노력을 집중하기 위해서이며 따라서 각 세분시장은 창업기업이 노력을 투입할 만큼 규모나 수익성이 충분해야 하는 것이다.

③ 접근가능성

세분시장에 속하는 고객들에게 효과적이고 효율적으로 접근할 수 있어야 한다. 세분시장의 기준을 선정하거나 마케팅 담당자가 마케팅 전략을 수행할 경우, 얼마나 접근이 용이한가를 평가하여야 하고 목표고객이 정해졌을 때 어느 곳에 많이 사는지, 어느 매체를 선호하는지 등에 대한 정보 수집이 가능하다면 매우 강력한 세분화 기준이 될 수 있다. 특정 세분시장의 특성인, 거주지, 라이프스타일, 소득 등을 알아야 마케팅 커뮤니케이션을 그들에게 효과적으로 전달될 수 있게끔 구성할 수 있을 것이다.

④ 실행가능성

아무리 좋은 세분화 기준이라도 현실적으로 마케팅 활동을 실행할 수 없다면 그 효용성은 떨어지게 마련이다. 세분시장을 공략하려면 효과적인 마케팅 전략을 개발하여야 하며, 적절한 세분시장을 개발하였다 하더라도 실행 가능한 알맞은 마케팅 전략이 없다면 의미가 없을 것이다.

⑤ 반응적절성

마케팅 전략을 개발한 후 각 세분시장을 대상으로 마케팅 내용을 수행했을 때 시장을 구성하는 고객들의 반응을 적절하게 수집할 수 있는지 여부가 세분화 기준이 되어야 한다.

⑥ 동질성

효과적인 세분화시장이 되려면 그 변수를 이용하여 고객을 세분화하였을 때에 세분시장 내 구성원들은 서로 동질적인 반면 세분시장 간의 구성원들은 서로 이질적이어야 한다.

다음은 미국 MIT Sloan 경영대학원의 Bill Aulet 교수가 제시한 창업기업의 세분화를 통한 기회 판별 기준으로 매력적인 시장 기회의 판단 기준을 아래의 질문들을 통해 검증할 수 있다.

매력적인 세분시장의 판단기준

- 목표고객의 지불능력이 충분한가?
- 목표고객이 판매조직에 쉽게 접근할 방법이 있는가?
- 목표고객이 구매할 수밖에 없는 절박한 이유는 무엇인가?
- 협력업체와 함께 완제품을 당장 출시하는 것이 가능한가?
- 난공불락의 경쟁사가 버티고 있는가?
- 세분시장 성공을 발판으로 다른 시장으로 진출할 수 있는가?

창업전략
탐뎀스이스트社

창업가가 창업을 하게 되는 주된 이유는 시장을 세분화하는 과정에서 시장기회를 인식하였기 때문이다. 1980년대 후반 멜은 자신의 차고에서 '탐뎀스이스트'란 다인승 자전거 판매회사를 설립하였다. 그는 다인승 자전거를 판매하고 서비스하는 분야의 전문가였다. 다인승 자전거에 대한 세분시장의 존재를 인식한 그는 자신이 다인승 자전거를 시장에 공급하게 되면 고객들이 매우 고맙게 생각할 것이라고 믿었다. 다인승 자전거를 타는 동안 신체적인 조건이 동일하지 않아도 함께 대화를 나눌 수 있고, 함께 자연의 고마움을 만끽할 수 있는 장점이 있다.

멜은 창업 당시 앞에서 제기한 일련의 질문에 대하여 직관적으로 훌륭하게 답하였다. 당시 그는 두 가지 시장에 접근할 수 있었다. 첫 번째 시장은 다인승 자전거를 이미 가지고 있는 기존 고객으로 제품을 업그레이드하거나 대체하여야 하는 고객집단을 말하며, 또 다른 시장은 2인 사이클 커플로 이들은 경제적으로 여유는 있으나 신체적인 차이로 인하여 자전거를 함께 타는 데 어려움을 겪고 있는 집단이었다. 특히 다인승 자전거가 일반자전거에 비해 상대적으로 가격이 비싸기 때문에 대상고객은 경제적으로 여유가 있어야 하며, 따라서 이들에게 가격은 그다지 중요한 구매의사의 결정변수가 되지 않았다. 즉, 이들은 대량생산이나 규모의 경제로 실현되는 가격우위에 다소 둔감한 집단이었다.

그가 창업할 당시, 미국 동부지방에는 다인승 자전거 전문업체가 없었다. 고객이 다인승 자전거를 구매할 때 다양한 모델을 보고 비교한 후 선택할 수 있게 하는 것이 매우 중요한 판매요인이었다. 따라서 비록 비용이 많이 들더라도 많은 재고를 보유하여 잠재경쟁자의 진입을 막는 진입장벽을 쳤다. 또한 그는 그 지역의 최초 판매업체로서 자전거 공급자에게 새로운 판매망을 제공할 수 있다는 사실을 내세워 이들과 배타적 계약관계도 유지할 수 있었다. 다인승 자전거에 대한 전문지식, 많은 재고보유 그리고 공급업자와의 배타적 계약관계 등이 멜의 차별화역량으로서 지속적 경쟁우위의 원천이 되었다.

멜의 경우 앞에서 설명한 두 가지 세분시장에 상대적으로 용이하게 접근할 수 있었다. 다인승 자전거의 기존 애호가들은 미국 다인승 자전거 클럽의 회원이며, 이 클럽에서는 격월로 뉴스레터를 발행하고 있었는데 멜은 이 뉴스레터에 광고를 게재함으로써 회원들에게 쉽게 접근할 수 있었다. 하지만 광고게재에 드는 비용이 높았다. 오늘날에는 인터넷상에 다인승 자전거의 고객 커뮤니티가 형성되어 있어 목표시장에 접근하는 효과적인 방법으로 커뮤니티가 이용되고 있다.

멜이 생각하는 두 번째 세분시장 또한 상대적으로 접근하기 용이했다. 이들은 사이클링 관련 잡지(대표적으로는 '바이시클링 매거진')를 읽는 열정가들이기 때문에 심지어 조그만 광고에도 매우 관심을 가졌고, 사이클링경주와 단체모임에도 참여했다.

이 두 집단은 사업을 영위하기에 충분한 크기였다. 각 세분시장 구성원의 일부만 구매하더라도 기업운영에 필요한 간접비를 보상하고 적절한 수준의 재고를 보유할 수 있었다. 광고비는 수입의 10% 이내에서 지출하였으며, 이는 비용면에서 볼 때 세분시장에 접근하기 위한 아주 효과적인 방법이었다.
멜이 제품의 가치를 제대로 인정해 주는 목표시장을 창조적으로 찾아 나섰기에 탐뎀스이스트社의 사업이 번성하였다. 이 세분시장들은 매우 가치 있고, 비용측면에서 매우 효과적으로 접근 가능하였으며, 경쟁자에 대한 진입장벽도 구축될 수 있었다.

출처: 박치관 외 역(2003), 『이노비즈 마케팅』.

2. 표적시장 선정

창업기업이 효과적인 세분화 변수를 이용하여 시장을 다수의 세분시장으로 세분화한 후에는 각 세분시장별 매력도를 평가하여 어느 시장을 표적시장으로 선정할 것인가를 결정해야 한다.

1) 세분시장 매력도 평가요소

창업기업은 마케팅 목표를 실현하기 위해 세분시장의 크기와 성장성, 구조적 매력도, 기업의 목표와 가용자원 그리고 시장 접근용이성 등의 요인을 고려하여 가장 이상적인 시장을 표적시장으로 선정하게 된다(그림 7-4 참고).

① 세분시장의 크기와 성장성

창업기업은 각 세분시장에 투입될 비용 이상의 매출로 이익을 실현하기 위하여 세분시장의 현재 규모를 측정하고 거시적 시장 환경과 기술적 요인 등에 대한 분석을 통하여 미래 성장가능성을 평가하여야 한다. 이때 창업기업의 규모와 능력과 여건에 맞추어 최적의 세분시장을 선택하게 된다.

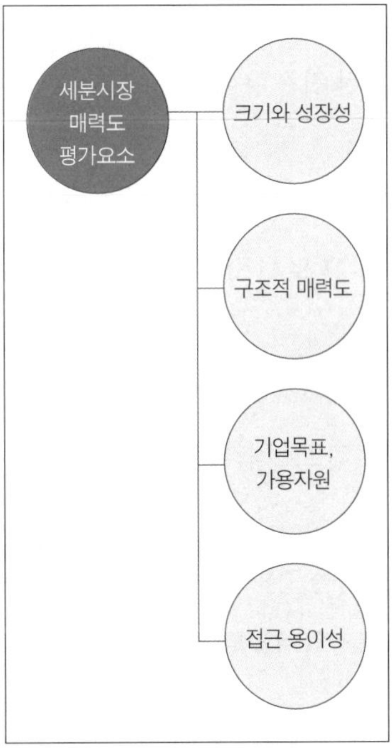

〈그림 7-4〉 세분시장의 매력도 평가요소

② 구조적 매력도

시장의 구조적 매력도에 영향을 주는 요소로 언급된 마이클 포터교수의 5 Forces Model에 등장하는 5가지 요소를 분석하여 창업기업 입장에서의 시장의 구조적 매력도를 평가하게 된다. 시장의 진입장벽이 낮거나 다수의 공격적인 경쟁자가 존재하거나 기존제품을 대체할 제품의 출현이 가능하거나 고객과의 협상력이 낮거나 원자재 공급자와의 협상력이 낮으면 시장의 매력도는 떨어지게 되어 이들 다섯 가지 요소를 분석하고 판단하여 구조적 매력도를 높일 수 있는 방안을 강구해야 한다. 시장매력도 분석에 관한 내용은 제2장의 사업기회평가 관련부분에 자세히 서술되어 있다.

③ 기업의 목표와 가용자원

선정된 세분시장에 진출하는 것이 창업기업의 기업목표와 부합되고 가용자원과 보유역량으로 세분시장 내에서 경쟁우위를 점할 수 있는지 검토하여 세분시장에서의 경쟁력 확보 가능성을 판단해야 한다.

④ 세분시장의 접근용이성

세분시장에서 창업기업의 제품을 경쟁사와 차별적으로 포지셔닝하기 위해서는 고객의 관심사, 접촉매체, 구매장소 등에 대한 정보가 필요하며 이러한 정보 획득을 통해 파악한 접근 용이성이 세분시장의 매력도의 한 요소로 작용하게 된다.

2) 표적시장 구체화를 통한 최우선 거점고객 선정

표적시장 고객집단의 필요와 요구 사항을 더 명확하게 분석하고 판단하기 위하여 소위 **페르소나**라는, 표적시장의 고객성향을 대표하는 특정 인물을 설정하여 그에 대한 욕구 충족 가능성 여부를 파악하여야 한다. 이러한 과정을 통하여 창업기업은 표적 시장의 고객을 정확히, 구체적으로, 시각적으로 이해하고 집중할 수 있게 된다.

창업기업의 제품을 선호할 최우선 거점고객이 될 수 있는 요건은 다음과 같다.

- 제품을 가장 필요로 하는 고객군

• 제품을 가장 좋아할 고객군

• 제품 판매 확산력이 있는 고객군

• 창업기업이 접근하기 쉬운 고객군

• 단시간 내 점유율 1위, 만족도 1위를 할 수 있는 고객군

아래 〈그림 7-5〉는 창업기업이 한정된 창업역량(자금, 시간, 노력 등)의 상황에서 표적시장의 집중화를 추진하는 방향을 나타내고 있다.

초기에는 ① 보편적이고 전체적인 시장이나 고객을 조사하여 관련사업의 개략적이고 포괄적인 시장 및 고객을 정의하고, 다음으로 더 세분화된 ② 영역 시장인 인접 시장의 정의와 분석을 통하여 세분화하여 범위를 축소하고, ③ 영역 시장인 거점 및 목표 시장을 정의하여 창업기업의 주어진 자원 한도 내에서 독자적으로 추진할 수 있는 시장의 범의와 내용을 선택하여 표적시장의 집중화를 모색해야 한다.

마지막으로 ④ 영역인 최우선 거점고객 혹은 페르소나의 정의를 통하여 창업기업의 제품이나 서비스를 묻지도 따지지도 않은 특징과 성향을 갖고 있는 고객기반의 제품이나 서비스의 검증과 확인 절차를 거쳐야 한다.

이러한 과정과 절차를 통하여 창업기업이 제공하고자 하는 제품이나 서비스가 고객

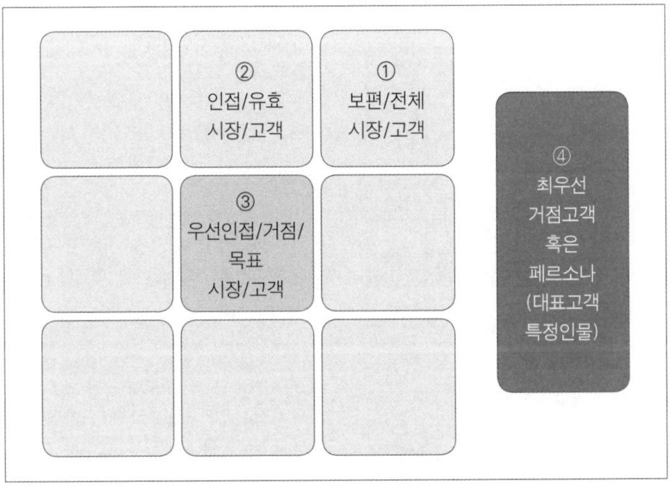

〈그림 7-5〉 표적시장의 집중화

으로부터 어떤 반응을 받을지 확인하고 검증하는 과정을 진행 한 후 본격적인 제품이나 서비스 상품화를 추진하게 되는 것이다.

3) 표적시장 선정 및 진출 전략

창업기업은 세분시장에 대한 매력도를 분석한 후 마케팅 수행 대상이 될 세분시장을 표적시장으로 선정하게 되는데, 이때 두 가지 요인, 즉 세분시장의 전반적인 매력성과 창

〈그림 7-6〉 제품과 시장 혼합형태의 표적시장 선정방법

구분	형태	사례
단일 세분시장 집중적 마케팅	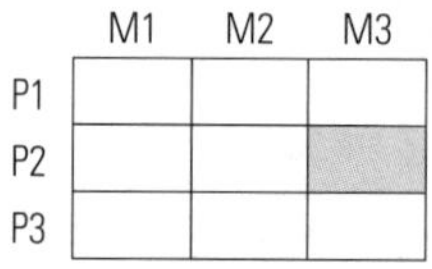	• 하나의 세분시장 선정 • 한정된 자금 • 폭스바겐
차별적 마케팅	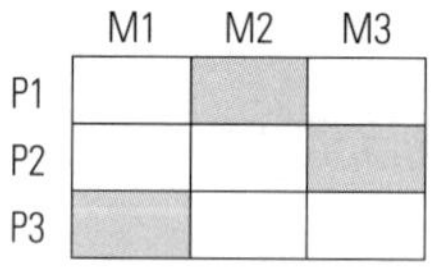	• 여러 개의 시장 선택 • 위험 분산
비차별적 마케팅		• 대기업이 주로 사용 • IBM(컴퓨터시장) • GM(자동차시장) • 코카콜라(음료시장)
제품 전문화	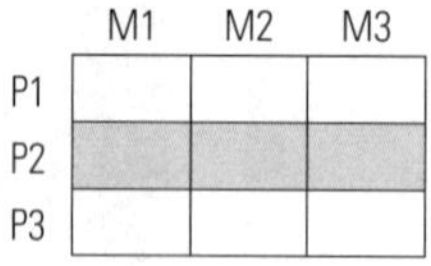	• 한 제품으로 여러 세분 시장을 공략 • 현미경을 대학, 실험실, 학교에 공급
시장 전문화	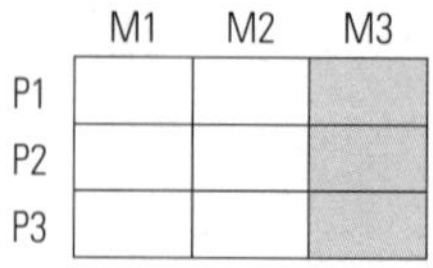	• 특정시장에서 필요로 하는 다양한 제품 충족 • 대학의 현미경, 화학약품, 기타 실험도구

업기업이 보유한 목표와 자원을 살펴보면서 선정하게 된다.

다시 말하여 창업기업이 목표로 삼을 세분시장이 규모, 성장, 수익, 규모의 경제, 낮은 위험도 등과 같이 일반적으로 매력적인 특징을 가지고 있는가를 검토하고 분석함은 물론 그 세분시장에 대한 투자가 창업기업의 목적과 자원에 대한 의미에 부합한지 고려해야 한다.

또한, 어느 세분시장에, 얼마나 많은 세분시장에 진출할 것인가를 결정해야 할 때, 창업기업이 진입할 세분시장과 그 범위를 결정하는 것은 가장 적합한 표적시장에 진입하는 방법으로 구분하게 되며 아래의 다섯 가지 전략형태가 있을 수 있다. 이를 〈그림 7-6〉에 사례와 함께 나타내었다.

- 단일 세분시장에 집중하는 형태
- 다수의 세분시장에 차별적으로 마케팅 믹스를 제공하는 형태
- 전체 세분시장에 모든 제품을 제공하는 형태
- 전문적 제품을 취급하는 세분시장을 선택하는 형태
- 특정 세분시장에 대해 광범위한 제품범위를 제공하는 형태

앞서 5가지 전략유형 중 가장 보편적인 유형인 집중적, 차별적, 비차별적 마케팅 전략에 대해서 서술하면 다음과 같다.

① 집중적 마케팅전략

다양한 세분시장 중에서 창업기업의 역량을 가장 잘 발휘할 수 있어 성과가 기대되는 하나의 세분시장에 집중적으로 공략하는 전략이다. 한정된 자원을 보유하고 있는 창업기업에 상대적으로 적합한 추진전략이라 판단된다. 이러한 전략을 추구하는 창업기업은 지속적인 제품이나 기술혁신을 통하여 경쟁우위를 확보해야 하며 또 다른 세분시장을 찾는 노력을 게을리하지 말아야 할 것이다.

② 차별적 마케팅전략

다수의 세분시장을 표적으로 각 세분시장에 최적화된 마케팅 믹스를 투입하는 전략을 말한다. 각 세분시장별로 차이가 명확하고 각 시장의 규모와 구조가 매력적일 때 기업은 자사가 보유한 자원과 역량을 최대한 발휘하여 각 세분시장에 상이한 마케팅 믹스를 제공하면서 시장을 선점하게 된다. 이러한 전략은 자원과 역량이 충분한 기업의 입장에서 추진할 수 있는 전략의 형태이며 수행에 많은 비용이 소요되기 때문에 창업기업의 경우 수행하기에 어려움이 있는 전략이다. 창업기업 입장에서는 각 세분시장을 추진 우선순위에 따라 단계적으로 추진하는 방안이나 외부 협력기업과의 협업을 통하여 추진하는 방안을 고려할 수 있을 것이다.

③ 비차별적 마케팅전략

고객의 요구가 동질적이어서 세분화가 불가능하거나 특정 세분시장의 규모가 월등히 큰 경우 혹은 세분시장별로 창업기업이 다양한 마케팅 전략 수행을 추진하기가 어려울 경우에 시장 전체를 표적으로 한 마케팅 전략을 구사하여 공략하는 전략이다. 단일제품의 대량생산, 단일 유통경로 및 대량광고로 마케팅비용의 최소화를 이룰 수 있으며 제품수명주기상 도입기처럼 시장이 완전히 개발되지 않았고 고객의 요구가 세분화되어 있지 않은 상황에서 이러한 전략을 사용하게 된다. 여러 가지 제한점(마케팅 역량 부족, 운영자금 부족 등)을 갖고 있는 창업기업의 특성상, 비차별적 마케팅 전략을 추진하다가 대부분의 고객으로부터 외면당할 수 있음에도 불구하고 이러한 마케팅 전략을 활용할 수밖에 없는 것도 현실이다.

마케팅사례

집밥 대신 김밥 사 먹인다는 엄마의 죄책감, 건강한 재료로 덜었다

서울 중구 신세계백화점 지하 식품관. 다양한 음식점과 디저트 전문점이 들어선 '맛집 전쟁터'나 다름없는 이곳에 유독 사람들이 북적이는 코너가 있었다.

이 분식집의 이름은 '바르다, 김선생'(이하 김선생). 극히 평범한 분식업을 차별화해 소비자들의 마음을 얻은 비결은 무엇일까?

나상균 대표는 "신선한 재료로 안전하게 만들었다는 점을 최우선적으로 강조했다"며 남편이나 아이들에게 밥을 차려주는 대신 김밥으로 끼니를 때우게 한다는 엄마들의 죄책감을 덜어준 것이다. 두 번째 포인트는 뚜렷한 목표시장 공략이다. 요즘처럼 제품이 넘쳐나는 시대에 기업은 핵심 고객을 분별해 내야 한다. 김선생은 '30~40대 젊은 엄마들'을 집중 공략했다. 최근 가장 왕성한 소비 활동을 보여주는 집단이라고 판단했기 때문이다. 나 대표는 최근 1~2년 사이 모바일 쇼핑, 해외 직구 같은 유통업계의 최신 유행들을 모두 이 젊은 엄마들이 주도했다는 데 착안했다.

세 번째 포인트는 사야 할 이유를 오감(伍感)으로 느끼게 했다는 것이다. 김선생은 미각은 물론, 시각과 후각을 동원해 유형성을 높였다. 김선생 매장은 콘셉트를 전달하는 도구로 매장 내 식재료 사진을 사용했다. 5무(無)라든지, 두 번 구운 김, 남해안 간척지 쌀 등의 사진을 붙여두고 펜글씨체로 일일이 설명한다. 네 번째 포인트로는, 김선생 김밥은 한 줄에 4,500원이나 하는 비싼 김밥이지만, 따지고 보면 커피 한 잔 값과 비슷해 '불황 속 작은 사치'를 즐기려는 소비자들의 마음과 통했다는 점이다. '바르다, 김선생'이라는 이름도 소비자들의 호기심을 자극했다. '바르다'라는 직설적인 표현과 함께, 김밥의 주재료이면서 동시에 국내에 가장 많은 성씨인 '김(金)'에 존칭 '선생'을 붙였는데, 타협하지 않고 고집스럽게 한 분야에 깊이 고민하는 이미지와 함께 어딘가 괴짜 같고 유머러스한 느낌도 준다. 콘셉트는 하나의 키워드로 콕 찍을 때 파괴력이 생긴다.

출처: 『Weekly BIZ』, 2015년 1월 10일자, 한경진 기자.

3. 하이테크기업을 위한 시장세분화와 표적시장 선정

하이테크 기업에게 있어 가장 중요한 이슈 중 하나는 그들의 새로운 기술을 가지고 추구해야 하는 첫 목표시장을 정하는 것이다. 당연한 선택도 기업이 결정해야 할 당시에는 좀처럼 명백해 보이지 않는다. 예를 들어, Intel의 공동 창립자인 Gordon Moore는 1970년 초기 마이크로프로세서가 내장된 개인 컴퓨터 구축에 대한 제안을 거절했다. 그는 개인 컴퓨터의 어떠한 유용성도 발견하지 못했기 때문에 제의를 거절한 것이다. 386 반도체(IBM PC 이전)의 가능한 사용처 목록에서 개인 컴퓨터 생산을 제외시키는 대신 Intel은 산업자동화, 처리과정 및 전기통신 등의 생산을 선택했다.

1) 하이테크기업의 세분시장화 및 고객개요 작성

하이테크 고객에게 초점을 맞춘 연구는 기존의 전통적 세분화 변수들이 할 수 없는 통찰력을 제공할 수 있다. 이러한 기술 관련 고객 이슈를 전문적으로 다루는 몇몇의 기업에는 Odyssey Research, Yankelovich Partners' Cyber Citizen, 그리고 SRI Consulting 등이 있다.

예를 들어, Pew Internet & American Life Project에서 2007년에 실시한 연구를 살펴보자. 18세 이상의 미국 성인 4,001명을 대상으로 실시된 이 연구는 미국 인구를 10개의 중요 고객 세그먼트(Segment)를 포함한 세 개의 분류로 나누어 몇 가지 정보기술 및 커뮤니케이션 기술에 대한 사용과 반응에 대하여 조사하였다. 10개의 세분시장은 다음의 〈표 7-3〉에 설명되어 있다.

10개의 세분시장에는 인구통계학적 사항들이 포함되어 있다. 예를 들어, 웹 콘텐츠 및 서비스에 가장 활동적인 탐식가(Omnivores)는 평균 28세로 연령대가 낮으며, 대부분 남성(70%)이 많다. 행동 및 태도에 대한 사항들은 기술 마케터들이 특정 세분시장을 목표로 하는 데 도움을 준다. 예를 들어, 만약 RIM이 Blackberry Pearl을 가지고 미국 소비자를

〈표 7-3〉 미국 정보통신기술(ICT) 사용자의 세분시장

소비자 층	세분시장	미국 성인 중 비율(%)	태도 및 행동
엘리트 기술 사용자 (미국 성인 중 31%)	탐식가 (Omnivores)	8	가장 많은 정보기기와 서비스를 사용하고 있으며 사이버공간에 적극적으로 참여할 뿐만 아니라 블로그와 같은 웹2.0 활동도 참여하고 있다.
	연계자 (Connectors)	7	기능이 많은 휴대폰과 잦은 온라인 사용으로 사람들과 소통하며 ICT를 사용하여 디지털 콘텐츠를 관리한다. 그들은 ICT가 공동체 안에서 일할 수 있게 하고 또한 취미도 제공한다고 주장한다.
	숙련자 (Lackluster veterans)	8	휴대폰보다 인터넷을 더 많이 사용하기 때문에 ICT가 가능한 연결에 많은 관심을 기울이지 않는다.
	생산성 향상자 (Productivity enhancers)	8	기술은 다른 사람들과 소통할 수 있고 일을 할 수 있으며 새로운 것을 배울 수 있게 하기 때문에 기술에 대한 매우 긍정적인 관점을 가지고 있다.
중도의 기술 사용자 (미국 성인 중 20%)	모바일 중심 (Mobile centrics)	10	휴대폰의 기능을 모두 수용하고 인터넷 사용을 한다. ICT가 그들을 다른 사람들과 연결시켜준다는 점을 만족한다.
	소극적 연계자 (Connected but hassled)	10	기술에 많은 투자를 했지만 연결이 거슬리며 정보가 부담스럽다고 여긴다.
소수 기술 보유자 (미국 성인 중 49%)	경험 부족 사용자 (Inexperienced experimenters)	8	쌍방향소통(interactivity)을 가끔 이용하지만 ICT를 더 많이 사용하게 된다.
	소량사용 만족자 (Light but satisfied)	15	기술을 가지고 있지만 그들의 생활에서 중요한 부분을 차지하고 있지 않다. 하지만 ICT가 그들에게 제공하는 것에 대해 만족한다.
	무반응 사용자 (Indifferents)	11	휴대폰과 인터넷 액세스를 가지고 있지만 ICT만을 사용하고 있으며 인터넷 연결을 귀찮아한다.
	네트워크 미사용자 (Off the network)	15	휴대폰 또는 인터넷 액세스를 가지고 있지 않다. 오래된 미디어 콘텐츠에 익숙한 나이가 든 성인들이다.

출처: Horrigan, John B., "A Typology of Information and Communication Technology Users," Washington, DC: Pew Internet & American Life Project, May, 2007, online at www.pewinternet.org/pdfs/PIP_ICT_Typology.pdf.)

목표로 한다면 탐식가, 연계자 그리고 모바일 중심적인 사람을 추구하면 될 것이다. 다른 경우에 그리고 광범위한 시장의 관점으로 다른 기업은 시장에서 경험이 부족한 부분에서 기회를 찾을 수 있을 것이다.

2) 하이테크기업의 목표시장 선택 및 평가

시장에서 중요한 세분시장을 인식하고 각 세분시장의 고객을 이해한 다음 세분화 과정의 세 번째 단계는 목표 세분시장을 가려내기 위하여 기업이 다양한 세분시장의 매력도(Attractiveness)를 평가하는 것이다. 다음은 세분시장을 평가하는 네 가지 중요사항들이다.

① **규모**(Size)

세분시장의 규모를 파악하기 위해 각 세분시장의 잠재 판매량에 대한 추정이 필요하다. 마케터들은 전통적으로 구매량에 따라 세분시장 규모를 예측하였다. 고객 수가 더 적은 세분시장이라도 매출액이 더 클 수도 있다. 예를 들면, **80/20법칙**은 한 제품의 판매량 중 80%는 고객의 20%가 구매한 것이라고 주장한다. 하지만 피라미드식 시장전략으로 최근 기업들은 구매량에 따라서 목표시장을 정하는 것보다 시장에서 순수한 고객의 수를 측정하는 것도 중요하다고 보고 있다.

② **성장**(Growth)

잠재 매력도를 평가하기 위해서는 다양한 세분시장의 성장률 추산이 필요하다. 규모가 성장하고 있는 세분시장은 두 가지 이유에서 매력적이다. 첫째, 세분시장이 성장하고 있다는 것은 기업이 고객의 니즈를 이용하여 시장에서 성장할 수 있다는 의미이고, 둘째로 타 기업의 고객을 빼앗는 대신 시장에 새로 진입한 고객을 발굴할 수 있다는 의미이기도 하다.

③ **경쟁 수준**(Level of competition)

각 세분시장의 경쟁강도 수준의 추산은 기업이 세분시장에 진입하는 데 얼마나 많은 비용이 필요한지 인식할 수 있게 도와준다. 많은 경쟁사 혹은 몇 개의 강력한 경쟁사는 신규 기업에 어마어마한 위험을 줄 수 있다. 여기서 문제는 새로운 기업이 얼마나 더 나은 기술을 가지고 있느냐가 아니라 경쟁사들이 그들의 기존 고객을 보호하고자 얼마나 노력하는가이다.

④ **세분시장 니즈를 충족시킬 수 있는 역량**(Capabilities to serve the needs of the segment)

마지막으로 기업은 그들의 핵심 기능을 살펴보고 특정 세분시장의 니즈를 충족시킬 수 있는 역량을 가지고 있는지 살펴보아야 한다. 파트너십 구축은 약간의 결점을 보완할 수 있지만 실질적으로 고객은 그들의 니즈를 궁극적으로 충족시켜줄 기술을 보유한 기업을 찾을 것이다.

어느 기업이 위의 네 가지의 기준을 이용하여 부상하고 있는 남조류 단백질 보조제(Blue-green algae protein supplement) 시장에서 세분시장을 선택하였다. 해초류를 키우고 수확하여 건조시킨 다음 가루 형태의 최종 제품을 온라인망이나 소매점을 통해 실제 소비자에게 혹은 자신들의 제품에 보조제로 사용하는 기업 고객에 판매하였다(예를 들면, Odwalla는 이 보조제로 단백질 바(bar)를 만들고 다른 기업은 영양소 강화 음료에 첨가하였다). 또한 이 남조류 단백질 보조제는 화장품 및 애완동물이나 농장의 동물사료, 가금류 사료 또는 수경재배에도 쓰이고 있었다. 이 기업은 시장 응용을 위해 판매 데이터와 다양한 제품 부류와 판매성장률을 수집하였다. 수집된 데이터에 대한 분석과 해당 산업에서 자신들이 시장을 창출한 위상, 식품규제에 대한 강화, 유기농 농법과 가축을 위한 비호르몬 보조제의 추세에 대한 통찰력을 결합하여, 성공가능성이 높은 가금류 사료시장을 표적시장으로 정하였다.

4. 포지셔닝 전략

1) 포지셔닝의 개념

기업이 일단 자사의 특성과 관심에 맞는 표적시장을 선택하게 되면 그 다음 단계로 필요한 작업이 포지셔닝이다. **포지셔닝**이란 **표적시장의 고객의 마음속**에 우리 상품의 차별성을 심어주는 활동을 말한다.

포지셔닝은 다음의 질문에 관한 답이라고 할 수 있다.

- 왜 표적시장의 구성원이 경쟁사 대신 자사의 제품이나 서비스를 구매하는가?
- 표적세분시장의 구성원들에게 지각된 자사 제품이나 서비스의 독특한 차별화 특징은 무엇인가?

'**지각된**'이라는 단어와 '**차별화**'라는 단어는 포지셔닝 전략 수행에 결정적으로 중요하다. 소비자들은 자신들이 지각한 바에 따라 의사결정을 내리는 것은 분명하다. 많은 창업기업들은 그들이 파악한 표적시장의 구성원들이 중요하다고 생각하는 특성에서 경쟁사보다 실질적으로 우월한 제품이나 서비스를 개발했을 때 매우 만족해한다. 그러나 명심해야 할 것은 표적집단의 소비자들이 그 차이를 지각할 때까지는 이 작업이 완료되지 않았다는 점이다. 다시 말해 **포지셔닝**은 **소비자의 마음 속**에 차별적인 이미지로 자리 잡았음을 확인해야 비로소 완결되는 것이다.

효과적인 포지셔닝을 하는 데 있어 여러 장애요인 중 하나는 대부분의 인간이 동시에 2~3가지 이상의 차이점을 지각하지 못한다는 것이다. 따라서 포지셔닝은 **기억하기 쉬워야** 한다는 점이 매우 중요하다. 만약 너무 많은 차별화 속성이 있다면 잠재고객은 혼란에 빠지게 된다. 창업기업이 해야 할 일은 그들 기업의 가장 중요한 차별화 요인을 판별해 내고 이를 마케팅 믹스의 모든 요소에서 사용하는 것이다. 이를 위해서는 **콘셉트**

테스트의 활용 등이 좋은 방안이 될 수 있다. Starbucks나 Apple Computer의 성공은 어떤 의미에서는 그들의 효과적인 포지셔닝 덕이라고도 할 수 있다.

〈표 7-4〉 포지셔닝에 성공한 브랜드들

브랜드	포지셔닝
볼보	안전
아이보리비누	순수
나이키	퍼포먼스
애플	혁신
현대 vvip 카드	최상층 소비자
에이스침대	과학
말보로	남성
롤렉스	럭셔리
초코파이	정

출처: 박찬수(2014), 『마케팅 원리』에서 인용 및 수정.

시시각각으로 수없이 많은 정보에 노출되는 소비자들에게 우리 브랜드를 사야 하는 여러 개의 이유를 모두 기억시키려고 한다면 소비자는 한 가지도 제대로 기억하지 못할 것이다. 그 보다는 한 개의 결정적인 이유를 골라서 이를 뚜렷하게 기억시키는 것을 목표로 삼는 것이 효과적이다. 이것이 바로 포지셔닝에 성공하는 비결이기도 하다. 〈표 7-4〉는 포지셔닝에 성공한 브랜드들의 예를 보여주고 있다.

특정 상품에 대해 소비자들이 갖는 지각은 그 제품과 관련된 인상, 경험, 정보 등을 통하여 이루어진다. 그러므로 포지셔닝은 어떤 특정 개별 마케팅 전략에 의해 달성되는 것이 아니라 마케팅 믹스 4P 요소 모두의 집합적인 노력에 의해 이루어진다. 예를 들어, 고급제품으로 포지셔닝할 경우, 높은 가격대로 설정하는 것이 고급제품이라는 이미지를 줄 수 있으며 유통도 백화점이나 소수의 대리점으로 제한하고, 제품의 디자인도 타사 제품과 차별하고 광고도 이미지 위주의 감성적인 광고로 소구하는 등 일련의 일관된 방향으로 노력해야 한다.

조사에 의하면 수많은 창업기업이 그들의 포지셔닝 및 이와 연관된 표적시장 선정에서 효과적이지 못하여 실패하거나 그들이 도달할 수 있는 위치까지 도달하지 못하고 있다. 벤처캐피탈의 추정에 의하면 출시 이전에 시장 분석이 있었다면 60%의 시장실패가 방지될 수 있었다고 한다. 많은 창업기업들의 잘못은 그들의 제품을 경쟁사 제품 기능에 맞추어 포지셔닝 한다는 것이다. 그러나 고객은 기능을 구매하는 것이 아니며 효익을 구매한다는 사실을 많은 창업기업에서 간과하고 있다. 기업의 입장에서는 경쟁사보다 더 많은 효익을 줄 수 있는 제품을 개발해야 할 뿐 아니라 이를 고객이 지각하도록 만하는 것이 필요하다.

포지셔닝은 장기적인 기업의 방향에 영향을 미치므로 중요한 의미를 갖는다. 한번 소비자들의 마음속에 제품의 이미지가 형성되고 나면 그 이미지를 바꾸는 데에는 처음보다 훨씬 더 많은 마케팅 비용이 소요되기 때문에 제품에 대한 초기 포지셔닝은 **기업의 장기적인 전략 방향**을 고려하여 신중하게 결정하여야 한다. 예를 들어 미국에 진출한 한국 제품들은 초기 포지셔닝 전략을 수행할 때에 저가격, 저품질의 이미지를 미국 소비자들에게 심어 주었기 때문에, 고품질의 제품을 판매하는 데에 큰 어려움을 겪게 된 것 등이 이러한 맥락으로 이해할 수 있다.

2) 포지셔닝 방법과 절차

표적시장이 선정되고 그 시장에서 기업이 경쟁기업과 자사의 제품을 차별화하는 전략을 사용하려면 일단 소비자들이 경쟁기업, 혹은 경쟁기업의 제품을 어떻게 인식하고 있는지 알아야 한다. **제품지각도**, 즉 **포지셔닝 맵**은 소비자의 지각 속에 자리 잡은 자사 및 경쟁기업 제품의 위치를 알려주는 지도라 할 수 있다. 포지셔닝 맵을 이용해 자사 및 타사 제품의 위치를 확인할 수 있는 방법은 몇 가지가 있는데 그중 가장 대표적으로 쓰이는 기법이 **다차원척도법**(Multidimensional scaling)이다. 다차원척도법은 제품 간의 유사성이나 거리 척도를 이용하여 지도 위에 제품의 위치를 표시하는 방법인데 〈그림7-7〉은 다차원척도법에 의한 포지셔닝 맵을 보여주고 있다.

포지셔닝의 순서는 다음과 같다. 제품이 제공하는 속성 중 고객에게 중요한 효익을 몇 가지 선정한 후 가장 중요한 두 개를 중심으로 가로 · 세로축으로 포지셔닝 맵(지각도)를 만든다. 다음으로 자사제품과 경쟁사제품을 포지셔닝하고 경쟁우위성의 유무를 검증한다(그림 7-8 참조).

또한 마케팅 전략을 수립하기 위해서 단기에서 중장기에 걸쳐 동향분석을 실시해도

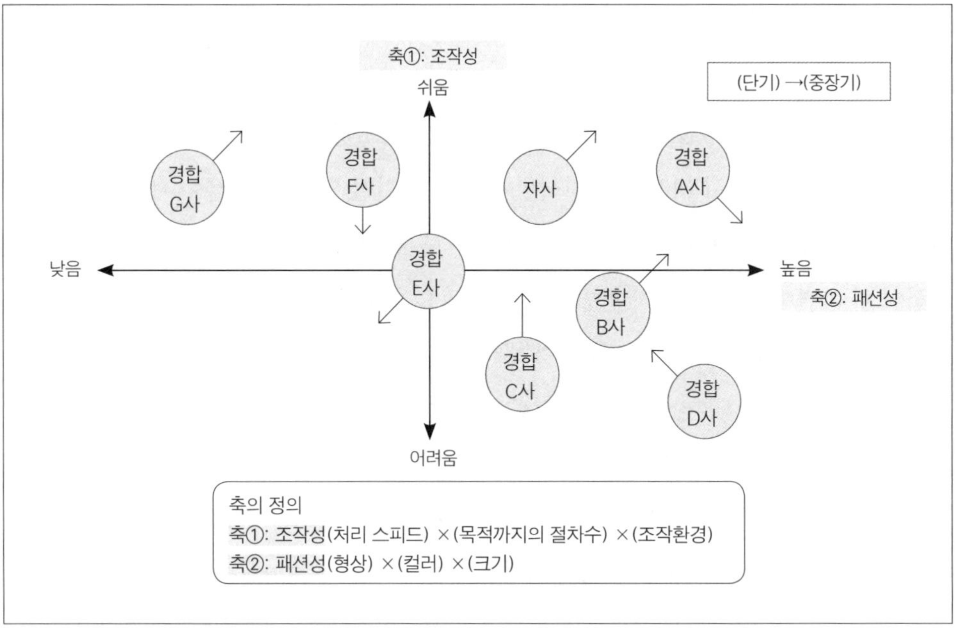

〈그림 7-7〉 다차원척도에 의한 포지셔닝 맵

출처: 서상혁.조성복(2007), 『기술마케팅』.

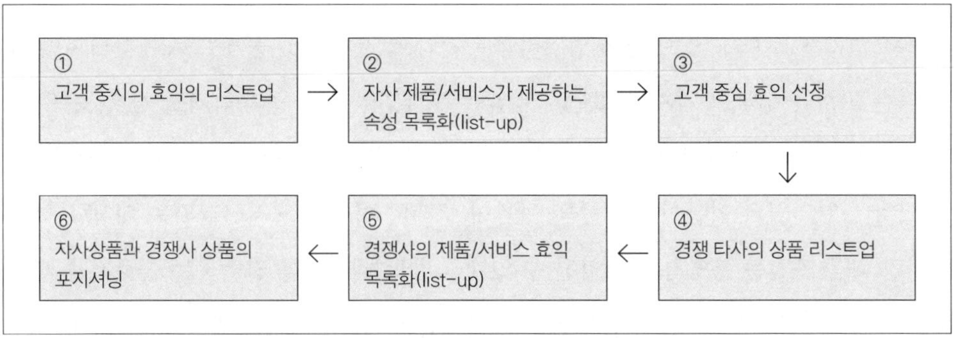

〈그림7-8〉 포지셔닝 절차

출처: 서상혁.조성복(2007), 『기술마케팅』.

좋다. 이를 위해서 자사제품 중장기 개발 시나리오와 경쟁업체 제품의 중장기 개발 시나리오를 비교하여 중장기적 차별화 시나리오를 설정하는 방법을 사용하기도 한다.

3) 포지셔닝과 슬로건

제품, 서비스 혹은 기업명을 결정할 때 포지셔닝의 기회를 놓치는 창업기업이 많다. 창업기업은 표적시장에서 자사의 포지셔닝에 대하여 알릴 수 있는 자금이 매우 제한돼 있다. 만약 선정한 제품명이 포지셔닝을 잘 표현하지 못한다면 시장에서 포지셔닝을 알리기 위하여 한 방면이 아닌 두 가지 방면의 노력이 필요하게 된다. 즉 시장에서 제품 이름을 알리려는 노력과 제품의 속성과 효익을 알리는 두 가지의 노력이 필요한 것이다.

인터넷은 인터넷 주소(URL)라는 기회를 창출하였는데 이는 포지셔닝에 매우 유용한 도구가 될 수 있다. 왜냐하면, 그 이름 자체가 매우 묘사적이고 필요정보를 전달하는 데 유용하기 때문이다. 신생기술 기반의 창업기업 중 대다수 기업이 인터넷상에서 이름이 그들의 제품이나 서비스의 포지셔닝을 암시하도록 노력해왔다. CDNow사(인터넷상의 CD), ONSale사(인터넷 옥션), Netscape Communications(인터넷 브라우저) 등이 그 예가 될 수 있다. 어떤 운좋은 기업들은 이름이 포지셔닝을 알리는 데 유효할 뿐 아니라 이름을 통해 잠재고객과의 접촉방식을 알림으로써 한 단계 더 나아갔다(예를 들면 1-800-FOLOWERS, 1-800-MATTRESS<Reel.com 등). 어떤 창업기업들은 장래에 가치가 있을 것으로 예상되지만 아직 다른 고객들에게 그 가치가 실현되지 않은 도메인을 미리 등록하기도 한다. 추후 이 도메인의 가치가 실현되면 이를 필요한 사람들에게 판매하려는 의도라고 볼 수 있다.

만약 창업기업의 이름이나 제품의 이름이 고객의 마음에 포지셔닝되는 데 충분하지 않다면 다음 조치는 분명하게 기억될 수 있게끔 해당 메시지를 전달하는 슬로건을 개발하는 것이다. 만약 포지셔닝이 잘 되었다면 슬로건은 적절한 사항을 완벽하게 전달한다.

간결함과 단순함이 포지셔닝에서 중요하다는 점은 슬로건에도 똑같이 적용된다. 기업이나 제품명에 대한 슬로건은 포지셔닝이 바뀌지 않는 한 상당히 긴 기간 동안 유지될 수 있는 것이어야 한다. Robert Keidel(2010)은 이에 대하여 아래와 같이 매우 효과적인 몇 가지 법칙을 제시했다.

- 상투적인 문구를 피하라.

• 일관성을 유지하라.
• 숫자를 사용하라. 그러나 이를 뒷받침하는 자료도 제시하라.
• 간결하라.
• 분명한 입장을 취하라.
• 명확히 자신의 것이 되게 하라.

모든 창업기업은 성공적인 마케팅 전략이나 전술을 창조하기 전에 "누구에게 무엇을 판매할 것인가?"에 대한 해답을 제시해야 한다. 시장세분화와 표적시장 선정은 창업기업이 제품을 판매해야 한다고 생각하는 고객들의 그룹을 선정하기 위한 작업이다. 포지셔닝은 그 표적시장의 구성원들에게 경쟁사 제품이 아닌 자사제품을 구매해야만 하는 이유를 제시한다. 표적시장 선정 및 포지셔닝에 관한 의사결정은 차별적 역량과 지속가능한 경쟁우위에 관한 전략적인 결정과 맞물려 있다는 것을 기억해야 한다.

〈표 7-5〉 포지셔닝과 슬로건, 카피

유형	What to Say (포지셔닝)	How to Say (완성된 카피)
속성 또는 기능적 편익	보습효과	부드러움을 더해주는 1/4 보습제가 매일매일 피부를 촉촉하고 윤기 있게(도브)
이미지	따뜻함	이 세상 가장 향기로운 커피는 당신과 마시는 커피입니다(맥심)
용도	1차	시작만큼 좋은 술 백세주(백세주)
사용자	상류층 소비자	Dare to be the Purple(현대카드 the Purple)
경쟁자	빈폴과 폴로의 경쟁자	굿바이 폴(헤지스)
관계	컨설턴트	레끄베르와 상의하세요(라끄베르)
가치	저가 티슈보다 값은 비싸지만 품질은 월등히 우수	크리넥스로 올라오세요(크리넥스)

출처: 박찬수(2014), 『마케팅 원리』.

소비트렌드 1

김난도교수와 서울대소비트렌드분석센터, “2015년 10대 소비트렌드”

‘대한민국 전체가 결정장애에 시달리면서 ‘썸’현상이 더욱 대중화될 것이고, 셀피족과 어번그래니, 증거중독자들, 골목길 순례자들이 2015년을 이끌 것이다.’ 김난도 서울대학교 소비자아동학부 교수와 서울대 소비트렌드분석센터는 양의 해인 을미년(乙未年)을 이끌 트렌드를 위와 같이 정의했다.

‘트렌드 코리아 2015’(미래의창)에서 김 교수는 ‘COUNT SHEEP’이라는 키워드로 2015년 소비트렌드를 예측했다. 잠이 오지 않을 때 양을 세는 습관에서 따온 이 키워드를 통해 ‘양 떼’에서 연상되는 이미지처럼 안온하면서 소소한 소비자들의 일상을 공략하라는 화두를 기업에 던진 것이다.

‘햄릿증후군’이 첫 번째 키워드로 꼽혔다. 선택과잉의 시대에 결단을 내리지 못한 채 끊임없이 망설이기만 하는 결정장애가 모든 소비자들에게서 공통적으로 나타나고 있다는 설명이다. 이로 인해 급부상할 서비스는 소비자의 의사결정을 도와주는 큐레이션 커머스와 개인 컨설팅 같은 배려형 서비스다.

일상을 자랑하는 ‘셀피’(셀카)족의 등장도 주목할 만하다. 셀카봉을 무기 삼아 종횡무진 활약하는 셀피족 이 더욱 근사하고 세련되게 자랑할 수 있도록 돕는 방법을 모색하라고 조언한다. 주목해야 할 또 하나의 종족은 새로운 할머니 세대인 ‘어번그래니(Urban Granny)’다. 베이비붐 세대가 손주를 보기 시작하면서 할머니 문화에 일대 변화가 일어나고 있다. 예전과 달리 고등교육을 받고, 직장 생활의 경험이 풍부한 이들은 가뿐하게 ‘희생 정신’을 던져버린다. 경제력과 디지털 기기가 주는 정보력을 양손에 쥔 어번그래니의 소비 풍속도가 향후 시장을 뒤흔들 거라고 예측한다.

의심사회가 도래했다. 내가 찾는 물건이라는 객관적 증거가 없으면 가차 없이 구매 대상에서 탈락한다. 따라서 제품설명서를 정독하고 직접 사용해보고서야 기업의 말을 믿는 ‘증거중독자’가 출현할 것이라고 내다본다.

온라인과 오프라인, 모바일을 넘나드는 옴니채널 시대의 개막으로 전방위 쇼핑을 하는 ‘크로스쇼퍼’도 등장할 것으로 예견했다.

눈길을 끄는 현상 중 하나는 골목길의 재탄생이다. 올레길·둘레길에 이어 '숨은 골목 찾기' 열풍이 일고 있다. 낙후되고 촌스럽던 골목길은 이제 스마트폰의 LBS(위치기반서비스) 도움을 받아 젊은 예술가들의 개성이 구현되는 캔버스로 변했고, 미니 자본의 실험 무대가 됐다. 이태원 해방촌길, 연남동, 방배동 사이길, 부산 이바구길 등이 청년 순례자를 끌어 모으는 골목길로 자리 잡았다.

김 교수는 '꼬리경제'현상도 짚었다. '1+1'이나 '덤'에 익숙해진 소비자들이 텀블러를 갖기 위해 커피를 마시고, 슈퍼마리오 피규어를 모으기 위해 햄버거를 먹는 것이 그 예이다. '덤'의 진화는 본제품의 진화보다 속도가 더 빠를 것이라고 예측했다.

트렌드를 따르지 않는 것이 바로 트렌드인 '놈코어(Normcore)' 현상도 떠오르고 있다. 럭셔리에 지친 이들은 평범함으로 회귀한다. 검은색 터틀넥셔츠와 청바지로 일관한 스티브 잡스의 패션처럼 가장 평범한 것이 오히려 주목받고, 얼마나 갖고 있느냐보다 얼마나 여유 있느냐가 럭셔리의 새 정의로 떠오르고 있다는 분석이다.

놈코어의 대척점에 있는 것은 오감 만족을 추구하는 '감각의 향연'이다. 주로 시각과 미각을 공략했던 데서 한발 더 나아가 후각(음식 냄새가 나는 스마트폰 앱), 촉각(가죽 마감 스마트폰 케이스), 청각(고가의 헤드폰, 시그니처 사운드)을 만족시키는 제품에 대한 수요가 높다.

출처: 『매일경제』, 2014년 11월 11일자.

참고문헌

김동기(1997), 『현대마케팅원론』, 법문사.

김용호 · 정기호 · 김문태(2013), 『인터넷마케팅 3.0』, 학현사.

박치관 외 역(2003), 『이노비즈 마케팅』, 북코리아.

박찬수(2014), 『마케팅 원리 제5판』, 법문사.

박흥수 · 하영원 · 우정(2009), 『신상품마케팅』, 박영사.

빌올렛(2014), 『MIT 스타트업 바이블』, 비즈니스북스.

서상혁(2010), 『창업마케팅: 벤처 및 하이테크 창업마케팅을 위한 원리와 실제』, 두남.

서상혁 역(2012), 『하이테크 혁신마케팅』, 경문사.

서상혁 · 조성복(2007), 『기술마케팅』, 경문사.

안광호 · 유창조 · 전승우 역(2012), 『Kotler의 마케팅원리』, 시그마.

안광호 · 하영원 · 박흥수(2013), 『마케팅원론』, 학현사.

안광호 · 김동훈 · 유창조(2014), 『촉진관리』, 학현사.

이학식(2010), 『마케팅』, 법문사.

조성주(2014), 『린스타트업 바이블』, 새로운 제안.

채서일(2006), 『마케팅』, 비앤엠북스.

Dhruv Grewal, Michael Levy(2013), *Marketing*, McGraw-Hill/Irwin.

Meyers, James H.(2007), *Segmentation and Positioning for Strategic Marketing Decision*, Thomson Learning College.

Kotler, Phillip and Keller Kevin(2012), *Marketing Management*, Prentice Hall.

BUSINESS START-UP MARKETING

V
창업마케팅 실행

8장
창업기업의 상품관리와 브랜드 전략

고객의 욕구를 충족시키려고 제공하는 모든 것을 상품이라 부를 수 있다. 상품 전략은 기업의 목표를 달성하기 위한 마케팅 전략의 가장 기본적인 부분이다. 마케팅 믹스 계획이 상품(Product)에서 출발하기 때문이다. 상품 관리는 신상품을 개발하는 것과 개발된 상품을 시간의 흐름에 따라 관리하는 두 가지 국면으로 이루어진다고 볼 수 있다. 5장과 6장에서 신상품 개발에 대해 다루었다면, 이 장에서는 개발된 상품의 관리에 대하여 살펴보기로 한다. 특히, 창업기업에 있어서 브랜드 전략이 부족한 경우가 많다. 때로는 브랜딩이란 그저 제품에 이름을 붙이는 것으로 이해하기도 한다. 그러나 지금까지 성공을 거둔 기업을 보면, 기업의 성공이 단지 제품 혁신에 의한 최신 제품의 특성과 성능에 의해서만 이루어지는 것이 아니라 오히려 마케팅 기법이 성공의 기본을 이룬다. 가장 중요한 마케팅 기법 중의 하나는 전략적 브랜드 관리라는 어렵고도 복잡한 일이다. 따라서 이 장의 내용은 다음과 같이 구성되어 있다.

- 상품의 특징과 분류
- 수명주기에 따른 상품 관리 전략
- 브랜드 관리 전략
- 창업기업의 브랜드 구축

Ⅰ 창업마케팅의 개요

1장. 창업마케팅의 정체와 특징

↓

Ⅱ 창업기업의 사업기회평가

2장. 창업기회 평가의 요소와 주안점

3장. 시장성 분석

4장. 마케팅 조사 및 수요예측기법

↓

Ⅲ 신제품 출시전략

5장. 신제품 개발과정과 성패 요인

6장. 신제품 출시 초기 대응 전략

↓

Ⅳ 창업을 위한 STP전략

7장. 시장세분화, 표적시장 선정 및 포지셔닝 전략

↓

Ⅴ 창업마케팅 실행

8장. 창업기업의 상품관리와 브랜드 전략

9장. 창업기업의 가격전략

10장. 창업기업의 유통전략

11장. 창업기업의 촉진전략

↓

Ⅵ 하이테크/창업기업 특화 마케팅

12장. 하이테크 제품의 고객행동과 마케팅

13장. 창업기업에 특히 유용한 마케팅기법

1. 상품의 특징과 분류

1) 상품의 차원

상품(Product)이란 효익의 묶음 혹은 조합을 말한다. 즉, 효익을 제공함으로써 구입하는 사람의 욕구나 필요를 충족시켜 줄 수 있는 모든 것이 상품의 범주에 들어간다. 기업은 고객에게 물리적인 제품이나 무형의 서비스를 판매하며 고객들은 기업이 제공하는 제품이나 서비스를 사용함으로써 얻어지는 효익을 구매하는 것이다. 예를 들어, 고객이 세탁용 세제를 사는 이유는 세제 그 자체를 산다기보다 옷을 깨끗이 할 수 있는 효익을 산다고 볼 수 있다

따라서 마케팅 관리자는 자사의 상품을 기획할 때 고객이 추구하는 효익을 기반으로 상품의 다섯 가지 차원을 고려해야 한다(<그림 8-1> 참조). 이 다섯 가지 차원은 고객가치 계층(Customer value hierarchy)을 구성한다.

가장 기본적인 차원은 **핵심 효익**(Core benefit)으로서 고객이 실제로 구입하는 제품이나

〈그림 8-1〉 상품의 다섯 가지 차원

출처: Kotler and Keller(2006), Marketing Management.

서비스의 근본적인 이유 혹은 이점을 말한다. 예를 들어, 레스토랑은 '식사'를, 볼펜은 '필기'를 위해 구입한다. 마케팅 관리자는 스스로 이러한 효익의 제공자라고 인식하는 것이 필요하다.

두 번째 차원은 **기본적 상품**(Basic product)으로 마케팅 관리자는 앞서 말한 핵심 효익을 형상화해야 한다. 예를 들어, 레스토랑에는 테이블과 의자, 식기, 집기, 식재료 등이 있어야 한다.

세 번째 차원에서는 **기대하는 상품**(Expected product), 즉 구매자들이 그 상품을 구매할 때 정상적으로 기대하는 일체의 속성과 조건을 준비해야 한다. 예를 들어, 레스토랑의 경우 깨끗한 테이블, 편안한 의자, 맛있는 음식, 음식과 어울리는 식기 및 집기 등을 기대한다. 대부분의 레스토랑은 이런 기본적인 기대를 충족시킬 수 있으므로 구매자는 일반적으로 가장 편리하거나 비싸지 않은 레스토랑을 이용한다.

네 번째 차원에서 마케팅 관리자는 **확장제품**(Extended product), 즉 고객의 기대를 넘어 고객에게 부가가치를 주는 제품을 준비해야 한다. 대부분 상품의 차별화는 확장제품을 기반으로 형성된다고 볼 수 있다.

다섯 번째 차원은 **잠재적 상품**(Potential product)으로 고객들이 현재에는 상상조차 할 수 없으나 미래에 경험하게 될 상품을 의미한다. 예를 들어, 구글 글래스, 애플 워치 등 획기적인 변화와 확장을 실현한 상품들이 이에 속한다 하겠다.

2) 상품의 분류

고객의 욕구나 필요를 충족시키려고 제공하는 것을 통칭 상품이라 부른다. 시장에 제공되는 상품에는 물리적 재화, 즉 제품, 서비스, 경험, 행사, 사람, 장소, 소유권(재산), 조직체, 정보 및 아이디어 등이 포함된다.

상품은 여러 가지 상품의 특성, 즉 내구성, 유형성, 용도(소비재 vs. 산업재)를 기초로 하여 여러 다른 종류의 상품으로 분류해 볼 수 있다.

(1) 내구성과 유형성

상품은 내구성 혹은 유형성을 기준으로 유형의 상품인 비내구재, 내구재 및 무형의 상품인 서비스 세 가지로 분류해 볼 수 있다.

① 비내구재

비내구재란 보통 한 번 혹은 두 번 사용하면 소모되는 유형의 제품을 말한다. 예를 들어 비누, 화장지, 맥주 등이 이에 속한다. 이런 제품은 빨리 소비되고, 자주 구입하므로 이러한 제품에 맞는 전략은 어떤 장소에서든 쉽게 구할 수 있게 하고, 소액의 이윤폭을 적용하며, 대량의 광고를 통해 구매를 유도하고 선호도를 형성시키는 것이다.

② 내구재

내구재란 보통 여러 번 사용할 수 있는 유형 제품으로 냉장고, 자동차, 집, 기계류, 의류 등이 이에 속한다고 할 수 있다. 내구재에는 보통 많은 인적 판매와 서비스가 수반되어야 하고 많은 이윤폭이 가산되며 판매 보증을 확실히 해주는 전략이 필요하다.

③ 서비스

서비스란 무형의 상품으로, 생산과 소비의 분리가 불가능하며, 재고화나 표준화가 어렵다. 따라서 서비스는 높은 수준의 품질 통제, 공급자의 신뢰성이 요구된다. 예를 들어, 미용, 법률상담, 보험, 교육, 가전제품의 AS 등이 이에 속한다.

보통 무형적인 상품을 서비스라 부르고 내구제, 비내구제를 포함한 유형의 상품을 제품이라 부르지만, 〈그림 8-2〉를 보면 실제로 어디까지가 제품이고 어디까지가 서비스인지 구분하는 것은 쉽지 않다는 것을 알 수 있다. 예를 들어, 자동차는 유형의 제품이지만 자동차를 구입하는 고객들은 제품 자체도 중요하지만 AS, 할부판매, 등록서비스, 중고차 처분 서비스 등 부가적으로 제공되는 여러 가지 서비스도 중요하다고 생각한다. 때에 따라서는 자동차 그 자체보다 이러한 서비스들이 경쟁우위의 원천이 되기도 한다. 반대의

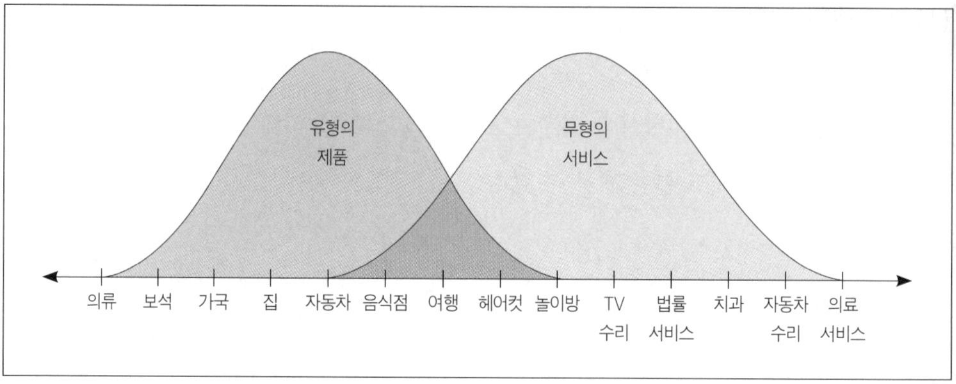

〈그림 8-2〉 제품과 서비스

출처: Valarie Zeithaml(1981)에서 수정.

경우로, 어린이 놀이방은 흔히 서비스라 부르지만 무형적인 서비스보다도 유형적인 요소들, 즉 놀이방 시설, 입지, 급식 등이 고객인 학부모들이 놀이방을 평가하는 데 더 중요한 요소가 되기도 한다.

그러나 서비스는 유형의 제품과 구별되는 몇 가지의 독특한 특징을 가지고 있으며, 이는 마케팅 전략을 수립하는 데 영향을 미치게 된다는 점을 기억해야 한다. 다음은 서비스의 특징을 기술한 것이다.

서비스의 특징

- 무형성

유형적 제품과는 달리 서비스는 구매하기 전에 만져 보거나, 느껴보거나, 소리를 듣거나 할 수 없다. 예를 들어, 성형 수술을 하는 사람은 수술을 받기 전에 그 결과를 알 수 없다. 이러한 불확실성은 구매자에게 불안감을 줄 수 있다. 따라서 마케팅 관리자는 무형적인 서비스를 유형화해 주려는 노력을 기울여야 한다. 예를 들어, 시술 받은 사람들의 성형 전후 사진을 제시하는 등이 그것이다.

• 비분리성

서비스는 생산과 동시에 소비가 일어난다. 서비스가 어떤 사람에 의해 제공된다면, 그 제공자는 그 서비스의 일부가 된다. 또한, 서비스가 제공되는 시점에 고객도 함께 있으므로 기업은 서비스의 질을 통제할 수 있는 시간적 여유가 없다. 따라서 서비스 생산자이자 제공자인 직원들의 역할이 매우 중요하며, 서비스 제공자에 대한 교육이 매우 중요하다.

• 이질성

서비스는 언제 누가 제공하느냐에 따라 달라지므로 서비스 품질의 이질성이 매우 높다. 때에 따라서는 같은 사람, 같은 기업이 제공하는 서비스라 할지라도 달라질 수 있다. 예를 들어 단골 주유소를 매번 이용한다 하더라도 매번 그 서비스에 만족하리라 장담할 수는 없다. 이러한 서비스의 변화성은 고객에게 위험(risk)으로 느껴질 수 있으므로 마케팅 관리자는 "서비스 청사진" 등을 통해 서비스 품질을 표준화 하는 등의 노력을 기울일 수 있다.

• 소멸성

서비스는 재고로 남길 수 없으며 저장이 불가능하다. 따라서 마케터는 수요와 공급의 균형을 유지할 수 있는 전략을 세워야 한다. 가격 차별화를 실시하여 피크 타임의 수요를 보통 시간대, 혹은 수요가 적은 시간대로 옮겨 주는 방법(조조할인 등) 등이 그 한 예가 되겠다.

(2) 소비재의 분류

① 편의품

편의품(Convenience goods)이란 보통 고객이 최소한의 노력으로 빈번하고 즉각적으로 구매하는 제품을 말한다. 예를 들어 치약, 생수, 비누 등이 이에 속한다. 편의품은 다시 필수품, 충동제품, 긴급품으로 나누어 볼 수 있다. **필수품**은 소비자가 정규적으로 구매하는 제품으로 치약, 화장지 등이 이에 속한다. **충동제품**은 사전 계획이나 정보 탐색 등의 노력없이 구입하는 제품을 말한다. **긴급품**은 긴급할 때 구입하는 제품으로 갑자기 비가 올 때 구입하는 우산 등이 이에 속한다.

② 선매품

선매품(Shopping goods)이란 구매자가 여러 상표의 적합성, 품질, 가격, 스타일 등을 비교해 보고 구매하는 제품으로 가구, 의류, 주요 가전제품이 이에 속한다. 선매품은 다시 동질적 선매품과 비동질적 선매품으로 구분된다. **동질적 선매품**은 품질 면에서는 동일하지만 가격의 차이가 있는 제품으로 동질적 선매품 구입 시에는 당연히 가격을 비교하게 된다. **비동질 선매품**은 가격보다 더 중요한 제품의 특징 및 부가 서비스에서 차이가 있는 제품이다. 따라서 비동질 선매품의 판매자는 제품의 구색을 잘 갖추어 개인의 취향을 충족시켜 주어야 하며 잘 훈련된 판매원이 고객의 구매를 위한 조언자 혹은 자문역할을 수행할 수 있도록 해야 한다.

③ 전문품

전문품(Specialty goods)이란 충분한 수의 고객집단이 상당한 노력을 기울여 구매를 하는 독특한 특성을 보유하고 있거나 브랜드 식별이 가능한 제품을 말한다. 자동차, 음향기기, 정장 등이 이에 속한다. 예를 들어, 벤츠자동차에 애호도가 높은 고객은 아무리 먼 거리라도 이 제품을 사기 위해 기꺼이 찾아오기 때문이 이를 전문품으로 분리 할 수 있다. 전문품을 구매할 때 구매자들은 브랜드를 서로 비교하지 않고 단지 자신이 원하는 특정 제품을 취급하는 판매점을 바로 찾아가게 된다. 따라서 판매자는 위치상의 편리성 확보보다는 자신이 있는 위치를 고객에게 알리는 일에 더 노력을 기울여야 할 것이다.

④ 비탐색품

비탐색품(Unsought goods)은 소비자가 알지 못하거나 알고 있더라도 일반적으로 구매하지 않는 제품을 말한다. 예를 들어 흡연탐지기, 백과사전, 묘비 등은 알고 있지만 찾지 않는 비탐색품에 속한다. 비탐색품의 판매를 위해서는 광고나 인적 판매와 같은 실질적인 마케팅 노력이 많이 투입되어야 한다.

2. 수명 주기별 상품 관리 전략

차별화된 신상품을 개발하는 것 못지않게 중요한 것은 개발한 상품을 잘 관리하는 것이다. **상품수명주기**(PLC: Product life cycle)는 각 단계 별 마케팅 믹스 전략을 수립하는 근거를 마련해 준다. 여기서 주의해야 할 점은 상품수명주기는 상품 범주나 상품 형태 수준에서 사용해야 하며 브랜드 수준에서 사용해서는 안 된다는 점이다. 상품 수명 주기에 따른 상품 관리 전략을 살펴보면 다음과 같다.

1) 도입기 전략

도입기의 특징은 하나 혹은 소수의 제품으로 시장이 구성되므로 경쟁자가 거의 없고 제품이 출시된 지 얼마 되지 않으므로 판매량의 수준은 매우 낮다는 것이다. 많은 R&D 비용, 유통망 구축비용, 촉진 비용 등으로 기업은 적자를 내는 경우가 많다. 이 시기에 제품을 구매하는 소비자들은 신제품 구매에 따르는 위험을 기꺼이 부담하려는 혁신층을 중심으로 이루어져 있다. 도입기 단계에서 기업의 마케팅 목표는 일반적으로 제품에 대한 **소비자의 인지도**를 높이고 소비자들에게 제품을 한번 사용해 보게 하려는 데 있다. 따라서 기업의 마케팅 노력은 **1차 수요를 유발**시키려는 데 그 초점이 모아진다. 즉, 제품이 완전한 신제품이라면 소비자들은 제품에 대한 지식이 없으므로 제품이 제공하는 효익과 유용성을 소비자에게 알려야 한다. 또한 특정 제품을 대체하는 상품이라면 기존 제품에 비해 어떠한 차별적 우위가 있는지 소비자들에게 알려야 한다.

2) 성장기 전략

성장기의 시장상황은 급속한 판매성장과 경쟁자의 등장으로 특징지을 수 있다. 조기

수용층과 중간 다수층 일부가 주요한 구매계층이 되며, 매출액의 증가는 이 제품을 처음 사용하는 새로운 소비자와 이전에 제품을 구입했던 소비자들의 급격한 재구매 증가로 이루어지게 된다.

성장기 마케팅 전략의 목표는 **시장점유율 확대**이다. 마케팅 노력의 초점은 경쟁 제품과 대비하여 자사의 제품을 구매하도록 하는 **선택적 수요를 유발**하는 데 있다. 일반적으로 성장기에는 다수의 경쟁자들이 진입하게 되므로 경쟁이 치열해짐에 따라 기업들은 일반적으로 제품에 대한 A/S 제공을 강화하게 된다.

3) 성숙기의 전략

성숙기는 성장기에 진입한 많은 경쟁자들로 인해서 잠재적으로 그 제품을 사용할 의향이 있었던 소비자들 대부분이 이미 해당 상품을 수용한 상태이다. 즉 소비자들의 다수를 이루는 초기 다수층 및 후기 다수층이 이 시기의 주요 고객이 된다. 성숙기에는 산업 전체의 매출액은 어느 단계보다 높지만 제품 판매 성장률은 점차 감소하고 어느 시점에 이르러 수요는 정체하거나 또는 감소하게 된다. 성장기에는 판매성장률이 감소하므로 성장기에 확대된 기업들의 과잉생산능력으로 인해 경쟁이 치열해진다. 기업은 치열한 경쟁에 대응하기 위하여 다양한 모델을 개발하거나 브랜드를 확장하기도 한다. 성장기에 마케팅 관리자는 시장 점유율을 확대하기 보다는 **이윤을 극대화**시키고 경쟁 기업 대비 자사의 **시장 점유율을 유지**하려고 노력하는 데 초점을 맞춘다.

4) 쇠퇴기 전략

새로운 기술 개발로 인해 소비자들의 동일한 욕구를 만족시켜주는 신제품이 등장하거나 품질은 기존 제품과 동일하지만 가격이 싼 신제품이 등장하거나 혹은 제품에 대한 소비자 기호가 변화하면서 해당 제품의 판매가 감소되어 그 제품의 산업 전체 매출과 이익이 감소하는 쇠퇴기에 들어서게 된다. 이때 소비자의 대부분은 최종수용층이다.

이 시기의 마케팅 목표는 **비용 절감과 투자비의 회수**이며 제품 전체의 수요가 감소하므로 **대체품을 개발**하거나 도입기와 마찬가지로 해당 제품의 **1차 수요 유지에 초점을 맞추어야 한다**. 쇠퇴기에 접어든 기존 제품을 새롭게 포지셔닝하거나 새로운 기능을 첨가하여 제품을 확장하는 등의 전략을 수립할 수 있다.

미래 예측

Trend & Behind '드론 택배시대' 한국서도 열리나

외딴섬 거문도에 사는 김순자 할머니는 손주 생일선물로 장난감을 사주기로 약속했다. 하지만 거문도에는 일주일에 딱 한번만 배가 들어온다. 드디어 다가온 손주의 생일, 이날은 섬에 배가 들어오는 날이다. 하지만 이날따라 바다 상태가 심상치 않다. 김순자 할머니는 오전에 걸려온 택배 담당자 전화에 가슴이 덜컥 내려앉는다. "오늘 섬으로 가는 배가 없네요." 손주가 실망할 생각에 근심 가득한 표정으로 주방에서 미역국을 끓이고 있던 할머니는 '두두두두' 하는 소리에 마당으로 나갔다. 배가 뜨지 못해 배달되지 못한 손주의 선물을 쇼핑몰 측에서 '드론(무인 항공기)'을 통해 거문도로 배송해 온 것이다. 한 온라인 쇼핑몰 기업 사내 방송용으로 제작된 이 영상은 '고객의 주문, 우리에게는 약속입니다'라는 멘트로 마무리된다. 드론이 물류에 적용되면 실현 가능한 '따뜻한 사례'를 아이디어 차원에서 소개한 것이다. 아직까지 국내 택배에 드론이 활용되지는 않지만 이미 기술적으로는 '드론 택배'가 충분히 가능한 시대가 도래했다. 이미 미국 유럽 등 주요 국가에서는 드론 배송 서비스가 시행 중이거나 시행을 앞두고 있다. 독일의 대형 물류 배송업체 DHL은 지난해 9월부터 독일 내에서 드론을 이용한 배송 프로젝트인 '파슬콥터 2.0'을 시행했다.

아마존은 최근 드론으로 물건을 배송하는 '프라임 에어' 기술 특허를 취득하고 사용자 주소가 아닌 현재 사용자가 있는 위치에 물품을 바로 배송해주는 서비스를 준비 중이다. 아마존은 연내 드론 상업화를 목표로 미국연방항공청(FAA)에서 배송용 드론 시험 운항을 승인받은 상태다. 중국 최대 유통기업 알리바바 산하 인터넷 쇼핑몰인 타오바오 역시 최근 드론을 통한 물품 배송 시험 서비스를 진행하기도 했다. 하지만 우리나라에서는 현재 규제가 가로막고 있어 불가능하다. 한 업계 관계자는 "아직 항공법·전파법상으로 상업적 드론 운행이 사실상 불가능하지만 차량 접근이 쉽지 않은 섬이나 산간 지역에서는 규제만 풀린다면 드론 배송이 충분히 경쟁력을 갖출 것"이라고 밝혔다.

출처: 「매일경제」, 2015년 5월 21일자, 이새봄 기자.

3. 브랜드의 개요

1) 브랜드의 개념과 관리전략

(1) 브랜드의 개념

미국마케팅학회(AMA: American Marketing Association)에 따르면 브랜드는 판매자가 자신의 상품이나 서비스를 다른 경쟁자와 구별하려고 사용하는 명칭, 용어, 상징, 디자인 혹은 그의 결합체를 의미한다. 이는 브랜드에 대한 가장 기본적인 수준의 정의라고 볼 수 있다. 제품과 제조사 구분을 위한 브랜딩은 지난 수세기 동안 존재해왔다. 브랜드의 어원은 고대 스칸디나비아의 단어인 'brandr'에서 유래되었다는 설이 있는데, 그 단어는 'to burn'의 의미로서 가축 소유자들이 자신들의 가축을 다른 농장의 가축들과 구분하기 위해 가축의 살을 불로 태워 낙인하는 것을 말한다.

그러나 마케팅 관리자가 생각하고 사용하는 브랜드는 제품의 상징이나 이름보다 훨씬 더 많은 것을 의미한다. 마케터가 브랜드를 말할 때 특별한 브랜드는 시장에서 상당한 인지도와 명성을 얻는 것을 뜻한다. 그리고 이러한 기업의 명성은 고객에게 제공하는 가치제안으로 인식된다. 고객의 관점에서 보는 브랜드는 제품의 품질, 가격, 충실한 고객 서비스, 사후관리 등 기업이 고객에게 지속적으로 제공하는 가치에 대한 약속 또는 보증이다. 이런 의미에서 브랜드는 고객과 기업, 고객과 제품 간의 정서적인 관계를 표현한다. 나아가 브랜드는 제품의 기능이나 실용성에 추가된 특별한 의미의 유대감을 나타내며 때로는 고객자아상에 대한 상징을 제공한다. 즉 특정 브랜드 사용을 통해 자신을 특정 유형의 사람으로 인식시키기도 한다.

(2) 브랜드의 기능

브랜드의 기본적 기능은 소비자에게 제품 생산자를 알려줌으로써 유사 제품으로부터 소비자와 생산자 양측을 보호하는 역할과 브랜드 고유의 연상이미지를 통해 기업의 차별적 특성을 나타내는 것이다. 최근에는 브랜드의 기본인 제품 식별 기능을 넘어서 보다 확장된 기능이 더욱 관심을 받고 있다.

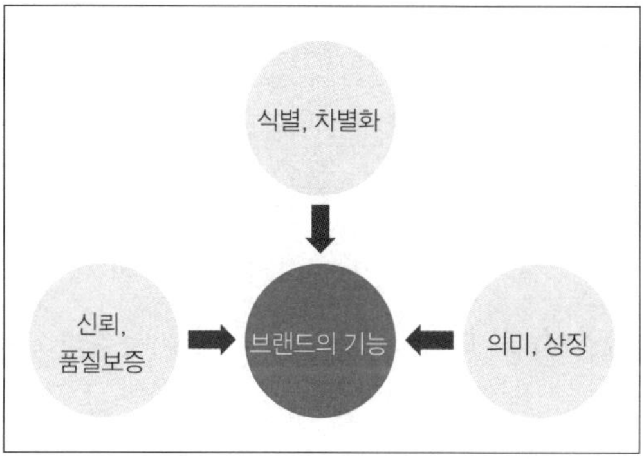

〈그림 8-3〉 브랜드의 기능

위 그림에 표현된 브랜드의 기능들을 간략하게 설명하면 다음과 같다.

- 식별/차별화 기능
  기업의 제품이나 서비스를 식별하고 경쟁자의 제품이나 서비스로부터 구별할 수 있게 하는 기능
- 신뢰/품질보증 기능
  제품 또는 서비스의 용도와 품질에 대한 보증 역할을 함으로써 구매에 따른 소비자의 지각된 위험을 최소화하고, 정보탐색 및 정보처리의 효율성을 높여주는 기능
- 의미/상징 기능
  브랜드가 속성, 효익, 가치, 문화, 개성, 사용자 집단 등을 의미하고 상징함으로써 사용자가 자기를 드러내고자 하는 과시 심리를 충족시키고 사용자에게 자기 만족을 가져다주는 기능

(3) 브랜드의 효익

전략적 브랜드 관리는 제품을 생산하여 판매하는 기업과 구매하는 고객에게 공히 다양한 효익을 제공한다.

① 기업의 효익

강력한 브랜드는 경쟁 시장에서 여러 가지 중요한 이점을 갖는다. 일반적으로 잘 알려진 브랜드는 기업이 더 많은 이익을 취할 수 있는 프리미엄가격을 설정할 수 있게 하고 강력한 브랜드는 신뢰성을 주는 상징으로 활용된다. 즉, 고객이 기대할 수 있는 품질 수준을 나타낸다. 또한 브랜드는 신규시장 진입이나 새로운 제품을 출시할 때 기업이 직면하게 되는 위험을 감소시킬 수 있다. 이는 기업의 노력에 대한 고객의 신뢰가 이미 형성되어 있어서, 동일 기업이 출시하는 신제품의 특징을 분석하고 받아들임에 있어서 경계심을 덜 갖기 때문이다.

브랜딩에 대한 투자의 또 다른 효익은 긍정적인 재무적 성과와 주식시장에서의 가치 평가이다. 강력한 브랜드는 일반 브랜드의 경우보다 더 많은 이익을 창출하여 주주들에게 더 많은 가치를 제공해 준다. 더불어 브랜드 자산은 수준 높은 직원을 채용할 수 있고

〈표 8-1〉 강력한 브랜드의 장단점: 기업의 입장에서

장점	단점
• 프리미엄 가격을 구사 • 고객 행동에 강력한 영향 • 신뢰성 부여 • 품질에 대한 시그널을 보냄 • 신시장 진입 용이 • 새로운 계획의 리스크 감소 • 재무적 성과에 긍정적 영향 • 더 높은 이익 • 고급인력 채용 용이 • 파트너로부터 지원도출 용이 • 라이선싱 기회포착 요이	• 비용이 많이 들 수 있음 • 기업 활동이 브랜드 메시지와 부합되지 않을 때 반발을 유발 • 장기간의 관여 필요

출처: 서상혁 역(2012), 『하이테크 혁신마케팅』.

공급 파트너로부터 더 많은 지원을 이끌어낼 수 있는 등 다양한 부가적 효익을 얻어낼 수 있다.

② 고객의 효익

고객의 관점에서 보면 강력한 브랜드는 구매의사결정 시 단순하면서도 안전한 방법을 제공해준다. 브랜드가 고객들에게 기업이 판매하는 제품 또는 서비스의 안전한 이행에 대한 약속과 품질에 대한 보증을 얘기해주기 때문이다. 시장에는 매일 새로운 제품이 출시되고 기술은 복잡해지며 소비자들이 모든 것을 꼼꼼하게 따지고 분석하기에는 시간이 없다. 이렇게 혼란스럽고 복잡한 시장 환경에서 소비자들은 적은 노력을 들여 올바른 선택을 하고 싶어 하며 이때 브랜드는 판단의 준거가 될 수 있는 것이다.

〈표 8-2〉 강력한 브랜드의 장단점: 고객의 입장에서

장점	단점
• 구매의사결정을 단순화, 용이화 • 구매에 대한 안전 혹은 품질에 대한 보증 제공	• 기업이 약속한 바를 이행하지 않으면 고객이 분노할 수 있음

출처: 서상혁 역(2012), 『하이테크 혁신마케팅』.

2) 브랜드 자산

브랜드 자산은 어떤 제품이나 서비스가 브랜드를 가짐으로써 발생하는 바람직한 마케팅 효과를 말한다. 예를 들어 브랜드를 만들어서 고객들에게 인지시키는 작업을 진행한 이후, 브랜드가 없었을 때보다 고객의 선호도가 증가하거나 매출과 이익이 증가했을 경우 이를 브랜드 자산의 효과로 볼 수 있다. 또한 브랜드로 생성된 자산 가치에 대해 브랜드 가치라고 한다. 예를 들어 기업을 인수할 경우 기업이 보유한 공장, 기계 장비와 같은 물적 자산의 몇십 배 되는 큰 금액을 지불하기도 하는데 이는 그 기업의 브랜드가 지

닌 가치 때문이다.

해마다 전 세계 유명 브랜드들의 자산 가치를 평가하고 순위를 발표하는 브랜드 컨설팅 그룹 '인터브랜드'가 공개한 '2014 글로벌 브랜드 랭킹'은 아래와 같다.* 애플과 구글이 전년도에 이어서 1위와 2위를 나란히 차지했다. 애플은 2013년 983억 1,600만 달러(USD)에서 21% 성장한 1,188억 6,300만 달러의 브랜드 가치로 세계 최고의 브랜드 자리를 유지했으며, 구글은 932억 9,100만 달러에서 15% 성장한 1,074억 달러로 애플을 바짝 추격하고 있다.

국내 브랜드인 삼성전자가 454억 6,200만 달러(USD)의 브랜드 가치를 기록, 전체 7위를 차지하여 2012년 Top 10 브랜드에 선정된 이래 매년 한 계단 씩 상승하는 성과를 보여줬다. 또한 표에는 보이지 않지만 현대자동차가 104억 900만 달러(USD)의 브랜드 가치로 40위, 기아자동차가 53억 9,600만 달러(USD)의 브랜드 가치로 74위에 랭크되었으며 이는 전년보다 각각 3계단, 9계단이 상승한 것이다.

위와 같은 브랜드 자산은 브랜드 인지도와 브랜드 연상으로부터 형성된다. 즉 브랜드

〈표 8-3〉 2014 베스트 글로벌 브랜드 랭킹

01 +21% 118,863 $m	02 Google +15% 107,439 $m	03 Coca-Cola +3% 81,563 $m	04 IBM -8% 72,244 $m	05 Microsoft +3% 61,154 $m	06 GE -3% 45,480 $m	07 SAMSUNG +15% 45,462 $m	08 TOYOTA +20% 42,392 $m
09 +1% 42,254 $m	10 Mercedes-Benz +8% 34,338 $m	11 BMW +7% 34,214 $m	12 intel -8% 34,153 $m	13 Disney +14% 32,223 $m	14 cisco +56% 30,936 $m	15 amazon +25% 29,478 $m	
16 ORACLE +8% 25,980 $m	17 hp -8% 23,758 $m	18 Gillette -9% 22,845 $m	19 LV LOUIS VUITTON -9% 22,552 $m	20 HONDA +17% 21,673 $m	21 H&M +16% 21,083 $m	22 +16% 19,875 $m	23 AMERICAN EXPRESS +11% 19,510 $m
24 pepsi +7% 19,119 $m	25 SAP +4 17,340 $m	26 IKEA +15% 15,885 $m	27 ups +5% 14,470 $m	28 ebay +9% 14,358 $m	29 facebook +86% 14,349 $m		30 Pampers +8% 14,078 $m

출처: http://www.bestglobalbrands.com/2014/ranking/

* 인터브랜드 홈페이지, <http://www.bestglobalbrands.com/2014/ranking>

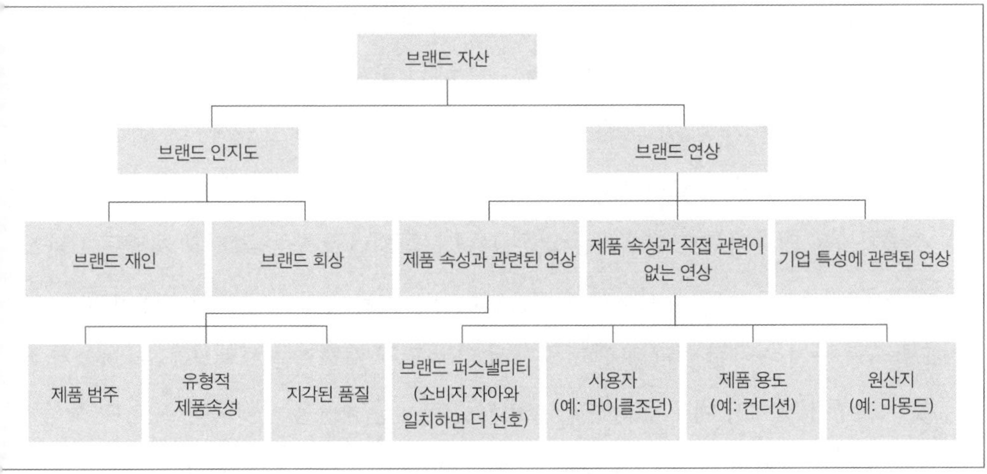

〈그림 8-4〉 브랜드 자산의 결정요인

출처: 안광호(2013), 『마케팅원론 제5판』.

자산은 고객이 브랜드에 대해 잘 알고 있고(브랜드 인지도 확보), 그 브랜드에 대해 **긍정적**이고(Favorable), **강력하면서**(Strong), **독특한**(Unique) **연상**을 기억 속에 갖고 있을 때 발생되는 것이다. 브랜드 자산의 결정 요인들을 그림으로 표현하면 〈그림 8-4〉와 같다. 이하에서는 각각에 관하여 설명하고자 한다.

(1) 브랜드 인지도

소비자는 일반적으로 자신이 아는 브랜드와 잘 모르는 브랜드의 제품이 함께 진열되어 있을 경우, 알고 있는 브랜드를 선택하여 구매한다. 브랜드를 알고 있다는 것은 **브랜드 인지도**(Brand Awareness)가 있다라고 표현하며 소비자가 특정 브랜드를 **재인**(Recognition)하거나 **회상**(Recall)할 수 있는 능력을 의미한다.

브랜드 재인은 브랜드를 본 후, 알고 있음을 확인하는 것이다. 즉 점포 내에 진열되어 있는 여러 가지 제품 중에서 이전에 들어본 적이 있어서 제품을 알아보는 정도로서 브랜드 회상보다는 강도가 약하다. 한편 브랜드 회상은 지식 정보체계 속에 저장되어 있는 특정 브랜드의 정보를 구매 시점에서 인출할 수 있는 능력이다. 브랜드 회상의 측정은 소비자들에게 한 제품 범주 내에서 생각나는 브랜드들을 열거하도록 함으로써 이루어진다. 예를 들어 소비자가 지금 자동차를 사려고 할 때 머릿속에 떠오르는 브랜드가 여러 개 있을 수 있다. 이 중 가장 먼저 떠오르는 브랜드가 자동차 브랜드 군에서 가장 인지도가 높은 브랜드라고 할 수 있으며 이러한 방법으로 브랜드 회상을 측정할 수 있다.

소비자들은 일반적으로 판매되는 많은 브랜드를 재인할 수는 있지만 재인된 브랜드들 가운데서 극히 일부만을 회상할 수 있을 뿐이다. 이와 같은 상황에서 높은 브랜드 인지도를 구축하여 기억된 여러 브랜드 중에서 가장 먼저 떠오르는 브랜드(Top of Mind)가 되는 것은 시장 경쟁에서 매우 유리하다. 소비자들이 특정 제품을 구매하려고 할 때 우선적으로 고려하는 **고려 상표군**(Consideration Set)에 포함되는 이점을 갖기 때문이다. 특히 비누, 샴푸, 커피와 같이 저가격이며 구매 빈도가 높은 저관여 제품의 경우에 소비자들은 자신에게 친숙한 소수의 브랜드만을 구매 고려 대상으로 하기 때문에 브랜드 인지도가 낮은 제품을 선택할 가능성은 매우 낮다.

〈그림 8-3〉에서 보조인지는 특정 상표를 알아보는 정도의 인지를 말하고, 비보조 상기는 어떤 보조 없이 상표를 회상하는 수준의 인지를 말한다. 기업의 마케터는 자사 제품의 브랜드가 피라미드의 최상층부에 위치하도록 브랜드 인지도 제고에 노력해야 한다. 기업은 브랜드에 대한 반복 광고, 심벌을 이용한 시각적 상징 제공, 로고송 및 징글 등을 활용한 청각적 상징 제공 등의 방법을 사용하여 자사 브랜드의 인지도를 높일 수 있다. 또한 구매시점에 자신의 브랜드에 대한 기억을 쉽게 떠올릴 수 있도록 매장에 POP(Point of Purchase: 구매시점 광고)를 설치하는 등 단서를 제공하는 것이 도움이 된다.

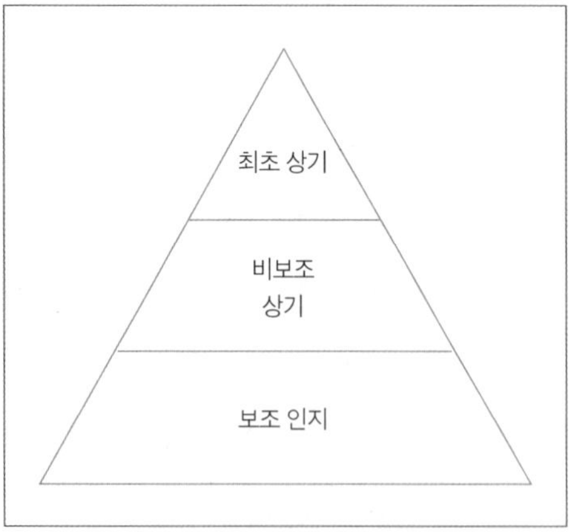

〈그림 8-3〉 브랜드 인지도의 수준

(2) 브랜드 연상

'유한킴벌리'라는 회사 이름을 들으면 무엇이 떠오르는가? 사람마다 여러 가지 다양한 연상들을 떠올릴 것이다. 브랜드 연상(Brand Association)이란 브랜드와 관련하여 기억으로부터 떠오르는 모든 것을 말한다. 아래 그림은 브랜드 연상에 관한 하나의 사례를 표현한 것이다.

소비자들은 특정 브랜드에 대해서 사용 경험이 많을수록, 광고에 노출 빈도가 높을수록 브랜드 연상이 강하게 형성되며 각 연상들 간의 연결 정도도 강해진다. 이러한 연상들이 결합되어 소비자는 그 브랜드에 대해 전체적인 인상을 갖게 되는데 이를 **브랜드 이미지**(Brand Image)라고 한다.

본 절의 도입부에서 브랜드 자산은 **긍정적**이고(Favorable), **강력**하면서(Strong), **독특**한(Unique) **연상**을 기억 속에 갖고 있을 때 형성된다고 언급하였다. 특정 브랜드를 떠올렸을 때 항상 긍정적인 연상과 부정적인 연상이 같이 나타나게 마련이다. 이때 긍정적인 연상이 더 많이 떠올라서 그 브랜드에 대해 호의적인 감정을 갖게 하는 것이 중요하다. 또한 어떤 브랜드를 접했을 때 그 브랜드와 관련된 연상이 즉각적으로 떠오르는 것을 강력한

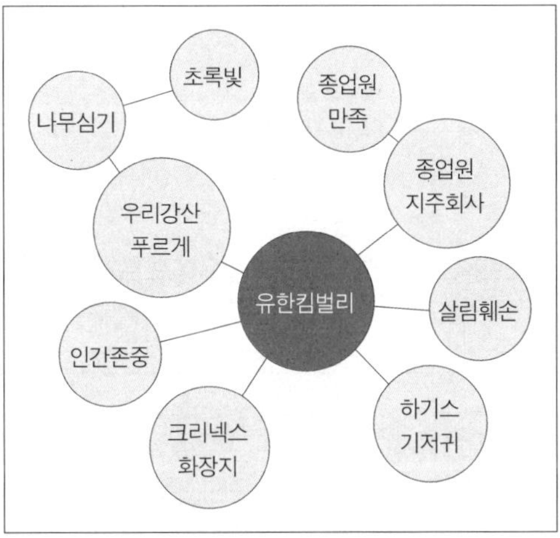

〈그림 8-6〉 브랜드 연상의 예

출처: 김성영(2013), 『마케팅관리론』.

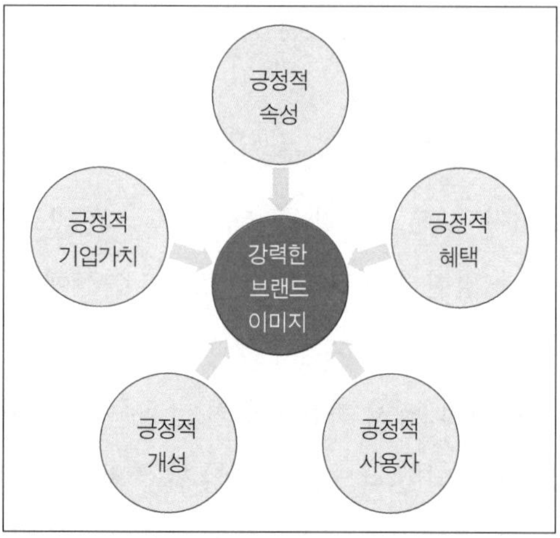

〈그림 8-7〉 긍정적 브랜드 이미지 구축의 다섯 가지 차원

출처: 김성영(2013), 『마케팅관리론』.

연상이라고 하며 특정 브랜드와 관련 연상이 강하게 연결되어 있을 때 가능하다. 마지막으로 긍정적이고 강력한 연상이 형성되어 있다고 해도 경쟁 브랜드와 구별되지 않는다면 의미가 없을 것이다. 즉 소비자들에게 자사 브랜드에 대한 독특한 연상을 심어주어 타 브랜드와 차별화되도록 해야 한다. 긍정적이고 강력한 브랜드 구축을 위해 유념해야 할 요소들은 〈그림 8-7〉과 같다.

3) 브랜드 의사결정

브랜드 의사결정이란 브랜드 전략을 결정하는 것으로서, 브랜드 포지셔닝, 브랜드 주

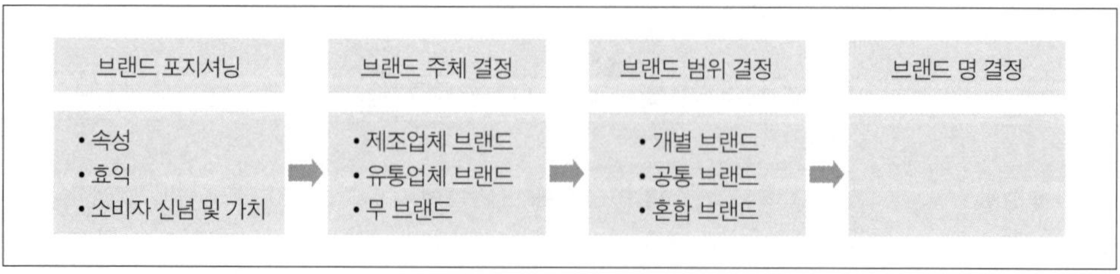

〈그림 8-8〉 브랜드 의사결정 과정

체(소유권자) 결정, 브랜드 범위 결정, 브랜드 명 선정 등의 의사결정 영역이 있다. 〈그림 8-8〉은 브랜드 의사결정 영역을 보여준다. 본 절에서는 의사결정의 영역에 대해 기본 개념 위주로 간략하게 정리해 보겠다.

(1) 브랜드 포지셔닝

기업은 타깃 고객의 마음속에 자사 브랜드를 원하는 위치에 분명하게 포지셔닝하도록 해야 한다. 기업은 제품의 속성, 제품의 효용과 효익, 소비자 신념과 가치 등의 수준에서 자사 브랜드를 포지셔닝시킬 수가 있는데 되도록 제품의 속성을 넘어서 효익과 신념, 가치의 수준을 추구하는 것이 바람직하다. 제품 속성 기반의 포지셔닝은 소비자들이 매력을 느끼지 못할 뿐더러 경쟁사의 모방을 쉽게 허용하기 때문이다. Fedex는 '세계 어느 곳에나 정시에 배달 보장'이라는 효익을 내세워 브랜드 포지셔닝에 성공했다. 세계적 브랜드들은 여기서 더 나아가 정서적 수준에서 고객들을 끌어당기며 강력한 소비자 신념과 가치에 근거하여 브랜드를 포지셔닝하고 있다. 애플 브랜드가 혁신(Innovation)의 아이콘으로 전 세계 소비자들의 마음속에 자리를 잡은 것이 대표적인 사례이다.

(2) 브랜드 주체 결정

브랜드 주체 결정이란 브랜드의 주체(소유주)를 누구로 할 것인지 의사결정하는 단계이다. 이는 다음 그림과 같이 세 가지로 구분할 수 있다.

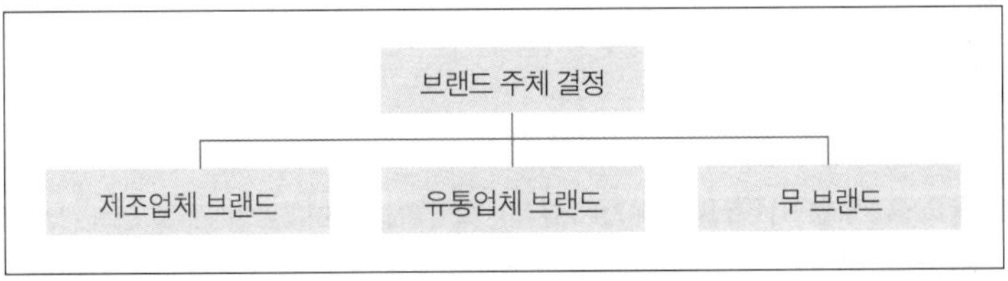

〈그림 8-9〉 브랜드 주체 결정

① **제조업체 브랜드**(National Brand)

보통 넓은 지역에 걸쳐 적용되는 것으로 제조업체가 브랜드를 소유하고 마케팅 전략을 제조업체가 직접 통제한다. 유통업체의 브랜드도 때로는 전국적으로 유통되는 경우도 있으나 일반적으로는 전국적으로 또는 전 세계적으로 유통되는 거의 모든 제품은 이에 속한다.

② **유통업체 브랜드**(Private Brand)

유통업체에서 부착하는 브랜드로서 중간상 브랜드라고도 한다. 특정 유통채널에만 공급하는 것을 조건으로 유통업체가 요구하는 독자 브랜드를 부착하여 제조업체로부터 납품을 받고 판매한다. 이마트, 롯데마트 등 국내의 대형유통업체에서 우유, 휴지 등에 자사 브랜드를 부착하여 판매하고 있는 광경을 많이 목격할 수 있다.

③ **무 브랜드**(Generic Brand)

제품에 브랜드를 붙이지 않고, 맥주, 설탕, 이쑤시개 등 제품의 내용만 표시하는 전략이다. 브랜드 구축 자원이 부족한 기업이 자기 브랜드로 판매하지 않고, 보다 큰 규모의 기업고객을 찾아서 무 브랜드로 제품을 납품함으로써 저비용으로 시장에 진입하는 경우가 하나의 예가 되겠다. 과거 삼성이 반도체 사업을 처음 시작했을 때처럼 부품을 생산하는 업체가 의도적으로 무 브랜드 전략을 구사하여 더 많은 완제품 생산업체와의 거래를 추구하기도 한다. 그러나 만약 기업이 최종 소비자와 직접적인 관계 맺기를 원한다면 브랜딩은 필수적으로 중요하다.

(3) 브랜드 범위 결정

기업은 브랜드를 제품마다 따로따로 붙일 것인지 아니면 하나의 브랜드 우산 아래 제품들을 넣을 것인지 등 브랜드가 포괄하는 범위에 대해서 결정을 해야 한다.

① **개별브랜드 전략**(Individual Brand)

기업에서 생산되는 제품별로 각각 다른 브랜드를 부착하는 방식이다. 현대자동차가 생산하는 자동차별로 에쿠스, 제네시스, 아슬란, 그랜저, 소나타 등의 브랜드를 각각 부여하는 것이 그 사례이다. 이 전략은 한 브랜드가 시장에서 실패하더라도 다른 브랜드에 영향이 거의 없으며 신제품마다 알맞은 브랜드 네이밍이 가능하다는 장점이 있다. 반면 브랜드 개발 및 촉진 비용이 과다하게 요구되고 규모의 경제와 브랜드 간 시너지 효과를 얻기 어려운 단점이 있다.

② **공동브랜드 전략**(Corporate or Family Brand)

세계적 의류 회사 갭(GAP)과 같이 기업에서 생산하는 모든 제품에 동일 기업명 또는 상표명을 사용하는 전략이다. 소비자들에게 높은 신뢰도와 인지도를 갖고 있는 기업들이 주로 이 방식을 활용한다. 신제품이 소비자에게 빨리 인식되고 광고비와 유통비가 절감되는 장점이 있다. 그러나 어느 한 제품의 품질에 문제가 생기면 기존 브랜드 이미지가 전체적으로 손상되는 단점이 있다.

창업기업은 자금, 인력, 시간이 부족하여 여러 가지의 브랜드를 고객들에게 전달할 여력이 없고, 고객 입장에서도 여러 개의 신생 개별 브랜드를 기억하기에 어려움이 있으므로 특별한 이유가 없는 한 공동브랜드 전략을 사용하도록 권장한다.

③ **혼합브랜드 전략**(Corporate and Product Line Brand)

복수의 제품계열에서 여러 제품을 생산할 경우, 개별브랜드와 공동브랜드를 조합하여 사용하는 전략이다. 소비자의 인지도가 높은 기업명과 각 제품의 특색을 연관시킨 브랜드가 합쳐져서 상승효과를 얻을 수 있다. 농심 신라면, 농심 안성탕면, 농심 짜파게티 등이 혼합브랜드의 사례이다.

(4) 브랜드 네이밍의 유의점

브랜드 포지셔닝, 브랜드 주체의 결정, 브랜드 범위의 결정이 이루어졌으면 이제 제품의 이름을 짓는 일이 남았고 이를 브랜드 네이밍이라 한다. 좋은 브랜드 명은 제품이 성공하는 데 매우 중요한 역할을 한다. 브랜드 명을 잘못 지었을 경우에는 제품의 시장 진입 실패를 초래할 수도 있다. 아래는 바람직한 브랜드 명이 갖고 있어야 할 조건들이다.

- 브랜드 명은 제품의 효익과 품질을 전달할 수 있어야 한다.
  예: 비타500
- 브랜드 명은 짧고, 발음하기 쉽고, 기억하기 쉬워야 한다.
  예: SONY
- 브랜드 명은 경쟁사의 브랜드와 뚜렷이 구별되어야 한다.
  예: 꽃을 든 남자
- 브랜드 명은 다른 제품 영역으로 확장이 가능해야 한다.
  예: Amazon.com(Amazon.com은 온라인 서점으로 사업을 시작했지만, 시작 당시 다른 사업으로의 확장을 염두에 두고 브랜드 명을 선정했다.)
- 글로벌 시장에서도 긍정적인 반응이 나오도록, 외국어로 옮겨도 문제가 없어야 한다.
  예: Enco의 발음이 일본에서는 Empty의 뜻으로 브랜드 명에서 제외
- 브랜드 명은 등록과 법적 보호가 가능해야 한다. 신규 브랜드 명이 기존의 브랜드 명을 침해한다면 그 브랜드는 등록될 수 없다.

(5) 로고와 심벌

브랜드 네이밍을 한 이후에는 로고와 심벌, 컬러, 슬로건, 징글(Jingle), 캐릭터, 패키지 디자인 등 브랜드의 기타 구성 요소들을 개발하는 단계를 밟는다. 이들은 브랜드 네임과 더불어 브랜드의 핵심 가치를 일관성 있게 잘 나타내며 상호 조화를 이루도록 개발되어

〈그림 8-10〉 로고, 심벌 사례

출처: 네이버, 다음, 맥도널드, BMW 회사 홈페이지.

야 한다. 특히 시각적 요소는 소비자들이 브랜드 이미지를 형성하는 데 매우 중요한 역할을 한다. 일반적으로 소비자들은 단어로 표현되는 언어적 정보보다 그림으로 표현하는 시각적 정보를 더 잘 기억하는 경향이 있다. 로고와 심벌은 각각 독특한 글씨와 그림으로 브랜드를 상징적으로 표현하는 것이다. 이들은 브랜드의 시각적 측면을 강조함으로써 시선을 끌고 관심을 집중시키는 효과를 가져다주며 경쟁업체와의 구별도 훨씬 쉽게 해 준다.

4. 창업기업의 브랜드 구축*

강력한 브랜드 구축은 대기업, 중소기업뿐 아니라 창업기업 입장에서도 경쟁사들과 구별되고 기업의 차별적 가치를 소비자들에게 전달할 수 있는 마케팅 수단이다. 본 절에서는 차별화되고 강력한 브랜드 구축을 방해하는 요소들을 살펴본 후, 창업기업이 강력한 브랜드를 구축하는 전략을 소개한다.

1) 창업기업의 강력한 브랜드 구축 방해 요소

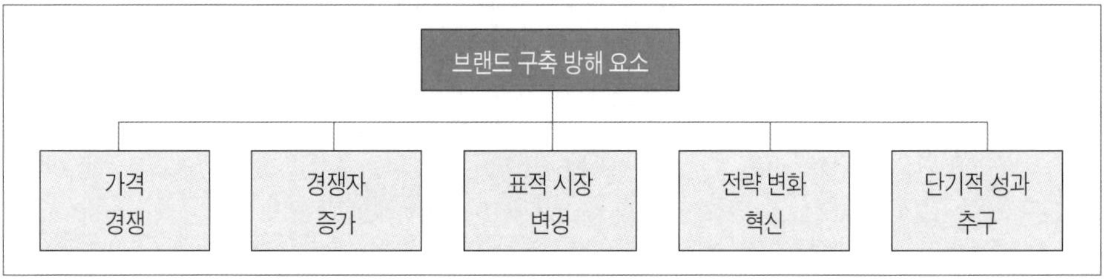

〈그림 8-11〉 브랜드 구축 방해 요소

① 가격 경쟁

시장에서 가격 경쟁에 대한 압력을 받을 경우 기업은 자신의 브랜드 구축과 반대되는 의사결정을 하게 된다. 일반 소비자들은 가격과 품질, 가격과 브랜드 가치를 동일시하는 경향이 있다. 기업이 경쟁사와의 가격 경쟁 압력에 굴복하여 가격을 낮게 책정할 경우 소비자들은 그 제품과 브랜드의 가치 역시 낮은 것으로 생각한다. 따라서 기업은 자사 제품이 경쟁사보다 높은 가치를 지닌 것으로 소비자들에게 인식시키고 높은 가격을 유지할 수 있도록 마케팅 노력을 기울여야 한다. 제품 생애주기를 통해 가격이 점차적으로 인하되는 것은 문제가 없으나 출시 초기에 낮은 가격으로 시작하여 가격을 순차적으로 인상하기는 매우 어렵다는 점을 알아야 한다.

---

* 본 절의 내용은 박치관 외 역(2003), 『이노비즈 마케팅』을 토대로 하고 일부 내용을 추가함.

② 경쟁자의 증가

창업기업이 신제품을 출시하여 성공을 거두면 기업은 새롭게 나타나는 수많은 경쟁자를 맞이하게 된다. 이들 신규 경쟁자들은 창업기업의 강력한 브랜드 구축을 저지하고 자기들의 브랜드를 소비자들에게 강하게 인식시키고자 모든 마케팅 노력을 경주할 것이다. 기업은 현재 경쟁이 없는 상황이라고 해도 방심하지 말고 항상 경쟁에 대해 준비를 해야 한다. 고객에게 최상의 가치를 제공할 수 있는 능력을 갖도록 꾸준히 노력하면 경쟁에서 이길 수 있을 것이다.

③ 표적시장의 변경

표적시장이 변경될 경우 기업은 브랜드 구축 작업을 새롭게 시작해야 한다. 시간이 지날수록 시장은 더욱 세분화되고 기업의 표적시장도 변화할 수 있다. 이렇게 표적시장이 변할 경우 기업은 그 시장에 적합한 미디어를 다시 선정하고 PR과 광고 활동 등을 통해 변경된 표적시장 내 소비자들을 대상으로 브랜드 구축 작업을 시행해야 한다. 특히 창업기업은 대부분 한두 개의 제품으로 틈새시장을 목표로 하는데, 초기에 표적시장 선정과 포지셔닝 전략을 잘못 수립하여 브랜드 구축 비용을 허비하는 사태를 막아야 한다.

④ 전략 변화와 혁신

기업들은 시장 상황 변화에 맞게 전략을 새롭게 수립하고 혁신을 시도하려고 노력한다. 그러나 이러한 전략 변화와 혁신이때로는 그동안 쌓아놓은 강력한 브랜드 명성을 순식간에 허물어버리기도 한다. 특히 전략 변화와 혁신에 의해 새롭게 출시한 제품이 과거에 비해 경쟁우위와 포지셔닝을 향상시키지 못할 때 그러하다. 따라서 시장의 욕구 변화에 대응하여 전략을 변화시킬 때에는 그 변화로 인해 자사의 인지된 가치가 높아지는지, 경쟁우위는 더욱 강해지는지 면밀하게 따져보아야 한다.

⑤ 단기적 성과 추구

기업은 때때로 자금 사정이나 기타 이유로 단기적 판매 증가 정책에 관심을 두게 된다. 대표적인 것이 가격할인에 의한 판매촉진이다. 이런 촉진 활동은 단기적 판매 증가와 이익 증가를 가져올 수 있으나 브랜드 가치의 하락을 동반한다. 더 나아가 소비자가 이 브랜드는 항상 '세일'하는 브랜드라고 인식하게 된다면 정상가격으로 판매하기는 어려워지고 장기적으로 기업의 수익성은 떨어질 것이다. 이와 같이 단기적 성과 증진을 위한 가격 지향적 촉진 활동은 기업에 잠깐의 달콤함을 주고 긴 기간의 어려움을 준다는 사실을 기업은 명심해야 한다.

위와 같은 브랜드 구축 방해 요소들을 이해하고, 기업이 제공하고자 하는 궁극적 가치를 지켜나가도록 모든 마케팅 활동이 일관되게 이루어져야만 장기적으로 튼튼한 기업과 브랜드를 구축할 것이다

2) 창업기업의 브랜드 구축 전략

창업기업이 희망하는 강력하고 차별화된 브랜드를 구축하려면 전략적 접근이 필요하며 이를 절차별로 서술하면 다음과 같다.

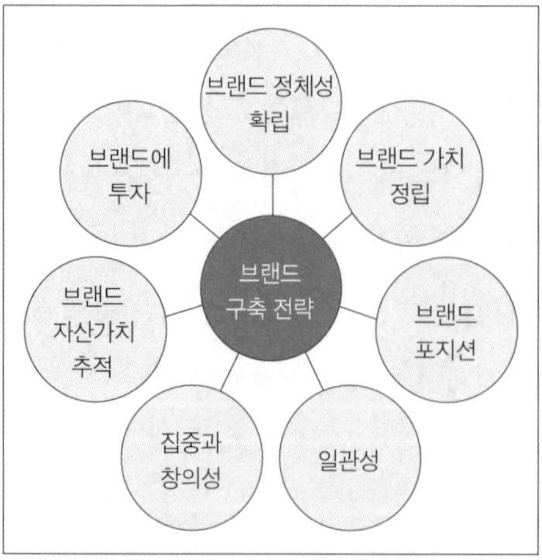

〈그림 8-12〉 창업기업의 브랜드 구축 전략

① 브랜드 정체성 확립

출시 제품의 표적시장 선정과 포지셔닝을 명확하게 한 후 그에 맞게 브랜드 정체성을 확립한다. 브랜드 정체성은 브랜드가 미래의 목표 고객층을 대상으로 인식되기를 희망하는 **목표 브랜드 이미지**이다. 브랜드의 핵심적 정체성이 무엇인지 분명히 하도록 해야 한다. 또한 브랜드가 곧 사람이고, 기업이며 제품이라는 관점을 가져야 한다.

② 브랜드의 가치 정립

창업기업은 제품을 통해 제공하는 가치를 명확하게 정립하고, 정립한 가치를 브랜드에 반영하도록 해야 한다. 기능과 효익은 물론 브랜드가 제공하는 상징, 자아표현, 고객과 교류하고 싶은 감정, 제공하는 보증, 신뢰 등이 포함된다. 특히 기업이 브랜드를 통해 고객과 감정을 나누고 공유하는 것이 최근 중요시되는 브랜드 가치이다. 고객이 브랜드를 통해 기업 또는 제품의 가치를 인정하고 감정적으로도 연결될 때 고객은 브랜드에 대해 강력한 애호도를 갖게 되고 브랜드 전도사의 역할을 수행한다.

③ 브랜드 포지션

앞의 3절에서 기술한 브랜드 포지션을 명확하게 한다. 명확한 브랜드 포지션은 커뮤니케이션 프로그램을 수행하는 담당자에게 나아갈 방향을 제시하고 수행 전략에 지침을 제공한다.

④ 일관성

정체성, 가치, 포지션, 심벌, 로고, 이미지, 슬로건 등 브랜드와 관련된 모든 것이 일관성이 있도록 한다. 그리고 그 일관성이 중장기적으로 유지되도록 한다.

⑤ 집중과 창의성

한두 가지의 핵심적인 연상을 주는 한두 개의 브랜드에 집중한다. 소비자들은 방금 시장에 등장한 창업기업이 던져주는 여러 개의 메시지를 수용할 능력도 없고 의사도 없다. 기업은 매우 창의적인 메시지를 개발, 전달하여 소비자의 관심을 불러일으키고, 제공하는 메시지의 수도 한두 개 정도로 한정하여 소비자의 기억을 용이하게 해야 한다.

⑥ 브랜드 자산 가치 추적

창업 초기에 여러 가지를 동시에 진행해야 하는 창업기업들이 브랜드 자산 가치 추적을 수행하기란 어려울 수 있다. 그러나 브랜드가 곧 기업이고 브랜드가 곧 제품이라는 사실을 다시 한 번 상기하자. 기업은 소비자들로부터 브랜드에 대한 인식, 지각된 품질, 브랜드 연상, 브랜드 충성도 등을 파악하고, 특히 브랜드 정체성과 포지션이 원하는 방향으로 자리를 잡아가고 있는지 지속적으로 추적해야 한다. 이를 위해 통상적으로 고객들이 인지하고 있는 자사 제품의 가치에 대한 정기적인 설문조사와 고객 만족도 조사의 방법을 이용한다.

⑦ 브랜드에 투자

브랜드 구축이 중요하다고 하여 창업기업의 부족한 자금을 모두 브랜드 구축에 쏟아부을 수는 없다. 그렇다고 브랜드 구축에 투자를 하지 않을 수도 없다. 이에 본서에서는 창업기업이 브랜드 구축 관련 비용을 투자했을 때 수익에서도 긍정적 효과를 거두는 한 브랜드 구축에 투자를 유지하도록 권한다. 만일 브랜드 구축에 비용을 쓰고 있는데 기업의 매출과 수익에 전혀 도움을 주지 않는다면, 창업기업은 자금 흐름에 부담을 줄 정도의 과도한 투자는 지양하고 감당가능한 적정한 규모로 투자를 축소하여야 할 것이다. 강력한 브랜드는 단시일 내 구축되는 것이 아니라 장기간에 걸친 꾸준한 마케팅 커뮤니케이션 활동을 통해 이루어짐을 인식하고 장기전에 맞게 투자 전략을 수립해야 한다.

창업사례

공룡이 된 벤처, 옐로모바일
개성 다른 스타트업 연합군…모바일서 '제2의 네이버' 꿈꾼다

2012년 8월 창업, 만 3년도 아닌 이제 막 3년 차에 접어든 스타트업이 국내 모바일·정보기술(IT) 비즈니스 시장의 최강자로 떠오르고 있다. '벤처 연합군'을 지향하는'옐로모바일'이 주인공이다. 개그맨 신동엽 씨가 광고 모델로 등장해 연신 '싸다구'를 외치는 광고가 장안의 화제다. 코믹한 설정도 재미있지만 모바일·온라인 쇼핑 사이트의 핫 딜 정보만을 모아 놓은 포털(쿠차)이라는 얘기가 더 솔깃하다. 실제로 2월 현재 쿠차의 누적 다운로드 수는 600만 건, 월간 사용자 수는 500만 명을 돌파했다. 월간 방문자 640만, 월간 콘텐츠 뷰 4억5000만을 자랑하는 모바일 미디어 '피키캐스트'는 10~20대에게 열렬한 호응을 얻으며 애플리케이션(앱) 누적 다운로드 수 230만 건을 기록 중이다. 콘텐츠 큐레이션을 슬로건으로 내세운 모바일 뉴미디어 서비스로, 최근에는 중국과 대만 등으로 활동 영역을 넓히고 있다. '여행박사'는 기존 오프라인 여행사를 통틀어 랭킹 4위의 여행사다. 일본 아웃바운드 실적만 놓고 보면 국내 1위다. 지난해에만 매출 200억 원을 기록한 알짜 회사다. 쇼핑 포털과 미디어, 여행…. 뭔가 생뚱맞은 조합이지만 사실 이들은 떼려야 뗄 수 없는 가족과 같은 관계다. 모바일 기반 비즈니스라는 공통분모를 통해 연합 전선을 펴고 있는 옐로모바일의 가족사이기 때문이다. 쿠차와 피키캐스트, 여행박사 외에도 옐로모바일이라는 우산 아래 모인 기업만 2월 현재 71개에 달한다.

사명 옐로모바일의 옐로라는 말은 전화번호부를 뜻하는 옐로북에서 따왔다.

출처: 『한국경제매거진』, 2015년 3월 18일자.

3) 하이테크 창업기업의 강력한 브랜드 개발 전략

지금까지는 일반기업과 창업기업의 브랜드 전략에 관해 서술하였으며, 이제부터는 창업기업이 하이테크 제품에 대해 브랜딩하고자 할 경우를 중심으로 서술하고자 한다. 아래의 〈그림 8-13〉은 하이테크 창업기업이 강력한 브랜드를 개발하는 데 도움이 되는 전략을 정리한 것이다.

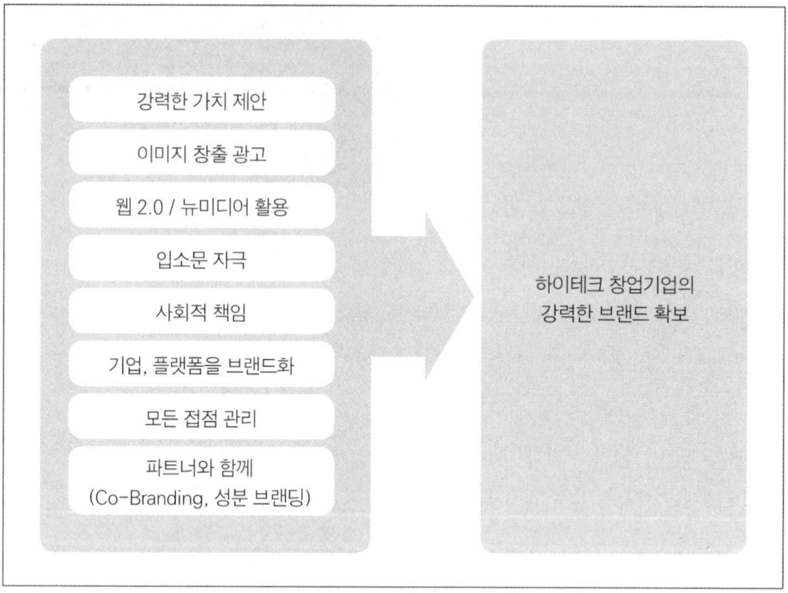

〈그림 8-13〉 하이테크 창업기업의 강력한 브랜드 개발

(1) 강력한 가치 제안으로 혁신 창출

애플의 iPhone처럼 드라마틱한 혁신을 연속적으로 이루어내면 긍정적인 브랜드 태도를 창출한다. 그러나 모토롤라의 Razr 휴대폰과 같이 혁신에 실패할 경우 브랜드 태도를 침식시킨다. 고객들은 브랜드에 충성도를 제공하는 대가로 꾸준한 혁신을 기대한다. 강력한 브랜드는 약속한 가치를 지속적으로 전달하는 것이 중요하며 이는 강력한 가치를

계속 제안하여 혁신의 흐름을 꾸준히 이어감을 의미한다.

(2) 브랜드 이미지 창출 광고

위대한 브랜드란 시장에서 높은 수준의 인지도를 가진 것을 말하며 광고는 이를 성취하는 데 중요한 요소이다. 브랜드를 표적시장에 적합하게 만들고 제품, 서비스와 연관되게 개발하는 것도 중요하지만, 표적시장에 맞는 광고 매체를 선정하고 적합한 메시지를 전달하여 브랜드 인지도를 높이고 브랜드 이미지를 창출하는 광고의 중요함 역시 인식해야 한다.

(3) 웹2.0 기술과 뉴미디어 활용

효과적인 브랜딩 전략은 온라인과 오프라인 양쪽 모두를 아우르는 공동 작업을 필요로 한다. 고객들은 온라인 환경에서 기업과 제품을 평가하고 사용 후기를 공유하는 등의 활동에 적극 참여한다. 고객들이 참여하는 이와 같은 뉴미디어는 전통적 광고나 홍보에 비해 소비자들의 신뢰를 광범위하게 얻기 때문에 기업들은 이러한 사이트에 브랜드 메시지를 어떻게 전달할 것인가를 고민해야 한다. 기업이 뉴미디어를 성공적으로 활용하기 위한 원리는 아래와 같다.

- 의사소통을 정직하게 한다.
- 고객의 불평에 대해 적극적으로 대처한다.
- 진정한 가치를 제공한다.

또한 뉴미디어 활용에 있어서 기업의 웹사이트뿐 아니라 Facebook, LinkedIn, Twitter과 같은 소셜 미디어까지 모두를 대상으로 하는 전략이 필요하다. 특히 B2C 제품을 판매하는 기업에 이들은 더욱 중요하다. 우선 표적시장의 경쟁자들의 웹사이트를 방문하여 살펴보자. 어떤 웹사이트가 최고이고 어떤 웹사이트가 최악인가? 간단하고 강력하며 명쾌한 프레젠테이션을 통해 효과적으로 메시지를 전달하고 인지도를 획기적으로 높이는 웹사이트를 찾아내서 참고하기 바란다.

(4) Influencer에게 영향을 미치고 입소문 자극

하이테크 산업의 브랜드는 수십 년에 걸쳐서 형성되는 것이 아니라 단지 몇 개월 사이에 형성되기 때문에 입소문과 홍보활동이 중요하다. 많은 하이테크 기업들은 기술 전문가, 기술 열광자, 의견 선도자들과 같은 **영향력행사자들**(Influencers)에 대해 홍보를 실시하고 우호적인 입소문을 창출하기 위해 노력한다. 그들의 평가는 광고보다 더 큰 신뢰성으로 신제품 판매에 큰 영향을 주기 때문이다. 어떤 기업들은 이러한 영향력행사자들과 기자, 파워블로거 등에게 제품을 무료로 주거나 일정기간 가격을 할인해주기도 한다. 물론 이러한 활동은 출시되는 신제품이 차별적 우수성을 지니고 있을 때 의미가 있다.

(5) 기업의 사회적 책임(CSR)에 대한 전략적 사고

기업이 사회에 대해 책임감을 갖고 많은 부분을 환원하고 기여하는 기업의 사회적 책임(CSR: Coporate Social Responsibility)에 대한 의무를 수행하고 있음을 보여주어 브랜드에 대한 긍정적 이미지를 구축하도록 한다. 이는 사회가 발전하면서 기업에 더욱 중요하게 요구할 역할로서 기업은 '사회적 이익'과 '경제적 이익'이 균형을 이루도록 기업 경영 전략을 수립해야 할 것이다.

(6) 기업, 플랫폼, 아이디어를 브랜드화

하이테크 제품의 빠른 진부화로 인해 신제품 각각에 브랜드를 부여하는 것은 비용적인 측면과 고객의 충성도를 지속적으로 이끌어내는 면에서 효율성이 떨어진다. 따라서 하이테크 기업은 기업의 이름(예: 마이크로소프트), 특정 기술(예: 윈도우즈) 등으로 브랜딩하는 것을 고려해야 한다. 출시하는 개별 제품마다 브랜드화할 경우 이는 고객의 기억에 부담을 주고 고객이 인지하는 브랜드 포트폴리오의 혼동을 초래한다. 특히 하이테크 제품의 복잡한 특성과 기술 발전에 따른 신제품의 지속적인 출시 등은 고객으로 하여금 개별 제품보다 생산주체인 하이테크 기업의 전문성과 신뢰성을 중요시하게 한다.

(7) 모든 접점을 관리

브랜드는 고객에 대한 품질 제공의 약속이다. 따라서 강력한 브랜드 구축에 있어서 고객서비스는 매우 중요한 요소이다. 만약 고객이 기업과의 접점에서 양질의 서비스를 제공받지 못한다면 이는 브랜드에 부정적인 영향을 미칠 것이다. 예를 들어 어떤 기업이 브랜드 구축을 위해 좋은 로고와 슬로건을 창안하고 비싼 미디어를 구매하는 등 광고에 상당한 투자를 했다. 그런데 막상 고객이 상점에 갔을 때 진열대에서 제품을 발견하기 어렵거나, 기업에 전화를 했는데 전화 연결이 되지 않거나, 온라인에서 검색을 했는데 조회가 되지 않거나 했을 때는 어떤 결과가 나올 것인가? 기업은 가망고객, 신규고객, 기존고객들과의 모든 접점에 대해 먼저 생각하고, 이 모든 접점에 대한 관리가 가능하도록 준비가 될 때까지는 브랜드 캠페인을 착수하면 안 된다.

(8) 파트너와 함께(Co-Branding, 성분브랜딩)

파트너에 의존하는 브랜딩 전략의 유형으로 Co-Branding이 있는데, 이는 두 기업이 하나의 제공물을 동시에 브랜드화하는 것이다. 'United Airlines Visa Card' 또는 '대한항공 Skypass Visa Card' 등과 같이 항공사들이 신용카드사와 공동브랜드를 사용하는 것이 공동 브랜딩의 사례이다. 이러한 공동 브랜드는 시너지를 위한 것이다. 즉, 두 기업의 브랜드를 함께 사용할 때 단일 브랜드로 사용하는 경우보다 브랜드 가치가 더 강력하다는 것이다. 인텔(Intel)은 이러한 전략을 변화시켜 최종 소비재에 사용되는 부품의 브랜드 정체성을 창안하는 아이디어를 만들어냈다. 이는 **성분브랜딩**(Ingredient Branding)이며 하이테크 창업기업에 유용한 전략으로 판단되어 더 자세하게 설명하겠다.

성분브랜딩 전략은 유통채널을 통해 최종 소비자들로부터 주문자 상표 부착 생산자(Original Equipment Manufactures: OEM)에게로 다시 수요를 도출하는 전략이다.

구성요소 혹은 부품의 공급자	→	OEM 제조사	→	소매상	→	소비자
인텔		휴렛패커드		CompUSA		고객

성분 브랜드 전략을 통해 부품 공급자들은 일반적으로 OEM 제조사들과 함께 광고에 부품(구성요소)을 포함시키는 조건으로 광고비용을 분담한다.

〈표 8-4〉에서 보는 바와 같이 성분 브랜딩은 OEM 고객이나 구성품 공급자들에게 장점과 단점이 있다. 성분브랜딩 전략에 의해 발생된 브랜드 인지도는 시장에서 경쟁우위를 만들어준다. 이는 최종소비자의 브랜드 선호도를 구축하고 경쟁을 막아내며 전문영역을 확고히 해준다. 그러나 이를 만들기 위한 공동광고비용이 매우 높을 수 있다. 더욱이 브랜딩 프로그램에 참여하는 OEM 기업이 제품/성능상에 문제를 일으키면 공급자의 명성으로 비롯된 **후광효과**(Halo Effect)는 흐려진다. 작은 규모의 OEM 기업의 관점에서 보면, 이러한 브랜딩 전략은 자사 브랜드에 대한 신뢰도를 구축하게 해주고, 시장에서 강력한 브랜드로 더 큰 경쟁력을 확보하게 도와준다.

〈표 8-4〉 성분 브랜딩의 장단점

분류	장점	단점
공급자	• 경쟁우위를 창출	• 비용이 많이 소요 • OEM 제품에 문제가 있는 경우 리스크 발생 • OEM 업체와의 갈등
대규모 OEM		• 차별화 역량 약화 • 공급자 제품에 문제가 있을 경우 리스크 발생 • 공동브랜드 중단 시 소비자는 제품의 품질을 의심 • 구성요소 공급자의 협력에 대한 염려
소규모 OEM	• 제품의 신뢰도를 제공받음 • 광고지원을 받음	• 공급자의 제품이 성능문제를 일으킬 경우의 위험

인텔인사이드 캠페인

미국 최대의 반도체 칩 생산업체인 인텔은 인텔 인사이드 캠페인을 통해 인텔 부품인 펜티엄이 컴퓨터 속에 들어있다는 것을 소비자들에게 인지시키는 작업을 진행하였다. 인텔은 컴퓨터 제조업체들이 인텔 인사이드 로고를 광고에 나타내면 광고비의 10%를 부담하는 조건과 컴퓨터 본체 외부와 박스 포장에 인텔 인사이드 로고를 인쇄하면 칩의 가격을 2~5% 할인해주는 조건을 내걸었으며 당시 전 세계의 1,600여 개 컴퓨터 제조업체들이 이 캠페인에 참여하였다. 물론 인텔은 인텔 칩을 사용함으로써 컴퓨터의 성능이 향상된다는 독자적 광고를 병행하였다. 캠페인 실시 결과 인텔의 인지도 수준이 1992년 22%에서 1994년 80%로 상승하였다. 인텔 인사이드 캠페인은 현재의 인텔을 있게 한 혁명적인 브랜드 마케팅이었다.

출처: 서상혁 역(2012), 『하이테크 혁신마케팅』.

소비트렌드 2

삼성경제연구소, "선진국 3대 소비트렌드"

글로벌 경제위기 이후 선진국에서는 긴축정책 등으로 저성장이 장기화되면서 소비 기반이 위축되고 핵심 소비층인 중산층 비중도 감소하고 있다. 여기에 고령화와 기술혁신 경쟁 등이 가세하면서 선진국 소비시장에 나타나는 트렌드를 경제 및 소비 환경 변화와 연계하며 살펴보면 다음과 같다.

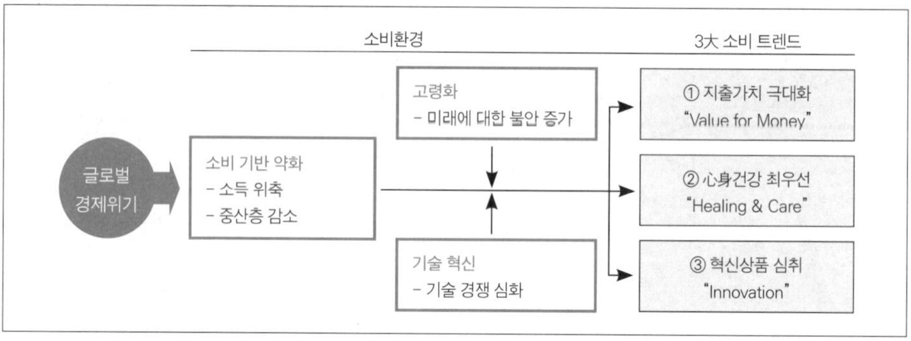

첫째는 '지출가치(Value for Money) 극대화' 현상으로 소득 위축과 미래에 대한 불안으로 절약 성향이 높아진 가운데 지출가치를 극대화하려는 소비행태가 되는 것을 가리킨다. 기본기능에 충실하면서 가격도 합리적인 제품을 선호하고, 구매비용 절감을 위해 오프라인 매장에서 제품을 체험한 후 막상 구매는 가격이 낮은 온라인 등의 저가 채널에서 하는 쇼루밍(Showrooming) 현상이 이에 해당한다. 이로 인해 유통점의 쇼룸(showroom)화 현상이 증가하고 있다.

둘째는 '심신건강 최우선(Healing & Care)' 경향이다. 고령화 등으로 건강을 중시하는 성향이 커지면서 선진국 소비자는 의료서비스의 가격보다 질을 더 우선시한다. 이에 따라 소득 위축에도 불구하고 의료 및 보건에 대한 지출 비중은 크게 늘었다. 또한 심리적, 경제적 이유로 가족중심의 생활이 확산되고, 스트레스와 불안에 지친 마음을 치유할 수 있는 '힐링'에 대한 관심이 높아졌다. 그로 인하여 가정의 중요성을 재인식하여 가족, 안정, 평안 등 정신적 만족과 관련된 가치에 더 큰 의미를 부여하고 있다. 또한 경제적 어려움으로 부모형제 등과 같이 거주하는 다세대 가구가 증가하면서 관련 서비스 및 제품에 대한 수요가 확대되고 있다.

셋째는 '혁신(Innovation)상품 심취' 현상으로 내구재에 대한 지출은 줄었지만, 휴대폰, TV 등 기술혁신이 빠르게 진행되고 있는 제품에 대한 지출은 지속적으로 증가하는 것을 칭한다. 가정에 머무는 시간이 길어지는 '코쿠닝(Cocooning)' 현상 확산이 기술혁신과 맞물리면서 가정에서 즐길 수 있는 제품의 매출이 증가하고 있다. 또한 스마트폰 등 일부 전자제품에 대한 소비자들의 인식이 선택적 소비재에서 필수재로 전환되면서 수요가 지속적으로 증가할 전망이다.

출처: 삼성경제연구소 CEO Information(제888호), 2013. 3. 20.

참고문헌

강시철 외(2014), 『핸디캡 마케팅』, 지식공감.

김성영(2013), 『마케팅 관리론』, 한국방송통신대학교.

박치관 외 역(2003), 『이노비즈 마케팅』, 북코리아.

박찬수(2014), 『마케팅 원리 제5판』, 법문사.

박흥수 · 하영원 · 강성원(2009), 『신제품 마케팅 전략』, 박영사.

박희라 역(2009), 『Startup 게릴라 마케팅』, 비즈니스북스.

서상혁(2010), 『창업마케팅: 벤처 및 하이테크 창업마케팅을 위한 원리와 실제』, 두남.

서상혁 역(2012), 『하이테크 혁신마케팅』, 경문사.

안광호 · 하영원 · 박흥수(2013), 『마케팅원론 제5판』, 학현사.

안광호 · 유창조 · 전승우 역(2012), 『Kotler의 마케팅원리』, 피어슨에듀케이션코리아.

Dhruv Grewal, Michael Levy(2010), *Marketing, 2nd Edition*, McGraw-Hill Comapnies,Inc.

Frederick G. Crane(2013), *Marketing for Entrepreneurs: Concepts and Application for New Ventures, 2nd* Edition, SAGE Publications, Inc.

Jerome A. Katz, and Richard P. Green(2009), *Entrepreneurial Small Business*, McGraw-Hill Comapnies,Inc.

Kotler, Phillip and Keller Kevin(2012), *Marketing Management*, Prentice Hall.

Marc H. Meyer, and Frederick G. Crane(2014), *New Venture Creation: An Innovator's Guide to Entrepreneurship, 2nd Edition*, SAGE Publications, Inc.

Peter Hingston(2001), *Small Business Guides – Effective Marketing*, A Dorling Kindersley Book.

Robert A. Baron, and Scott A, Shane(2008), *Entrepreneurship: a process perspective, 2nd Edition* , THOMSON SOUTH-WESTERN.

Zeithaml, Valarie A.(1981), "How Consumer Evaluation Processes Differ between Goods and Services", in *Marketing of Services*, ed. James H. Donnelly and William R. George, American Marketing Association, 1981.

인터브랜드 홈페이지, <http://www.bestglobalbrands.com/2014/ranking>

9장
창업기업의 가격전략

창업마케팅 전략 중 가격전략 결정은 가장 어렵고도 중요한 사항이라 할 수 있다. 가격은 소비자들의 구매결정과정에서 가장 중요하게 생각하는 요소 중 하나이기도 하지만 마케팅 믹스 요소 중 기업이익을 창출하는 유일한 요소이기 때문이다. 여기서는 창업기업이 가격전략을 수립할 때 고려해야 할 사항과 가격 책정의 방법 그리고 창업기업에 유용한 가격전략을 알아보도록 하겠다. 따라서 이 장은 다음과 같이 구성된다.

- 가격의 특성과 가격결정시 고려요인
- 가격결정 전략
- 창업기업에 유용한 가격전략

Ⅰ 창업마케팅의 개요

Ⅱ 창업기업의 사업기회평가

Ⅲ 신제품 출시전략

Ⅳ 창업을 위한 STP전략

Ⅴ 창업마케팅 실행

Ⅵ 하이테크/창업기업 특화 마케팅

1. 가격의 특성과 가격결정 시 고려요인

1) 가격의 특성

가격이란 화폐액으로 표시된 상품 및 서비스의 효용 및 가치로서 구매자가 판매자에게 지불하는 상품 및 서비스의 대가를 의미한다. 따라서 가격은 기업의 이윤추구를 촉진하는 방향과 더불어 소비자의 지불능력 그리고 지불의사에 상응하여 결정되어야 하는 이중 구조적인 특징을 갖는다. 이러한 면에서 볼 때 가격은 소비자의 욕구와 필요를 충족시킨다는 전제 하에 기업의 마케팅 목표를 달성시키는 수단으로 다루어져야 할 것이다.

가격은 다른 마케팅 믹스 요소들과는 달리 쉽게 변경할 수 있다. 그러나 가격 그 자체는 쉽게 변경할 수 있지만 가격 이미지는 쉽게 바꿀 수 없다는 특징이 있다는 점을 기억해야 한다.

2) 가격결정을 할 때 고려해야 할 요인들

어떤 상품의 가격을 결정할 때 고려해야 하는 요인은 〈그림 9-1〉과 같이 다음 세 가지로 생각해 볼 수 있다. 기업의 마케팅 목표와 원가, 경쟁자의 원가와 가격 그리고 고객의 심리와 행동이 그것이다.

(1) 기업의 마케팅 목표와 원가

① 기업의 마케팅 목표

가격결정은 **가격 목표**를 결정하는 것에서 출발한다. 또한 가격 목표는 해당 상품의 **마케팅 목표 및 포지셔닝과 일관성**이 있어야 한다. 해당 상품의 마케팅 목표가 **성장목표**

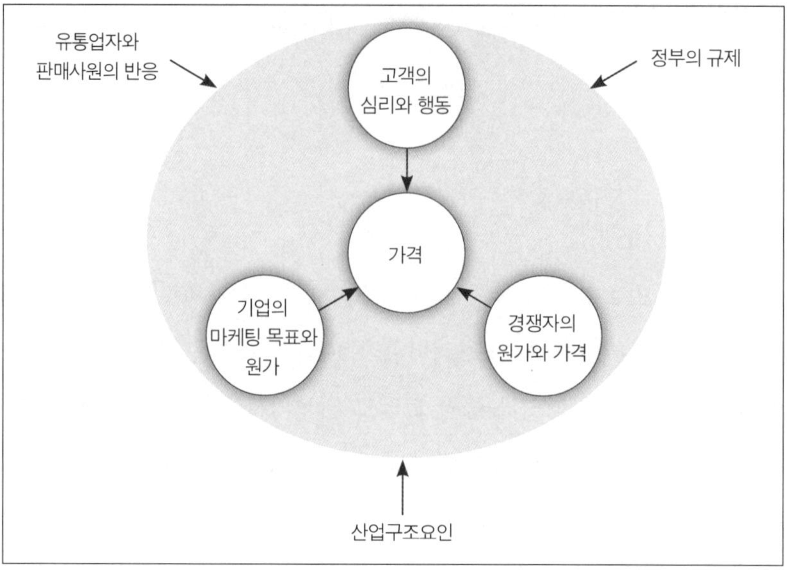

〈그림 9-1〉 가격결정시 고려 요인

출처: 박찬수(2014), 『마케팅 원리』.

(매출증대)라면 가격은 이를 달성하기 위한 방향으로 낮게 책정될 것이다. 또한 상품의 마케팅 목표가 **수확목표**(이익증대)라면 가격은 상대적으로 높은 수준으로 책정되어야 할 것이다.

② 원가

마케팅 목표 못지않게 가격 책정에 영향을 주는 요소는 **원가**이다. 기업이 제품을 생산할 때 발생하는 원가는 크게 변동비와 고정비로 구성되는데 생산량이나 판매량에 비례하여 변동하는 원가를 **변동비**라 하며 이와 무관한 원가를 **고정비**라고 부른다. 예를 들어 볼펜을 만드는 데 들어가는 재료비, 생산라인 근무자들의 인건비 등이 변동비에 해당하며, 볼펜을 만드는 회사의 사무실 임대료, 광고비 등은 고정비에 속한다.

변동비, 고정비와 밀접하게 관계된 개념으로 **손익분기점**(Break even point)이 있다. 손익분기점이란 **총원가를 커버할 수 있는 판매량 혹은 매출액**을 말한다. 즉 총매출액이 총원가와 같아져서 수익도 손해도 발생하지 않는 판매량 혹은 매출액이 손익분기점이다.

만약 변화에 따른 매출량을 추정할 수 있다면 최대 이익을 실현해줄 가격을 책정할

〈표 9-1〉 가격 변화에 따른 매출량 추정

단위가격	매출량(개)	수 입	비 용	공헌이익
1,000	600	600,000	600,000	0
1,500	500	750,000	500,000	250,000
2,000(초기)	400	800,000	400,000	400,000
2,500	350	875,000	350,000	525,000
3,000(최고수입)	300	900,000	300,000	600,000
3,500(최고이익)	250	875,000	250,000	625,000
4,000	200	800,000	200,000	600,000
5,000	100	500,000	100,000	400,000

수 있을 것이다. 다음 〈표 9-1〉에서 볼 수 있듯이 최고의 수입을 가져다주는 가격(3,000원)이 최저 가격은 아니며 공헌이익의 실현을 기준으로 보아야 한다. **공헌이익이란 고정비를 커버하고 이익을 실현하는 데 기여하였다는 의미이다.**

〈표 9-1〉에서 초기에는 2,000원으로 하여 수입이 800,000원이고 공헌이익은 400,000원 이었으나 가격이 3,000원으로 인상된다면 매출액은 100개 감소하고 수입은 900,000원으로 증가하며 비용은 300,000원으로 감소한다. 따라서 이 경우 공헌이익이 600,000원이 된다. 단위가격이 3,500원이라면 매출량은 250개 줄고 수입도 875,000원으로 줄지만 비용이 250,000원이 되어 공헌이익이 625,000원이 된다.

가격결정 전략을 주로 자체적 원가구조(예: 마진, 원가 대비 가격, 목표이익법 등)에 기초하여 결정하는 기업은 시장요소가 수익성에 주는 영향을 파악하지 못하는 경우가 많다. 가격결정과 수익성에 영향을 미치는 시장요소(경쟁 및 수요)를 간과한다는 것은 하이테크 시장에서 치명적인 실수이다.

(2) 경쟁자의 원가와 가격

경쟁상품들의 가격은 구매자들이 **준거가격**(Reference price)을 형성하는 데 많은 영향을 준다. 예를 들어, 대부분의 경쟁상품의 가격이 1만 원일 때 우리 기업의 상품 가격을 2만

원으로 책정한다면 아무리 우리 상품이 뛰어난 효익을 제공한다 하더라도 판매는 저조할 것이다. 그러나 경쟁상품이 대부분 1만 원에 판매된다고 해서 구매자들이 1만 원 이상은 절대 더 지불하지 않을 것이라고 생각하는 것은 잘못이다.

기업은 경쟁상대가 가격결정을 먼저 하게 한 후 시장에서의 원하는 위치를 고려하여 경쟁사보다 더 낮은 가격, 같은 가격, 혹은 높은 가격으로 책정할 수 있다. 예컨대 Dell이 낮은 가격의 리더로 자리 잡을 동안 Apple은 획기적인 제품과 프리미엄 가격으로 차별화하였다.

(3) 고객의 심리와 행동

다른 모든 마케팅 믹스 요소들과 마찬가지로 가격을 결정하기 전에 표적 시장 고객들이 갖고 있는 가격과 관련된 고객의 심리와 행동을 이해하는 것이 필요하다. 고객의 심리와 행동을 이해하는 데 필요한 개념에는 다음과 같은 것들이 있다.

① 준거가격

준거가격(Reference price)이란 구매자가 그 상품의 가격이 싼지 비싼지를 판단하는 기준이 되는 가격을 말한다. 이는 고객의 사전 경험과 현재 구매환경을 기초로 형성된다. 하지만 교체구매주기가 길고 내구성이 있는 기술제품의 경우 이전 구매에 대한 정보는 중요한 기준점이 될 수 없다. 그 대신에 현재 경쟁자들의 가격에 기초를 둔 준거가격이 더 적합하다. 또한 기술내구성제품의 준거가격은 핵심 부품의 원가에 대한 고객들의 인식, 사용자 기반의 예상 규모에 대한 추측, 보완재의 가용성(Availability) 및 거시경제학적 조건과 가격동향 등에 의해 영향을 받는다.

② 유보가격

유보가격(Reservation price)이란 구매자가 어떤 상품에 대해 지불할 용의가 있는 최고가격을 말한다. 즉 어떤 상품이 유보가격 이하면 구매를 하지만 이상이면 너무 비싸다고 생각하기 때문에 구매를 미루게 되는 가격을 말한다. 이 유보가격은 준거가격과 마찬가지로 구매자의 경험이나 정보에 의해 형성되기도 하지만 구매자 자신이 그 상품에 대해 주관적으로 느끼는 효익이나 지불능력에 의해 영향을 받기도 한다.

③ 최저 수용가격

상품의 가격이 낮을수록 구매자들이 무조건 좋아하는 것은 아니다. 어느 수준 이하로 가격이 내려가게 되면 그 상품 자체의 품질을 의심하여 구매를 주저하게 되는데 이 수준을 **최저수용가격**(Lowest acceptable price)이라 한다.

④ 로스 어버전

가격을 인하하면 판매량이 증가하고 가격을 인상하면 판매량이 줄어드는 것이 일반적이다. 그런데 어떤 상품을 30% 가격 인하한 경우와 30% 가격 인상한 경우를 살펴보면, 가격 인상의 경우에 판매량의 변화가 더 크게 나타난다는 것을 알 수 있다. 그 이유는 소비자들은 **가격 인상에 더 민감하게 반응**하기 때문이다. 예를 들어 30% 가격 인하를 실시한 경우 판매량이 30% 증가하였다면 30% 가격 인상을 단행하였을 때 판매량은 40% 감소할 수 있다,

이것을 **로스 어버전**(Loss aversion), 즉 손실회피라고 부르는데, 이는 물리적으로 같은 양이라도 이득보다는 손실에 더 민감하고 크게 반응하는 현상을 일컫는 용어이다. 이러한 소비자의 심리는 기업의 가격 책정 및 가격 인상과 관련해서 매우 중요한 의미를 갖는다. 상품의 가격을 처음에 너무 낮게 책정해 놓으면 나중에 가격을 높이는 것이 매우 어렵다는 점을 기억해야 하며, 가격 인상을 실시하기 전에, 가격을 올리지 않고도 가격 인상의 효과를 주는 방법, 예를 들어, 부가 서비스의 중단, 포장 용량 변경 등을 먼저 시도해 보는 것이 바람직하다고 하겠다.

2. 가격결정 전략

1) 기본적인 가격결정 방법

일반적으로 창업기업들이 가격을 결정하는 방법은 ① **원가기준법**(판매자 이윤 중심), ② **경쟁자 대응 방식**, ③ **소비자 사용가치 중심법** 등 세 가지이다. 판매자 이윤 중심의 경우 원가에 일정마진을 추가하는 방식인데 이때 마진은 해당 산업의 표준 또는 이익목표에 따른다. 경쟁자 대응 방식은 경쟁자들에 대응하여 가격을 책정하는 방법이다. 소비자 사용가치 중심법이란 고객의 지각된 가치를 기준으로 가격을 책정하는 방법을 말한다.

〈표 9-2〉 창업기업의 가격결정 방법

원가기준법	원가에 일정 마진(이윤)을 추가하는 방법으로 이때 이윤은 업계의 관례가 되는 마진율 혹은 자사 마케팅 목표에 따름
경쟁대응	경쟁자의 가격에 대응하여 가격을 책정하는 방법
소비자 사용 가치 중심	준거상품 대신 우리 상품을 사용함으로써 얻게 되는 효익의 증가분을 화폐 단위로 계산하여 책정하는 방법

(1) 원가기준법(Cost-plus pricing 혹은 Markup pricing)

원가기준법이란 상품의 원가에 **일정 비율의 이익**(Markup)을 더하여 가격을 결정하는 방식이다. 이 방법은 변동비와 고정비에 과거 실적 또는 업계의 관례가 되는 일정한 마진율 혹은 마크업 율을 곱해서 가격을 결정하는 방법이다.

예를 들어 USB 제조업자가 다음과 같은 원가로 예상판매량을 산정했다고 가정하여 원가기준법에 의한 가격결정에 대해 설명해 보도록 하겠다.

단위당 변동비: 10,000원

고정비: 200,000,000원

예상 판매량: 500,000대

이 경우, 제조업체의 **단위당 원가**는 다음과 같이 산출한다.

단위당 원가 = 단위당 변동비 + 고정비/판매량

= 10,000 + 200,000,000/500,000 = 10,400원

여기에 제조업자가 20%의 마진율을 원한다고 할 때, 제조업자의 원가기준법에 의해 책정된 USB의 단가는 다음과 같다.

단위원가/(1-예상판매수익률) = 10,400 /(1-0.2) = 13,000원

따라서 이 제조업체는 USB를 개당 13,000원에 판매해 2,600원의 이득을 취한다.

여기에 중간 유통업체도 마진을 붙일 것이다. 유통업체가 판매가에 50%의 마진율을 부과하면 USB는 26,000원이 되는데 이 가격의 원가 마진율은 100%가 되는 것이다.

원가기준법은 다음과 같은 **장점**을 가지고 있다 .

- 매우 간단하고 편리하다.
- 수요예측이 되지 않더라도 일정한 이익을 확보할 수 있다.
- 가격의 안정을 꽤할 수 있다.
- 피상적인 수요에 의해서보다 비용에 의해 가격을 결정하기 때문에 적정이윤을 유지할 수 있다.

반면 다음과 같은 **단점**이 있다.

- 경쟁기업의 행동과 수요의 변화를 무시한다.
- 판매량에 영향을 미치는 가격이 능동적으로 고려되지 않고, 가격은 오로지 총비용에 의해 좌우되는데 총비용은 역으로 판매 수준에 의해서 결정되고 있다는 모순을 내포한다.
- 따라서 판매량이 증가되지 않을 때에는 일정한 이익을 보장하기 위해서 가격인상을 실시하기 쉽다.

(2) 경쟁 대응법

자사상품과 경쟁관계에 놓인 상품이 시장에서 판매되고 있다면 경쟁력이 강한 기업이 아닌 이상 이것을 무시하고 독자적인 가격을 결정하기란 어렵다. 경쟁력이 약한 기업의 상품 가격은 경쟁력이 강한 기업 상품의 가격을 모방하는 것이 보통이다. 즉, **경쟁기업의 가격을 기준으로** 삼아, 그 기업의 제품, 시장구조, 기타 비가격적인 특징을 자사의 것과 비교하면서 때로는 경쟁사 상품보다 조금 낮은 가격을 책정하기도 하고 때로는 조금 높은 가격을 책정하기도 한다. 이 방법은 가격 경쟁을 피할 수 있다는 장점을 가진 반면 소비자 측면을 전혀 고려하지 않고 있다는 단점을 지니고 있다.

(3) 소비자 사용가치 중심법

소비자 사용가치 중심법에 의한 가격 책정은 **고객이 지각한 가치**를 기준으로 가격을 결정하는 방법을 말하다. 소비자 사용가치 중심법에 의한 가격 책정은 〈그림 9-2〉와 같

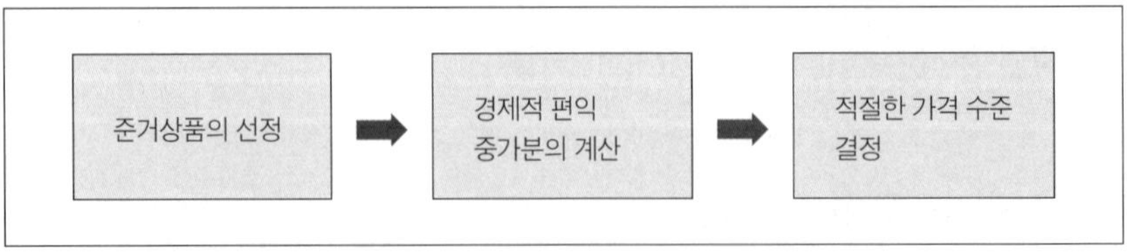

〈그림 9-2〉 소비자 사용가치 중심법에 의한 가격책정 과정

출처: 박찬수(2014), 『마케팅원리』.

은 절차를 거친다.

우선 자사의 상품과 비교의 기준이 될 준거상품을 선정한다. 이것은 대부분 고객이 기존에 사용하고 있는 상품이거나 경쟁사의 상품이 된다. 그 다음 준거상품 대신 우리 상품을 사용함으로써 고객이 얻게 될 경제적인 효익의 증가분을 화폐단위로 제시한다. 마지막으로 이 값이 0보다 크다는 것을 전제로 적절한 가격 수준을 결정한다. 이 가격의 상한선은 준거상품가격+ 경제적 편익의 증가분이 될 것이고 하한선은 준거상품의 가격이 될 것이다.

고객이 지각한 가치를 측정하는 방법에는 여러 가지가 있으나 **산업재의 경우**에는 **베타테스트**(Beta test)나 산업공학적인 방법이 쓰이고 있으며, **소비재의 경우**에는 **설문조사**나 **컨조인트분석**(Conjoint analysis)과 같은 마케팅 조사 방법이 이용된다.

소비자 가치 중심법은 고객의 관점에서 출발하지만 경쟁상품의 특성과 자사의 원가를 모두 고려한다는 점에서 앞서 설명한 두 방법의 단점을 많이 보완하고 있으며 실제로 점점 더 많은 기업이 이 방법을 도입하여 사용하고 있다.

마케팅 사례

바디프랜드, '렌털(rental·빌려 쓰는) 안마의자'로 돌풍… 국내市場 절반 휩쓸어

3일 오전 서울 강남구 역삼동 바디프랜드 본사 연구실에는 10여 명의 남녀 연구원들이 뒤엉켜 안마의자 부품과 디자인을 놓고 씨름하고 있었다. 바디프렌드는 일본 파나소닉(Panasonic), 싱가포르의 오씸(OSIM)은 물론이고, LG전자·동양매직과 같은 쟁쟁한 글로벌 기업들을 제치고 국내 안마의자 시장의 50% 정도를 차지하는 압도적인 1위 업체이다. 2007년 사업을 시작해 전체 직원이 200여 명에 불과한 이 작은 기업이 어떻게 IT·헬스케어 분야 초거대 기업을 누르고 승승장구할까.

안마의자에 렌털 개념 도입

바디프랜드는 국내 안마의자 시장의 개념을 바꾸어놓았다. 안마의자의 단점은 가격이 비싸다는 것. 파나소닉, 오씸 등 대표적인 안마의자 브랜드의 경우 한 대당 가격이 수백만에서 1,000만 원대까지 달한다. 일반 소비자들이 선뜻 구입하기에는 부담스러운 가격이다. 그나마 바디프랜드의 안마의자는 최고가 제품 가격이 400만 원대이지만, 폭넓게 소비자들을 끌어들일 수 있는 가격은 아니었다.

가격 문턱이 높았던 탓인지 매출이 기대에 못 미쳤다. 그런 상황에서 2010년 바디프랜드는 파격적인 시도를 했다. 안마의자 시장에 정수기 판매와 같은 '렌털(rental·대여)' 시스템을 도입한 것이다. 이 회사 박상현(39) 재무이사는 "일단 써보면 모두가 매력을 느끼는 상품이지만 사치품이라는 이미지가 있고 가격이 비싸 부담을 느끼는 사람이 많았다"며 "안마의자에 대한 벽을 깨기 위해 렌털 시스템을 도입했다"고 말했다. 한 달에 4만 9,500원씩 37개월로 나눠 내고, 이 기간이 지나면 사용자에게 소유권을 이전하는 방식이었다.

효과는 대단했다. 2009년 50억 원이었던 매출이 렌털을 도입한 2010년엔 5,600대 판매고를 올리며 150억 원으로 뛰었다. 이후 실적도 매년 100%를 넘나드는 급성장세를 이어가며 지난해에는 약 800억 원의 실적을 올린 것으로 잠정 집계됐다. 현재는 렌털 고객만 8만 5,000명에 달하며 이들로부터 매월 45억 원의 수입을 올리고 있다.

바디프랜드의 '돌풍'에 다른 업체들도 속속 렌털 시장에 뛰어들기 시작했다. 판매 방식만 고수하던 LG전자와 동양매직 등 대기업도 렌털사업에 뛰어 들었다. 업계에 따르면 현재 국내 안마의자 시장에서 약 90%가 렌털 방식 판매로 전환되었다. 바디프랜드가 국내 안마의자 시장의 판을 바꾸면서 대중적인 소비 시대를 연 것이다.

출처: 조선닷컴, 2014년 2월 4일자, 심현정 기자.

2) 가격결정 절차

기업에서 가격을 결정하는 일반적인 절차는 〈그림 9-3〉과 같이 도식화할 수 있다. 이는 창업기업의 경우에도 크게 다르지 않다.

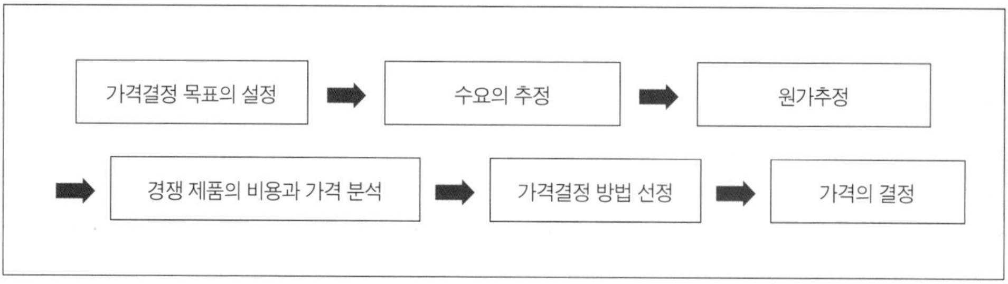

〈그림 9-3〉 가격결정의 일반적인 절차

출처: Kotler, Philip and Keller, Kevin Lane(2006), Marketing Management.

① 가격결정 목표설정

앞부분에서도 언급했지만 가격목표에 따라 가격전략이 달라지기 때문에 **가격목표**를 설정하는 일은 가장 우선적으로 실행되어야 한다. 이때 가격목표는 기업의 존속(극심한 경쟁, 불경기, 유동성위기 등), 단기이익 극대화, 시장점유율 제고, 초기이익 극대화, 품질선도 등으로 설정할 수 있다. 이러한 목표에 따라 다음의 예와 같이 가격을 결정할 수 있다.

- 시장점유율 제고: 침투가격전략
- 신제품 도입 후 초기이익 극대화: 초기 고가전략
- 제품품질 선도: 고가전략

② 수요추정

기업이 결정한 가격에 따라 상이한 수요가 발생하므로 어떤 가격을 책정하였는가는 그 기업의 마케팅 목표에 영향을 미치게 된다. **수요추정**이란 시장조사 및 수요예측을 통해 가격 변화에 따른 수요변화를 평가하는 것을 의미한다. 아울러 수요의 가격탄력성을 측정하여 가격에 반영한다. 예를 들어, 수요의 가격탄력성이 큰 상황에서는 저가격으로 수요를 대폭 증가시킬 수 있다.

③ 원가추정

원가의 추정은 상품의 개발, 제작, 판매에 이르는 모든 단계의 고정비와 변동비를 감안하여 실시한다. 생산량의 증가에 따라 평균비용이 감소하므로(규모의 경제) 상품 판매 가격과 원하는 마진을 미리 결정한 후 이에 따라 원가를 결정할 수도 있다.

④ 경쟁사의 원가, 가격, 제품 분석

시장수요와 기업의 원가에 의해 결정된 가격의 범위 내에서 기업은 경쟁 제품의 원가와 가격 그리고 이에 대한 소비자의 반응을 고려해야 한다. 경쟁사가 제공하지 못하는 고객 가치를 자사에서 제공하고 있다면 그 가치만큼 가격을 더 받을 수도 있으며, 반대로 경쟁사에서 우리가 제공하지 못하는 고객 가치를 제공하고 있다면 그 가치만큼 가격을 내려야 할 것이다. 여기서 한 가지 주의해야 할 점은 경쟁사도 우리의 가격에 반응해 가격을 변경할 수 있다는 사실이다.

⑤ 가격결정 방법 선정

앞서 살펴본 가격결정시 고려해야 3요소(<그림 9-1> 참조)를 파악했다면 이제 기업은 가격을 결정해야 한다. 자사의 원가를 중심으로 가격을 결정할 것인지, 경쟁 제품의 비용 및 가격 책정과 변화를 고려하여 자사상품의 가격을 결정할 것인지 아니면 고객이 지각하는 가치를 중심으로 가격을 결정할 것인지 선택한다. 때로는 이 중 두 개 이상의 방법들을 결합하여 가격을 결정하기도 한다. 이때, 자사의 원가는 가격의 하한선이 될 것이고, 경쟁 제품의 가격 및 원가는 가격을 결정하는 기준점이 될 것이며, 고객이 제품에서 지각하는 독특한 가치는 가격의 상한선을 정해 줄 것이다.

⑥ 가격의 결정

앞서 살펴본 가격결정 방법들은 최종적으로 가격 범위를 줄이려는 것이 그 목적이다. 위의 세 가지 가격결정 고려 요소 이외에도 기업은 기타 마케팅 활동, 기업의 가격결정 방침, 가격결정으로 인한 타 부서의 영향 등을 고려하여 최종적으로 가격을 결정하게 된다.

3. 창업기업에 유용한 가격전략

1) 제품 수명주기 중 초기 제품 가격결정

초기단계 가격결정은 매우 중요하다. 초기에 가격을 낮게 책정했다가 시장이 유리하게 변화했을 때 가격을 올리기 어렵기 때문이다. 소비자는 초기에 고가를 설정했다가 이를 인하하는 데에 대체로 만족하지만 반대로 초기에 저가전략을 사용했다가 나중에 인상할 경우 반감을 느낀다. 일단 고객은 신제품 가격을 접한 후에 발생할 수 있는 제품 재평가의 결과를 쉽게 받아들이지 않는다. 따라서 최초 가격을 합리적인 선에서 결정하는 것이 중요하다.

신제품의 경우 대다수가 위험을 기꺼이 받아들여야 하는 혁신적인 부분이 있으므로 초기의 고객은 이러한 위험을 감수하는 대가로 특별한 가격조건을 제시받고 싶어 한다. 그러나 제품 가격은 출시 후 정상적으로 공표한 정규가격에서 특별고객 할인이나 출시할인을 하는 것으로 구조화되어야 한다. 이 경우 시장 반응에 따라서 출시 할인수준과 할인기간을 조정함으로써 실제 판매 가격을 조정할 수 있는 여유를 가질 수 있다. 따라서 정규가격을 보유함으로써 시장의 불공정 시비가 없이 그 수준까지 가격을 인상하는 데 자유로울 수 있다. 대체로 제품 출시 이후 1년 간 초기 가격을 유지하는 것이 좋다.

〈그림 9-4〉는 인크 500대 기업이 제품의 초기 가격을 어떻게 결정하였는지에 관한 조사 결과를 보여주고 있으며, 〈그림 9-5〉는 현재는 어떻게 제품 가격을 책정하였는지에 대한 조사결과를 보여주고 있다.

위 두 그림이 나타내는 조사결과를 통해 인크 500대 기업에서는 초기에도 현재에도 고객의 지각된 가치를 중심으로 가격을 책정하고 있다는 것을 알 수 있다.

자사 제품에 대하여 고객이 인지하는 가치를 창업자가 얼마나 잘 관리하는가 하는 문제는 가격결정 관리와 밀접한 관련성을 가지고 있다. 제품가격은 고객이 제품을 인식하는 데 매우 중요하기 때문이다. 다음 미니백의 사례는 신제품의 지나친 저가 책정이 가치

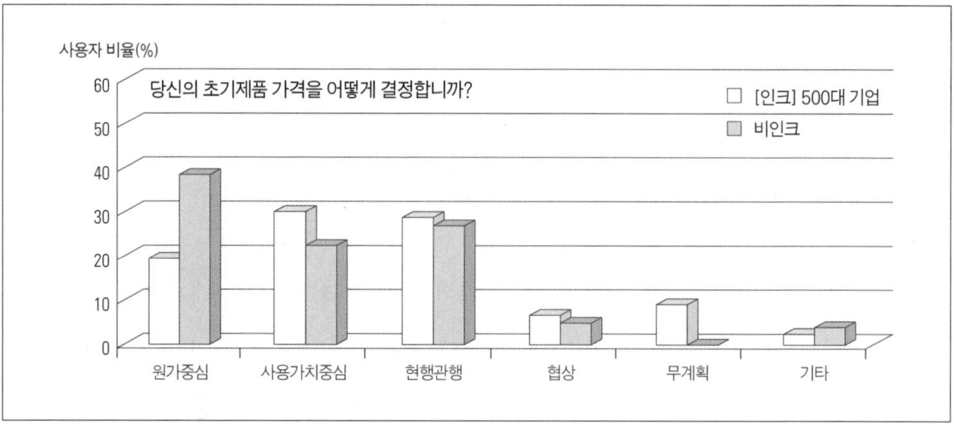

〈그림 9-4〉 기업의 초기제품 가격결정방법

출처: 박치관 외 역(2003), 『이노비즈 마케팅』.

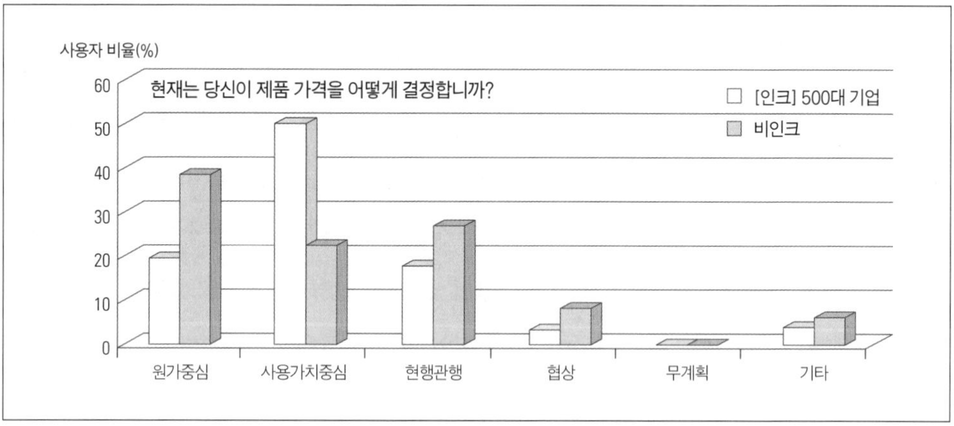

〈그림 9-5〉 현재 자사의 제품 가격결정방법

출처: 박치관 외 역(2003), 『이노비즈 마케팅』.

인식에 부정적인 영향을 미칠 수 있음을 보여준다.

미니백은 컴퓨터에서 연산이 어떻게 실행되는지 이해하는 것을 돕는 교육용 기기를 생산판매 했다. 이 제품에 대한 목표 시장은 가정취미생활자, 고등학교와 대학교, 컴퓨터 회사와 기술회사의 직원 교육용 기기로 설정했다. 그러나 컴퓨터 회사와 기술회사의 반응은 실망스럽게도 이 제품을 장난감으로 인식하고 있었다. 이에 따라 미니백은 79.95달러로 가격이 책정된 초기 제품 중 기업대상 제품을 특별히 업그레이드하고 가격을 470달러로 대폭 인상했다. 그러자 기업들이 적극적으로 구매하게 되었고, 기업을 대상으로 한 세분시장에서 제품에 대한 고객의 인식을 크게 변화시킬 수 있었다. 제품 신뢰성 확보라는 측면에서 가격이 매우 민감하게 작용한 것이다.

신제품 출시를 즈음하여 다양한 가격 조건별로 매출액이 어떻게 달라지는지 조사하는 것이 유용하다. 이는 판매시장 테스트와 판매 전 테스트로 구분할 수 있다.

(1) 판매시장 테스트

판매시장 테스트 방법은 각 가격 수준에서 매출액을 비교하는 것으로 대체로 선호되는 방식이다. 웹은 가장 효과적인 가격 테스트 수단이 될 수 있다. 인터넷 쇼핑을 통해 구매가 이루어지며 개인별로 자기 기호에 맞는 서로 다른 다양한 웹사이트를 접하기 때문이다. 웹은 즉각적인 고객 피드백, 대규모 표본 사이즈, 살아 있는 고객 반응 등을 제공하기 때문에 포커스 그룹을 이용한 방법이나 제한적인 다른 테스트 방법보다 훨씬 효율적이고 합리적인 업무를 수행할 수 있게 해준다. 이때 동일한 시장 내에 상이한 가격설정으로 소비자의 불신감 내지 부정적 구전이 야기되지 않도록 주의해야 한다. 예컨대 음악회 입장권이 좌석별, 구매시기별로 상이하게 판매가 되는 것처럼 근거가 제시되어야 한다.

(2) 판매 전 테스트

판매 전 테스트(Pre-test) 방법은 제품의 개념을 설명하는 내용 중에 가격에 대한 설명을 포함하는 것이다. **개념 테스트**(Concept test)는 동일한 제품 개념에 대하여 다양한 가격을 적용했을 때 발생할 수 있는 매출액의 상대적인 차이를 예측하는 데 가장 효과적인 수단이다. 예컨대 10% 가격 인하 시 매출은 20% 증가할 것 등의 예측을 가능하게 해준다.

개념 테스트(Concept test)란 앞에서 서술한 바와 같이 새로 출시할 신제품에 대하여 잠재고객이 제품 아이디어를 이해하고 있는지, 이 제품을 필요로 하고 있는지, 실제로 구매하여 사용할 의사가 있는지 등을 검토하는 조사기법을 말한다. 주요 목적은 개념 단계의 제품이 개발 및 생산 단계로 진행되어 실제로 자원을 투입하기 전에 고객의 반응을 사전에 파악하고 예측하기 위함이다. 만약 어떤 제품에 대한 개념 테스트를 할 때 네 가지 서로 다른 가격에 대한 고객의 반응을 파악하고자 한다면 응답자에게 제시되는 제품 개념의 설명서에 네 가지 가격 중 한 가지 가격을 제시할 것이다. 그러므로 응답자 입장에서 특정 가격이 제시될 가능성은 25%가 되며 응답자 네 명 대비 한 명 꼴로 동일한 가격을 제시받는다. 각 가격의 매출액 추정은 개념 테스트 추정방법에 따라 동일하게 계산될 수 있다. 여기서 중요한 것은 창업기업이 가격별로 추정한 수입 내용과 의미를 적절히 분석하는 것이다.

2) 하이테크 제품 가격 전략

(1) LISA(Local Integrated Software Architecture)의 예

애플컴퓨터가 대표 브랜드인 매킨토시 컴퓨터로 성공하기까지는 많은 우여곡절이 있었다. 애플컴퓨터가 벤처기업으로 처음 창업한 이후 진입했던 컴퓨터 시장에서 야심작 LISA(Local Integrated Software Architecture)를 출시했으나 실패하고 말았다. 이는 세계 최초로 마우스를 장착했으며 전 세계 컴퓨터의 표준이 된 GUI(Graphic User Interface)와 동시에 두 가지 이상의 작업을 처리할 수 있는 멀티태스킹(Multi-tasking) 운영체제를 갖추는 등 1983년 출시 당시 세계 최고의 기술을 갖춘 획기적인 컴퓨터였다. 더블클릭(Double click), 드래그 앤 드롭(Drag and Drop)과 같은 용어를 LISA를 통해 애플컴퓨터가 최초로 사용했다.

그러나 출시 1년 만인 1984년 1월, LISA는 단종됐다. 그 이유는 LISA컴퓨터 하드웨어 디자인을 마치고 소프트웨어를 개발하는 과정에서 통합오피스시스템(Lisa Write, Lisa List, Lisa Draw&Lisa Graphic, Lisa Project로 구성)이 플로피디스크 저장용량 이상을 필요로 했기 때문이다. 결국 LISA는 발표 시기를 맞추기 위해 애플3의 하드 드라이브를 LISA와 함께 사용하는 방법을 선택했다. LISA는 두 대의 내장된 플로피디스크와 외장 하드 드라이브가 하나 더 붙는 제품 변경에 따른 원가 상승 압박으로 인하여 1만 달러($10,000)에 가까운 매우 높은 판매 가격이 결정되었다.

애플의 LISA 사례는 출시 상품의 가격이 소비자가 느끼는 가치보다 커지면 성공할 수 없다는 교훈을 안겨줬다. 가격을 결정하는 것은 사려 깊은 통찰력을 필요로 한다. 소비자가 신제품에 대하여 얼마만큼의 가치를 느낄 것인지, 경쟁 제품이 언제 등장할 것인지, 그리고 그것이 어느 정도의 시장 대체효과를 가져올지는 예측하기 어렵다.

때에 따라서 경쟁 기업이 획기적인 제품 출시를 하거나 새롭게 탄생한 비즈니스 모델이 산업구조 자체에 큰 영향을 끼쳐 수익성을 악화시킬 수 있다. 또한 하이테크 상품은 시간에 따라 급격한 가격 변동을 보이는 것을 감안해야 하며 초기에 설정한 고가정책은 고객기반을 조성하기가 어려운 반면에 초기 가격을 낮게 결정하면 품질에 대한 고객의 의심과 추가적인 가격 인하 부담이 불리하게 작용할 수 있는 가격의 딜레마를 극복해야 한다.

(2) 첨단기술제품 가격책정의 전략적 의미

하이테크 제품은 첨단기술의 변화에 따라 가격 변동이 자주 일어난다. 따라서 첨단 상품은 가격의 **동태적**(Dynamic)**관리**가 필수적이다. 시장의 성장 확대가 어느 정도 정리되는 단계에 도달하면 기술의 범용화가 신속하게 진행된다. 범용화는 가격이 **한계원가**(Marginal cost)에 도달할 때까지 첨단제품의 가격을 추락시킬 수 있다. 성숙기 가격전략에 있어서 지속가능한 원가 경쟁력을 누가 먼저 확보하느냐가 매우 중요한 전략적 관건이 된다. 또한 하이테크 시장에서는 가격 전쟁이 보편화되고 있다. 기술 관련 제품은 대부분 연구개발 투자에 막대한 자금을 필요로 한다. 따라서 최초 단위 생산원가가 매우 높다. 그러나 두 번째 생산부터는 단위 생산원가가 급격히 낮아진다. 따라서 디지털 콘텐츠 상품의 경우 단위 생산원가를 기준으로 가격을 내릴 수 있는 여지가 많다.

3) 지적 재산의 가격결정

특허 프로그램 등 지적 재산의 가격결정은 가장 어려운 일 중의 하나이다. 특히 자산의 무형성이 높은 하이테크 산업의 경우 마진의 비중이 점차 높아가고 있다. 지적 재산은 인터넷에서 전혀 비용을 들이지 않고 복사할 수 있다. 오프라인에서 거래하는 유형의 제품 가격은 생산원가에 따라 결정되는데 여기에는 생산과정에 투입된 원재료비와 공정원가는 물론 지적 재산의 감가상각비까지 포함된다. 제품 가격에서 마진이 차지하는 비중은 신제품의 경우 판매 가격의 60%에서 80%에 이른다. 월스트리트 저널의 온라인 판은 지적 재산에 대한 가격 정책을 성공시킨 경우다. 온라인 저널은 보통 인터넷 상에서 구독료의 형식으로 가격을 부과하는데, 이 서비스 연간구독료는 오프라인 신문을 구독하지 않으면 69.95달러이며 신문 구독자에게는 훨씬 낮은 구독료가 제시되고 있다.

4) 가격조정 전략

기업들은 앞에서 서술한 가격결정 원리를 기초로 하여 가격을 책정하지만 시장의 수요 및 제반환경까지 고려하여 가격결정구조를 세운다. 여기에는 다음과 같이 할인, 공제 및 촉진적 지원 등이 포함된다.

- 수량할인: 여러 개 구입 시 가격할인
- 소비자지각 가치수준: 소비자가 지각하는 가치에 따라 최적 가격결정
- 의도적 고가격: 가격과 품질의 연상을 이용하여 의도적으로 고가결정
  예: Premium brand 가격
- 로스리더(Loss leader): 이미지 개선과 타 제품판매를 위하여 특정 제품을 원가 혹은 원가 이하로 판매
- 단수가격(Odd pricing): 가격을 낮게 인식시키고자 단수가격 책정

- 장기계약할인 : 기간에 따라 할인가격 조정
- 보상판매(Trade in allowance): 고객이 보유 중인 기존 제품을 구입해주고 가격에서 차감(보상가격)
- 가격선(Price line): 고객이 받아들일 수 있는 가격대를 조사하여 그 범주 내에서 책정

5) 스키밍 가격과 침투가격

제품의 시장 도입기에 고가격을 책정하는 방식이 **스키밍 가격결정**(Skimming pricing)이고 반대로 초기에 낮은 가격으로 단기간 내에 시장에 교두보를 형성하는 전략을 **침투가격 방식**(Penetration pricing)이라 부른다. 두 방법의 요건에 관해서 요약하면 다음과 같다.

〈표 9-3〉 스키밍 가격과 침투가격 비교

스키밍 가격전략	침투 가격전략
• 가격이 높더라도 당분간 경쟁자의 진입 가능성이 낮을 때 • 가격 민감도가 낮고 제품의 혁신성이 높아 가격이 비싸더라도 구매하려는 고객이 있을 때 • 가격-품질 연상 효과가 높을 때	• 고객의 가격 민감도가 높을 때, 즉 저가격으로 시장 침투가 촉진된다고 판단될 때 • 경험 곡선 효과가 높아서 생산 경험이 축적될수록 원가가 하락될 때 • 저가 공급으로 인해 경쟁사의 시장 진입이 지연될 수 있을 때

6) 버저닝 전략

버저닝(Versioning) 전략이란 정보 혹은 디지털 콘텐츠에 대한 소비자의 가치인식에 따라 세분시장별로 제품과 가격을 달리하는 가격전략으로 개인별, 용도별, 성능별로 차별화 된 버전으로 구성된 제품을 다른 가격으로 판매한다. 신제품의 버전을 달리하면서 가격책정을 변화시키는 가격 차별화의 한 형태이다.

하이테크 제품의 경우 신제품의 성능에 따라 여러 버전으로 만들어 가격을 달리 책

정하는 것이 자연스러운 일이다. 사용자의 능력에 따라 여러 종류의 UI, 즉 사용자 인터페이스(User interface)를 제공하는 것도 한 방법이다. 또한 음질이나 화질, 선명도에 따른 버저닝, 용도에 한계를 두는 버저닝 등 다양한 방식이 있다. 버저닝 전략에서 유의할 점은 버전 간 **자기잠식**(Cannibalization)의 우려가 있다는 점이다. 즉, 유사한 상품 간 대체와 갈등의 가능성이 있는 것이다. 아울러 버전의 개수를 설정 시 제품 및 사용자의 특성을 잘 분석해야 한다는 점도 유념해야 한다.

7) 번들링 전략

번들링(Bundling) **전략**이란 둘 이상의 상품을 하나로 묶어서 패키지화하여 제공하는 가격 전략을 말한다. 컴퓨터 구입시 하드웨어와 소프트웨어가 함께 필요하므로 이를 한데 묶어 번들링 가격을 설정한다. 고객의 입장에서는 별도로 구매하는 것보다 번들링된 가격으로 구매하는 것을 선호할 수 있다. 인터넷 포탈은 이메일, 검색, 엔터테인먼트가 번들링된 것이며, 홈시어터 시스템은 TV와 AV기기 등이 번들링된 제품이다.

번들링된 제품은 성능향상이나 부피감소 등 추가적인 효용으로 가격이 더 높아질 수 있다. 특히 첨단 기술제품의 경우 소비자에게 부과되는 전환 비용으로 인해 소비자를 묶어두는(Lock-in) 효과를 거둘 수도 있다.

소비트렌드 3

한경매거진, "2015 소비시장 핫 트렌드 10가지"

전문가들은 올해 크고 화려하지는 않지만 묵묵히 제 갈 길을 가는 양처럼 소비 트렌드에서도 '평범 속의 럭셔리', '다양하고 풍성한 감각', '일상적 과시' 등의 키워드가 부상할 것으로 내다본다. 한경비즈니스는 최신 트렌드 서적과 연구소 경제 전망 보고서, 전문가 의견에서 공통적으로 등장하는 키워드를 뽑아 올한 해 주목할 만한 트렌드 10개를 다음과 같이 선정하였다.

1. 일상의 평범함이 뜬다

올해 소비자들의 큰 흐름은 평범하고 일상적인 작은 행복에 대한 주목으로 전망된다. 최근 인기를 누린 드라마 '미생', 영화 '국제시장'은 평범함 속 위대함을 조명했고, 패션계의 핫 키워드로 등극한 '놈코어'가 거리 패션을 바꾸고 있다. 놈코어는 차별화가 아닌 평범함을 추구하는 패션이다. 미국에서 시작돼 전 세계적인 반향을 일으키고 있는 잡지 '킨포크'는 작가·화가·농부·사진작가 등이 모여 텃밭을 가꾸고 음식을 나눠 먹고 조리법을 공유하며 느긋한 삶을 추구하는 이야기를 담고 있어 소박하지만 럭셔리한 삶의 양상으로 여유와 우아함의 가치를 만들어 내고 있다.

2. '결정 장애'에 빠진 소비자, 큐레이션이 진화한다

소비자 입장에서 보면 선택의 폭이 넓고 제품이 다양하며 구매 채널 또한 확대되는 것이 긍정적으로 작용하기도 하지만 반면에 정보 과잉으로 인하여 쉽게 선택을 하지 못하고 머뭇거리고 혼란에 빠지는 것도 현실이다. 따라서 이런 소비자를 지원하는 방향으로 소비 시장의 변화가 생겨나게 된다. 특히 좁은 스마트폰 화면 속에서 소비자가 느끼는 피로도를 줄여주는 '추천' 상품이 각광 받을 것으로 보인다. 소셜커머스업체가 이러한 큐레이션 서비스를 통한 고객 맞춤용 전략으로 오픈 마켓을 추격하고 있다. 유아용품 '베베엔코', 뷰티박스 '미미박스', 디자인용품 킥스토어', 애완용품 '펫츠비' 등에서 특정 분야 추천서비스사업을 활발히 선보이고 있다.

3. SNS와 만나 일상은 '자랑'이 된다

최근 SNS를 중심으로 일상을 자랑하는 움직임이 활발하여 일상을 연출하고 이를 캡처해 SNS에 공유하는 이들의 행태가 소비시장을 변화시킨다. 셀카 찍기 열풍은 '셀카봉'을 만나며 전성시대를 맞고 있고, 과거엔 크고 화려한 것들로 과시했다면 이제는 소품으로 옮겨 오면서 차 마시는 장면을 올린다든가 일상에서 보고 듣고 먹는 경험적인 것들을 자랑하고 과시하는 문화가 생겨나고 있다. 이에 따라 화면의 배경으로 쓰이는 찻잔 등 작은 소품의 인기와 이케아·자라홈 등 라이프 스타일 숍이 주목받을 것으로 예상된다.

4. 2015년은 옴니 채널의 원년

유통 환경에도 변화의 물결이 일어난다. 온라인과 오프라인의 결합이 활발히 이루어지고 지불 수단이 편의성을 갖추게 되면서 '옴니 채널'이 대두된다. 유통업계 다양한 채널 간의 경계가 무너지고 하나로 통합되면서 소비자의 쇼핑 경험을 극대화하는 모든 현상을 '옴니 채널'이라고 정의할 수 있다.

더불어 쇼루밍족·역쇼루밍족·모루밍족 등의 소비자 형태가 생겨나는 현상은 단지 어떤 유통채널이 뜨고 질 것인지의 문제가 아니라 다양한 채널들이 어떻게 경쟁하고 확장하고 협업하는 통합의 길을 갈 것인지 여부를 주목하게 만든다.

5. 거리의 재발견, 골목길 전성시대

골목길 전성시대다. 골목길은 젊은 예술가들의 개성이 펼쳐지고 젊은이들이 모이는 핫 플레이스이자 트렌드다. 서울 문래동의 예술촌을 비롯해 청파동 '만화의 거리', 제주 '저지예술인 마을', 전남 구례 '예술인 마을' 등 전국 각지의 골목길 명소들이 떠오르고 있다. 청년 창업가들의 무대이자 상권으로 부상한 '경리단길', '서촌' 골목 사이사이로 옛 건물과 색다른 정취를 경험할 수 있어 최근 핫 플레이스로 장소로 각광받으며 골목길 부활시대를 견인하고 있다.

6. 진화하는 모바일, 산업 패러다임 바꾼다

모바일 트렌드는 더욱 강화될 것으로 보인다. '싱글 케어' 트렌드는 밖에서는 자유롭고 멋진 라이프스타일을 지켜주고 혼자 있을 때는 외로움을 챙겨주는 외강내유형 싱글족을 위한 케어 서비스를 뜻한다. 이 트렌드가 모바일과 만나 '소셜 다이닝'의 인기를 만들어 낸다. 소셜 다이닝은 SNS를 통해 관심사가 비슷한 사람들끼리 만나 함께 식사를 즐기며 외로움을 달래는 것이다. 이처럼 모바일은 각 분야에서 영향력을 행사하며 모바일 중심의 산업 재편을 예고하고 있다. 모바일 라이프를 지원하는 웨어러블 디바이스, 미세 전자기계 시스템, 음성인식 기술, 위치 기반 서비스, 클라우드 서비스 등 신기술과 만나 급물살을 탈 전망이다.

7. 향후 10년간 떠오를 소비층, '실버부머'

메가트렌드 관점에서 향후 10년간 주목할 트렌드는 바로 고령화와 관련된 것이다. 소비 시장에서 실버부머(Silver+Babyboomer)로 불리는 중·장년 이상 소비자들이 새로운 정체성을 추구하며 영향력 있는 소비자 그룹을 형성하고 있다. 한국 베이비부머의 실버 세대 편입이 본격적으로 시작되며 기존의 고령 세대와는 차별화된 새로운 소비 계층으로 주목받는다. 여가 문화 관련 산업과 교육·의료·식품·화장품 등 다양한 영역에서 실버부머의 욕구가 반영된 상품과 서비스가 등장할 것으로 예상된다.

8. 잡(Job)의 개념이 바뀐다

경제·인구·산업의 구조적 변화와 함께 정책적 기조가 뒷받침되면서 고용 노동시장의 패러다임이 변화하기 시작했다. 투자 위축, 저성장 기조로 성장의 고용 창출력이 약화되고 핵심 노동력(25~49세)이 축소되면서 향후 노동 공급이 부족할 전망이다. 이에 따라 산업구조가 서비스업 중심으로 재편되고 정책적으로도 유연 근로 시스템을 확충할 것으로 예상된다. 이런 흐름에서 김경훈 소장은'N분의 1 Job' 트렌드를 예상한다. 이는 개인의 재능과 경험, 시간을 단 하나의 특정 조직이 아닌 여러 조직이나 프로젝트에서 나눠 사용하고 그에 따른 근로 대가를 받는 포트폴리오 워킹 트렌드다.

9. '감각의 향연', '혼합 감각'…감각이 발달한다

감각을 통해 새로운 즐거움을 얻고자 하는 소비자가 많아질 것으로 전망된다. 불경기 속의 '작은 사치'로 비교적 저렴한 품목에 집중하며 감각의 만족을 얻는 사람들이 늘고 있다. 불황기의 감각은 일종의 매스티지 상품, 즉 대중화된 상품과 같다. 오감을 넘어 '혼합 감각'도 떠오른다. 김경훈 소장은 "우리가 느끼는 감각적 체험의 현실과 가상의 경계가 허물어지고 있다"며 "디지털 가상 처리와 고감도 센서 기술의 발전으로 인간의 감각이 디지털 육감과 혼합돼 새로운 체험으로 진화하고 있다"고 말했다.

10. 브랜드도 '썸' 타는 시대

롱런 브랜드의 시대는 갔다. 유통 전략의 중심이었던 '롱런 브랜드'는 더 이상 사람들의 소비 패턴과 맞지 않게 됐다. 대형 유통 브랜드가 개인 브랜드를 수용하고 팝업스토어 등의 마네킹 전략을 실행한다. 치고 빠지듯, 가볍게 즐기고 부담 없이 누리는 소비자가 늘어나며 남녀뿐만 아니라 상품과 브랜드와도 '썸'을 탄다고 언급한다. 일명 '치고 빠지기' 라는 키워드는 불투명한 현대사회를 얕고 넓게 '간' 보고 싶은 소비자 심리상의 변화를 예고한다. 패스트 패션, 렌털 시장은 '잠깐씩' 만나기를 원하는 소비자의 욕구와 맞아떨어진다. 유통시장에서는 주요 상권마다 게릴라처럼 옮겨 다니는 팝업스토어가 늘어나고 있다.

출처: 『한국경제매거진』, 2015년 1월 14일자, 이현주 기자.

참고문헌

김동기(1997), 『현대마케팅원론』, 법문사.

박찬수(2014), 『마케팅 원리』, 법문사.

박치관 외 역(2003), 『이노비즈 마케팅』, 북코리아.

서상혁(2010), 『창업마케팅: 벤처 및 하이테크 창업마케팅을 위한 원리와 실제』, 두남.

서상혁 역(2012), 『하이테크 혁신마케팅』, 경문사.

안광호 · 유창조 · 전승우 역(2012), 『Kotler의 마케팅원리』, 시그마.

안광호 · 하영원 · 박흥수(2013), 『마케팅원론 제5판』, 학현사.

이학식(2010), 『마케팅』, 법문사.

채서일(2006), 『마케팅』, 비앤엠북스.

Dhruv Grewal and Michael Levy(2013), *Marketing*, McGraw-Hill/Irwin.

Kotler, Phillip and Keller Kevin(2012), *Marketing Management*, Prentice Hall.

Monroe, Kent(2002), *Pricing*, McGraw-Hill.

Schindler, Robert(2014), *Pricing Strategies*, Sage Publications.

10장
창업기업의 유통전략

창업기업에 가장 어려운 부분 중 하나가 개발한 제품이나 서비스를 고객에게 전달하는 채널(Channel)을 구축하는 것이다. 실제로 창업기업이 우수한 신제품이나 탁월한 서비스를 개발하고도 정작 이를 고객에게 전달하는 유통채널을 확보하지 못하여 어려움을 겪는 경우가 많다.

시장에서 오랜 기간 자리를 잡은 대기업이나 경쟁사들이 구축해놓은 다양한 유통채널을 단기간에 따라잡을 여력 또한 창업기업에는 없는 상황이다. 여러 가지가 부족한 창업기업의 유통채널 구축전략은 기존 업체의 유통채널과 다를 수밖에 없다. 본 장에서는 이러한 창업기업의 유통전략 수립에 도움을 주고자 유통관리의 기능, 효용, 유통경로의 종류 등 일반적 유통 관리에 대해 먼저 살펴본 후 유통경로의 최근 변화 추세와 창업기업의 유통전략에 대해 서술하고자 한다. 이 장의 주요 내용은 다음과 같이 구성된다.

- 유통관리의 개념과 효용
- 유통경로의 종류
- 유통경로의 최근 변화
- 창업기업의 유통전략과 관리

I 창업마케팅의 개요

1장. 창업마케팅의 정체와 특징

II 창업기업의 사업기회평가

2장. 창업기회 평가의 요소와 주안점

3장. 시장성 분석

4장. 마케팅 조사 및 수요예측기법

III 신제품 출시전략

5장. 신제품 개발과정과 성패 요인

6장. 신제품 출시 초기 대응 전략

IV 창업을 위한 STP전략

7장. 시장세분화, 표적시장 선정 및 포지셔닝 전략

V 창업마케팅 실행

8장. 창업기업의 상품관리와 브랜드 전략

9장. 창업기업의 가격전략

10장. 창업기업의 유통전략

11장. 창업기업의 촉진전략

VI 하이테크/창업기업 특화 마케팅

12장. 하이테크 제품의 고객행동과 마케팅

13장. 창업기업에 특히 유용한 마케팅기법

1. 유통 관리의 개념과 효용

1) 유통과 유통경로의 개념

유통이란 생산과 소비 간의 공간적, 시간적 거리(또는 괴리)를 줄여주는 가치창출 활동이다. 유통과 관련된 용어 중에는 유통경로, 유통구조 등이 있는데 시중에는 이들을 혼동하여 부정확하게 사용하는 경우가 적지 않다. 이 용어들의 개념을 본서에서는 아래와 같이 정리했다.

- 유통: 제품 또는 서비스를 생산자로부터 최종소비자에게 이전시켜주는 활동
- 유통경로(또는 마케팅 경로): 상품이 최종소비자에게 이전되는 과정과 관련된 일체의 기관들
- 유통기관: 유통과정에 참여하는 중간상(Middlemen) 또는 경로구성원
- 유통구조: 생산자, 소비자 간의 상품의 흐름을 위해 구축된 유통기관 및 경로의 구조 전체

이러한 유통기관이 생기는 이유는 생산자와 소비자 간의 거리(또는 괴리)를 좁혀주기 위한 것으로, 이러한 거리는 시간적, 공간적, 형태적 측면으로 구분할 수 있다. 시간적 괴리란 생산과 소비 시점 상의 불일치를, 공간적 괴리란 생산 소비 장소 간의 불일치를, 그리고 형태적 괴리란 생산되는 형태와 소비되는 형태 간의 차이를 말한다.

유통경로의 예를 그림으로 표현하면 다음과 같다.

유형1은 제조업자와 소비자(고객) 간에 직접 거래가 이루어지는 직접 유통경로이고 나머지 유형은 간접 유통경로이다. 유통경로에 여러 구성원이 있을수록 유통경로가 길어진다고 표현한다. 유통경로가 길어질수록 유통 기능은 전문화되나 제조업자의 유통채널에 대한 통제력은 약화된다.

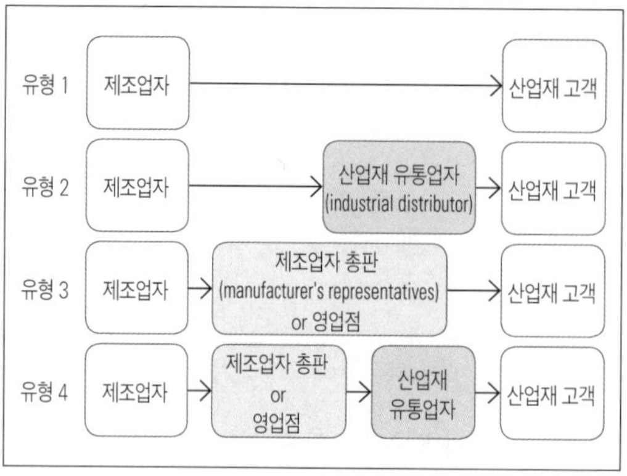

〈그림 10-1〉 산업재 유통경로

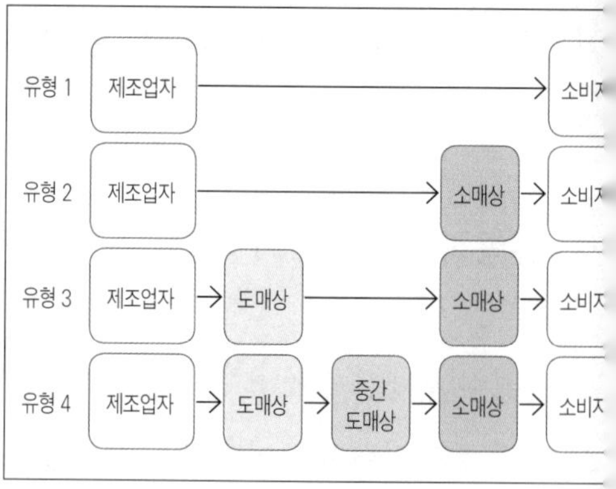

〈그림 10-2〉 소비재 유통경로

2) 유통경로의 기능

유통시스템에 요구되는 기능은 다음과 같다.

- 정보: 마케팅 환경에 대한 조사와 마케팅 전략 수립에 필요한 주요 행위자와 영향력에 대한 정보를 수집하고 보급함
- 촉진: 공급에 관한 설득력 있는 커뮤니케이션을 개발하고 확산시킴
- 접촉: 고객을 탐색, 발견하고 커뮤니케이션 활동 수행
- 중개: 구매고객의 요구에 부합하도록 제품 선정, 구색화, 재포장 등의 활동을 하여 거래가 이루어지도록 함
- 협상: 제조사로부터 고객으로 상품의 이전이 가능하도록 가격, 서비스, 기타 조건의 조정

아울러 이러한 거래를 보완하는 지원기능은 다음과 같다.

- 물류: 제품의 운송 및 보관

• 금융: 제품대금 및 유통의 비용을 융통

• 리스크 수용: 납품 대금의 미회수 및 재고 부담 등 재무적 리스크 부담

3) 유통경로의 효용

유통경로를 이용함으로써 제조업체에는 추가적인 비용이 발생하지만 중간상이 제공하는 여러 가지 효용이 더 크기 때문에 유통경로 운용의 가치가 있다. 유통경로의 효용은 〈그림 10-3〉과 같으며 이하에서는 각 유통경로의 효용에 대해 서술하고자 한다.

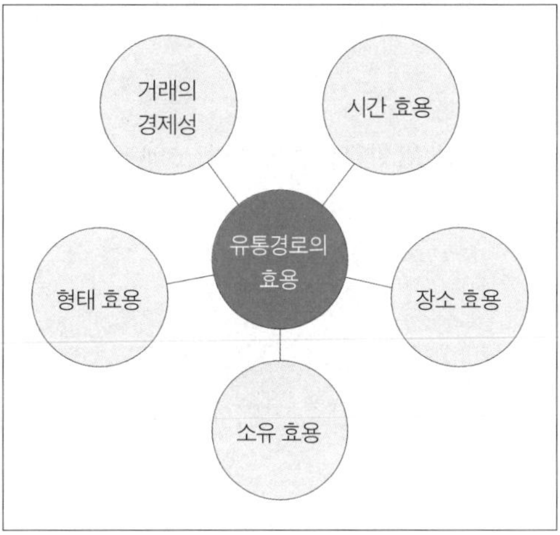

〈그림 10-3〉 유통경로의 효용

① 거래의 경제성

제조업체는 중간상을 이용함으로써 복잡한 거래를 단순화할 수 있다. 〈그림 10-4〉와 〈그림 10-5〉는 복잡한 거래가 중간상이 있음으로써 단순화되는 모습을 나타낸다.

두 그림에서 보듯이 각 제과업체가 소비자들과 직접 거래를 할 경우 총 9번의 접촉이 필요하지만 중간상(도매상)을 통해 소비자들과 거래를 하게 되면 접촉 횟수는 6번으로 감소한다.

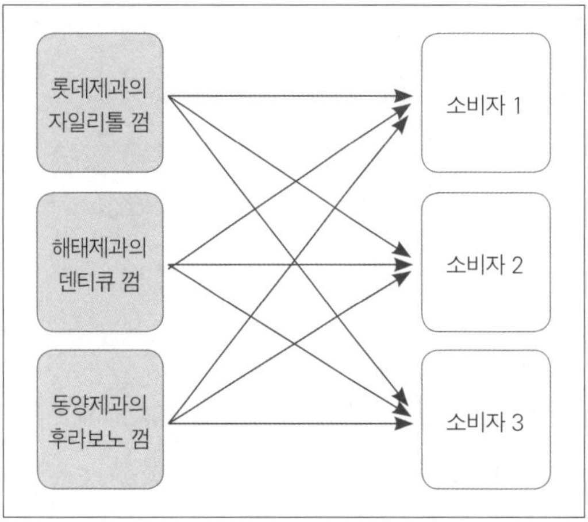

〈그림 10-4〉 제조업자가 소비자와 직접 거래할 경우

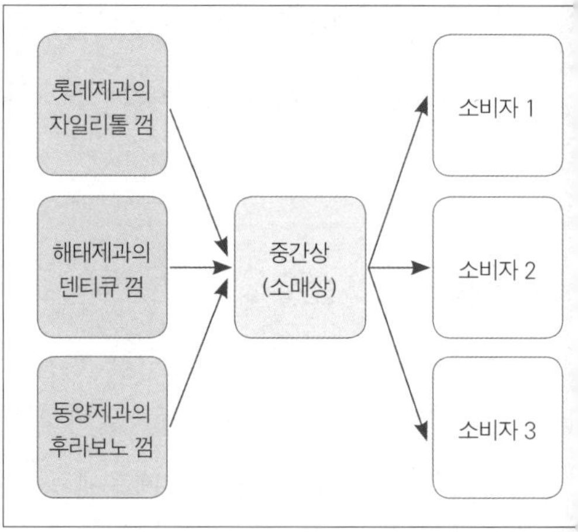

〈그림 10-5〉 중간상이 있을 경우

② 시간효용

소비자가 제품을 구매하기를 원할 때 언제든지 구매할 수 있도록 편의를 제공함으로써 발생하는 효용이다.

③ 장소효용

소비자가 상품을 구매하기 원하는 장소 어디에서나 구매할 수 있도록 해줌으로써 발생하는 효용이다.

④ 소유효용

중간상을 거쳐 최종 소비자에게 제품의 소유권이 이전되는 편의를 제공하여 소비자가 상품을 소유할 수 있도록 도와줌으로써 발생하는 효용이다.

⑤ 형태효용

제조사로부터 생산된 제품을 중간상이 소비자가 원하는 형태로 변화시켜 제공함으로써 발생하는 효용이다.

4) 유통경로의 갈등

유통경로의 각 경로구성원 간 이해와 목표의 차이로 인해 발생하는 갈등을 유통경로 갈등(Channel Conflict)이라고 한다. 대형마트와 제조업체 간 갈등을 예로 들어보겠다. 생필품 유통의 강자인 대형마트들이 대형마트 간 경쟁에서 우위를 점하기 위해 햇반이나 초코파이와 같은 유명 상품들에 대해 가끔 파격적인 가격인하를 단행하여 제조업체들의 반발을 불러일으키고 있다. 제조업자들은 대형마트뿐 아니라 다양한 유통경로를 통해 전국의 소비자들을 상대하고 있는데 대형마트의 가격 파괴 행위로 인해 기타 유통경로에 심각한 피해를 주고 경로관리를 어렵게 만들기 때문이다. 유통경로 갈등은 〈그림 10-6〉과 같이 **수평적 갈등과 수직적 갈등**으로 구분된다.

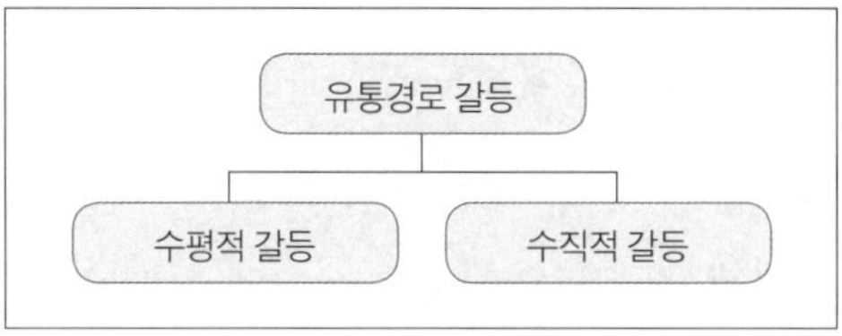

〈그림 10-6〉 유통경로 갈등

(1) 수평적 갈등(Horizontal Conflict)

유통경로상 동일한 단계에 있는 중간상들(예: 둘 이상의 소매상들 또는 둘이상의 도매상들) 간의 갈등을 말한다. 예를 들어 삼성전자 서초동 대리점이 자신의 판매 구역을 넘어 종로에 가서 영업을 진행한다면 당연히 삼성전자 종로 대리점과 충돌과 갈등이 발생하게 되는데 이런 경우의 갈등이 수평적 갈등이다.

(2) 수직적 갈등(Vertical Conflict)

유통경로상 서로 다른 단계에 있는 경로구성원들(예: 제조업자와 도매상, 또는 도매상과 소매상) 간에 발생하는 갈등을 말한다. 제조업자가 자사제품의 공급을 늘리기 위해 도매상들에게 경쟁 제품의 판매 중단을 요구하고 이를 지키지 않을 때 자사제품의 공급을 중단하는 경우를 종종 볼 수 있는데 이때 발생하는 제조업자와 도매상 간 갈등이 수직적 갈등이다.

이러한 경로갈등은 일반적으로 경로구성원 간 관계를 악화시키고 경로성과를 약화시키는 등 바람직하지 못하다고 인식되고 있다. 반면에 어느 정도 수준의 경로갈등은 경로구성원 간의 경쟁의욕을 불러일으킴으로써 경로성과를 높이는 순기능도 있다. 따라서 기업은 유통경로 갈등을 적절한 방법을 동원하여 적당한 수준에서 유지, 관리하도록 노력을 기울여야 한다.

경로갈등에 대한 해결책으로는 경로구성원들이 협력하여 성과를 높임으로써 공동의 이익을 증대시킬 수 있다는 상위 목표를 공유하도록 노력하고, 각자의 역할에 부합하는 적절한 보상을 제공하며, 경로구조에서 파워가 있는 경로구성원이 다른 경로구성원에 대해 지원을 하고 도움을 주는 방안이 있다. 새로운 유통경로를 추가할 경우 기존 유통경로 구성원들에게도 도움과 이익을 주는 방법을 찾아서 윈-윈(Win-Win)전략을 구사해야 한다. 예를 들어 오프라인 유통경로에 온라인 유통경로를 추가할 경우 기존 경로구성원들에게 온라인 유통경로 신설에 일정 지분의 참여를 보장하거나, 온라인 사이트에 오프라인 경로구성원들을 소개하여 홍보 효과를 제공하는 등 도움을 주는 방안에 대한 고민이 필요하다.

2. 유통경로의 종류

유통경로의 종류에는 여러 가지가 있으나 본 절에서는 창업기업이 관심을 두고 고민해야 할 수직적 마케팅 시스템과 유통경로 전략, 그리고 복수 유통경로와 하이브리드 유통경로, 온라인, 홈쇼핑 유통경로에 대해 알아보겠다.

1) 수직적 마케팅 시스템

전통적 유통경로는 독립적인 경로기관들로 구성된 경로조직으로 마케팅 기능에 거의 관심을 갖지 않고 자신들의 이익을 위해서만 주어진 기능을 수행한다. 따라서 경로구성원들 간에는 공통의 목표가 없고 결속력이 약하여 빈번한 이탈과 진입이 발생하여 유통경로가 불안정할 수밖에 없으며 경로구성원들 간에 이해의 충돌이 발생할 때 이의 조정이 어렵다. 이러한 전통적 유통경로의 단점을 해결하려고 등장한 것이 수직적 마케팅 시스템(VMS: Vertical Marketing System)이다. 수직적 마케팅 시스템은 경로구성원 중 더 큰 파워가 있는 어느 한쪽이 타 구성원을 통제, 조정한다. 수직적 마케팅 시스템에는 〈그림 10-7〉

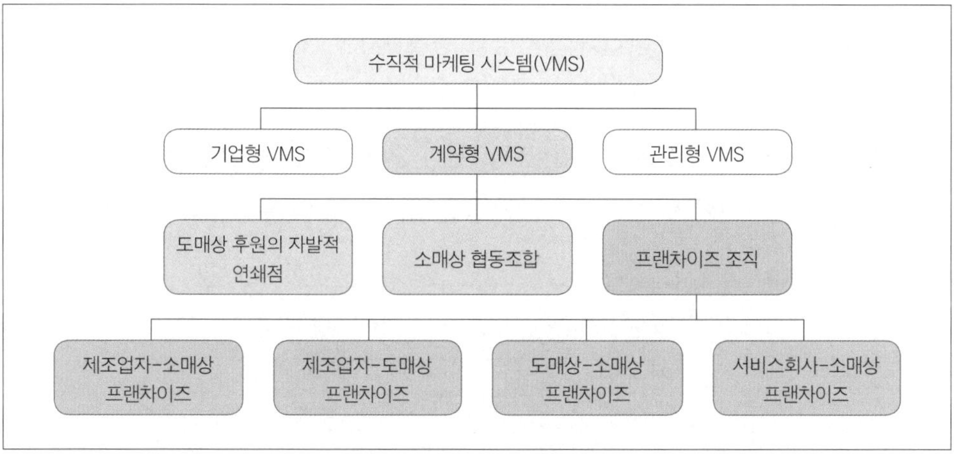

〈그림 10-7〉 수직적 마케팅 시스템

과 같이 기업형, 관리형, 계약형이 있다.

① 기업형 VMS

한 경로구성원이 다른 경로구성원(들)을 법적으로 완전히 소유, 관리하는 형태로서 국내의 자동차 유통 구조가 대표적 사례이다.

② 관리형 VMS

경로구성원들의 활동이 소유권이나 계약에 의하지 않으면서 지도적 위치에 있는 경로구성원(채널 캡틴)의 규모, 파워, 경영지원에 의해 통제 · 조정되는 형태이다. 제일제당이 소매상에게 제품진열, 판촉 등의 지원을 통해 소매상으로부터 협조를 얻는 것이 사례가 될 수있다.

③ 계약형 VMS

경로구성원들 각자가 수행할 기능과 관계가 계약에 의해 통제되는 형태이다. 본서에서는 계약형 VMS의 대표적 사례이며 창업기업으로서 관심을 갖고 연구해 볼 대상인 프랜차이즈 조직에 대해서 상세하게 기술하겠다.

프랜차이즈 제도(Franchise System)란 프랜차이즈 본사가 프랜차이즈 가맹점과 계약을 맺고 일정기간 자사의 상호와 기업운영방식 등을 사용하여 사업을 할 수 있도록 권한(Franchise)을 부여하는 제도이다.

본부는 가맹점으로부터 초기 가입비나 로열티 등의 수입을 얻는다. 국내의 경우 롯데리아가 최초의 프랜차이즈 사례로 알려져 있다. 프랜차이즈의 유형은 다음과 같다.

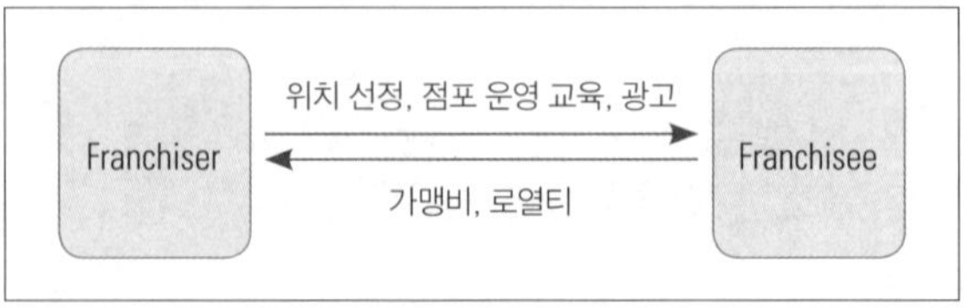

〈그림 10-8〉 프랜차이즈 제도

① 생산자-소매상 간 프랜차이즈

예) 자동차, 주유소의 판매대리점

② 생산자-도매상 간 프랜차이즈

예) 코카콜라, 펩시콜라

③ 도매상-소매상 간 프랜차이즈

예) 미국의 헬스마트

④ 서비스 노하우 제공자와 가맹점 간 프랜차이즈

예) Fastfood점(맥도날드, KFC), 렌트카 회사(Hertz, Avis), 호텔(Hyatt, Sheraton)

본부 입장에서 프랜차이징은 큰 투자비의 부담 없이 사업을 신속히 확장할 수 있고 안정적인 수입을 확보할 수 있으며, 가맹점의 점포스타일 등을 통일시킴으로써 소비자에게 동일한 인식을 줄 수 있다. 프랜차이즈 본부의 입장에서 본 프랜차이징의 장점은 다음과 같다.

① 창업주가 자본이 부족할 경우 지분매각이나 차입을 통해 기업을 확장하지만 프랜차이징을 통하면 이러한 과정이 필요없이 급속한 확장이 가능하다.
② 급속한 확장을 통해 규모의 경제를 얻을 수 있다.
③ 프랜차이징으로 형성된 네트워크로 인해 집단적 구매력으로 타 체인에 대한 경쟁력이 강화된다.
④ 초기가입비나 로열티 등으로 인한 현금흐름으로 안정적인 수입을 확보할 수 있다.

반면에 프랜차이즈 본부의 입장에서 다음과 같은 단점도 있다.

① 가맹점들은 독립된 사업체이므로 협약에 의해 명시된 통제권만 행사한다. 만약 효과적으로 통제하지 못할 경우 프랜차이즈 전체의 이미지나 성과가 나빠질 수 있다.
② 가맹점이 본부에서 요구하는 이미지나 고객대상 포지션을 지키지 않거나 성과가

나쁘다고 해서 쉽게 자를 수 없다.

③ 가맹점들이 매출수익에 기초한 프랜차이즈 요금을 정확히 지급하도록 적절한 시스템과 통제 수단을 만들어야 한다. 본부가 수익을 기초로 로열티를 받는 경우 수익이 극대화가 목적이지만 가맹점들은 자신들의 이윤 극대화가 목표이다. 이러한 것은 상호 간 갈등 요인 중 하나이다.

④ 기존의 가맹점들과 경쟁이 될 수 있는 다른 유통채널을 구축하고자 할 경우 기존 가맹점과의 반발이 생길 수 있다.

⑤ 가맹점들이 프랜차이징을 통해 사업을 배우고 나서 유사한 형태의 사업에 진출함으로써 경쟁자 집단이 될 수 있다.

2) 유통경로 전략

유통경로 전략은 마케팅 대상 범위와 유통채널에 대한 통제권의 강도를 기준으로 다음과 같이 세 가지로 구분한다.

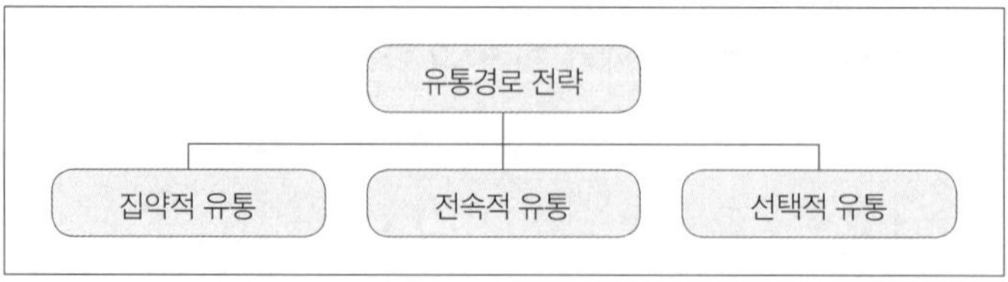

〈그림 10-9〉 유통경로 전략

(1) 집약적 유통(Intensive Distribution)

마켓 커버리지를 최대로 넓혀서 모든 표적 고객이 그들이 원하는 장소, 시간에 제품을 만날 수 있도록 접점을 광범위하게 확보하기 위한 유통전략이다. 자사제품을 취급하고자 하는 사람 누구에게나 허용한다. 주로 편의품과 우유, 과자, 패스트푸드, 음료수 같은 제품들이 집약적 유통채널을 이용한다. 집약적 유통채널을 통해 생산자는 매출을 크게 달성하는 것을 추구할 수 있으나 유통채널에 대한 통제를 할 수 없고 유통비용의 증가로 인해 단위당 마진의 감소를 감수해야 한다.

(2) 전속적 유통(Exclusive Distribution)

집약적 유통의 정반대 개념으로서 정해진 지역에서 정해진 기간에 배타적으로 판매할 권리를 독점적으로 부여한 경로구성원을 갖추고 유통채널에 대한 강력한 통제를 확보한다. 또한 유통경로 구성원으로부터 독점적 지지를 얻고 제품 또는 서비스의 단위당 마진을 높게 취할 수 있다. 세계적으로 유명한 디자이너의 명품 의류, 유명 향수 등이 전속적 유통 방식을 사용한다.

(3) 선택적 유통(Selective Distribution)

집약적 유통과 전속적 유통의 중간이라고 할 수 있다. 일정 지역에 한정된 수의 경로구성원을 두는 방식으로 집약적 유통에 비해 기업은 고객에의 접점과 마켓 커버리지의 부분을 조금 양보하고 대신 유통채널에 대한 통제권을 조금 더 확보한다. 삼성가전제품

〈표 10-1〉 집약적,전속적,선택적 유통의 비교

구분	집약적 유통	전속적 유통	선택적 유통
전략	가능한 한 많은 점포로 하여금 자사제품을 취급하도록 함	한 지역에 하나의 점포에 판매권을 부여함	한 지역에 제한된 수의 점포에 판매권을 줌
점포수	가능한 많은 점포	하나	소수
통제	제조업자의 통제력이 낮음	제조업자의 통제력이 매우 높음	제한된 범위에서 제조업자의 통제가 가능함
제품유형 (소비재)	편의품	전문품	선매품
소비재의 예	페리오 치약, 비트 세제	크리스천디올 향수, 조르지오 아르마니 패션의류	삼성 가전제품

의 유통채널이 하나의 사례이다.

많은 창업기업이 단번에 전체 시장을 커버하는 유통경로를 구축하여, 많은 매출이 짧은 시간 내에 발생하기를 기대하며 집약적 유통을 선호한다. 그러나 출시되는 제품, 서비스의 성격에 따라서 마켓 커버리지와 유통경로에 대해 통제 필요성 정도가 달라지며, 이에 따라 적합한 경로 전략을 선택해야 할 것이다.

3) 복수 유통경로와 하이브리드 유통경로

(1) 복수 유통경로(Multichannel Marketing System)

과거에는 단일 시장을 표적으로 하나의 유통경로를 이용하는 기업이 대다수였으나 시장 세분화가 빨라지고 다양한 유통경로가 새롭게 등장함에 따라 둘 이상의 유통경로를 동시에 이용하는 경우가 많아지고 있다. 즉, 직접유통과 간접유통의 장점을 모두 살리기 위하여 복수 유통경로(Multichannel Marketing System)를 구축함으로써 시장 커버리지를 확대하고 과거보다 더욱 작게 세분화된 시장의 요구에 대응하는 기업이 늘고 있다. 삼성전자가 대량 구매고객(학교, 정부기관)에게는 직접 유통하고 소량구매고객(개인)에게는 소매점을 통해 간접 유통을 하는 것이 복수 유통경로의 전형적인 사례이다.

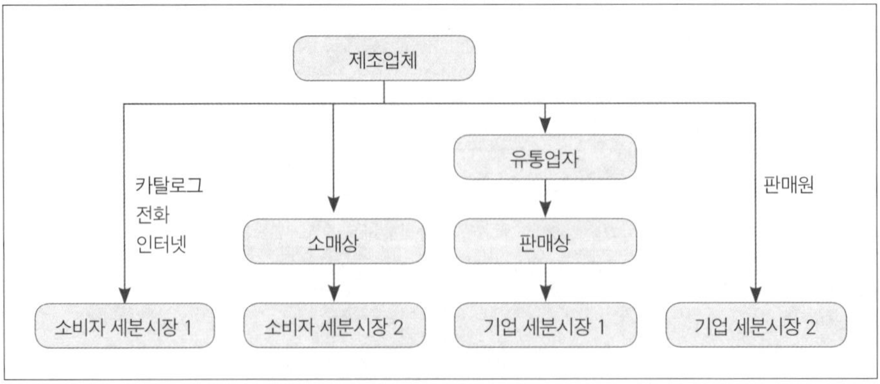

〈그림 10-10〉 복수 유통경로의 예

(2) 하이브리드 유통경로(Hybrid Marketing System)

유통기능 중 일부를 제조업자와 유통기관이 분담하여 실행하기도 하는데 이를 하이브리드 유통경로라고 한다. 예컨대, 프로모션, 클로징(대금 회수 등 거래의 마무리 작업) 등은 제조업자가 실시하고 배달, A/S 등을 유통업자에게 위탁하는 경우가 이에 속한다. 하이브리드 유통경로는 각 유통기관이 수행해야 할 다양한 기능 중 일부를 각각 전담, 수행하는 것이다. 하이브리드 유통경로의 목표는 ① 마켓 커버리지(Market Coverage) 확대, ② 비용 효율성(Cost Efficiency) 유지, ③ 갈등 최소화이다. 하이브리드 경로를 효과적으로 구축하고 관리하는 기업은 넓은 마켓 커버리지 확보와 비용 감소를 통해 경쟁에서 우위에 설 수 있다.

4) 온라인/홈쇼핑 유통경로

(1) 온라인 마케팅 채널

2015년 1월 통계청 국가통계포털*에 따르면 2014년의 온라인쇼핑몰 거래액은 전년대비 17.5% 증가한 45조 2,440억 원으로 오프라인 거래액 46조 6,000억 원에 근접하였다.

온라인 쇼핑은 시공간 제약이 없이 고객들이 필요한 제품을 검색하고 신용카드 및 다양한 결제 수단으로 대금을 지급하면 집에서 택배회사를 통해 주문한 제품을 받는 시스템이다. 판매업체 입장에서는 오프라인 매장에 비해 매우 저렴한 비용으로 제품을 전시하고 상세한 제품 정보를 제공할 수 있으며 고객정보를 축적하여 CRM(Customer Relationship Management: 고객관계관리)에 활용할 수 있는 장점이 있다. 특히 신제품을 출시한 경우 고객의 반응을 신속하게 파악하고 고객의 의견을 반영해 대응 전략을 마련할 수 있다는 점에서 창업기업은 온라인 마케팅에 관심을 기울여야 할 것이다.

국내에서 이러한 온라인 매출의 급성장은 11번가, G마켓, 옥션 등 오픈마켓과 티몬,

* http://kosis.kr/ 국가통계포털

〈그림 10-11〉 2014년 연간 온라인쇼핑 거래액 동향

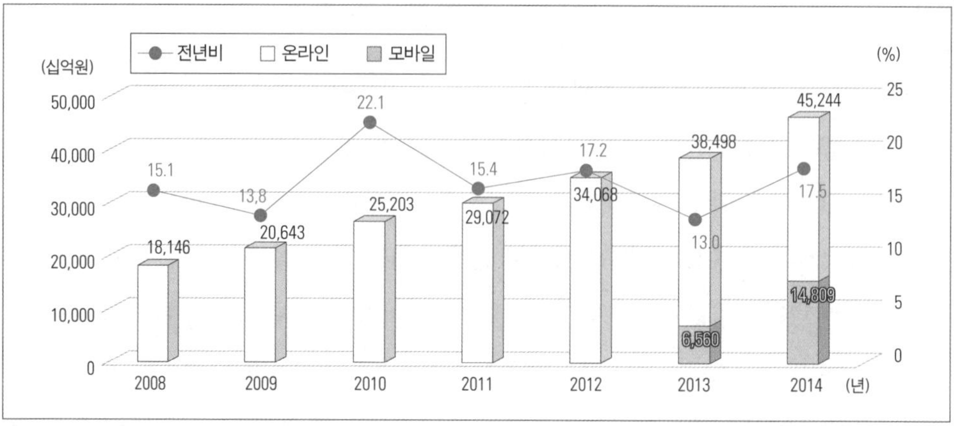

출처: 통계청(2015),「2014 온라인쇼핑 동향」.

쿠팡, 위메프 등의 소셜커머스 업체의 공격적 마케팅과 스마트폰 보급 확산에 따른 모바일 쇼핑의 증가가 이끌고 있다.

(2) TV 홈쇼핑 유통채널

홈쇼핑 전문 방송국이 CABLE TV 채널 및 IP TV 채널 등을 확보하여 제품 소개 방송을 내보내면 이를 시청하던 고객이 전화 또는 스마트폰 앱을 통해 주문하는 방식이다. 가정에서 편리하게 상세한 제품 정보를 얻을 수 있고 판매가격 또한 저렴하며 주문 후 택배회사를 통해 집까지 제품이 운송되는 편리함 때문에 급속히 성장하고 있는 유통채널이다.

국내에는 2015년 기준으로 CJ오쇼핑과 GS홈쇼핑, 우리홈쇼핑, 현대홈쇼핑 그리고 후발업체인 엔에스쇼핑과 홈앤쇼핑까지 총 6개의 홈쇼핑 업체가 있다. 초기 개발제품을 고객들에게 충분한 시간을 갖고 상세한 정보를 제공하여 인지도를 제고하고 타 채널대비 단시간 내에 많은 매출을 올릴 수 있어서 높은 판매수수료에도 불구하고 많은 기업이 제품을 홈쇼핑 채널 방송에 올리려고 치열하게 경쟁하고 있다.

3. 유통경로의 최근 변화

1) 옴니채널

IT기술의 발전으로 마케팅 경로는 크게 확장되어 복수경로(Multi Channel)을 넘어 옴니채널(Omni Channel)이 새로운 대안으로 떠오르고 있다. 옴니채널은 '모든 것'을 뜻하는 '옴니(Omni)'와 유통경로를 뜻하는 '채널(Channel)'의 합성어로 온라인, 오프라인, 모바일, 카탈로그, 방송 등 기업이 보유한 모든 채널을 유기적으로 융합하여 소비자에게 끊김 없는 쇼핑 경험을 제공하는 것을 말한다.

위와 같은 다양한 채널을 융합하여 어떤 채널을 사용하든 동일한 매장을 이용하는 것처럼 느끼게 하는 것을 가능하게 한 것은 바로 모바일이다. 온라인, 오프라인, 카탈로그, 방송 등 각각 독립적인 채널들이 고객이 항상 곁에 두고 있는 모바일 기기를 통해 상호

〈그림 10-12〉 옴니채널 사례

출처: 대한상공회의소(2015), 『2015년 유통산업백서』.

유기적으로 이어질 수 있게 되었다. 융합의 방식은 매우 다양하여 Online에서 주문하고 Offline 매장에서 제품을 찾아가거나 또는 지역 점포에서 배달하는 등 여러 가지 방식이 적용되고 있다.

지난 수년간 Online 유통이 소매 유통의 강자로 부상하면서 Offline 매장에서 제품을 살펴보고 주문은 Online에서 하는 **쇼루밍**(Showrooming)이 발전했으나, 이제는 **O2O**(Online to Offline)**서비스**, **옴니채널**이 새로운 트렌드로 떠오르고 있는 것이다. 옴니채널은 판매자와 구매자 모두에게 장점을 부여하고 있으며 앞으로 IT기술이 더욱 발전함에 따라 가파른 성장이 예상되기에 창업기업에서도 유통채널을 구축할 때 함께 고려해야 할 것이다.

2) 디지털 제품의 유통 : 롱테일(Long Tail)*

고속데이터 통신망 기술과 합쳐진 정보의 디지털화는 다양한 산업의 유통에 막대한 영향력을 보여주었다. 소프트웨어의 유통은 온라인 비즈니스 모델로 옮겨갔으며 정보(책, 뉴스, 연구), 엔터테인먼트(음악, TV, 영화) 등이 디지털화되었다.

실제 재고로 구성된 오프라인 환경에서 기업은 효율성을 촉진하기 위해 80 대 20 법칙을 준수하고 있다. 즉, 20%의 가장 인기 있는 상품을 통해 80%의 수익을 창출한다는 것이다. 하지만 정보기술이 웹을 통해 유통되는 경우 80%의 비인기 품목, 즉 소수고객들이 선호하는 제품들도 이익을 창출하면서 판매될 수 있다. 이러한 제품을 고객선호에 따른 유통 빈도의 **롱테일**(Long Tail)이라고 부른다.

웹상에서 디지털 제품을 갖추고 판매하는 데 소요되는 재고자산원가와 주문비용 등이 작으면서도 광범위한 지역의 고객에게 제품을 제공할 수 있기 때문에, 판매 빈도가 떨어지는 비인기 품목도 재고자산원가와 주문비용을 초과하는 수익을 창출하는 비즈니스 모델을 구축할 수 있게 된 것이다. 예를 들어, 영화임대사업에서 블록버스터(Blockbuster)의 기존 소매점 사업 모델은 각 대여점이 수용할 수 있는 한정된 DVD의 양 때문에 고객의

* 본 항에 관한 내용은 서상혁 역(2012), "하이테크 혁신마케팅"을 중심으로 작성함.

마케팅사례

쇼루밍族 밖으로 끌어내기… 모바일 서비스에 달렸다

아마존은 전통 서점을 문 닫게 하고, 이베이는 소더비를 흔들었다. 온라인과 오프라인은 꼭 이렇게 싸워야만 할까. 온라인과 오프라인의 '윈윈' 모델을 개척한 온라인 기업이 있다. 2009년 창업한 스마트폰 쇼핑 애플리케이션 '샵킥(Shopkick)'이다.

온라인 기반의 쇼핑 앱이지만, 실제로는 오프라인 매장에서 사용된다. 이 앱을 스마트폰에 다운 받으면, 샵킥과 제휴를 맺은 상점에 들어가는 순간 포인트가 적립된다. 인기 상품이 무엇인지와 각종 할인 정보도 알려준다. 이렇게 모은 포인트는 매장에서 기프트 카드, 공짜 커피, 영화 티켓으로 교환할 수 있다. 포인트를 받기 위해서는 소비자가 직접 상점을 방문해야 하기 때문에, 매장은 더 많은 손님을 유치할 수 있게 된다. 샵킥은 이들 제휴업체로부터 서비스 이용료를 받는다. 누이 좋고 매부 좋은 비즈니스 모델인 셈이다.

왼쪽 사진은 샵킥 사용자가 미국 의류업체인 '아메리칸 이글' 매장에 들어갔을 때 사용자 스마트폰에 떠오른 화면. /길트 제공

소비자가 매장에 들어가면, 샵킥의 앱이 자동으로 켜지면서 포인트를 적립하고, 상품정보를 보여준다.

샵킥은 설립 5년 만에 미국에서만 사용자 1,000만 명을 확보했다. 아마존, 이베이, 그루폰 다음으로 미국 사람들이 많이 사용하는 쇼핑 앱이다. 유명 백화점 체인 메이시스와 대형 유통업체 타깃이나 베스트바이 등에서 사용할 수 있다. 2013년 약 2,300만 달러(약 250억 원)의 매출을 올렸고, 지난해 9월 SK그룹 계열사인 SK플래닛에 인수됐다.

다음은 샵킥의 CEO 인터뷰 내용이다.

샵킥은 '온라인의 오프라인화(Online to Offline·O2O)'의 대표적 기업으로 꼽힙니다. O2O 비즈니스에 대해 설명해 주실 수 있나요?

"샵킥은 O2O를 처음으로 실현한 기업 중 하나입니다. O2O의 핵심은 우리가 매일 접하는 오프라인 세상에 온라인의 기능을 더하는 것입니다. 중요한 것은 온라인이 오프라인 시장을 점령하거나 방해하는 것이 아니라, 오프라인 세상이 더 편리해지게끔 도와준다는 겁니다.

제가 하고 싶은 말은, 모바일은 현실 세계를 경험하고 살아가는 데 도움이 되어야 한다는 겁니다. 디지털은 물리적인 공간을 더 살기 좋게 하는 수단이기 때문입니다."

출처: 『조선일보 WeeklyBiz』, 2015년 1월 31일자.

만족을 위해서 최신 영화 위주로 구색을 갖출 수밖에 없었다. 이에 반대로 Netflix DVD-by-mail(우편으로 DVD를 제공) 사업모델은 더 많은 독립영화를 제공하여 적은 비용으로 높은 마진을 창출할 수 있었다. 블록버스터의 기존 사업모델은 흔들리기 시작했고 결국 블록버스터도 Netflix의 새로운 시스템을 접목하게 되었다.

오늘날 데이터 저장 장치의 발달로 방대한 양의 디지털 정보를 저렴한 비용으로 저장하고 디지털 정보를 구매한 고객에게 웹상에서 스트리밍 서비스를 통해 제품을 전달할 수 있게 됨에 따라 앞으로 디지털 제품의 롱테일에 주목할 가치는 더욱 높아질 것이다.

3) 회색시장

제조업자들은 자신들이 통제 가능한 유통경로를 통해 고객에게 제품 및 서비스를 제공함으로써 제품, 가격, 품질, 이미지 등을 관리하기를 바란다. 그러나 어떤 때는 경로구성원들이 기업의 제품 및 서비스를 정당한 경로를 통해 고객에게 판매하는 것이 아니라 정상 유통경로 외의 유통업자 혹은 불법시장에 판매를 하는 경우도 있다. 예를 들어, 제조업자가 대량구매 시 가격할인을 해주어 유통업자가 대량의 제품을 구입하였다고 가정했을 때, 유통업자는 제품의 재고를 계속 유지하면서 고객 또는 재판매업자에게 합법적인 판매를 하는 것이 아니라 제조업체가 승인하지 않은 유통업자, 수출업자, 혹은 다른 시장에서 판매를 하는 경우이다.

이것을 회색시장(Gray market)이라고 하며 생산자가 승인하지 않은 판매업자들을 통해

〈표 10-2〉 회색시장의 발생 원인과 해결책

원인	해결책
주문량에 따른 가격할인제도	회색시장의 근원이 되는 판매 제거
환율의 격차	차익거래의 문제 제거: 단일가격제도
다양한 재판매업자의 원가구조	시장침투를 증가
매우 까다로운 유통	회색시장 문제에 대한 정보 수집

할인된 가격으로 제품이 판매되는 것을 뜻한다.

이와 같이 제품이 불법유통업자들에 의해 유통될 경우 정상 유통 제품에 비해 저렴한 가격이 시장에 제시되어 전체적인 가격을 떨어뜨리고, 불법유통업자들이 정상유통업자와 달리 서비스 및 관리 기능에 충실하지 않음으로써 고객 불만을 야기하는 문제가 있다. 또한 정상 유통경로 구성원들에게는 동기부여를 약화시키고 불만을 갖게 한다. 궁극적으로 회색제품(Gray goods: 불법으로 유통된 제품)에 대한 부정적인 반발은 기업의 브랜드 뿐 아니라 시장에서의 위치에도 타격을 입히게 된다.

제품을 생산하는 기업은 위와 같은 회색시장의 원인과 해결책을 인식하여 차익거래의 원인을 제거하고 자사의 시장침투를 증가시킴으로써 회색시장에서 자사 제품 유통을 방지하도록 노력해야 한다. 회색시장 유통을 차단할 경우 단기적으로는 제품 판매량이 하락할 수 있지만 장기적으로 승인된 유통업자만 제품을 판매함으로써 시장에서의 가격 하락을 막고 승인된 유통경로로부터 강한 충성과 헌신을 이끌어낼 수 있다.

4) 신흥 개발 시장을 위한 유통 조건

글로벌 시장에 대한 고려는 이제 창업기업에 선택이 아닌 필수이다. 본 절에서는 글로벌 시장에서 잠재적인 성장 가능성을 갖고 있는 신흥 개발 시장에 대한 유통 조건을 살펴보겠다.

신흥 개발 시장은 지구촌을 구성하고 있는 인구 중 피라미드 최저층 시장(Base of Pyramid Market: BOP)을 표적으로 그들의 니즈를 파악하고 그에 맞는 제품 또는 서비스를 개발, 공급하는 것을 말한다. 최저층 시장은 기업들로부터 외면을 받아왔으나 이러한 시장에서의 성공은 방대한 매출과 급속한 성장을 가져올 수 있다는 점에서 최근 주목을 받고

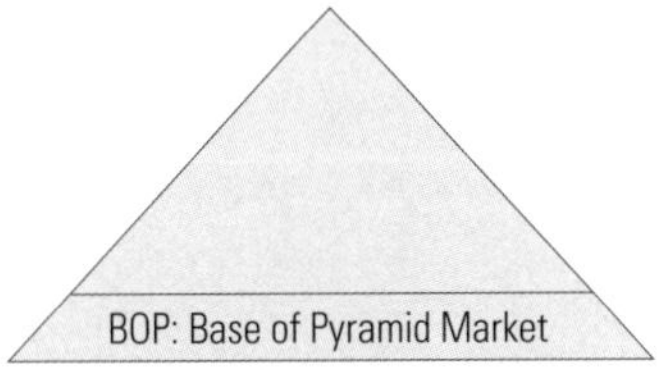

〈그림 10-13〉 BOP 시장

있다.피라미드 최저층 시장은 아래와 같은 문제점들을 갖고 있어서 선진시장에서의 유통 경험이 바로 적용될 수 없다는 것을 기업들은 알아야 한다.

① 인구 중 많은 사람이 빈곤하고 문맹이다. 따라서 제품을 디자인할 때 문서로 된 설명서보다 경험을 통해 사용법을 알 수 있게 하는 것이 필요하다.

② 인구 중 많은 사람이 운송이 어렵고 광고매체가 닿지 않는 지방에 살고 있으므로 직접적인 제품 운송과 제품 홍보가 필요하다.

③ 전기가 보급되지 않은 지역이 있으므로 제품 충전 또는 전원 사용 방식에 대해 대안을 준비해야 한다.

④ 종종 유통경로의 기능을 갖고 있는 사업자를 구할 수 없으므로 기업은 직접경로에 투자할지 아니면 유통에 대해 지식이 없는 경로구성원을 뽑아서 교육을 실시하고 동기부여를 시켜서 활용할 것인지 선택해야 한다.

따라서 최저층 시장을 겨냥한 제품을 개발할 때는 선진시장에서 이미 성공한 제품을 수용하는 것보다 백지상태에서 최저층 시장의 여건에 맞게 제품을 설계하는 것이 낫다.

신흥 개발시장에 대한 혁신적 사업 사례로서 Grameen Telecom을 들 수 있다. 방글라데시의 통신회사 Grameen Telecom은 Grameen은행이 소유한 기업으로서, 노벨상 수상자인 Muhammad Yunus가 설립하였다. 이 통신회사는 지방 마을에 있는 여성들에게 소액대출(microcredit)을 통해 휴대폰을 구매하게 해주고, 휴대폰을 구매한 여성들이 자기 휴대폰을 마을 공중전화처럼 사용되게 하여 매달 50~100달러의 수익을 창출하게 하였다.

4. 창업기업의 유통전략과 관리

1) 직접 유통과 간접 유통

(1) 중간상 배제현상(Disintermediation)*

중간상을 배제하는 현상은 인터넷의 발달로 인해 최근 더욱 확대되고 있는 현상으로서 생산자가 중간상의 역할을 배제하고 유통기능을 직접 수행하는 것을 말한다. 예컨대 디지털 제품의 경우 음악가들이 디지털 녹음을 하고 이를 웹을 통해 소비자들에게 직접 배분하거나, 소설가가 웹을 통해 자신의 소설을 출간하는 것을 들 수 있으며, **탈중개화**라고도 표현한다. 고객과의 직거래를 통해 중간상 수입의 배제와 고객과의 직접 관계 유지 등이 가능하므로 예술가 등의 경우에는 적합하다고 볼 수 있다. 그러나 현실적으로는 이 방식이 성공하려면 여러 가지 고려사항이 해결되어야 한다.

첫째, 생산자, 특히 예술가가 독자적인 힘으로 고객으로 하여금 자신의 사이트를 방문토록 유인하기 쉽지 않다.

둘째, 잠재고객의 선호를 판별해내기 어려우며 웹 상에서 디지털 음악 실행이 불가능한 소비자의 대응 문제 등 해결해야 할 과제가 많다.

셋째, 기존의 유통업자들이 배제된다는 사실에 대해 반발하게 될 것이며 최근 유통업자들의 권한이 더 커지는 추세이므로 기존 유통기관의 저항에 의해 매출에 큰 영향을 미칠 수 있을 것이다.

인터넷의 보급으로 인해 중간상 배제 현상이 널리 확산될 것이라고 전망되기도 하였으나 위와 같은 이유로 오프라인 기업 중 전면적인 탈중개화 현상에 성공한 경우는 별로 많지 않다. 이러한 현상을 염두에 두면서 직접유통과 간접유통 간의 관계를 분석하는 것이 필요하다. 이하에서는 직접/간접 유통에 관해 분석해 보기로 한다.

---

* 본 항의 내용은 박치관 외 역(2003), 『이노비즈 마케팅』을 참조하여 작성함.

(2) 창업기업의 직접유통과 간접유통

직접유통은 제조업자가 모든 유통서비스를 직접 수행하는 것이고 간접유통은 유통서비스의 일부를 유통기관에 맡기는 것이다. 직접유통과 간접유통 중 하나를 결정하기 위해서는 몇 가지 고려요인이 있다. 창업기업의 유통설계 영향 요인으로는 고정비와 변동비, 고객 접촉의 효율성 · 효과성, 통제의 정도 등이 있으며 이들에 대해 충분히 고려해야 한다.

간접유통방식에서는 중간상들이 제품에 대해 유통마진을 취하는 대신 유통 관련 비용을 감당함으로 제조업자 입장에서 볼 때 유통 비용이 변동비의 형태가 되나, 직접유통방식에서는 제조업자들이 직접유통채널을 유지하므로 창고운영비 등 고정비용이 발생한다. 이 고정비는 매출에 무관하게 발생하므로 창업자들에게는 간접유통보다 직접유통방식의 리스크가 더 높다고 볼 수 있다. 또한 간접유통은 중간상들이 여러 회사 품목을 동시에 취급하므로 특정제품을 타 제품과 결합함으로써 유통기능이 더 효율적으로 수행될 수 있다.

반면에 자사의 특정제품에 대해 창업자의 통제권이 높은 직접유통은 자사 제품을 최선의 방식으로 부각시킬 수 있으며, 고객의 요구를 직접 접수하여 신속하게 제품 개선에 적용할 수 있다. 고객들이 직접유통 방식을 선호할 때, 상품 판매 및 이용 시 필요한 서비스 수준이 높을 때, 그리고 전국적 규모의 유통이 필요하지 않을 시에는 직접유통이 더 유리하다.

2) 창업기업의 유통경로 설계

창업기업이 출시하는 제품의 성격에 따라 유통기관의 선정과 관리가 기존 일반제품의 경우와 다를 수 있다. 예를 들어 출시한 제품이 하이테크 제품일 경우 기업은 대체로 자체 영업조직을 이용해 고객과 직접 접촉하고자 하는 경향이 있으나 표적시장 내 고객 접근을 가장 효율적으로 수행키 위해 유통채널을 활용해야 하는 경우도 있다. 창업기업

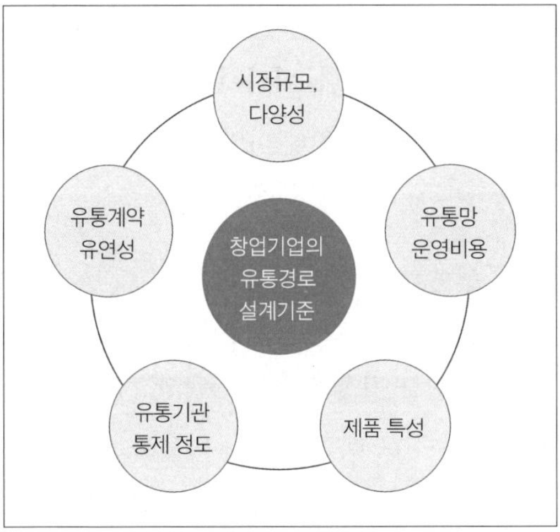

〈그림 10-14〉 창업기업의 유통경로 설계 기준

은 최적의 유통채널을 발견하기 위해 지속적으로 선택사항을 재평가해야 하며, 〈그림 10-14〉와 같이 다섯 가지 기준에 의거하여 경로를 선택하고 전략을 수립하는 것이 적합하다.

(1) 시장규모와 다양성

시장규모 및 다양성이 커질수록 시장을 커버하는 데 빈틈이 생길 수 있으므로 간접적 유통방식이 필요해진다. 하나의 예로 컴퓨터 시장의 사례를 보면 1950년대 초기에는 소수 잠재고객을 대상으로 직접 유통하였으나 1990년대 이후 다양한 세분시장을 대상으로 하기 위해 다양한 마케팅 조직의 관리 · 필요성이 증가하였다. 다음은 컴퓨터 시장의 역사적 변천사이다.

- 1950년대: 소수 잠재고객 대상, 시스템 정교, 직접영업, Sales engineer 동원
- 1970년대: 미니컴 출현, 사용자 증가, 외부유통경로 증가
- 1980년대: 미니컴 발달, 유통기관 활용 증가, 직접마케팅 발달
- 1990년대 이후: 다양한 세분시장 도달 위한 다양한 마케팅 조직 필요 증가
  - 딜러, 유통체인, EDI, Web site, 인터넷상 유통 등

2000년대 이후 현재에 이르기까지 고객은 더욱 더 작게 세분화되고 있으며 앞으로도 고객 세분화 현상은 계속 진행될 것이다. 따라서 기업들도 앞으로 더욱 더 세분화되는 고객들에게 맞춤형 서비스를 제공하기 위해 다양한 마케팅 조직을 구성해야 할 것이다.

(2) 유통망 운영비용

유통채널을 구축하고 운영하는 비용은 수익 구조에 지대한 영향을 끼친다. 창업기업은 유통채널 전략을 수립할 때 경로 대안별 유통 비용과 수익을 고려해야 하며 이때 비용은 대안별 절대 비용이 아닌 고객 1인당 비용을 산출해 비교해야 한다. 고객 1인당 비용을 산출하려면 제품 출시 시 시장에서의 매출 규모 추정이 필요하며 추정 매출 규모에 따라 적절한 유통경로가 달라진다. 또한 유통 비용 효율성만을 추구하면 마켓 커버리지를 확보하지 못하게 될 경우가 많으므로 창업기업은 유통 비용 효율성과 마켓 커버리지 사이에서 균형점을 찾아 유통경로를 선택해야 한다.

자본과 인력, 시간 모든 것이 부족한 창업기업 입장에서는 시장에서 이미 자리 잡고 있는 대형 유통 조직과 파트너십을 맺고 유통 부분을 일임하는 것도 하나의 방법이다. 이 경우 제조업자는 유통 관련 비용을 부담하지 않는 대신 유통기관에게 독점적 권리를 주며, 유통기관은 신제품에 대한 홍보 및 재고 운영, 유통 등 제반 비용에 대한 재무위험을 감수하는 대신 고마진을 보장받는다.

(3) 제품특성에 따른 설계

이는 제품의 특성에 따라 유통설계가 달라짐을 의미한다. 제품이 비표준 제품일 경우 직접적 영업조직이 필요한데, 이는 제품이나 서비스가 특정고객 필요에 따라 제작되며 고객에 대한 직접 접촉, 설명이 요구되기 때문이다. 일반적으로 제품의 복잡성 정도가 높을수록 더 소수의 중간상들이 유통경로에 참여한다. 한편 표준제품(메모리, 마이크로 프로세서 등)의 경우 유통기관 활용이 용이하며 대규모 판매가 가능하여 단위당 비용이 저렴해진다. 표준제품과 비표준제품의 중간에 속할 경우 기술복잡성, 유통기관 능력에 따라 결정할 수 있다. 예컨대 Dell 컴퓨터는 딜러들이 소비자보다 더 많은 지식을 갖추지 못하고 있다는 사실에 착안하여, 강력한 맞춤형 컴퓨터로서 고객을 직접 상대하며 인터넷 등을 통해 고객에게 기술지원 서비스를 제공하는 체제를 갖추었다.

(4) 유통기관 통제 정도에 따른 설계

유통기관에 대한 어느 정도 통제권을 갖고 있어야 하는지에 따라 설계하는 것이다. 이미 앞에서 몇 차례 서술한 바와 같이 간접유통경로는 직접경로보다 경로활동에 대한 통제가 어렵다. 간접경로 내의 각 경로구성원들은 자신의 이익극대화에 관심을 갖는 독립사업체이다. 따라서 경로구성원들은 시장에서 반응이 좋아 거래 물량이 크고 매출이 성장하는 제품에 판매 역량을 집중하며 거래 물량이 작은 기업의 판촉활동 요청에는 협조적이지 않을 수도 있다. 나아가 일부 유통기관들은 고객에 대한 정보공개를 기피하거나 제조업자가 설정한 이미지나 포지셔닝을 지키지 않기도 한다. 이런 경우 제조업자는 고객과의 장벽이 생길 수 있으며 고객의 요구에 대한 피드백이 어려워 문제 해결에 어려움을 겪게 되고 이는 결과적으로 회사의 생존에 커다란 위협이 되므로 유통경로에 대한 통제권 역시 중요한 기준이 된다.

(5) 유통계약의 유연성

유통계약 내용의 융통성, 신축성을 말한다. 예를 들어 처음에 유통계약을 맺는데 유통기관들이 10년과 같이 너무 장기적인 계약기간을 요구하거나, 한번 정해진 거래 조건들이 다른 조건으로 전환이 불가능할 때에는 차라리 처음부터 직접유통의 형태를 설계하는 것이 나을 수 있다. 특히 기술 제품의 경우 시장의 요구와 기술 발달의 변화 속도가 빨라서 제품과 유통경로에 대한 변화가 요구되고 기업과 유통경로 구성원은 이러한 변화 요구에 신속하게 대응할 필요가 있음을 염두에 두어야 한다.

3) 창업기업의 경쟁우위를 위한 유통 전략*

창업기업에 있어서 유통 전략을 수립하는 것은 매우 어려운 힘든 과정이다. 본 장에서 상세하게 기술한 내용들을 숙지하고 창업 초기부터 유통에 대한 고민을 해야 할 것이다. 아래에는 창업기업의 유통전략 수립에 유용한 몇 가지 팁을 기술하겠다.

(1) 직접 최종소비자에게 판매를 해본다

어떤 유통채널을 선택할 것인가 생각하기 전에 자신이 제품을 직접 최종 소비자에게 판매해 보자. 기업이 제품을 최종소비자에게 스스로 직접 판매하는 과정을 통해 소비자 구매의 최종 접점에 대한 이해의 폭을 넓힐 수 있으며 소비자의 구매 과정과 선호 유통 경로 등 자사 제품의 판매에 대한 많은 사항을 배울 수 있다. 이를 통해 습득한 유통에 대한 정보와 지식은 유통채널 결정에 많은 도움을 줄 것이다. 또한 기업이 간접유통을 선택하게 되더라도 위와 같은 자사 제품 직접유통 경험은 경로구성원을 관리하고 지휘하는데 큰 도움을 제공할 것이다.

(2) 최종 소비자로부터 유통의 흐름을 역으로 추적한다

유통의 끝단으로부터 즉 최종 소비자로부터 거꾸로 올라오며 유통의 흐름을 파악하는 것이다. 자사가 출시하는 동종 또는 유사 제품의 최종 소비자를 찾아내서 그들이 어떤 경로를 통해서 제품을 구매하고 있는지, 어떤 경로를 통해서 제품을 구매하기 원하는 가를 조사하는 것이다. 조사에서 밝혀진 경로들을 거슬러 올라가며 상위 경로 단계를 파악하고 다시 그 위의 유통 단계들을 파악하면 창업기업이 선택해야 할 경로에 대한 윤곽이 나타난다. 파악한 유통 단계 중에서 비교적 성공한 경쟁사가 취하고 있는 경로 단계들을

---

* 본 항의 내용은 Frederick G.Crane(2013), "Marketing for Entrepreneurs : Concepts and Application for New Ventures, 2nd Edition "을 중심으로 하고 일부를 보완하여 작성함

참고하여 자사의 유통 단계를 구성하면 유통 단계를 잘못 구성하여 발생할 수 있는 큰 손실을 피할 수 있다.

(3) 유능한 유통 파트너와 협력한다

앞에서 간단하게 언급한 바가 있지만 창업기업은 초기에 자본과 시간, 인력 모두가 부족하며 특히 제품을 개발하여 출시하는 단계에 이르면 유통경로를 구축하고 제품을 홍보할 여력이 없는 경우가 많다. 많은 창업기업은 직접유통을 통해 마진을 많이 취하는 것을 이상으로 생각한다. 그러나 직접유통에는 막대한 자금과 거대한 조직이 필요하여 사실상 대기업들만이 직접유통을 실시하고 있고 대부분의 중소기업은 간접유통 방식을 취하고 있다. 따라서 창업기업은 제품 출시 초기에 능력 있는 유통 파트너를 찾아 협력체계를 구축하여 유통 관련 비용을 줄이고 유통 파트너가 확보하고 있는 네트워크와 영업 능력을 활용하는 것이 나을 수 있다. 예를 하나 들어보겠다. 미용실을 표적시장으로 두피 마사지 기능과 물 튀김 방지 기능을 갖춘 샤워기헤드를 개발한 JWKOREA사는 미용실에 미용 기자재를 납품하는 전국 유통망의 본부를 찾아가 협력 관계를 만들어 냄으로써 전국의 미용실에 빠른 시일 내에 제품을 공급하게 되었다. 만일 그들이 직접 미용실을 상대로 영업을 했다면 영업 조직 구축과 제품 확산에 소요되는 시간과 비용으로 상당한 부담을 가졌을 것이다.

(4) 웹 사이트를 먼저 구축한다

이제 지구촌은 인터넷 덕분에 하나로 연결되었다. 창업기업은 이러한 온라인 채널을 적극 활용해야 한다. 인터넷이 닿는 지구촌 소비자라면 대부분이 제품을 구매하기에 앞서 인터넷을 통해 제품 정보를 검색하고 있다. 다행히 웹페이지를 구축하여 전 세계인들에게 자신의 기업과 제품 정보를 제공하고 주문 및 결제를 받는 데 들어가는 비용이 크지 않다. 미국은 물론이고 국내에서도 앞서 가는 창업기업은 제품 개발 완료 전부터 웹

페이지를 만들어 고객들의 검색에 노출시킴으로써 미리 정보를 제공하고 고객의 반응을 수집하며 나아가 주문까지 접수하고 있다. 창업기업 역시 제품을 개발하는 과정과 더불어 웹사이트를 구축하여 정보를 미리 제공하고 가망 고객을 확보할 필요가 있다.

4) 하이테크 창업기업의 유통경로 관리 주안점*

하이테크 제품의 경로유형 흐름은 주로 〈그림 10-15〉와 같이 기술수명주기의 진행에 따라 변화한다. 신기술이 처음 시장에 진입했을 때는 OEM 및 시스템 통합자(System Integrator)에 초점을 맞춘다. 그리고 일단 교두보를 확보하게 되면 기술적으로 능력을 갖춘 VARs(Value Added Resellers: 부가가치재판매업자)들이 조기 수용자 시장에 제품을 확산시킨다.

- VARs(Value Added Resellers: 부가가치재판매업자)

  부가가치 재판매업자들은 하이테크 기업으로부터 제품을 구매하여 그들의 전문성을 통해 가치를 부가하고 다음 단계의 유통이나 소비자에게 번들로 솔루션을 제공한다. 기업의 제품을 단순 재판매하는 수준이 아니고 판매업자가 갖고 있는 기술을 제품에 추가 반영하여 제품의 가치를 높이는 역할을 한다. 이들이 신제품 출시 후 조기 수용자 시장에서의 성공적 진입 여부를 좌우한다.

시간이 경과하여 기술이 임계수준에 도달하고 고성장단계에 진입하면 이제 전통적인 딜러 형태의 경로들을 이용하여 시장에서 보급률을 증가시키는 작업을 하게 된다.

이와 같이 기술수명주기 단계별 유통경로 변화가 이루어지는 모든 과정에서 하이테크 창업기업들이 유통기관 선택 및 관리 과정에서 중요시해야 할 부분이 있다.

---

* 본 항의 내용은 서상혁역(2012), "하이테크 혁신마케팅"을 참조하여 작성함

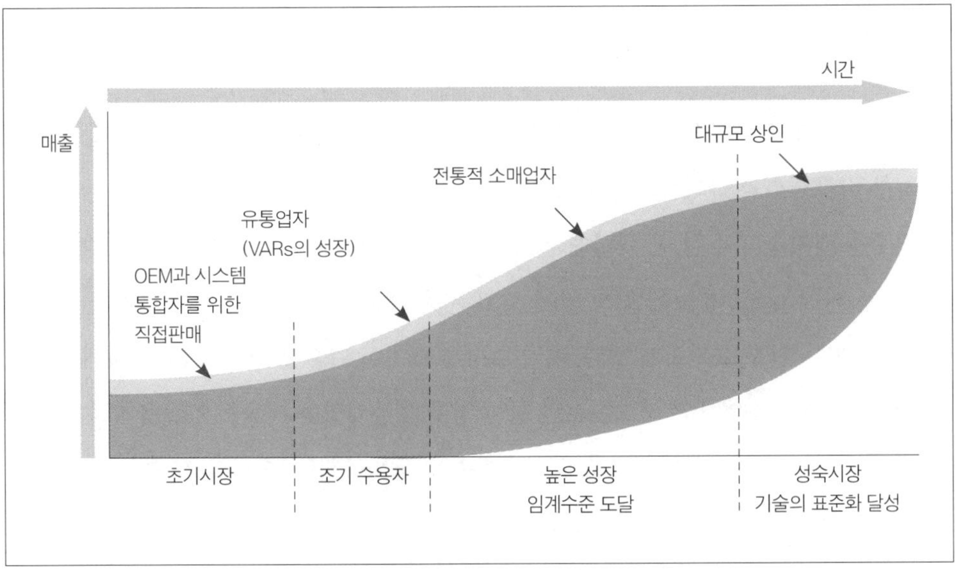

〈그림 10-15〉 하이테크 경로의 진화

(1) 수준 높은 지식 보유

일반적으로 유통기관 선정기준으로는 영업 경험, 재무상황, 고객이미지, 영업조직 규모, 능력, 제품 Portfolio 규모, 상표 등이 있다. 그러나 하이테크 제품의 경우 하이테크 제품의 혁신성으로 인해 유통 기관들의 수준 높은 지식 보유가 필요하다. 일반 소비자들은 혁신적인 하이테크 제품에 대한 이해가 부족한 경우가 대부분이어서 제품 구매 시 판매 접점으로부터 많은 정보를 얻기를 원하며 때로는 판매자의 상세한 교육을 요구하기도 한다. 이러한 소비자가 원하는 정보와 교육을 기업 또는 유통 기관이 충실히 제공하지 못할 경우 혁신적인 하이테크 제품은 시장 진입이 불가능하다. 따라서 하이테크 기업은 충분히 수준 높은 지식을 보유한 유통 기관들로 유통 단계를 구성해야 하며, 지식이 부족한 유통 기관을 이용할 경우에는 충분한 사전 교육을 실시해야 한다.

(2) 기술 진부화에 대한 대책

일부 하이테크 솔루션은 순식간에 진부화됨으로써 출시 이후 얼마 지나지 않아 시장에서 구 버전으로 취급되는 형편에 놓이므로 하이테크 기업은 제품의 진부화 문제에 대한 대책을 세워놓아야 한다. 예컨대 PC는 짧은 주기 속에서 신제품이 속속 등장하면서 소비자는 더 이상 그 제품을 찾지 않게 되고 기존 재고 제품의 가치가 급격하게 하락하여 유통업자는 반품을 원하게 된다. 이런 현상은 급격한 기술 발전 속도에 따라 나타나는 현상으로 이를 유통업체의 책임으로만 돌릴 경우 유통채널을 지속적으로 유지하기 어렵다. 따라서 제조업자는 주기적으로 고객과 유통기관의 동향, 기술의 발전 속도 등을 조사하고 그 변화를 미리 알아내어 적절한 대응 방안을 수립함으로써 기술 진부화에 따른 판매 손실이 기업과 유통 기관 모두에 최소화되도록 노력해야 한다.

(3) 고객 서비스 및 교육 훈련 강화

고객 서비스는 하이테크 부문의 필수사항으로 신속하고 적절한 대응이 미흡한 경우 전체적 노력이 실패할 수 있다. 하이테크 제품의 경우 기술적 노하우를 지닌 전문가 조직을 반드시 갖추어야 하며 이들을 통해 고객서비스의 품질이 보장될 수 있다. 앞에서 설명했듯이 혁신적 하이테크 제품은 판매자의 많은 정보 제공과 교육이 필요하며 구매 시 또는 사용 중에 최종 접점에서의 문제 해결이 만족스럽지 않을 경우 그 제품은 시장 진입이 어렵다. 따라서 유통기관 기술자의 경쟁력을 배양하는 교육훈련을 지속해서 실시하는 것이 매우 중요하다. 아울러 유통기관의 유통기관 기술자가 지원해준 서비스는 서비스 내용의 품질을 기준으로 보상해야 한다. 즉 몇 회 정도 애프터서비스 했는가를 조사하는 양적인 개념이 아니라 고객이 서비스를 받고 나서 얼마나 문제 해결에 만족했는가를 파악하여 보상의 기준으로 삼아야 한다.

(4) 차별화된 인센티브 프로그램

하이테크 제품의 경우 유통기관 대상 인센티브 프로그램도 일반제품의 인센티브 프로그램과 상이해야 한다. 매출의 증가 등 일반적 기준 외에도 하이테크 제품의 초기 시장 진입과 지속 성장에 절대적으로 필요한 신제품 교육 프로그램의 보유와 활용 정도, 신기술에 대한 대 고객 정보 제공 정도, 고객으로부터 접수한 기술적 문제에 대한 신속하고 정확한 해결 등이 중요한 인센티브 기준으로 강조되어야 한다.

끝으로 가장 바람직한 하이테크 제품 유통기관의 모습은 다음과 같다.

- 시장지식을 갖추고
- 고객과 경쟁자 정보를 제조업자에게 제공하며
- 제조업자들 간에 명성을 가지고 있고
- 판매에 적극적이며 고객 유지와 고객 서비스 제공에 전문성을 갖추고
- 판매 예측을 실시하고 그 결과를 제공하며
- 재무적 리스크를 제조업자와 공유하는 것이다.

기술트렌드 4

ETRI, "2015 주목해야 할 7대 기술"

한국전자통신연구원(ETRI)은 '글로벌 ICT 선도를 위한 R&D기획역량 제고'사업의 일환으로 '에코사이트(ECOsight) 2.0: 미래기술전망' 보고서를 펴냈다. 이 보고서에서 '2015년 주목해야 할 7대 기술'로 HW와 SW의 근간을 혁신할 3건의 컴퓨팅기술과 미래 ICT융합 부문에서 새로운 기본 생태계의 얼개를 결정할 2건의 플랫폼, 보다 인간에 가까운 2건의 기계장치가 선정됐다.

구분	7대 기술	주요 특징
Computing	① 감성 컴퓨팅	• 인간의 감정을 인지, 해석, 처리, 표현하는 기계 • 인간-기계 공존을 위한 상호작용과 소통 • Warm ICT를 위한 컴퓨팅 아키텍처, 알고리즘 혁신
	② 양자 컴퓨팅	• 양자시대로의 진입을 주도하는 D-Wave Systems • 인공지능 혁신을 위한 양자컴퓨터 개발 경쟁 • 성급한 기대보다는 중장기적 미래전략 필요
	③ 뉴로모픽 컴퓨팅	• 폰 노이만 구조의 한계에 대한 도전 • 부분적 성과가 가시화되면서 상용화 시도 • 전력소비 효율화, 멀티미디어 처리, 지능화를 위한 플랫폼
Platform	④ IoT 플랫폼	• 사물인터넷 플랫폼을 둘러싼 치열한 경쟁 진행 • 가격 하락과 표준화, 기술한계 극복을 위한 경쟁 • 안전 · 보안, 프라이버시 등이 기술 확산의 걸림돌
	⑤ 로봇 플랫폼	• 똑똑하고 유연하며 더 많이 연결된 로봇의 등장 • 기계적 운동장치와 스마트한 정보기기로서의 로봇 • 상호작용 능력의 확장을 위한 미래 로봇 플랫폼
Machine	⑥ 머신 비전	• 인간의 시각 인지능력을 위협하는 기계 • 인간의 눈이 아닌 새로운 기계의 눈 등장 • 양적 증가가 이끄는 질적 기술 진화
	⑦ 마인드컨트롤 머신	• 궁극적으로는 인간 팔 · 다리 대체가 기술개발 목표 • 복잡한 동작을 사용자 의도대로 수행하는 기계 신체 • 기술융합 노력과 더불어 안전 · 윤리 이슈 해결 필요

보고서에 따르면 미래 ICT기술은 DNA(Data, Network, Algorithm/Architecture) 영역에서 과거와는 질적으로 다른 변화를 겪으며 타 기술과의 융합을 가속화하고 기술의 불연속적 변화를 초래해 궁극적으로 더 스마트해지는 시대를 펼치고, 더 파괴적인 혁신을 주도할 것으로 전망했다. 정성영 ETRI 창의미래연구소장은 "세계적인 기술 발전 동향과 산업·시장 변화, 인문·사회 환경 등을 통합적으로 분석해 글로벌 미래기술 진화 방향과 영향력을 전망한 결과"라고 설명했다.

1. 감성 컴퓨팅

감성 컴퓨팅은 시각, 청각, 후각 등 오감뿐 아니라, 체온·땀·혈류량 등 생체신호나 인간의 감정을 읽어내는 기술로서 현재 음성인식, 표정인식, 표정 아래 숨은 감정인식, 소셜 UI/UX(사용자인터페이스/사용자 경험) 등 다양한 융합기술이 개발 중이다. 표정인식은 이미 상용화 단계에 도달했다. 표정 외에도 체온, 땀, 혈류량, 몸짓 등 인체로부터 얻은 정보로부터 인간의 생각, 바람 등을 포착하려는 연구가 현재 진행되고 있다.

MIT 출신 연구원들이 만든 기업 어펙티바(Affectiva)는 사람의 표정을 읽어 감정 상태를 분석할 수 있는 마케팅 SW를 개발했다. 또 마이크로소프트는 여성의 스트레스를 확인할 수 있는 스마트 브래지어를, MIT 미디어랩은 원격 신체 신호 측정거울이나 피부의 땀샘 활동을 통해 스트레스를 측정하는 팔찌 등을 개발했다.

2. 양자 컴퓨팅

2011년 록히드 마틴과 2013년 미항공우주국(NASA), 구글 등이 D-웨이브 시스템의 양자 컴퓨터를 구입한 소식이 알려지면서 전 세계가 주목한 바 있다.

구글은 지난해 9월 NASA와 공동 설립한 양자인공지능연구소(QuAIL)를 통해 초전도 전자기술에 기반한 새로운 양자 정보처리 장치를 설계하고 제작에 나섰다. IBM은 2012년 초전도 큐비트를 탑재한 반도체 칩을 개발했다. 또 일본은 레이저 네트워크 방식의 신형 양자컴퓨터를 개발 중이다.

3. 뉴로모픽 컴퓨팅

새로운 유형의 컴퓨팅 방식으로 생물학적 신경계를 모방하려는 연구 분야다. 사람의 뇌처럼 분산·병렬적으로 정보를 처리하는 고집적회로(VLSI) 구현이 궁극적인 목표다. 미 국방부 산하 방위고등연구계획국(DARPA)이 인공두뇌 개발에 착수했고, MIT는 지난 2011년 두 개의 뉴런 간 시냅스에서의 이온 기반 통신을 흉내 낸 최초의 아날로그 칩을 발표했다. IBM은 2억 5,600만 개의 디지털 시냅스를 구현한 뉴로모픽 칩을 선보였다. 차세대 모바일 플랫폼과 지능화 플랫폼으로 부상할 것으로 전망되는 분야이다.

4. 사물인터넷 플랫폼

사물인터넷을 구성하는 사물(디바이스, 센서, 액추에이터 등)과 게이트웨이, 애플리케이션 서비스 플랫폼(데이터 분석, 서비스통합, 앱서비스 포함), 통신 프로토콜, 운영관리 시스템, 보안솔루션 간의 치열한 주도권 경쟁이 시작됐다. 사물인터넷 확산속도는 가격 하락과 표준화, 기술한계 극복이 좌우할 것이라는 것이 전문가들의 분석이다. 안전과 보안, 프라이버시 문제 등은 해결해야 할 숙제로 꼽힌다.

5. 로봇플랫폼

로봇 청소기나 학습형 로봇인 백스터(Baxter), 소셜 로봇인 지보(Jibo)와 피코(Pico), 자동차형 로봇이라 할 수 있는 구글카 등 다양한 형태와 기능을 가진 로봇이 등장했다.

미국 윌로우 개라지(Willow Garage) 등 로봇 OS 개발 선도기업들은 높은 신뢰도를 제공하는 실시간 OS 개발보다는 여러 종류의 동작 구현, 다양한 기계장치 추가 가능성, 디지털 네트워크와의 연동성 등을 포괄하고 추상화해 미래 로봇의 범용성을 보장하는 시스템 개발에 집중하고 있다.

6. 머신 비전

인간의 시각적 인지능력을 모사하는 기계적 시각 지능을 의미하며 최근 새로운 알고리즘의 등장과 컴퓨팅 파워의 증가로 인해 기술진화가 빠르게 진행 중이다. 2012년 토론토대학이 신경망, 딥러닝 등에 기반을 둔 슈퍼 비전 알고리즘을 제시하면서 이미지 내 사물인지 능력이 비약적으로 향상됐다. 이후 구글 등이 이 기술을 꾸준히 개선하면서 기술 진화가 가속화되고 있다. 구글은 지난 해 몇 분 안에 10만 종의 사물을 인지할 수 있는 알고리즘을 개발했다.

신생기업인 에버픽스는 스마트폰에 저장된 디지털 이미지 내용을 자동 인지해 분류, 관리하는 서비스를 제공하고 있고, 구글 자율주행자동차는 소나(Sonar)나 GPS신호처리기, 레이더(Radar)뿐만 아니라 1초당 10회전하는 64개의 레이저 탐지기를 통해 130만 개의 측거점을 생성해 사방 100미터 반경을 인지할 수 있다.

7. 마인드컨트롤 머신

사고, 질병 등으로 손실된 팔, 다리 등을 대체해 인간의 의도대로 움직일 수 있는 기계 신체를 구현하는 것이 목표다. 이미 2001년 움켜쥐기, 손목 회전하기, 팔 굽히기 등이 가능한 의수용 모듈이 미국 LTI에 의해 개발됐고 2007년 스코틀랜드 터치 바이오닉스가 근전도신호를 기반으로 동작하는 상업용 의수를 출시했을 정도로 마인드컨트롤머신은 꾸준히 연구돼 온 분야다.

올해 미국 케이스 웨스턴리저브 대학은 촉각복원시스템을 개발, 공개했고 스웨덴 찰머스 공과대는 골융합 방식의 의수를 제작했다. 또한 미국 피츠버그 메디컬센터는 사지마비 환자용 로봇팔 제어에 성공했으며 현재 인간의 생각만으로 기계 동작을 제어하는 기술 개발을 추진 중이다.

출처: www.etnews.com, 2014. 12. 25, 박희범.

참고문헌

국가통계포털, 〈http://kosis.kr〉

대한상공회의소(2015), 『2015년 유통산업백서』, 대한상공회의소.

박치관 외 역(2003), 『이노비즈 마케팅』, 북코리아.

서상혁(2010), 『창업마케팅: 벤처 및 하이테크 창업마케팅을 위한 원리와 실제』, 두남.

서상혁 역(2012), 『하이테크 혁신마케팅』, 경문사.

안광호 · 하영원 · 박흥수(2013), 『마케팅원론 제5판』, 학현사.

Dhruv Grewal and Michael Levy(2010), *Marketing, 2nd Edition*, McGraw-Hill Comapnies, Inc.

Frederick G. Crane(2013), *Marketing for Entrepreneurs: Concepts and Application for New Ventures, 2nd Edition*, SAGE Publications, Inc.

Jerome A. Katz and Richard P. Green(2009), *Entrepreneurial Small Business*, McGraw-Hill Comapnies, Inc.

Peter Hingston(2001), *Small Business Guides - Effective Marketing*, A Dorling Kindersley Book.

Robert A. Baron and Scott A, Shane(2008), *Entrepreneurship: a process perspective, 2nd Edition*, THOMSON SOUTH-WESTERN.

11장
창업기업의 촉진전략

일반적으로 마케팅의 기본적 요소인 4Ps 중에서 프로모션이 가장 마케팅의 본질과 가깝다고 볼 수 있다. 마케팅의 핵심기능이 원래 고객가치를 창조하고 고객과 커뮤니케이션하고 고객관계를 관리하는 것이므로 'Market+ing'라는 마케팅의 개념을 떠올려보면 Product, Place, Price, Promotion의 4P 중 프로모션이 상시 진화하는 마케팅의 특성을 잘 드러낸다고 할 수 있다. 좋은 제품을 만들고, 가격을 적절하게 결정하고, 표적고객들에게 유통하는 것만 가지고 기업이 해야 할 마케팅의 역할이 다 이루어졌다고 하는 것은 부족하다. 기업들이 고객의 주목을 끌고자 제공하는 각종 커뮤니케이션의 양이 점점 더 증가하고 주의를 끌기 위한 노력도 갈수록 정교해지는 것이 현실이다.

따라서 본 장에서는 고객들에게 최적의 효과를 거두도록 커뮤니케이션 할 수 있는 전략과 방법을 다루고자 한다. 이를 위해 마케팅 커뮤니케이션의 일반적인 절차와 요소를 서술하고 최근 등장하는 소셜 미디어를 소개한 다음 창업기업에 적합한 촉진전략을 검토한다.

이 장에서는 다음과 같은 내용이 중점적으로 다루어질 것이다.

- 마케팅 커뮤니케이션의 일반적 절차와 요소
- 소셜 미디어 마케팅
- 창업기업의 PR과 홍보
- 창업기업의 판매촉진활동과 바이러스 마케팅

Ⅰ 창업마케팅의 개요

1장. 창업마케팅의 정체와 특징

↓

Ⅱ 창업기업의 사업기회평가

2장. 창업기회 평가의 요소와 주안점

3장. 시장성 분석

4장. 마케팅 조사 및 수요예측기법

↓

Ⅲ 신제품 출시전략

5장. 신제품 개발과정과 성패 요인

6장. 신제품 출시 초기 대응 전략

↓

Ⅳ 창업을 위한 STP전략

7장. 시장세분화, 표적시장 선정 및 포지셔닝 전략

↓

Ⅴ 창업마케팅 실행

8장. 창업기업의 상품관리와 브랜드 전략

9장. 창업기업의 가격전략

10장. 창업기업의 유통전략

11장. 창업기업의 촉진전략

↓

Ⅵ 하이테크/창업기업 특화 마케팅

12장. 하이테크 제품의 고객행동과 마케팅

13장. 창업기업에 특히 유용한 마케팅기법

1. 마케팅 커뮤니케이션의 일반적 절차와 요소

소비자에게 제공되는 정보가 날이 갈수록 많아지고 최근 더욱 다양한 매체가 속속 등장하면서 무엇을, 어떻게, 누구에게, 얼마나 자주 전달할 것인가가 더욱 어려운 과제가 되고 있다. 특히 자원이 부족한 창업기업이 기존의 대기업이나 중견기업에 대항하여 강력한 프로모션을 수행하는 일은 무척 어렵다. 그럼에도 불구하고 창업기업의 경우 마케팅 결정요소 중 프로모션이 가장 중요하다는 것이 여러 연구자들의 공통적인 견해이다. 이에 이하에서는 프로모션의 일반적인 내용에 관해 서술한 다음 창업기업의 프로모션에 관해 논의하고자 한다. 우선 프로모션이라는 용어보다 최근 마케팅 학계 및 실무 현장에서 더 널리 쓰이는 마케팅 커뮤니케이션에 관해 살펴보자.

1) 마케팅 커뮤니케이션이란?

마케팅 커뮤니케이션은 시장, 언론 및 일반인들을 대상으로 정보를 제공하고 설득하려는 두 가지 목적을 갖고 있다. 기업은 특히 잠재고객들에게 상표, 기업 등에 대한 정보를 제공하여 그들이 이에 대해 호의적 이미지를 갖고 구매결정에 연결되기를 바란다.

커뮤니케이션이란 우리말로 의사소통이다. 프로모션의 목적이 정보제공(Information giving)과 설득(Persuasion)이라고 보면 이는 커뮤니케이션과 유사한 개념이다. 기업은 늘 시장과 소통해야 한다. 자신의 제품과 브랜드를 소비자들에게 지속적으로 알림으로써 소비자로부터 인지와 호의와 신뢰를 얻어야만 시장에서 경쟁하면서 성장을 꾀할 수 있기 때문이다. 이에 따라 기업들은 부단하게 시장과의 소통방식을 혁신해 왔다. 대표적인 전략으로는 광고, 인적 판매, 판매촉진활동, 홍보, 다이렉트 마케팅 등이 있다. 그중 광고는 사람들이 접촉하는 다양한 매체에 기업의 메시지를 실어 전달하는 것으로 직접소통이라고 할 수 있으며, 홍보는 신문, 방송, 잡지 등 언론매체의 기자와 같은 영향력 있는 사람들에게 기업의 메시지를 전달하고 언론채널을 통해 기업의 메시지가 대중에게 다다르게 한다는 점에서 간접적 방법이라 할 수 있다.

90년대 후반 등장한 이래 지각 변동 수준의 변화를 가져온 인터넷과 휴대전화의 등장과 더불어 역동적인 진화 발전을 거듭하고 있는 모바일을 포함하는 다양한 디지털 미디어를 이용한 소통방식이 큰 축으로 대두되고 있으며 블로그, 트위터, 페이스북, 유튜브, UCC 등의 각종 소셜 미디어는 전통적인 미디어에서 구현되었던 방법과는 완전히 다른 새로운 전략과 실행을 필요로 한다.

2) 커뮤니케이션 과정

효율적인 마케팅 커뮤니케이션을 위하여 커뮤니케이션의 기본적 요소를 이해해야 할 것이다. 〈그림 11-1〉은 커뮤니케이션 과정 모형을 나타낸다. 우선 발신인인 정보제공자와 수신인인 청중이 중요한 당사자이고 메시지와 채널(매체)이 그 다음으로 중요한 커뮤니케이션 도구이다. 그리고 부호화, 해독화, 피드백 등 과정이 있으며 커뮤니케이션 장애물인 노이즈가 있다.

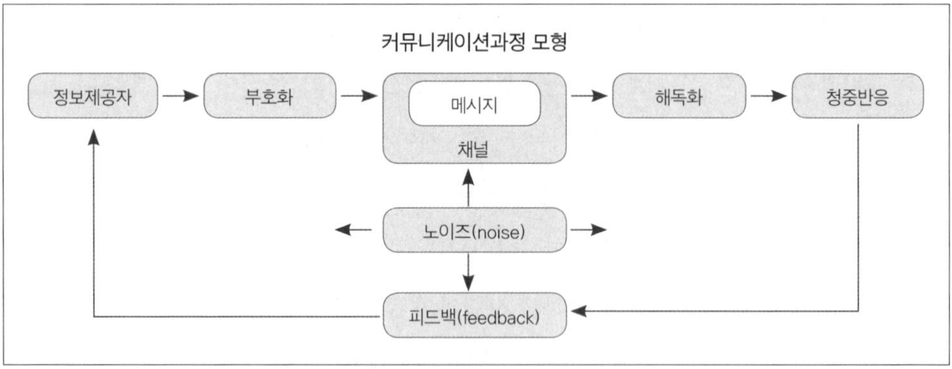

〈그림 11-1〉 커뮤니케이션과정 모형

효과적인 마케팅 커뮤니케이션을 위해 고려해야 사항을 커뮤니케이션 구성 요소로 살펴보면 다음과 같다.

주요 구성 요소	고려 사항
정보 제공자	• 커뮤니케이션 목표 결정 : 예) 정보 제공, 상표 인식, 구매연계 • 표적청중 결정 • 메시지 전달자(광고모델, 판매원)의 특징 평가: 전문성, 진실성, 호감도 등으로 평가
부호화	• 전달할 내용을 부호나 상징으로 표현(메시지 제작)
메시지	• 주의환기, 흥미유발, 욕구 자극, 행동 유도할 수 있어야 함 • 메시지 소구 방식(Appeals): - 이성적 소구: 속성, 편익을 구체적으로 제시하는 합리적 소구 - 감성적 소구: 따뜻함, 유머, 두려움, 자부심 등의 감정을 유발 - 도덕적 소구: 불우이웃돕기, 환경보호 등 의의와 가치 전달 • 메시지 구조 중 메시지 주장 측면: - 일방적 메시지와 양면적 메시지로 구분 가능 - 결론을 먼저 제시하는지 나중에 제시하는지, 반대의견도 제시하는지 여부, 주장의 수 및 주장들 간의 관계 등에 대한 고려 필요 • 메시지 양식: - 전달 내용을 표현하기 위해 상징이나 부호를 사용하는 것 - 언어적 표현과 비언어적 표현, 시각적 및 청각적 메시지 등으로 구분 가능
채널	• 광고, PR, 판매원, 판매 촉진, 포장 등으로 구분 가능 • 채널 선택 영향 요인: 표적 청중의 특성, 제품 특성, 메시지 내용 및 구조와 양식
효과 측정	• 커뮤니케이션 효과 측정 영역: 메시지 기억 여부, 노출 횟수, 회상 내용, 느낌, 메시지 노출 전후 기업/제품에 대한 평가 • 행동적 반응 측정 영역: 제품 구매자 수, 구전의 수, 매장 방문의 수 등

마케팅 커뮤니케이션 담당자는 소비자들을 둘러싼 수많은 노이즈 요인에도 불구하고 소비자의 주의를 끌 수 있으면서 설득력 있게 수용되는 메시지를 만들어 가장 효과적이고 효율적인 매체를 통해 전달해야 한다. 이를 위해 우선 표적 청중 파악, 표적청중이 원하는 반응 결정, 반응을 유발할 메시지 선택, 메시지를 보낼 경로 결정, 커뮤니케이션에 대한 소비자 반응을 보고 해당 커뮤니케이션의 효과를 측정하는 것이 필요하다. 이를 표로 나타내면 아래와 같다.

마케팅 커뮤니케이션 과정

3) AIDA 모델

커뮤니케이션의 표적청중이 파악되고 나면 그들로부터 원하는 반응을 결정해야 한다. 마케팅 커뮤니케이션에서는 소비자의 구매를 목표 반응으로 삼는 경우가 많다. 그런데 소비자는 구매에 있어 길고 복잡한 의사결정 과정을 거치는 경우가 있고 특히 고관여 제품의 경우 여러 단계를 거치는 것이 일반적이다. Robert Lavidge 와 Gary Steiner는 "A Model for Predictive Measurements of Advertising Effectiveness"에서 촉진의 계층효과 모형(Hierarchy effects model)으로 아래 6단계를 제시한 바 있다. 각 단계별 운영을 고려할 만한 촉진의 예는 다음과 같다.

촉진의 계층효과 모형(Hierarchy effects model)

인지 → 지식 →	호감 → 선호 → 확신	→ 구매
인지적 광고와 PR	감성적 인적판매	행동적 판매촉진

예를 들어 광고라는 자극이 소비자에게 주어졌을 때 그에 대한 반응은 "광고에 대한 주의 → 관심 → 욕구 → 구매" 등의 커뮤니케이션 효과로 구분할 수 있는데 어느 경우이든 커뮤니케이션을 실행하는 즉시 구매로 연결되는 경우는 드물다. 이는 대체로 〈그림 11-2〉와 같은 일련의 심리적 절차를 거치기 때문이다.

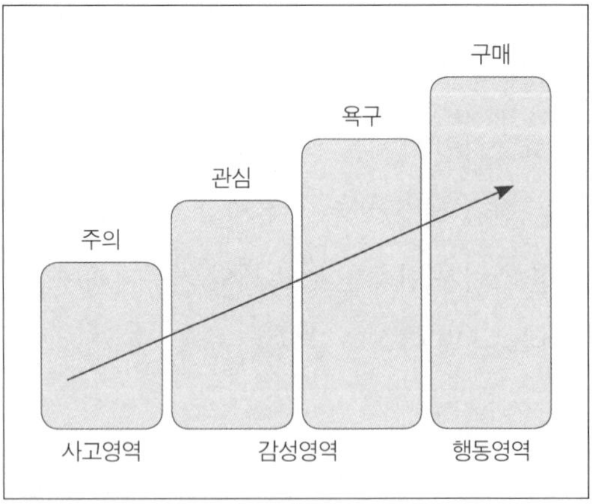

〈그림 11-2〉 AIDA 모델

AIDA 모델은 일반적으로 다음과 같은 단계를 거치는 것으로 설명된다.

구매의 AIDMA 원칙		구매 유도를 위한 마케팅 상의 Tip
Attention	주의	매장 방문 소비자의 눈길 끌 수 있도록 진열 및 연출 Topboard, 현수막, 포스터 등 활용
Interest	관심	고객 유도 위해 POP, Eye catcher, 상품설명서 등 활용 상품에 대한 관심 유발 및 이해도 제고
Desire	욕구	매장 내 상품 비교 경험 제시 시식, 견본품 제공 등 직접 소구 방식 활용하여 구매욕구 자극
Memory	기억	상품 정보 쉽게 제공하고 제품 가격의 가독성 높여 소비자가 구매에 대한 확신 가지도록 유도
Action	구매	소비자의 최종 구매 결정 돕도록 매장 분위기, 진열, 상품설명, 가격표 등 구비

최근 우리를 둘러싼 정보 환경은 놀랍다. 인터넷과 휴대폰의 보급, 다채널화 등의 발전을 통해 미디어는 다양화되고 세분화되었고 이로 인해 전 세계적으로 발신되는 정보의 양은 기하급수적으로 급증했다. 일반적으로 성인 남녀는 하루에 평균 1,000개의 상업 광고 메시지를 접한다는 것이 정설이다. 이들은 각각 청중의 주의를 끌기고자 차별적 소구, 대담한 주제 등을 다루기도 한다. 그러나 정작 소비된 정보의 양은 이전과 비슷하다. 개인이 투입된 정보를 의미 있는 것으로 만들기 위해 선택하고 조직하며 해석하는 과정을 지각(Perception)이라 하는데, 이때 지각은 물리적 자극의 특성뿐 아니라 주위 환경의 영향과 자극의 관계 그리고 개인의 내적 상태에 따라 달라진다. 소비자가 동일한 자극물을 다르게 지각하는 것은 선택적 주의, 선택적 왜곡, 선택적 보유가 작용하기 때문이다.

선택적 주의	• 수많은 일상적 자극에 노출 • 모든 자극에 주의 기울이는 것은 불가능 • 대부분의 자극이 여과됨
선택적 왜곡	• 소비자가 주목하는 자극이라도 기업 의도대로 전달되는 것은 아님 • 인간은 선입관에 대항하기보다 선입관 지지하는 방식으로 정보 수용 및 해석하는 경향
선택적 보유	• 인간은 학습한 것을 망각함 • 그러나 자신의 신념을 지지 및 보조하는 정보는 보유하려는 경향

마케터가 이용할 수 있는 커뮤니케이션 수단은 더욱 다양해지고 더 저렴해졌으며, 실시간 쌍방향 의사소통도 가능하게 되었으므로 일방적으로 메시지를 내보내는 커뮤니케이션 1.0 단계를 넘어 소비자 스스로가 우리 메시지에 관심을 갖고 공유하게 하는 '커뮤

니케이션 2.0'적 사고가 필요한 단계에 도달하였다. 이에 대해서는 다음에 더 구체적으로 논의할 예정이나 위에서 언급된 AIDMA를 인터넷의 경우에 적용해 보면 AISAS 또는 AISCEAS 의 단계로 구성된다고 보는 관점이 존재한다.

인터넷에서의 구매단계

AISAS	Attention → Interest → Search → Action → Share
AISCEAS	Attention → Interest → Search → Comparison → Examination → Action → Share

4) 커뮤니케이션의 플랫폼과 진화

소비자에게 반복해서 동일한 메시지를 전달하기 위해서는 다양한 커뮤니케이션 도구가 결합되어 사용된다. 흔히 사용되는 커뮤니케이션 수단들의 유형은 다음과 같다(<표 11-3> 참조).

① 광고: 비 인적 매체를 통해 광고주가 자사의 제품이나 서비스에 대해 전달한다.

② 제품 포장과 디자인: 고객의 눈과 마음을 사로잡으려면 디자인이 중요하다. 제품은 커뮤니케이션의 대상인 동시에 매개체이다.

③ PR: 하이테크 상품의 커뮤니케이션은 신뢰를 전제로 하며 PR이 신뢰 구축의 핵심 열쇠이다.

④ 다이렉트 마케팅: 커뮤니케이션은 일 대 일로 이루어질 때 가장 효과적이며 성과와 직결된다.

⑤ 전시회와 세미나: 하이테크 상품은 설명을 필요로 하는 경우가 많다. 특히 최근 신제품 출시와 관련하여 국내에서 이벤트를 활용하는 비율이 높아지고 있다.

⑥ 인쇄물: 카탈로그나 브로슈어, 책자 등은 시각적인 커뮤니케이션과 함께 효과적인 정보 제공의 수단이 된다.

⑦ 텔레마케팅: 전화상담은 대표적 쌍방향 매체이며 고객 문제해결의 편리한 도구이다.

〈표 11-3〉 마케팅 커뮤니케이션 수단의 유형

광고	판매 촉진	PR	인적 판매	직접 마케팅	소셜 미디어 마케팅
• 인쇄 및 방송광고 • 내부외부포장 • 동영상 • 소책자 · 안내서 • 포스터와 전단 • 진열간판 • 광고물의 리프린트 • 빌보드 • 디스플레이 싸인 • 비디오테이프 • 상징과 로고 • POP진열 • 오디오 비주얼 • 상징물 및 로고	• 경진대회, 추첨, 경품, 게임, 복권 • 프리미엄, 사은품 • 견본 배포 • 박람회 • 전시회 • 실연 • 쿠폰 • 리베이트 • 저리 금융 • 중고품 교환 • 삽입광고	• 보도자료 • 연설 • 세미나 • 연례보고 • 기부 • 후원 • 로비 • 간행물 · 기업잡지 • 지역사회 활동 • 공장견학 • 거리행사 • 스포츠 • 페스티벌 • 사보 • 각종 행사	• 판매제시 • 판매회의 • 인센티브 • 견본 • 박람회 • 전시회 • 유인프로그램	• 카탈로그 • 우편물 • 텔레마케팅 • 인터넷쇼핑 • TV쇼핑 • 팩스 • E-메일 • 음성메일	• 블로그 • 유튜브 • 트위터

이와 같은 기존의 전통적인 미디어 외에 인터넷과 디지털 미디어 등의 도구들은 소비자와 직접 소통할 수 있는 환경을 제공하고 있다. 또한 소비자들의 의견을 공유하고 전달하게 하여 예측할 수 없는 구전을 가능하게 한다. 특히, 트위터, 블로그, 유튜브 등 새롭게 등장한 채널들은 사이버 언론의 장으로서 소셜 미디어로서의 역할을 확대시켜가고 있다. 소셜 미디어 채널은 정보의 자유로운 흐름을 촉진하여 정보의 습득, 형성, 확산을 기하급수적으로 확대시켜 지속적으로 사용자의 파워를 키워간다. 모바일 통신기기와 결합하여 거대한 시너지 효과를 일으키며 문화의 변혁을 야기하고 있는 것이다.

블로그, SNS, 유튜브와 같은 동영상 사이트 등 소비자의 자발적인 정보 발신으로 성립되는 인터넷상의 미디어를 가리키는 소셜 미디어는 쌍방향 상호성을 기반으로 성립되며 이는 기업의 제반 활동에 많은 변화를 주고 있다. 초기에는 '참여'나 '공유'가 강조되는 'UCC 동영상'이 인기를 얻었고, 다음에는 '개방'을 중시하는 '블로그'가 인기를 얻었으며, 이후 '소통'을 강조하는 'SNS(Social network service)*'가 인기를 끌고 있다. 이러한 트렌드에

* 인터넷 상에서 사회적인 네트워크를 구축할 수 있도록 제공되는 서비스로 우리나라에서는 싸이월드 등의 사이트를 예로 들 수 있음

편승하여 블로그 또한 사회적인 요소를 가미하여 소셜 미디어로 발전해나가고 있다. 이후 2006년 모습을 드러낸 트위터는 개방성과 실시간 소통하는 장점을 살려 소셜 미디어로서 명백한 지위를 차지하고 있으며 기업의 브랜드 커뮤니케이션 도구 중 주목할 만한 수단 중 하나로 자리매김하였다.

국내의 경우 디지털 흐름을 주도하는 이동통신기기, 인터넷 서비스, 넷북 등 개인 이동통신 제품이 히트 상품에 다수 포함되었고, 이들의 활용은 라이프스타일에 큰 변화를 가져다주었다. 소셜 미디어의 확산을 통해 소비자들 간의 자유롭고 활발한 정보 교류가 촉진되었는데, 이는 소비자의 파워가 정보의 습득, 형성, 확산 측면에서 크게 향상됨을 의미한다. 즉, 권력의 중심이 점차 기업에서 소비자로 이동하고 있다는 점이다. 따라서 기업들은 소셜 미디어가 야기하는 사회와 소비자 측면의 변화를 깊이 이해하고 이를 바탕으로 한 마케팅 전략의 변화를 수용하는 것이 필요하다. 즉, 온라인 마케팅이나 모바일 마케팅을 통해 시대의 흐름에 동참하고 그 속에서 차별화된 노력을 강구해야 한다.

5) 소셜 미디어의 최적화

웹2.0 기반의 사회적 활동이나 매체를 통틀어 지칭하는 소셜 미디어 채널 중 인기 있는 형식은 블로그, 인터넷 포럼, 팟 캐스팅, 위스키, 비디오 블로그 등이다. 소셜 미디어의 영향력이 점점 커짐에 따라 등장한 개념이 SMO(Social media optimization)로 이는 소셜 미디어를 끌어들임으로써 자사 사이트에 대한 접속이나 평가를 향상시키자는 개념이다. SMO을 위해 유념하여 적용해야 하는 사항은 다음과 같다.

- 외부로부터 링크하기 쉽게 한다.
- 북마크나 태그를 달기 쉽게 한다.
- 외부 링크에 비해 링크의 원천을 표시하는 등 무엇인가 혜택을 준다.
- PDF나 음성 파일을 준비하여 사이트에서 콘텐츠를 쉽게 가지고 갈 수 있도록 한다.

• 콘텐츠와 외부 서비스의 조합을 장려한다.

이전에는 하이테크 제품을 시장에 먼저 출시하여 경쟁사보다 시장에 한발 앞서 진입하게 되면 고객 인식을 선점하게 되고 특별한 경우가 아닌 경우 바로 1등 브랜드의 지위를 차지하는 것이 가능했다. 따라서 하이테크 기업은 커뮤니케이션 수단의 하나로 '사전예고(Pre announcement)'를 전략적으로 활용하였다. 이는 신제품 출시, 가격 변동, 새로운 광고 캠페인의 런칭, 제품 라인 변경 등의 특정 마케팅 활동을 시행하기 전에 기업이 먼저 해당 메시지를 공표하는 것으로서, 광고에 비해 빠르고 저렴하며 높은 신뢰를 받는다는 측면에서 매력적인 수단이었다.

그러나 정보력이 뒷받침된 소비자의 파워가 강해지면서 소비자가 기업을 둘러싼 정보의 이해관계의 주요 당사자 중 하나로 부상한 상황에서 기업이 내놓은 솔루션(Solution)에 대해 소비자의 허가를 받아야 하는 상황이 등장하였다. 즉, 앞선 기술력을 바탕으로 신제품을 시장에 먼저 출시한다고 해서 성공이 담보되던 시기가 더 이상 아니라는 것이다. 지금까지는 후발 기업이 혁신적인 제품을 출시하더라도 이를 고객들에게 알리기가 매우 어려웠다. 그러나 지금은 소통의 속도와 수단이 달라진 시대다. 2등 기업도 가격 품질 등에서 기본적인 경쟁력을 갖추고 소비자들과의 단단한 네트워크만 구축하고 있다면 시장에서 역전시킬 수 있는 기회가 더욱 커졌다. 앞으로는 시장 선점은 늦었더라고 제품 개발 단계에 파워 블로거 등 소비자 집단을 테스터로 참여시켜 소비자와의 공고한 관계를 바탕으로 시장을 역전하는 사례들을 쉽게 볼 수 있을 것이다.

델(Dell)은 소비자들에게 유용하고 다양한 정보를 제공하면서 신뢰와 관계구축을 위한 노력을 기울이는 기업의 좋은 예 중 하나이다. 최근 델이 개설한 포스트 중 하나는 소규모 비즈니스를 운영하는 고객에게 사업계획 수립 지원 정보 등을 제공함으로써 소규모 비즈니스 오너들의 사랑을 받는 최고의 포스트로 부상하고 있다. 델은 매출 증대를 위해 단순 제품 판촉이 아닌, 소비자의 입장에서 소비자의 관심사를 해결하고 노력하고 실질적인 해결책인 정보 제공을 통해 소비자와의 네트워크를 구축하고 있다. 이렇게 구축된 소비자 네트워크는 결과적으로 이들이 자신들의 사업을 위해 컴퓨터 시스템을 구성할 시기가 되면 자연스럽게 델의 제품을 구매하게 되어 델의 수익 창출 기회로 연결될 것이다.

Web 2.0 이전	Web 2.0 이후
매스미디어를 통한 기업 이미지 구축가능	매스미디어를 통한 일방적 커뮤니케이션으로는 기업 이미지 구축이 더 이상 불가능하며 적극적 소통 노력이 필요
기업에 유리한 일방적, 선별적인 정보전달	실체를 기반으로 투명하게 고객에게 접근해야 하고 기업 투명성 강화가 새로운 경쟁력으로 부상
시장선점이 중요	시장선점효과는 더 이상 절대적이지 않을 것이며 소비자와의 견고한 네트워크를 만들어 공감을 도출하는 것이 중요
기업이 압도적인 정보를 바탕으로 고객에 대한 예측 및 선도가 가능	소비자가 기업 내 연구자의 기대를 뛰어 넘을 수 있으므로 소비자가 직접 아이디어를 제안하고 참여할 수 있는 체계를 구축하는 것 필요
특정 부서에서 의사결정 체제를 바탕으로 한 기업 브랜드 관리 및 운영	내부 임직원의 기업 가치 공유가 그 어느 때보다 중요하며, 이를 바탕으로 모든 부서의 의사결정을 할 수 있는 체계로 전환 필요

2. 소셜 미디어 마케팅*

대기업들이 주로 이용하는 전통적인 촉진수단인 매스미디어는 창업기업이 감당하기에는 어려운 높은 비용이 든다. 다행스럽게도, 인터넷의 폭발적인 성장으로 온라인 소셜 미디어의 적절한 활용을 통해 창업기업이 저비용으로 촉진활동을 할 수 있게 되었다. 물론 소셜 미디어는 누구나 사용 가능한 도구이기는 하나 제대로 알고 마케팅에 적용해야 효과를 거둘 수 있다. 그를 위해 몇몇 대표적인 소셜 미디어 마케팅 방식에 대해 살펴보도록 하겠다.

1) 블로그

창업기업이 유용하게 홍보 및 판촉 도구로 쓸 수 있는 블로그는 폐쇄적인 구조의 홈페이지, 카페, 미니홈피 등에 비해 매우 개방적이고 가벼운 페이지(포스트)로 구성되어 있어 정보 공유와 배포가 용이하다. 또한 각 포스트마다 본문 내용에 대한 키워드인 태그(꼬리말)를 달 수 있어서 기본 웹 서비스에 비해 수월하게 수집과 노출이 가능하다. 창업기업이 연관된 정보성 글을 올리고 더 나아가 검색 엔진이 좋아하는 최적화된 방식으로 포스팅을 한다면 적확한 타깃팅, 효율적인 브랜드 구축 및 매출 확장에 도움 될 것이다. 블로그의 효율적인 운영을 위해 다음을 고려하는 것이 필요하다.

- 블로그 운영 목적과 방향을 분명히 하고 콘셉트를 잡을 것
- 검색 엔진 상위 노출에 적합하도록 포스트를 작성 할 것
- 이웃 블로거와 효율적으로 소통할 것
- 메타블로그를 활용하여 블로그 방문자를 늘릴 것

* 본 절의 내용은 주로 다음의 책에서 발췌 · 요약하였음. 손정일(2012), 『10억짜리 꼼수 소셜마케팅』, 라온북; 최재용 외(2013), 『소셜미디어 마케팅』, 매일경제신문사; 최재용 외(2014), 『SNS 홍보마케팅 불변의 법칙』, 시대에듀.

• 소셜미디어 SNS를 활용하여 블로그 방문자를 늘릴 것

첫 번째, 블로그 운영 목적과 방향을 분명히 하고 콘셉트를 잡는 것이 필요하다. 목적이 분명해지면 운영에 대한 목표를 구체적으로 설정하는 것이 필요하다. 매일 올리는 글의 수, 소통하는 댓글의 수, 키워드 노출을 통해 달성하고자 하는 방문자의 수, 포스팅 스타일 등 운영 방향과 연동하는 콘셉트를 설정하도록 한다. 이때, 목표로 하는 분야에서 이미 성공적으로 운영되고 있는 다른 블로그를 벤치마킹하되, 무엇을 적용할지 기준과 원칙을 정하고 해당 블로그의 성공 요인을 파악한 후 창업기업 블로그만의 차별화된 스타일을 구축하도록 한다.

두 번째, 검색 엔진 상위 노출에 적합하도록 포스트를 작성한다. 블로그 운영의 핵심인 포스트의 경우 꾸준히 생성하는 것은 기본이고 방문자가 원하는 정보를 포함하고 검색 엔진이 선호하는 방식으로 작성하는 것이 필요하다. 높은 공감을 자아내는 포스트는 장기간 노출되어 실질적인 매출 창출로 연결될 수 있다. 검색엔진 상위 노출에 최적화될 수 있는 블로그 포스트 작성을 위해 다음 사항을 고려한다.

• 고객이 원하는 키워드를 포스트의 제목과 본문에 포함한다.
• 본문에 이미지를 포함한다.
• 글과 이미지가 반복되는 구성으로 본문을 작성한다.
• 동영상을 포함한다.
• 태그(관련 키워드)를 삽입한다.

세 번째, 이웃 블로거와의 소통을 중요시한다. 블로그 콘셉트가 좋고 검색엔진에서 상위 노출되는 포스트를 작성했다고 해도 블로그 이웃과의 소통을 통한 댓글이나 활동이 없으면 블로그의 활성도는 점차 떨어지고 검색 상위 노출도 입소문 형성도 어렵게 된다. 나에게 맞는 이웃을 찾고 댓글을 통해 상호 소통을 유지 및 발전시켜 나가는 것이 중요하다.

네 번째, 메타블로그를 활용하여 블로그 방문자를 늘리도록 한다. 메타블로그는 블로그의 집합체를 칭한다. 메타블로그에 창업기업의 RSS 주소를 등록하여 더 많은 사람들에게 포스트를 노출하는 것이 가능하다. 한국의 경우, 약 1백여 개의 메타블로그가 존재하는데 가장 오래되고 활성도가 높은 곳 중 하나인 믹시(www.mixsh.com)에 등록하는 것을 고려해 보도록 한다. 믹시 외에 블로그코리아(http://www.blogkorea.net)와 블로그다나와(http://blogdanawa.co.kr)도 추가로 등록하면 좋다.

다섯 번째, 소셜 미디어를 활용하여 블로그 방문자를 늘리도록 한다. 블로그나 카페를 기반으로 창업기업 관련 콘텐츠를 성실히 채워나가면서 카카오톡, 카카오스토리, 트위터, 페이스북, 미투데이, 밴드, 플리커, 인스타그램, 유투브, 링크나우 등 다양한 소셜 미디어 도구에 전달, 배포하여 사람들의 관심과 참여를 끌어내도록 한다.

2) 카페

개방적인 블로그에 비해 폐쇄적인 구조를 가지는 카페는 회원제로 운영된다는 장점을 가진다. 좋은 글이 블로그에 많은 방문자를 이끌어 오는 것은 사실이나 대부분의 방문자는 해당 글이나 정보만 읽고 나가는 경우가 많다. 이에 비해 카페는 회원 간 대화가 지속적으로 이루어지기에 콘텐츠 생성과 전파의 생명력이 길고 따라서 잠재고객 형성도 유리하다. 카페가 활성화 되려면 다양한 콘텐츠, 활발한 회원들의 활동, 카페 방문자수를 높이는 홍보의 세 가지가 핵심적으로 필요하며 그를 가능하게 하는 것은 아래와 같이 요약 될 수 있다.

- 카페 운영 목적과 운영 방식 선택할 것
- 효과적인 카페이름을 만들 것
- 적절한 카페 검색어와 카페 설명을 설정할 것
- 적절한 카페 메뉴(게시판)를 만들 것
- 풍부한 카페 콘텐츠를 확보할 것

첫 번째, 카페 운영 목적을 분명히 한다. 운영목적이 상품판매형, 상품홍보형, 순수커뮤니티형 중 무엇이냐에 따라 운영방식이 달라진다. 상품 판매를 목적으로 하는 경우, 창업기업의 상품이나 브랜드 위주로 콘텐츠를 구성하는 것이 필요하다. 이 방식은 단기적인 판매 증진에 도움이 된다. 상품 홍보를 목적으로 하는 경우, 창업기업의 이야기 못지않게 회원들로부터 많은 콘텐츠를 확보하는 것이 도움이 된다. 이때 창업기업의 카페 운영은 회원들이 잘 어울리고 소통하도록 분위기를 유도하는 것에 비중을 둔다. 이 방식은 단기적인 판매 증진 보다는 장기적인 브랜드 구축에 도움되는 경우가 많다.

두 번째, 효과적인 카페 이름을 만들기 위해 카페 이름과 창업기업의 이름 또는 브랜드와 연결한다. 부르기 쉽고, 기억하기 쉽고, 적절한 키워드가 포함된 카페 이름을 선정하도록 한다. 적절한 키워드의 포함은 검색 시 노출빈도를 높일 수 있고 이는 카페로 많은 방문자를 유도하는 열쇠가 된다.

세 번째, 적절한 카페 검색어와 카페 설명을 설정하는 것이 필요하다. 카페 검색어는 카페 검색 결과에 영향을 미치기 때문에 신중하게 작성하도록 한다. 창업기업에서 염두에 두고 있는 검색어가 막 개설된 것이거나 아직 활성화되지 않는 것이라면 검색량이 많은 키워드 보다는 세부 키워드로 설정해 주는 것이 좋다. 인기 있는 키워드는 이미 활성화된 다른 기업의 카페가 검색 노출 상위를 점하고 있어서 창업기업의 카페가 노출될 확률이 낮다.

네 번째, 적절한 카페 메뉴(게시판)를 만들도록 한다. 카페 게시판의 생성과 운영은 카페 전체의 활성화에 많은 영향을 끼친다. 무조건 많이 생성하는 것보다는 감당할 수 있는 수준만큼 개설한 후 점차 늘려나가는 것이 바람직하다. 회원 참여 커뮤니티 게시판, 정보제공 자료실 게시판, 창업기업과 상품 소개하는 게시판, 상담, Q&A, FAQ 가 포함되는 게시판을 포함하도록 한다.

다섯 번째, 풍부한 콘텐츠 확보를 위해 노력한다. 사람들이 관심을 가지는 주제의 내용이 있을 때 카페 방문이 높아지기 때문에 창업기업은 재미와 의미를 제공하는 콘텐츠의 확보를 위해 노력해야 한다. 이때 운영 측이 제공하는 콘텐츠뿐 아니라 다른 누군가의 콘텐츠를 확보하는 것이 필요하다. 여기에는 회원들이 제공하는 콘텐츠, 전문가들이 제공하는 콘텐츠, 관련업계 종사자와 블로거들이 제공하는 콘텐츠들이 포함된다. 콘텐츠를 가능한 많이 확보하는 것이 필요하지만 흔히 볼 수 있는 내용보다는 창업기업의 카페에서만 볼 수 있는 킬러 콘텐츠의 생성과 확보가 중요하다.

3) 페이스북

세계 최대 SNS 기업 페이스북은 2013년 10월 기준 사용자가 12억 6천만 명에 달하며 시가 총액은 1,510억 달러, 한화 약 163조에 이른다. 전 세계 인구 6명 중 1명은 페이스북을 이용하는 셈이다. 한국의 경우, 페이스북 이용자 수는 2013년 기준으로 1천 1백만 명을 넘었고 이 중 약 7백만 명이 하루 한 번 이상 접속하고 90%가 모바일 사용자로서 모바일 이용자 중 63%가 매일 페이스북을 사용한다.

한국의 경우, 카카오스토리가 전체 SNS 이용자의 55% 정도를 확보하고 있어서 23% 정도에 달하는 페이스북에 비해 수치상으로 더 크지만 친구추가의 수가 500명인 카카오스토리에 비해 10배 많은 5,000명인 페이스북의 개방성과 막강한 노출 정도 및 빠른 확산 속도는 위력적이다. 페이스북을 창업기업이 활용하는 데 유용한 몇 가지 지침은 다음과 같다.

- 이벤트 기능을 이용하여 페이스북 친구들의 참여를 이끌어 낼 것
- 그룹 기능을 이용하여 관심 있는 사람들과의 대화를 창출 할 것
- 페이지를 이용하여 팬을 만들어 마케팅에 활용할 것
- 페이스북 마켓을 이용하여 상품 판매를 추진할 것

첫 번째, 이벤트 기능을 이용하여 친구 참여를 이끌어내도록 한다. 페이스북의 이벤트 기능은 온라인 전단지라고 볼 수 있다. 오프라인 전단지가 배포 수량만큼만 전해지는데 비해 페이스북의 이벤트는 참여, 공유, 확산이라는 소셜 네트워크 기반이기 때문에 확

산의 속도와 범위가 매우 거대하다. 이벤트 기능을 적절하게 사용하여 기업, 상품, 브랜드 설명회, 오픈 기념식을 알릴 수 있고, 다양한 정보의 공유를 도모할 수 있다.

두 번째, 그룹 기능을 이용하여 관심 있는 사람들과 대화를 창출함으로써 창업기업은 잠재고객에게 다가갈 수 있다. 창업기업이 의도하는 목적에 관심 있는 사람만 참여하기 때문에 활성화될 가능성이 높다. 그룹에는 사진과 문서 기능이 있는데 두 가지 기능을 적극 사용하여 그룹 주제와 관련된 콘텐츠를 생성하고 공유하도록 한다.

세 번째, 페이지를 이용하여 팬을 만드는 것이 주로 마케팅에서 활용된다. 페이지는 주소창에 www.facebook.com/page라고 입력하고 창업기업에게 맞는 주제를 선택한 다음 개실하게 된다. 창업기업의 경우, 우선 페이지의 기본 기능을 잘 사용하고 주제에 맞는 콘텐츠를 지속적으로 생성하는 것이 요구된다. 아직 팬이 많지 않은 초기에는 페이지 계정보다는 개인 페이스북 계정을 이용하여 페이지에서 일어나는 일들을 전해주는 것이 권장된다. 페이지의 팬을 늘리기 위해 일정 비용을 투자하여 페이지를 광고하는 것도 고려해 볼 만하다.

네 번째, 페이스북 마켓을 활용하여 상품 판매를 시도하는 것에는 여러 방식이 존재한다. 이미 만들어진 장터나 그룹을 이용할 수도 있고 직접 만든 페이지에 상거래 관련 어플리케이션을 설치하여 직접 판매를 진행하는 것도 가능하다.

4) 트위터

전 세계 이용자 수 5억 명, 한국 이용자 수 약 6백 5십만 명에 달하는 트위터는 '새가 지저귀다', '새가 짹짹거리다'라는 twit의 의미에서 시사하듯이 개인의 일상적이고 가벼운 이야기가 140자 내외의 단문으로 구성된다. 트위터가 기본적으로 개인적인 이야기 전달에 치중한 것이 사실이지만 트위터 사용자 중 큰 영향력을 가진 사람이 많고 그들의 한 마디 트윗이 팔로워를 통해 무한 전파가 가능하다. 트위터를 적절히 활용하여 브랜드 구축과 매출 신장의 기회를 창출할 수 있는데, 이때 유념하면 좋은 몇 가지 방법은 다음과 같다.

- 트위터의 프로필 작성에 유념할 것
- 트위터 팔로워 숫자를 늘리기 위해 노력할 것
- 트위터 장터를 상품 판매의 장으로 활용할 것

첫 번째, 트위터의 프로필 작성을 살펴 보도록 하겠다. 트위터 프로필은 처음 접하는 화면으로 명함의 기능을 한다. 사진을 공란으로 남겨두거나 연예인 사진, 기타 일반적인 이미지를 사용하는 경우가 있는데 이는 스팸 사용자라는 인상을 줄 수 있기 때문에 권장되지 않는다. 프로필 소개의 경우, 창업기업과 기업의 제품, 브랜드에 대해 한 눈에 알 수 있도록 정성스럽게 작성하는 것이 필요하다. 팔로워들이 창업기업의 웹 사이트나 블로그로 바로 방문할 수 있도록 랜딩 페이지를 연결하는 것이 바람직하다.

두 번째, 트위터 팔로워 숫자를 늘리기 위해 노력해야 한다. 팔로워 숫자가 많다고 반드시 영향력으로 연결되는 것은 아닐 수 있지만 영향력을 행사하기 위해 일정 수준 이상의 팔로워가 필요한 것이 현실이다. 매일 꾸준히 공감이나 재미를 선사하는 이야기를 보내주는 것이 좋다. 연결되는 정보를 소통하거나 해당 분야의 전문적인 내용을 알려주는 것이 팔로워 수를 늘이는 데 도움이 된다. 트윗애드온즈(http://twitaddons.com)이라는 곳을 이용하여 트위터 팔로워의 숫자를 빠르고 쉽게 증가시킬 수도 있다. 해당 사이트에서 '맞팔률계산기'라는 메뉴를 참고하면 된다. 또는 이미 많은 팔로워를 확보하고 있는 트위터 이용자를 찾아서 그 사람의 팔로워 리스트에 있는 사람들 중 가장 최근의 팔로워들을 대상으로 팔로우 신청을 하는 것도 팔로워 늘이기에 도움되는 방법 중 하나이다.

세 번째, 트위터 장터를 상품 판매의 장으로 활용해 보도록 한다. 이미 만들어진 장터에 창업기업의 상품을 올릴 수도 있고 직접 장터를 개설하여 운영할 수도 있다. 트윗케이알의 장터에서는 누구나 쉽게 상품을 등록하고 다른 이용자들과 직거래로 판매하는 것이 가능하다.

3. 창업기업의 PR과 홍보

1) PR과 홍보

하이테크 부문의 기업을 포함하는 창업기업들도 표적고객들에게 제품을 알리고 솔루션의 위상을 강화하기 위하여 정보를 전달해야 한다. 그러나 창업기업 및 하이테크 벤처기업의 촉진 전략은 전체의 특성을 반영해야 한다. 창업기업의 촉진 전략은 일반 기업이 운용하는 촉진 전략과 다를 수 있기 때문이다.

창업기업의 경우 주로 전통적인 매스컴에 의존하는 광고 비용을 감당하기 어려운 경우가 많다. 홍보와 광고는 대중매체를 공통적으로 사용하지만 특정 광고주가 있고 없고의 차이에 따라 객관성 및 신뢰성에 큰 차이가 있다. 예를 들어, 미국의 머크 사에서 개발한 약품인 클리노릴은 CBS 뉴스에서 신제품 출시소식으로 전파를 타자마자 환자들이 스스로 처방전을 요구하여 수백 만 달러의 가치를 실현했다는 사례가 있다. 만약 광고를 통해 유사한 수준의 효과를 거두고자 했었다면 막대한 광고 예산이 들었을 것이다. 머크 사의 사례에서 보았듯이 재정적 여유가 없는 창업기업은 따라서 비교적 소규모의 예산으로 활용 가능한 PR, 홍보 및 판매촉진 형태의 커뮤니케이션을 택하게 된다. 막대한 자금이 소요되는 전국 단위의 전통적 광고에 비해 잘 계획되고 실행된 PR과 홍보 활동은 창업기업의 제품 및 서비스를 고객에게 알리고 구매로 유인하는 수단이 될 수 있다. 빠르게 선도적인 위치를 가진 기업이라는 점을 각인시키는 '이목집중' 현상의 주인공이 될 수 있기 때문이다. 특히 이러한 이목 집중을 통한 시장 침투는 치어 리더식 접근법으로 비유되기도 하는데 이는 경기가 시작하기도 전에 승리자라고 인식되는 것과 마찬가지로서 특히 인터넷 공간에서 성공할 가능성이 높기에 창업기업이 주목할 필요가 있다. 창업기업의 PR과 홍보에 관해 살펴보기 전에 PR과 홍보 활동을 위해 일반적으로 사용되는 형태를 알아보면 다음과 같다.

- 업계지: 혁신소개, 신제품/신기술 이점 홍보, 교육적 역할, 저명학자 기사
- 사보, 소식지: 고객, 이해관계자 대상 무료배포
- Trade show(전시회): 산업별 전문화, comdex 등, 경쟁자 등 다수 참가
- 기업시찰(Company visit): R&D시설 탐방, 시작품테스트, 질문응답
- 과학컨벤션: 최근의 혁신관련 정보입수 기회
- 세미나: 특히 하이테크 제품에 적합한 마케팅 수단으로 예컨대 Oracle은 연 600회 이상 개최
- 카탈로그, 팸플릿: 솔루션의 기본적 특징 제시하며 많은 기술 자료를 담을 수 있음
- 비디오카세트, CD
- 다이렉트 마케팅(우편, 텔레마케팅): 저 단가제품, 저비용으로 판매원 대체, Dell 컴퓨터가 좋은 사례임
- 일반간행물, 시사 잡지: 기술적 내용보다 일반고객의 언어로 설명해야 함. 경영자구독 경제지 등이 있음

2) 창업기업의 PR을 이용한 선도자 위치 구축

PR의 역할은 무엇인가? 고객은 구매에 앞서 제품에 대한 존재 사실과 구매방법의 인식 및 좋은 선택이라는 느낌이 필요하다. 또한 인터넷 세계에서의 핵심적 구매 동인은 눈길을 끌고 소문내기이다. 이를 인터넷 구전의 창조(Creation of buzz)라고 한다. 인터넷 홈페이지는 사용자의 마음을 사로잡아 경쟁자가 추종해오기 이전에 고객의 일상적 방문처로 정착되어야 한다. 예컨대 Epinion 사는 잡지 전문 섹션에 사이트 관련 기사의 게재를 통해 사업에서의 선도자라는 인식을 전달함으로써 압도적인 시장 점유율을 확보하였다. 자원이 부족한 창업자들에게는 매우 시사점이 있는 사례이다.

그렇다면 세분시장에서 선도자라는 인식을 구축하는 방법은 무엇인가? 기업은 고객인식의 우위를 확보하기 위하여 고객들의 웹사이트 방문 및 구매결정 양태를 이해해야

한다. 일반 고객들은 이른바 정보문지기(Gate keeper)라 불리는 조직 내 정보 전달 · 확산 중심인물을 통해, 혹은 산업적 정보원천을 통해 정보를 탐색한다. 따라서 선도자라는 인식을 확보하는 열쇠는 의견 선도자 혹은 정보문지기에게 영향력을 어떻게 효과적으로 행사 하느냐에 달려 있다고 볼 수 있다. 보통 정보문지기의 지식원천은 그들보다 더 작은 수의 영향력 집단인데 이들은 다음과 같이 구성된다.

- 산업 내 권위자: 산업 내 주요인사, 존경받는 인물, 그루집단
- 유력인사: 경험이 풍부한 사용자 전문가, 영향력 행사자
- 선도구매자

이들 중 전문가와 선도자 집단은 해당 산업 내 유력인사들이며 이들이 신제품에 대해 갖는 의견은 타인의 이목을 집중시킬 수 있다. 예컨대 학회나 세미나, 소식지 등에 나타난 이들의 의견이 경청되는 것이다. 매체로서는 기존의 인쇄 · 방송매체뿐만 아니라 인터넷이 점차 중요해지고 있음도 간과해선 안 된다.

3) 기업 내부 대변인/복음전도사(Spokesperson/Evangelists) 활용

PR의 성공적 수행을 위해서는 앞에 제시된 고려요인 이외에도 기업 내부 대변인과 외부선도자집단에 대한 적극적 활용이 중요하다. PR의 핵심 과제 중 하나는 기업 내부인사가 외부 권위자 혹은 전문가와 개인적 유대를 유지하도록 원거리에서 지원해주는 것이다. 기업 내부 인사는 주요간부나 기술인력 등이 될 수 있으며 이들이 외부의 선도 집단을 방문하여 신제품의 사용이 용이하도록 기술적으로 지원하고 최신제품의 내용을 전달하는 것이 유용하다. 즉 이들로 하여금 일반인들 보다 더 조기에 제품에 관해 비밀과 정보를 습득하게 하고 제품을 좋은 조건으로 사용토록 해준다면 창업 아이템이나 신제품의 성공에 도움이 될 것이다.

4. 창업기업의 판매촉진활동과 바이러스 마케팅

소비자판촉	유통 업자 판촉
• 견본품	• 수량할인
• 가격할인	• 현금할인
• 가격할인쿠폰	• 촉진제공
• 리베이트	• 트레이드쇼
• 프리미엄	• 경품
• 사은품	
• 경품	
• 마일리지 서비스	
• 제품사용	

광고나 PR이 판매촉진(Sales promotion)과 다른 점은 광고나 PR은 기업이나 제품을 널리 알리는 것이지만 판매촉진은 제품 자체를 고객, 유통업자, 언론 및 이해관계자들에게 직접 제시해 준다는 점이다. 비교적 단기적인 동기부여 수단을 통칭하며 장기적으로 제품이나 서비스의 구매 근거를 제공하고 설득하는 광고 대비, 판매촉진활동은 바로 지금 시점에서 구매할 이유를 제공하거나 동기를 유발하는 촉진 방법이다. 일반적으로 사용되는 판매촉진 수단으로 다음과 같은 것들이 있으며 소비자 촉진, 중간상 촉진, 판매원 촉진으로 목표를 다르게 설정하는 것이 가능하다.

거의 쉴 새 없이 많은 창업기업들이 시장에 제품과 서비스를 출시하고 그를 위한 독창적인 마케팅 커뮤니케이션 상의 촉진 활동들을 선보인다. 다음에서 소개할 몇 몇 촉진 사례는 성공을 이끈 몇 가지 길을 보여주는 것이지 성공을 보장하는 탄탄대로나 시금석은 아닐 수 있다. 제시된 사례가 가리키는 원칙을 상기하고 동시에 새롭고 독창적이며 창업기업이 처한 환경과 보유한 여건과 연관되는 판촉 전략을 고안하기 위해 노력하면 돌파구를 파악할 수 있을 것이다. 가능한 한 여러 판촉 및 마케팅 대안을 개발하고 잠재적인 추가 수익과 관련 비용을 검토하고 가장 수익성이 안정된 옵션을 실행하는 것이다. 전면적인 실시에 앞서 사전 테스트를 실시하면 불확실성을 낮추는 데 도움이 될 것이다. 모든 촉진 전략은 기업의 제품 포지셔닝과 목표시장과 연계성을 가져야 한다는 점을 유념해야 한다.

1) 구전 마케팅

SNS가 기업 대 소비자 영역뿐 아니라 기업 대 기업 영역의 마케팅에서도 영향력과 파급효과가 주목받기 시작한 것은 구전(Word of mouth)에서 비롯한 바 크다. 기업이 일방적으로 메시지를 구성하여 소비자에게 전달하는 것이 아니라 소비자가 생성하고 공유하고 전달하는 메시지는 신뢰도와 수용도 및 전파력 측면에서 높은 성과를 이루어 냈다. 동일하거나 상이한 집단 간의 대화와 커뮤니케이션이 본질인 SNS에서는 상표 경험, 다양한 매체, 오락이나 여가 관련 주제, 많은 유형의 제품이 등장하게 된다. 그 과정에서 브랜드 메시지가 표적화된 시장을 대상으로 보급 확산 가능해진다.

SNS를 통한 구전의 영향력을 깨닫기 시작한 기업들이 적극적으로 활용하는 예는 매우 많다. The Body Shop, Red Bull, Starbucks, Amazon.com 등 많은 브랜드가 강력한 구전 마케팅을 통해 구축된 사례이다. 긍정적인 구전이 별도의 광고활동이 지원되지 않아도 생겨나고 퍼지는 경우도 일부 있으나 대부분의 경우 구전은 기업의 마케팅 커뮤니케이션 목표에 부합하도록 계획 및 관리된다.

2) 무료 마케팅

고객에게 무료로 샘플 등을 제공하는 것은 이미 오래된 판촉행위이다. 국내에서는 화장품 샘플, 학원 강의, 식품코너 맛보기 등 여러 산업에서 활용되어 왔다. 무료마케팅(Free marketing)의 한 가지 유의점은 고객의 생애 가치가 촉진비용보다 더 커야 한다는 점이다. 최근 인터넷 사용이 보편화되면서 무료제공이 핵심적이면서도 장기적 전략이 되고 있다. 사실상 인터넷 사용자들은 소프트웨어 운영비용에 관한 지식이 증대하면서 무료 사용에 길들여져 있다고 해도 과언이 아닐 정도이다. 그렇다면 무료제공 방식은 항상 유효한가? 물론 항상 그렇지는 않다. 이 전략이 특히 유용한 경우는 다음과 같다.

구전 마케팅 사례 1: P&G의 TAKKLE

인터넷을 통해 적은 매체비용만을 투자해 자사의 여성 위생용품을 광고하던 P&G는 여성용 운동복인 Tampax가 자사의 표적 시장과 동일한 대상 소비자층을 목표로 한다는 점을 깨닫고 새로운 소셜 네트워킹 사이트인 Takkle을 통해 광고하기로 했다. 제약 없이 스포츠 활동을 즐기기를 바라는 소녀들 중 특히 그 필요성을 더욱 느끼는 고등학교 치어리더들에게 3분짜리 비디오 영상을 만들어 제출하도록 권장한 것이다. 제출된 영상은 투표를 거쳐 1만 달러 상당의 응원 도구와 의상으로 Takkle에 의해 수상되었다. P&G는 소녀들이 즐겨 찾는 Takkle과 자사의 온라인 고객 공동체 BeingGirl.com을 통해 콘테스트를 촉진했고 이는 1개월 50만 명의 방문자 수를 기록함으로써 서로에게 win-win임이 판명되었다. Takkle은 P&G를 통해 '멘션(mention)' 되어 새로운 거대 SNS로 노출되었고 P&G는 기대를 불러일으키기 쉽지 않은 제품에 대해 고객의 열광적인 표적 반응을 끌어냈다.

구전 마케팅 사례 2: Cafe Mom

모기업인 CMI Marketing 사가 2000년에 세운 CafeMom은 어머니들을 위한 수십 개의 다양한 포럼에 참가하는 수천 명을 회원으로 확보하고 있다. 그 점을 주목한 장난감 제조사 Playskool 사가 회원 2,500명에게 장난감을 보내고 해당 경험을 서로 나누어주기를 권유했다. 활동적이고 열성적인 어머니 회원들이 다양한 의견을 SNS 채널을 통해 서로 나누고 제안하는 직접적인 피드백이 Playskool 사의 제품 개발 과정에도 반영되는 등 높은 가치를 인정받았다.

- 제품생산원가가 낮을 때
- 전환비용이 낮을 때
- 유통이 용이할 때
- 고객의 생애가치가 높을 때

특히 소프트웨어일 경우 제품 특성상 제품의 단위생산원가가 낮다. 예컨대 온라인으로 제공할 경우 한계생산원가, 즉 상품 당 단위 추가 생산비는 CD-ROM 한 개의 비용 정도이다. 따라서 특정기간 소프트웨어를 운용하고 사용자 수를 제한하여 특정기능을 낮게 한 제한적 버전을 공급하는 경우도 많다. 두 번째 요인인 전환비용은 타 제품이나 서비스를 전환함으로써 발생하게 되는 비용이므로 이것이 낮아야 무료 마케팅의 효과가 높다. 이를 위해 제품 교체를 자동화해주거나 소비자의 교체 부담을 최소화시켜주어야 한다. 그렇지 않으면 교체를 포기할 수 있기 때문이다. 세 번째 요인인 유통의 용이화를 위하여 해당 제품에 무관심한 사람들을 대상으로 전환비용을 낮추기 위한 캠페인이 필요하다. 예컨대 AOL은 초기에 컴퓨터전문잡지를 이용하여 표적시장을 대상으로 디스켓 출시에 성공한 후 일반 대중시장 중 적합한 연령 및 인구 통계학적 배경을 가진 사람으로 확대하였다. 끝으로 고객의 생애 가치에 관해서는 미래가치이므로 할인율을 감안하여 추정하며 주변의 타 고객 유인효과도 고려한다.

3) 이벤트 마케팅

최근 들어 국내에서 신제품 출시를 위한 각종 이벤트 개최 빈도가 높아지고 있다. 사람들은 원래 잔치 분위기를 좋아하며 좋은 이벤트는 제품에 대해 호의적 느낌을 주고 언론에 대해 뉴스거리가 되며 인터뷰까지 연계되기도 한다. 소규모 창업기업들은 잘 준비된 이벤트를 통해 제법 규모가 있는 기업이라고 인식될 수도 있다. 이와 유사한 기법 중에는 엔터테인먼트 마케팅이라는 것이 있다. 이는 재미와 흥미를 통해 관심을 유발하고 기업의 인지도와 호감도를 높이려는 것이다. 예컨대 게임과 이벤트를 활용한 각종 온라인 게임대회를 주최하거나 후원하는 것을 들 수 있다. 자동차 업체의 경우 자동차 경주대회, 온라인게임(포드) 등이 있고, 국내 삼성전자의 경우 중국에서 사이버게임 대표선발전을 개최하여 행사장면을 중국 전역에 방송하고 장학금 지급을 통해 관심을 유발한 적이 있다.

이벤트 마케팅의 2차적 목적은 언론에게 제품을 홍보하도록 유도하여 신제품에 대해 미심쩍어하는 잠재고객에게 확신을 느끼게 하는 것이다. 마이크로소프트의 윈도우 출시 역시 좋은 예가 된다. 이들은 전 세계에서 판촉이벤트를 개최하여 일반대중에게도 무언가 중요한 일이 일어나고 있음을 알려주었다. 이 이벤트에 대한 언론의 기사는 광고비용을 대폭 절감케 했다.

이벤트가 모두 B2B의 형태로 개최될 필요는 없다. 밸런타인 마스터라는 양주는 애당초 국내 소비자들을 겨냥하여 개발되었고 출시를 위해 강남의 호텔에서 유흥업소 사장들을 초청하여 이벤트를 개최한 바 있다. 미국의 Compul USA는 윈도우 출시 시점에 한밤의 특별 출시 파티를 열었다. 다이어트 전문 사이트인 dietpia.co.kr은 사이트 홍보를 위해 대기업의 후원을 받아 비키니닷컴 세계여행 행사를 주최하였다. 이런 경우 여러 지역에서 대학교의 봄방학이나 개강 시즌과 같은 시기에 개최되는 지역 내 주요 이벤트와 연계되기도 한다.

4) 바이러스 마케팅

인터넷과 각종 웹 및 모바일 환경의 사용 폭이 매우 넓기에 전통적인 촉진 수단에 비해 전파 속도가 매우 빠르고 관련한 비용이 매우 낮은 판매 촉진으로 바이러스 마케팅이 등장했다. 인터넷 사용자는 웹상에서 친구들과 통신하고 일하기 때문에 원하는 소프트웨어를 같이 사용할 수 있도록 친구에게 다운 받을 것을 권하게 된다. 다운 받은 사용자가 새로운 친구들에게 전파하는 과정이 반복되면서 사용자 수가 기하급수적으로 증가하게 된다. 짧은 시간 안에 전파되기에 바이럴, 바이러스 마케팅이라 불리는 본 촉진 방법의 대표적 사례 중 하나는 ICQ(I seek you) 이다. 웹상에서 실시간으로 메시지 송수신이 가능한 인스턴트 메시징 서비스로써 소프트웨어를 다운받아 이메일 관련 정보를 등록하기만 하면 되는 편리함 덕분에 1년 만에 사용자가 100만 명을 넘었고 3년 만에 1,500만 명 이상의 사용자를 확보했다. 핫메일의 경우 사용자가 보내는 이메일 하단에 '핫메일과 함께 무료 이메일 서비스를 받으세요'라는 메시지를 삽입하여 1년도 안 되는 기간 사이에 수백만 명의 사용자를 확보했다. 덕분에 후에 수억 달러의 가치로 마이크로소프트사에 매각되었다. 비용은 저렴하면서도 전파 속도와 파장은 큰 바이러스 마케팅을 실시하는 데 있어 중요한 점은 기업의 제품 포지셔닝과 목표시장 세분화 전략과 바이러스 마케팅 촉진 전략 사이에 일관성이 있어야 한다는 점이다.

구전의 행태에 따라 버즈 마케팅(Buzz marketing)과 바이러스 마케팅(Viral marketing)으로 바라볼 수도 있다. Buzz marketing의 경우, 흥분을 불러일으키고 예상 범위를 벗어난 또는 다소 의아한 수단을 활용하여 상표 관련 커뮤니케이션을 하는 것을 가리킨다고 볼 수 있다. 바이러스 마케팅은 온라인상의 구전으로 볼 수 있는데 이는 소비자들이 온라인을 통해 다른 사람에게 오디오, 비디오, 문건, 제품이나 서비스 아이디어를 전파하게 하는 것으로 특징 지워진다. Buzz marketing 도 바이러스 마케팅도 근본적으로 상표의 특성을 잘 드러내 시장에서의 성과를 거두는 것을 목표로 시행된다. 순식간에 엄청난 조회 수나 다운로드, 좋아요 평가를 획득하는 동영상 등이 혹시 마케팅적인 원칙보다 오락적인 측면 때문에 그런 결과를 거둔 것은 아닌가 생각하는 사람도 있는 것이 사실이지만 성공적인 바이러스 마케팅의 특징은 '웹사이트, 블로그, 휴대폰, 게시판 그리고 실제 세상의 애드버테인먼트(= advertainment :advertisement + entertainment)를 통해 생명력을 얻어 자신에 의해 자발적으로 전파되는 광고'로 요약된다. Blendtec 사의 "Will it blend?" 동영상이 거의 모든 것을 분쇄하는 동영상으로 엄청난 히트를 기록한 가운데 '가정에서 이것을 사용하지 마세요' 편과 '가정에서 이것을 사용하세요' 편에 해당하는 두 방향의 사례를 모두 제시하는 것이 그를 설명한다.

바이러스 마케팅 사례
Blendtec 사의 'Will it blend?'

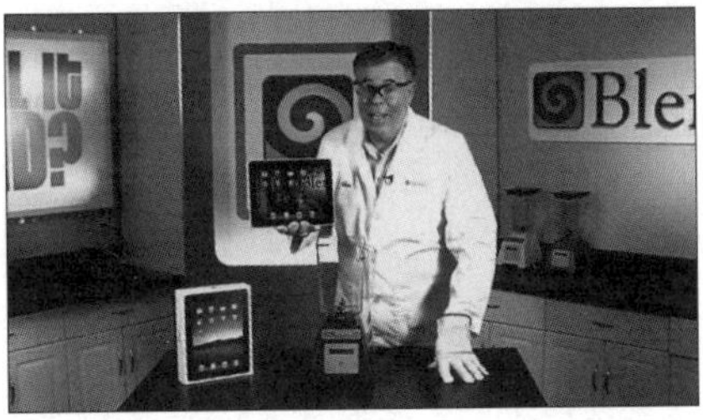

미국 유타주에 있는 Blendtec 사는 상업용 믹서와 식품 제분기 전문회사이다. 주로 B2B 사업만 하다 일반 가정용 제품을 출시했는데 문제는 Blendtec 이 전혀 알려져 있지 않은 브랜드라는 점이었다. 시장에는 유명 가전브랜드가 이미 넘치게 많았고 Blendtec는 엄청난 매체비를 투자해 광고를 할 여건도 아니었다. 여러 불리한 조건에 처했던 Blendtec는 'Will it blend?'라는 동영상을 제작해 유튜브에 올리면서 대박을 치게 되었다. 최고경영자인 Tom Dickson 이 흰색 연구복을 입고 무표정한 얼굴로 골프공, 펜, 맥주병 등 그야말로 다양한 아이템을 분쇄하는 모습은 담은 영상이 유튜브에서 뜨거운 반응을 불러 일으켜 그를 본 사람들이 스스로 나서서 바이러스 마케팅의 첨병이 되어 준 것이다. 광고를 전혀 하지 않고도 이 웃음 가득한 영상으로 Blendtec는 소매시장에서 500%의 성장을 일구어 냈다. 단지 모든 것을 분쇄한다에 그친 것이 아니라 시의성을 담은 점 또한 탁월했다. iPhone이 출시되어 막강한 매체 광고를 통해 촉진되기 시작하자마자 Blendtec의 Dickson CEO는 "나는 나의 iPhone을 사랑하며 그것을 모든 것을 행한다. 그러나 그것을 분쇄할 것인가?"라고 말한 뒤 iPhone을 산산히 분쇄한 영상을 내보냈다. 검은 먼지로 된 작은 더미 너머로 Dickson 이 사라지고 'iSmoke'라는 자막이 뜨는 이 영상은 유튜브를 통해 350만 번 이상 다운로드 되었다. 더 나아가 eBay에서 시청자들이 분쇄된 iPhone과 400달러짜리 Blendtec 분쇄기 응찰에 참여하는 행사까지 연결했다.

마케팅 사례

페브리즈의 출시 마케팅 캠페인

Free marketing과 체험마케팅이 결합한 예로서 페브리즈를 들 수 있다. 페브리즈는 한국 P&G의 섬유탈취제로서 1999년 4월 출시시점에서는 소비자들에게 이의 성능을 알리기 어렵고, 제품의 특성상 소비자들이 직접 사용하고 효과를 느끼도록 해야 했다. 이에 이벤트 요원들이 현장에 투입되어 연말연시 회식장소에서 냄새에 찌든 손님들의 옷에 뿌려주며 효과를 직접 보여 주었다. 또한 연휴기간에도 고속도로 휴게소에서 자동차 내부 시트에 찌든 냄새를 무료로 제거해주고 대형 아파트단지를 돌며 가가호호 방문하여 커튼, 침대, 애완견용품, 소파 등에 뿌려주고 주부들로 하여금 효과를 현장에서 느끼게 하였다. 이러한 노력으로 페브리즈는 출시 6개월 만에 140만 명의 소비자들이 구매를 하고 51%의 소비자인지도를 기록하였다. 페브리즈는 제휴마케팅 기법도 구사하여 세탁업체인 크린토피아에서 세탁 후 불쾌한 냄새를 제거하는 서비스를 제공하였다. 이 사례는 Free marketing과 체험마케팅, 그리고 이벤트 마케팅이 결합하여 제품의 효능을 직접 체험케 한 경우로 섬유탈취제 부문에서 페브리즈의 시장점유율은 매우 높게 유지되고 있다.

출처: 서상혁(2010), 『창업마케팅: 벤처 및 하이테크 창업마케팅을 위한 원리와 실제』, 두남.

창업트렌드 2

스타트업 얼라이언스, "2015년 5대 스타트업 창업트렌드"

• 핀테크(FinTech)

파이낸셜(Financial)과 기술(Technique)의 합성어인 핀테크는 모바일 결제 및 송금, 개인자산관리, 크라우드(Crowd) 펀딩 등 '금융·IT 융합형' 산업을 말한다. 그동안 국내 시장에서 핀테크는 기술 문제보다는 규제 이슈로 인해 확산이 더뎠으나 텐페이, 알리페이 등의 해외 결제서비스가 제주도 및 면세점에서부터 보급되고 있기 때문에 국내 벤처기업을 역차별 할 이유도 사라질 것으로 예상한다. 또한 규제가 완화되면 모바일 결제 등 핀테크의 관련 서비스의 확산속도는 폭발적일 것이라고 전망된다.

국내 핀테크 시장은 불모지라고 할 수 있지만, 해외에는 '렌딩클럽(Lending Club, 지난 2006년 미국에 설립된 개인간 대출 중개업체)등이 등장해 크게 활성화가 돼 있는 상황이다. 국내 핀테크 관련 규제 완화 움직임에 IT 업계뿐만 아니라 금융권에서 큰 관심을 가지고 있으며 협업이 이루어진다면 핀테크 관련 스타트업 창업은 단순 결제를 넘어 개인 간 대출(P2P Lending) 서비스 분야에서도 등장할 수 있을 것으로 예상된다.

• 모바일 커머스(Mobile Commerce)

모바일 커머스는 매년 주목받는 스타트업의 창업 분야다. 매년 꾸준한 성장이 이루어지는 매력적인 시장인 것은 물론 수익모델도 명확하기 때문이다. 커머스 서비스 자체로는 차별화 전략이 쉽지 않지만 상품의 다양성과 빠른 업데이트와 같은 서비스 실행력을 통해 성공을 도모하는 것이 가능할 것이다.

그중에서도 직구시장에 주목할 필요가 있는 것으로 강조된다. 매년 직구 시장은 고성장을 기록하고 있으며, 지난해 체결된 한중FTA로 인해 중국으로부터의 역직구 시장도 급성장 할것으로 예상된다. 한류에 기반한 커머스 시장에서 새로운 서비스 기회가 생길 것으로 보인다.

• 온 디맨드(On-Demand)

'온 디맨드(On-Demand)'란 고객 맞춤형 서비스를 지칭하며 우버(UBER, 모바일 차량 예약 이용 서비스), 에어비앤비(Airbnb, 전 세계 숙박공유)가 그 대표적인 예다. '배달의 민족'이나 '요기요'와 같은 배달앱 서비스가 성공할 수 있었던 것은 오프라인을 온라인으로 연결했다는 점 외에 항상 지니고 있는 스마트폰에서 클릭과 터치만으로 배달음식을 주문할 수 있게 한 편리함에 기인한 바 크다. 교통·운송·여행·이벤트·각종 홈서비스 등의 분야에서 많은 온 디맨드 형태의 스타트업 등장이 기대된다.

• 사물인터넷(IoT)

사물인터넷(IoT)은 아직 완성되지 않은 시장이란 점에서 아이디어와 기술력으로 무장한 젊은 창업가들의 도전을 기다리는 분야이다. 어느 정도 포화된 기존 시장과 달리 기술력에 기반을 둔 사물인터넷은 새로운 시장의 가능성을 제시하고 있으며 아마존, 구글과 같은 거대 IT기업에서 관심을 보이며 뛰어들고 있지만 아직 주도적인 서비스는 없는 상황이다. 특히 사물인터넷 관련 시장은 상대적으로 문화적 진입장벽이 없이 글로벌 시장 진출이 가능하고 더불어 향후 기업공개(IPO) 외에도 M&A 등 자금회수의 가능성이 높아서 기술 경쟁력 있는 스타트업들 창업이 많을 것으로 예상된다.

• 웨어러블 디바이스(Wearable Device)

스마트와치에 쏠린 대중의 관심이 다른 웨어러블 디바이스로 연결될 것으로 전망된다. 올해 삼성·LG·애플 3사 사이에서 본격적인 손목 위 전쟁이 열릴 것으로 기대되는 가운데 기발한 응용 기기와 함께 스마트워치와 스마트폰을 연동한 소프트웨어를 만드는 소프트웨어 생태계도 활성화될 것이며, 따라서 관련 스타트업 시장의 성장도 긍정적으로 예측된다.

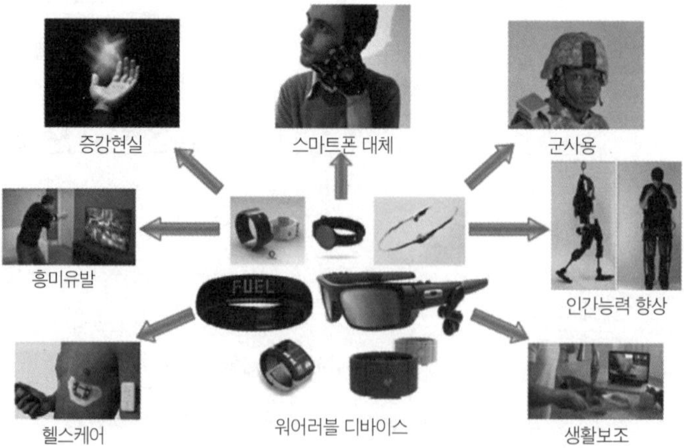

출처: www.venturesquare.net, 2015. 1. 29.

참고문헌

박찬수(2014), 『마케팅원리 제5판』, 법문사.

박치관 외 역(2003), 『이노비즈 마케팅』, 북코리아.

서상혁(2010), 『창업마케팅: 벤처 및 하이테크 창업마케팅을 위한 원리와 실제』, 두남.

서상혁 역(2012), 『하이테크 혁신마케팅』, 경문사.

손정일(2012), 『10억짜리 꼼수 소셜 마케팅』, 라온북.

최재용 외(2013), 『소셜미디어 마케팅』, 매일경제신문사.

최재용 외(2014), 『SNS 홍보마케팅 불변의 법칙』, 시대에듀.

Kotler, Phillip and Keller Kevin(2012), *Marketing Management*, Prentice Hall.

BUSINESS START-UP MARKETING

VI

하이테크/창업기업 특화 마케팅

12장. 하이테크 제품의 고객행동과 마케팅

13장. 창업기업에 특히 유용한 마케팅기법

12장
하이테크 제품의 고객행동과 마케팅*

고객의 제품구매 이유와 방법을 명백하게 이해하는 것이 중요한 것은 일반 소비재 마케팅과 하이테크 마케팅에 공통적인 사항이지만 하이테크 마케팅만이 가지는 고유한 특성이 존재하는 것 또한 분명하다. 인터넷의 화려한 부상에 이어 광풍의 양상으로 주류 시장을 장악한 하이테크 시장은 미처 준비 되지 않은 많은 후기 다수 수용자 고객을 격렬한 혼란으로 몰아간 바 있다. 이 점에서 소비재 마케팅과는 구분되는 하이테크 마케팅만의 특성, 배경, 성공에 필요한 요건 등이 있다는 점이 유추 가능하다. 70년대 실리콘 밸리에서 급부상한 하이테크 기업들이 소비재 마케팅 전문가들을 영입하여 일련의 시도와 시행착오를 겪은 후 얻은 '소비재 마케팅이론과 모델들은 하이테크 산업에는 맞지 않는다'는 교훈이 그를 반증한다. 기술자 출신의 최고 경영자들과 마케터들은 자신들의 기술제품에 적합한 마케팅 성공 모델을 애타게 찾았고 그 문제를 말끔하게 해결해 준 것은 바로 캐즘마케팅, 토네이도마케팅, 고릴라마케팅으로 소개된 수정 보완된 기술수용주기론(TALC: Technology Adoption Life Cycle)이다.

이 장에서는 하이테크의 특성, 하이테크 기술 수용 주기 모델, 하이테크 기업들을 위한 마케팅상의 시사점을 다루며, 다음과 같이 구성된다.

- 하이테크 마케팅에 영향을 미치는 첨단 기술의 특성
- 불연속적 혁신과 기술 수용 주기
- 캐즘 마케팅
- 틈새 마케팅
- 토네이도 단계의 마케팅
- 중심가 단계의 마케팅

---

* 본 장의 주요 내용은 다음의 자료에서 발췌, 요약하였음.
1. 유승삼(2003), "첨단기술 신제품 마케팅 성공 공식" LG-AD Marketing Trend Review.
2. J. Moore, *Crosing the Chasm*(1991) 및 *Inside the Tornado*(1995).
3. 서상혁(2012), 『하이테크 혁신 마케팅』.

I 창업마케팅의 개요

1장. 창업마케팅의 정체와 특징

↓

II 창업기업의 사업기회평가

2장. 창업기회 평가의 요소와 주안점

3장. 시장성 분석

4장. 마케팅 조사 및 수요예측기법

↓

III 신제품 출시전략

5장. 신제품 개발과정과 성패 요인

6장. 신제품 출시 초기 대응 전략

↓

IV 창업을 위한 STP전략

7장. 시장세분화, 표적시장 선정 및 포지셔닝 전략

↓

V 창업마케팅 실행

8장. 창업기업의 상품관리와 브랜드 전략

9장. 창업기업의 가격전략

10장. 창업기업의 유통전략

11장. 창업기업의 촉진전략

↓

VI 하이테크/창업기업 특화 마케팅

12장. 하이테크 제품의 고객행동과 마케팅

13장. 창업기업에 특히 유용한 마케팅기법

1. 하이테크 마케팅에 영향을 미치는 첨단 기술의 특성

실리콘 밸리의 첨단기술 마케팅 컨설팅 회사인 캐즘 그룹의 회장 무어(Geoffrey A. Moore) 박사는 Everett Rogers 교수가 1963년에 출간한(2003년에 5th 발간) 저서 『혁신의 확산』(Diffusion of Innovation)에서 발표한 기술수용주기론을 근간으로 **'캐즘**(Chasm)'의 존재를 발견하고 이 '캐즘 이론'을 수정, 발전시킨 장본인이다. 그는 하버드비즈니스스쿨(HSB)의 Ted Levitt 교수가 발표한 **완전완비제품**(Whole product)의 개념을 연계 · 발전시켜, 총체적인 기술 수용주기론의 기틀을 확립하고 이 이론을 1991년 캐즘마케팅(『*Crossing the Chasm*』, 유승삼 역)과 1995년 토네이도 마케팅(『*Inside the Tornado*』, 유승삼 역)이라는 두 권의 책에 담아 출간하였다. 그 결과, 이 이론들은 실리콘 밸리의 첨단기술 마케팅의 정설로서, 첨단 기술 시장개발의 지침서의 역할을 하며 현업에 가장 실질적인 영향력을 주는 이론으로 정착되었다. 앞으로 전개될 내용들은 무어 박사가 설립한 캐즘 그룹에서 연구한 이론을 기반으로 한다. 무어 박사는 첨단기술을 연속적인 혁신(Continuous innovation)과 **불연속적 혁신**(Discontinuous innovation)으로 분류하고 첨단기술 마케팅을 "불연속적 혁신을 전문적으로 다루는 마케팅"이라고 정의한다. 다음의 〈그림 12-1〉은 불연속적 혁신과 연속적 혁신을 대비하여 보여준다.

연속적인 혁신은 소비자들에게 행동양식의 변화를 요구하지 않는 점진적(Incremental)

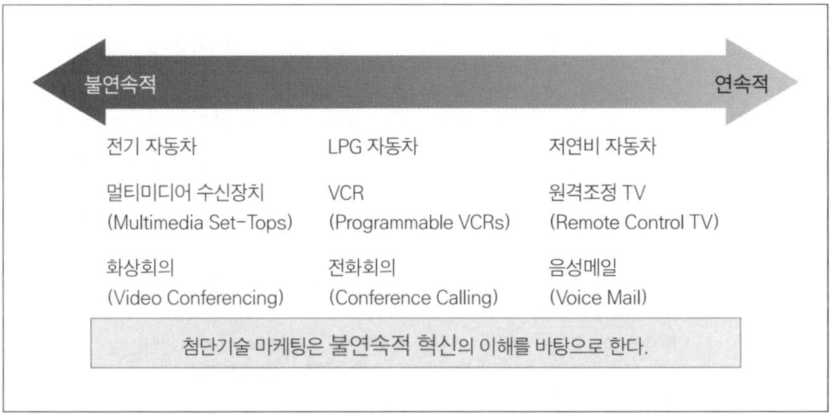

〈그림 12-1〉 불연속적 혁신과 연속적 혁신

출처: 유승삼(2003), "첨단기술 신제품 마케팅 성공 공식", LG-AD Marketing Trend Review.

혁신으로서 일상적인 성능과 기능을 향상시킨 첨단 기술로 정의된다. 한편, **불연속적 혁신**은 소비자에게 극적인 효익의 가치제안(Value proposition)을 약속하고 공급자에겐 엄청난 부의 창출 기회를 제공한다. 이 두 가지 형태의 혁신 중 불연속적 혁신에 관해 좀 더 살펴보자.

1) 시장 형성이 어려운 불연속적 혁신

불연속적 혁신은 너무나 새로운 것들이어서 지원 기반인 인프라가 존재하지 않고, 검증된 해결 방안이 없는 관계로 소비자 입장에서는 두려움과 의심 극복이라는 추가적인 노력을 기울여야 한다. 즉 위험 부담이 매우 높은 구매 결정을 해야 하고 혜택에 상응하는 위험 부담과 **전환비용** 또한 감수해야 한다. 이에 따라 불연속적 혁신은 시장 형성이 어렵다. 〈그림 12-2〉는 첨단기술의 가치사슬을 나타낸다.

소비자들은 새로운 기술을 수용함에 있어 전환 비용과 함께 공격적 위험 부담 혹은 방어적 회피 정도에 따라 각각 다른 반응을 보이고 각기 다른 시점에, 각기 다른 규모의 전환비용과 위험부담을 감수한다. 그 결과, **기술 수용주기 모델**이 탄생하였다. 기술 수용

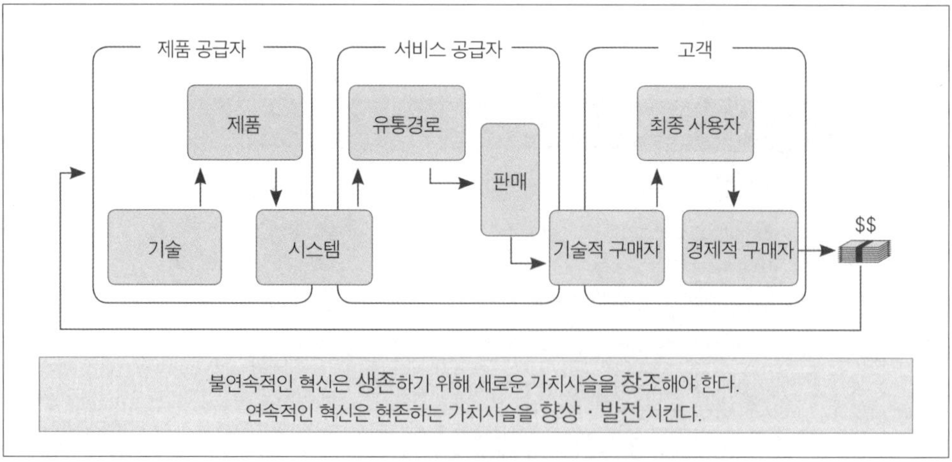

〈그림 12-2〉 첨단기술 가치 사슬

출처: 유승삼(2003), "첨단기술 신제품 마케팅 성공 공식", LG-AD Marketing Trend Review

주기는 불연속적 혁신이 시장에 도입된 후 소비자의 수용이 순차적으로 진행되는 상황을 나타낸다. 즉, 하이테크 기술이 순차적으로 수용되는 과정을 초기 시장 형성기, 성장기, 성숙기, 완전 동화기를 거쳐 일용 상품화 되는 주기로 파악하여 그를 기반으로 정립된 이론이다.

80년대 초 실리콘밸리 성장기에 첨단 기술 분야 PR과 광고 전문가로 활약했으며 『Relationship Marketing』 및 『Real Time Marketing』의 저자인 Regis McKenna가 이 모델 구축에 한 몫을 하였다. 또한 스탠포드에서 전자공학으로 학위를 마치고, HP와 Intel에서 기술 기획과 마케팅을 섭렵한 『Marketing High Technology』의 저자 William Davidow 박사와 같은 실리콘밸리의 첨단기술 마케팅 현장 전문가들에 의해 첨단기술 마케팅 이론의 정립이 시도되면서 기술 수용주기는 실리콘밸리에 접목되기 시작한다.

2) 첨단기술수용주기에 따른 수용자 분류

"불연속적 혁신"의 개념과 "기술수용주기" 모델은 첨단기술시장의 역학을 파악하는

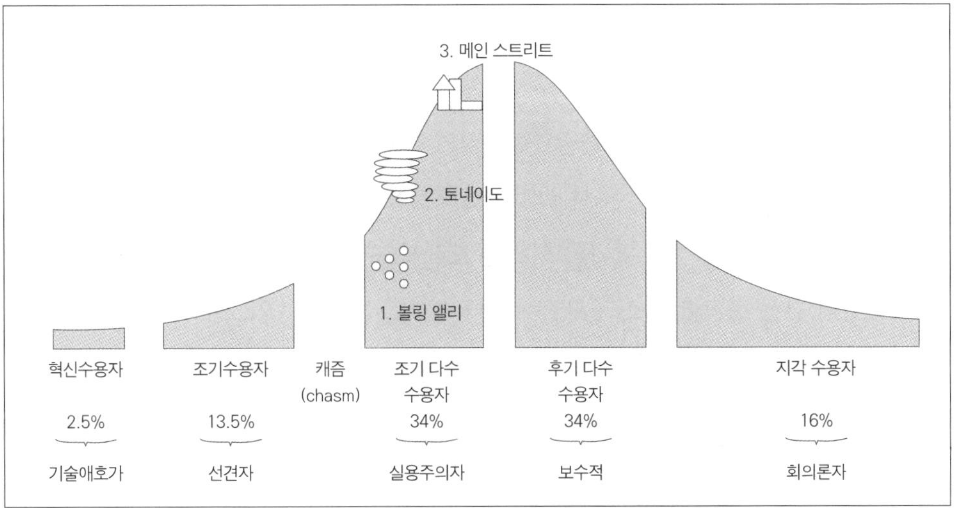

〈그림 12-3〉 기술수용주기에 따른 수용자 분류

출처: 서상혁(2012), 『하이테크 혁신 마케팅』.

출발점이자 정착지다. 불연속적 혁신시장의 탄생과 성장, 시장단계별 마케팅 방안에 관한 모든 이론과 문헌들은 기술수용주기 마케팅모델에 뿌리를 두고 있기 때문이다. 첨단기술 변화에 대한 도전성과 위험부담 회피 정도에 따라 소비자는 **혁신수용자**(기술애호가), **조기수용자**(진보적 선구자), **조기다수 수용자**(실용주의자), **후기다수 수용자**(보수주의자), **지각수용자**(회의론자)의 다섯 유형으로 나눠진다. 기술 수용주기를 구성하는 다섯 소비자 집단을 인구심리학적(Psychographics) 유형 별로 정리해보면 〈그림 12-3〉과 같다.

(1) 혁신수용자는 기술애호가(Technology enthusiasts) 집단이다

혁신수용자는 새로운 기술이 조만간 우리의 삶을 개선시켜 준다는 근거 하에 신기술에 몰두하는 사람들이다. 이들은 또한 신기술의 복잡 미묘함을 터득하고 신기술 자체를 탐구하는 것을 즐긴다. 아울러 가장 새롭고 가장 위대한 혁신을 제일 먼저 접하고 수중에 넣기를 선호한다. 기술애호가들을 '**테키**(Techie)'라고 애칭하기도 하며, 이들은 대체로 시장 전체의 약 2.5%를 차지한다. 마케팅의 관점에서 볼 때, 기술 애호가들은 첨단기술 공급자의 입장에서는 자신의 기술을 최초로 사용해 주는, 그리고 신기술의 잠재력을 평가하고 비평해주는 고마운 이들이다. B2B마케팅 관점에서 보면 이들은 예산권이 없거나 충분하지 않다는 결점을 가지고 있으나 조기 수용자들에게 기술의 잠재가능성과 효익에 대한 **조언자**와 **수문장** 역할을 담당한다. 이들의 추천이 있어야만 불연속적 혁신은 비로소 주목을 받게 된다. 예를 들면 한글과컴퓨터의 새로운 워드 프로그램인 워디안 알파테스트 버전을 자원하여 내려 받아 사용해보고, 애정을 가지고 게시판에 그 신제품의 결함과 오작동 등에 관한 자신의 평가와 의견을 도배하다시피 올리는 사람들이 기술애호가이다. 아울러 다음 번 **베타테스터** 모집에 적극적으로 참여하는 극소수의 사람들 또한 이들이다. 사무실에서 유일하게 최신 스마트폰의 최신 기능을 무리 없이 작동시킬 수 있는 사람들도 이들에 해당한다.

(2) 조기수용자는 진보적 성향의 선구자(Visionary)이다

조기수용자는 구습을 혁파하고 새로운 미래로 출발하기 위해 기업과 정부 내에서 노력하는 실질적인 혁명가들이다. 그들에게는 새로운 가능성을 남보다 먼저 보고 이용하는 것이 중요하다. **선두주자**로서 구질서에 비해 극적이고 넘볼 수 없는 경쟁 우위를 확보할 수 있기를 기대한다. 이들은 전체 시장에서 약 13.5%를 차지하는데, 예산 동원력과 투자의지도 있고, 실제로 불연속적 혁신 투자에 대한 최초의 지지자들이기 때문에 첨단기술 분야에 막대한 영향력이 있다. 이들은 미 완숙 단계의 불연속적 혁신을 수용하는데 있어 초기수용에 따르는 인프라 교체와 구축 그리고 조직의 행동과 태도 전환에 따르는 비용까지도 기꺼이 감당하려한다. 특히 초기시장 형성에 필요한 **자금원**의 역할을 한다는 점에서 주목할 필요가 있다. 이들은 새로운 혁신 제품에 대해 대중을 상대로 홍보하여 초기시장의 성공적 공략에 필요한 분위기를 형성하는 데 한 몫을 하지만, 공급자가 제공하는 제품 그대로에 만족하지 않고 상당히 어려운 맞춤형 수정 보완을 요구한다. 초기시장의 고객들은 개인화된 맞춤 솔루션, 빠른 반응속도, 최고 품질 수준의 판매와 지원을 요구한다. 경쟁은 주로 본원적 수요단계와 제품 분류 사이에서 존재한다. 조기 수용자 고객 간의 커뮤니케이션은 산업 및 전문가 영역에도 영향을 미치게 된다.

(3) 조기 다수 수용자는 실용주의자(Pragmatists)이다

조기 다수 수용자는 주류시장의 앞부분에 해당하며 전체 시장의 약 1/3을 차지한다. 이들은 기술 애호가들과 달리 기술 자체만을 위한 기술을 좋아하지 않는다. 이들은 개선은 믿지만 혁명은 믿지 않으며, 최대 관심사는 회사 체계를 효율적으로 운영하는 것이다. 신기술에 대해 중립적 태도를 보이며, 신기술 제품의 안정성, 호환성, 신속성 등 기능과 신뢰성이 확인이 되고 업계 동료들 사이에 검증된 참조 사례를 확인한 후 혹은 생산성 향상이 검증된 뒤에야 비로소 혁신기술을 받아들이는 신중한 부류이다. 이들은 회사 운영에서 결정적인 역할을 하는 **기간 시스템**(Mission critical system)에 대한 책임을 진 사람들일 가능성이 높다. 이들은 현재의 인프라가 능력의 한계선상에서 가까스로 안정을 유지하고 있음을 알고 있긴 하지만, 생소한 혁신의 침투로부터 인프라를 보호하려고 한다. 따라서 이들은 새로운 패러다임으로 이동할 때 다루기 어려운 상대가 된다. 그러나 이들이 일단 새로운 패러다임으로 이동하기로 결정하면, 이들은 시장 선도자에게서 제품을 구입하려고 한다.

(4) 후기 다수 수용자는 보수주의자(Conservatives)이다

후기 다수 수용자는 보수 성향을 가진 사람들로, 전체 시장의 1/3을 차지한다. 혁신기술에 대한 이해가 전기 다수 수용자보다 뒤지고, 혁신 기술로부터 무엇을 얻어낼 수 있을가에 대해 자신이 없다. 주위 사람 대부분이 신기술 제품을 사용한 후에야 비로소 마지못해 불연속적인 혁신을 수용한다. 이들은 자신이 불편해지기 전에는 선뜻 신기술 제품을 이용하지 않는다. 가격에 매우 민감하고 요구사항이 많다. 그들은 VTR을 사면서 사용하지도 않을 구매사양과 추가 서비스들을 요구하면서도 그에 상응하는 대가를 지불하지 않으려는 성향이 있어서 그들의 욕구가 충족되는 경우는 드물다. 그러나 대규모 집단을 새로운 고객으로 끌어들일 가능성과 함께 신기술 제품에 대해 큰 기회를 제공한다. 보수주의 고객들로부터 호응을 얻어 거래를 성사시키고 거래선을 확보하며 수익을 올릴 수 있는 방법은 제품이나 시스템을 쉽게 설치 및 활용할 수 있는 수준으로 **단순화**하거나 **일용 상품화**시키는 것이다.

(5) 지각수용자는 회의론자(Skeptics)이다

지각수용자는 첨단기술 분야에 대해 도발적인 언동을 하거나 방해하는 사람이다. 전체 시장의 1/6을 차지하고 첨단기술에 대해 비판적인 시선을 갖고 있는 이들은 잠재고객이라기보다는 **상존하는 비평가들**이다. 따라서 첨단기술 마케팅의 목표는 회의론자들을 설득하는 것이 아니라 이들을 피하면서 판매를 시도하는 것이다. 혁신기술이 일상용품화되는 **완전동화 단계**에는 지각수용자(회의론자)가 포진해 있다. 지각수용자는 신기술을 거부하는 사람들로써 시장에서 비판세력이 되기 쉬운 집단으로 흔히 인터넷의 역기능을 주장하거나 컴퓨터가 생산성 향상의 저해가 된다는 주장을 펴는 부류이다. 이들은 하이테크 마케팅의 대상이 아니다. 하지만 이들이 제기할 수 있는 반론을 미리 차단해야 한다는 점에서 그냥 지나칠 수는 없는 사람들이다.

다음의 〈표 12-1〉은 다섯 유형의 소비자 집단이 보이는 특징을 요약한 것이다.

〈표 12-1〉 기술수용주기를 구성하는 소비자 집단

	혁신수용자 Innovators	조기수용자 Early adopters	조기다수수용자 Early majority	후기다수수용자 Late majority	지각수용자 Laggards
별칭	기술애호가 (Technology enthusiasts)	진보적 선구자 (Visionaries)	실용주의자 (Pragmatists)	보수주의자 (Conservatives)	회의론자 (Skeptics)
행동태도 (개인별 동기화)	• 신기하다 • 시험해보자 • 지적 호기심	• 무리보다 앞서 가자 • 경쟁우위 확보	• 무리와 함께 가자 • 점진적 생산성 향상	• 버틸 만큼 버텨보자 • 경쟁자와 현상유지	• 어쨌든 싫다. • 무사태평 • 현상유지
역할	조기수용자 단계로 이동해 가는 수문장	신설 기업이나 사업에 종자돈 자금 제공자	회사운영에서 기간 시스템 구매자	감가상각이 끝난 기술로 신규 대규모 수요 창출 기회 제공자	첨단기술 초기 정착의 저지세력 방해자

마케팅 사례

구글 vs 애플, 헬스 케어 경쟁 포문

최근 웨어러블 기기와 스마트폰 등 모바일 하드웨어 플랫폼을 기반으로 한 '모바일 헬스 케어'가 의료 시장에 변화의 바람을 일으키고 있다.

나노 기술 분석 전문 기관인 럭스 리서치는 모바일 헬스 케어 시장이 2023년까지 8배로, 웨어러블 기반의 헬스 케어 제품도 연평균 11% 성장할 것으로 예상했다. 스마트폰을 활용한 헬스 케어 앱도 보편화되어 2017년까지 헬스 케어 앱 시장 규모는 260억 달러까지 커질 것으로 전망된다. 마이피트니스팔(MyFitnessPal)의 칼로리 측정기는 2014년도 구글 플레이의 베스트 앱 순위에 이름을 올릴 정도로 인기다.

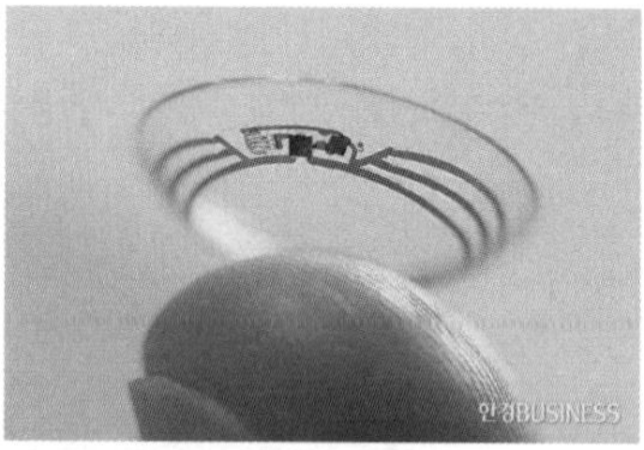

혈당을 체크하는 구글의 콘택트렌즈

2013년 기준 모바일 헬스 케어 기업에 대한 벤처캐피털 투자는 28억3000만 달러로, 지난 3년간 그 규모가 28배 이상 커졌다. 점점 더 많은 기업들이 모바일 헬스 케어 관련 새로운 아이디어를 갖고 실리콘밸리로 몰리고 구글과 애플도 모바일 헬스 케어 시장으로의 확장 중이다. 구글은'구글 헬스'의 실패 이후 지난해 6월 구글 핏(Google Fit)을 내놓았다. 사용자들이 운동량 등 정보를 관리할 수 있도록 한 피트니스 앱으로 특히 개발자들이 구글 핏 내에서 다양한 앱을 개발할 수 있도록 개방형 플랫폼을 제공한 것이 특징이다.

애플도 헬스키트를 출시해 건강관리뿐만 아니라 응급 상황 시 알림 등 다양한 기능을 제공하고 있다. 구글과 유사하게 플랫폼 개방으로 개발자들의 참여를 독려하고 있다. 특히 마요클리닉(Mayo Clinic)과 협력해 모바일 헬스 케어 서비스로 본격 진출할 계획이다.'애플워치'가 모바일 헬스 케어 시장에 어떤 영향을 미칠지도 관심거리다. 애플워치의 강점은 아이폰 충성 사용자층 보유와 생태계 구축 가능성 등 두 가지로 요약된다. 애플은 글로벌 스마트폰 시장점유율에서 삼성전자를 필두로 한 안드로이드 진영에 크게 밀려 있지만 아이폰의 브랜드 충성도는 시장조사 업체 스테이티스타에 따르면 90%로 삼성전자(77%)·LG전자(41%)·노키아(58%) 등 경쟁사보다 크게 앞섰다. 더불어, 아이폰 6는 기압계 센서를 장착한 M8 모션 프로세서를 탑재해 상대적 기압을 파악해 계

건강 관련 데이터를 한눈에 볼 수 있게 한 아이폰 6 플러스

단을 얼마나 오르고 내렸는지도 판단한다. 기본 탑재된 건강 앱이 각종 건강 앱과 연계돼 건강 관련 데이터를 보여준다. 아이폰 6와 애플워치가 연동되면 더 많은 사용자가 헬스 케어 시장으로 유입될 것으로 예상되며 앱스토어의 유료 앱 사용 빈도가 높은 것도 개발자들에게 매력적이다. 애플은 헬스키트를 중심으로 의료 데이터를 각종 병원과 연계하고 애플워치를 각종 보험 상품과 연계하기 위해 논의하고 있는 것으로 전해졌다.

모바일 헬스 케어 시장의 성장은 한국 의료 기기 업체들의 혁신 노력을 촉구한다. 기기의 소형화, 모바일 기기와의 접목, 앱 시장의 발달은 새로운 기회제공과 동시에 진입 장벽을 낮추는 효과를 낼 것이다. 글로벌 시장의 경쟁은 더 거세질 것이고 기존의 하드웨어 중심의 의료 기기는 역사의 뒤안길로 사라질지도 모른다. 모바일 헬스 케어는 유통 구조에도 변화를 가져올 것이다. 대형 의료 시설, 대학병원, 의사들만을 대상으로 타깃마케팅을 했던 의료 관련 기업들은 모바일 헬스 케어 분야의 확장에 따라 일반 소비자를 대상으로 한 유통 구조를 별도로 설계해야 하며 마케팅 측면에서도 일반 소비자를 대상으로 한 B2C를 고민해야 할 것이다.

출처: 『한국경제매거진』, 2015년 2월 4일자, 김필성 KOTRA 실리콘밸리무역관 차장.

2. 하이테크 기업을 위한 기술 수용주기별 마케팅 방안

앞에서 "불연속적 혁신"의 개념과 "기술수용주기" 모델을 통해 첨단 기술 시장의 특성을 살펴보았다. 불연속적 혁신 시장을 위한 마케팅 방안으로 캐즘 마케팅, 틈새 마케팅, 토네이도 마케팅, 중심가 단계의 마케팅에 대해 살펴보면 다음과 같다.

1) 캐즘 마케팅

(1) 대단절의 발견

1990년대 초까지만 해도 첨단 기술 마케팅 전략은 기술 수용주기 선상에서, 기술 애호가 공략으로부터 시작하여 조기수용자, 조기 다수 수용자, 후기 다수 수용자 그리고 지각수용자 집단으로 순차적으로 이동하면서 시장을 개발하는 것이었다. 그러나 이런 마케팅 전략은 이론상으로는 논리적이고 매력적이었지만 실제 상황과는 잘 맞지 않았다. 특히 기업들이 진보 성향의 선구자 집단에서 실용주의 성향의 조기 다수 집단으로 이동하는 시점에서 항상 곤경에 빠지곤 한다. 이를 **캐즘**(Chasm)이라 한다. 문제는 두 집단이 비록 기술 수용 주기 선상에서 서로 인접해 있기는 하지만, 가치관에서는 큰 차이가 있어 서로 신뢰를 하지 않는다는 점에서 비롯된다.

〈표 12-2〉 캐즘 발생의 원인 - 조기수용자와 조기 다수 수용자 간의 차이

조기수용자 - 진보 성향의 선구자 Visionaries	조기 다수 수용자 - 실용주의자 Pragmatists
• 직관적 • 변혁 선호 • 선두에서 독주함 • 자신들의 판단에 따른 위험 부담 감수 • 장래 기회가 동기유발 요인 • 기능성 추구	• 분석적 • 점진적 변화 선호 • 다수와 함께 지냄 • 동료들과 협의 • 위험부담 관리 • 현재 문제가 동기유발 요인 • 실현성 추구

선구자들은 실용주의자들을 창의력과 상상력이 결핍된 인물로 생각하고, 실용주의자들은 선구자 집단을 위험한 인물로 간주한다. 그 결과, 진보적 성향의 선구자들에게 참신하고 혁신적으로 여겨지는 프로젝트들이 실용주의자들에게는 좋은 참조 사례가 되지 않는다. 〈표 12-2〉는 이 두 집단 간 가치관의 차이를 요약한 것이다.

선구자들은 미완성 제품을 자신의 예산으로 완성시켜 업계에서 경쟁우위를 먼저 확보하려는 진보 성향의 사람이고, 조기 다수 수용자인 실용주의자들은 혁신 기술이 일시적인 유행으로 끝나지 않고 공급자와 협력자에 의해 완전완비제품으로 완성되기를 **관망**(Wait and see)한다. 이 **관망현상**으로 인해 '캐즘'이 발생하는 것이다.

(2) 초기시장 단계: 시장진입 유도 마케팅

불연속적 혁신제품이 최초로 시장에 나온 단계이다. 소수의 기술애호가들만이 제품의 가치를 알아볼 뿐 대중은 수용을 꺼리는 단계이다. 기술애호가와 진보적 성향의 선구자들 사이에서 흥분이 고조된 시기로 새로운 패러다임(Paradigm)에 앞 다투어 동참하려 한다. 신제품에 대한 새로운 카테고리 시장이 처음 생기는 단계로, 해당 기업은 아직은 불완전한 제품의 완성도를 높이고 표준화를 달성하기 위해 전력을 기울여야 한다. 홍보나 광고 활동 측면을 보면 초기시장에서는 기업 이미지 광고는 별 효과가 없다. 초기시장의 혁신수용자를 염두에 둔다면 전문 잡지나 웹사이트를 이용하여 제품의 기능과 배경 기술에 대해 상세한 설명을 제공하는 것이 나을 것이다. 조기수용자에게는 **선구자적 심성**을 건드리는 메시지에 초점을 맞추어 전달해야 한다. 즉 이 신제품이 그들로 하여금 남보다 한 발 앞서 나갈 수 있게 해준다는 점을, 그리고 경쟁우위 확보를 위해 꼭 필요한 기능과 성능을 갖추었다는 점을 자세히 설명할 수 있어야 한다.

(3) 단합과 선택과 집중의 단계

기술 애호가들과 선구자의 열정은 식어가는 가운데, 주류시장에서는 아직 완숙하지 않은 솔루션으로 인해 조기 다수자들로부터 충분히 수용되지 않기에 매출 정체나 감소 현상을 보이는 매우 절망적인 시기이다. 대부분의 첨단기술은 여기서 캐즘에 빠져 사장되고 만다. **캐즘에 머무는 시간을 최소화**하는 것이 최선의 전략이다.

(4) 캐즘 뛰어넘기

캐즘을 극복할 수 있는 방법은, **틈새 세분시장**을 선택하여 조기다수 수용자들이 충분히 구매 충동을 일으킬 만한 제품을 성공적으로 제공하는 것이다. 이때 필요한 경영상의 개념은 **선택**(Selection)과 **집중**(Focusing)이다. 다음의 〈그림 12-4〉는 **캐즘 뛰어넘기**(Crossing the chasm)를 설명한다.

성공적으로 캐즘을 뛰어넘는 기본전략은 심리 상태의 관찰에서 나온다. 각 단계의 차이를 관찰함으로써 **표적시장을 설정**하고 **집중투자**를 하는 것이 필요하다. **완전완비제품**(Whole product)의 개념은 실리콘밸리에서 첨단 마케팅 용어로 자리를 굳혔는데 개념 자체

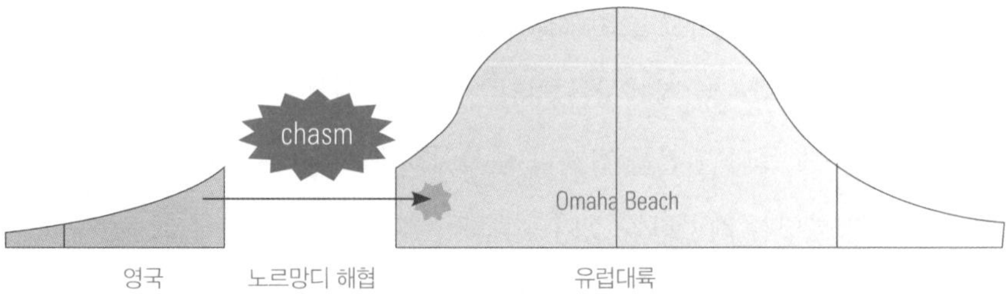

- Chasm에 머무는 시간을 최소화한다.
- 단일 세분 목표시장을 설정한다(특정 응용 분야).
- 완전완비제품(Whole Product)의 형성을 가속화한다.
- 목표한 세분시장 지배를 위해 완전완비제품을 이용한다.
- 시장에서 얻은 성공과 완전제품 투자를 근간으로 시장 확장을 꾀한다.
- 사례: 탠덤, 애플

캐즘에서 오래 지체하면 할수록 그만큼 틈새에서 벗어나기 어렵다.

〈그림 12-4〉 캐즘 뛰어넘기

유승삼(2003), "첨단기술 신제품 마케팅 성공 공식", LG-AD Marketing Trend Review.

는 매우 단순한 의미를 갖는다. 완전완비제품이란 표적 소비자가 제품구매 충동을 일으키는 데 기본적으로 필요한 최소한의 구성을 갖춘 제품이나 서비스로 정의된다. 실제로 캐즘을 뛰어넘는 유일하고 안전한 방법은 모든 달걀을 한 바구니에 담는 것, 즉 하나의 표적시장을 집중 공략하는 것이다. 성공전략의 열쇠는 실용주의자들로 구성된 주류시장에서 하나의 **교두보 세분시장**을 선택한 다음, 그 교두보 세분시장이 요구하는 완전완비제품을 100% 완성하는 데 전력투구하는 것이다. 요컨대 목표는 신속히 주류시장 내 틈새시장에 발판을 확보하는 것으로, 그를 통해 캐즘을 뛰어넘는 것이 가능해진다.

캐즘의 성공적인 통과를 위해 Moore는 다음의 두 접근법을 권장한다.

① 교두보를 인식하고 주류시장을 추구하기 위한 단일 목표 시장의 파악
② 고객들이 매끄러운 구매 경험할 수 있는 통합 솔루션과 완제품 솔루션 개발을 위한 파트너십 구축

또한 캐즘을 극복하고 실용주의자들에게 성공적으로 마케팅을 하기 위해 필요한 몇 가지 지침을 아래와 같이 제시한다.

① 고객들이 필요로 하는 업계 표준을 제공할 것
② 실용주의자들이 구매 결정 전 경쟁사가 제공하는 제안을 살펴 볼 수 있도록 할 것
③ 주류시장의 니즈를 충족시키기 위해 제품의 기능을 추가하는 것이 아니라 단순화할 것
④ 고객의 행동을 관찰하기 위해 엔지니어들이 고객 사이트를 방문할 것

창업사례
'P2P 대출' 렌딩클럽, 7년 만에 상장 대박

결제서 송금·자산 관리까지…금융권 위협하는 핀테크 스타트업 붐

요즘 주요 금융 기업은 물론 관계 당국을 가리지 않고 등장하는 단어가 있다. '핀테크(Fintech)'다. 핀테크는 금융(Finance)과 기술(Technology)을 합한 말로, 주로 정보기술(IT)을 기반으로 한 새로운 형태의 금융 기술을 말한다. 기존 금융권은 물론이고 벤처·스타트업 관계자들 사이에서도 핀테크는 황금 알을 낳는 거위로 불리며 업계의 화두가 되었다. 국내에선 1~2년 전만 하더라도 핀테크라는 단어 자체는 소수 관계자들만의 전문 용어에 가까웠으나 현재는 열풍이 매우 거세다. 그만큼 핀테크 산업의 부상 속도가 빠르고 영향력 또한 거대해지고 있다는 것을 뜻한다.

핀테크 비즈니스 모델 분류

은행업 및 금융 데이터 분석	지급 결제	자본시장 관련 기술	금융자산 관리
• P2P 대출 • 모바일 뱅킹 • 국제 송금 • 은행 인프라	• 판매시점정보관리(POS) • 모바일 지갑 • P2P 결제 • PG 사업	• 소매 투자 • 기관 투자 • 주식시장 자금 조달 및 운용 • 크라우드 펀딩	• 계좌 관리 • 개인 자산 관리

17세기 근대적 개념의 은행업이 등장한 이래 시간이 흐르면서 은행 업무는 전문화·세분화됐지만 고객의 돈을 맡아 보관하는 수신 업무, 반대로 이를 바탕으로 고객과 기관에 돈을 빌려주는 여신 업무라는 기본은 변하지 않았다. 자산을 안전하게 보관하고 자금이 필요한 곳에 돈을 빌려주는 은행의 기본적인 기능은 은행의 역사 시작 이래 거의 변하지 않았으나 기술이라는 강력한 무기 덕분에 기존 체제가 무너질 정도로 큰 변화가 일어나고 있다. 수백 년간 이어진 은행의 역할과 위상도 기술의 진보에 의해 해체되고 있다. 핀테크의 부상 때문이다.

글로벌 핀테크 사업 부문별 투자 비중

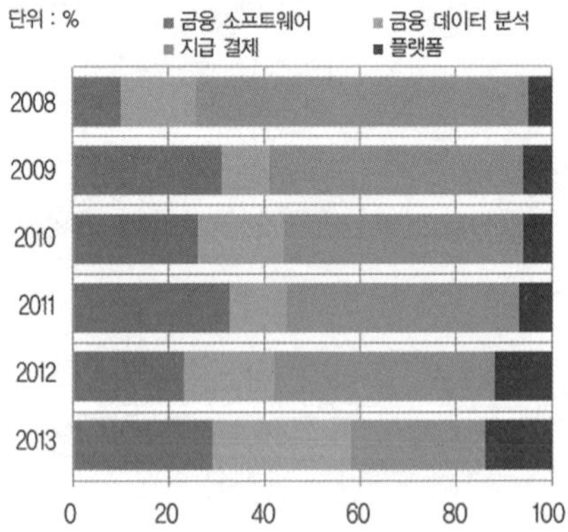

자료 : CB인사이트

한경BUSINESS

인터넷과 스마트 기기의 등장이 인류의 삶을 변화시켰듯이 핀테크 역시 기존의 금융 질서와 개념을 송두리째 뒤바꾸며 혁신적 실험을 거듭하고 있다. 상상하지 못했던 아이디어들이 첨단 기술과 결합해 기존의 금융과는 전혀 다른 새로운 형태의 금융 비즈니스 모델들을 만들어 내고 있는 것이다. 인터넷, 소셜 네트워크 서비스(SNS), 크라우딩 펀드, P2P(peer to peer: 개인 대 개인 간 연결) 시스템, 스마트폰을 활용한 혁신적 통신 기술 등 핀테크에 활용되는 기술과 서비스 분야도 매우 다양하게 그리고 빠른 속도로 진화 중이다.

출처: 『한국경제매거진』, 2015년 2월 11일자, 장진원 기자.

렌딩클럽(Lending Club)

돈을 빌리려는 사람에게 은행의 문턱은 한없이 높기만 하다. 저축은행이나 협동조합 같은 제2금융권에서조차 자금을 조달하지 못하면 급기야 수십 %에 달하는 고금리를 감수하며 대부업체를 찾는 것이 현실이다. 이럴 때 만약 돈이 필요한 사람과 여유 자금을 굴리고 싶은 사람을 연결해 주면 어떨까. 렌딩클럽은 P2P 대출이라는 아이디어를 현실로 옮기는 데 성공했다. 렌딩클럽을 공동 창업한 피에르 오미디야르는 온라인 경매 업체인 이베이(eBay)의 창업자이기도 하다. 렌딩클럽은 2007년 페이스북의 앱으로 출발했다. 당시 오미디야르는 "은행권의 고금리에 위화감을 느끼고 인터넷을 이용하고자 하는 새로운 수요를 위해 저리 융자를 고안해 냈다"고 밝혔다.

이용 방법은 간단하다. 대출이 필요하면 렌딩클럽 홈페이지에 들어가 신청서를 작성한다. 렌딩

렌딩클럽의 대출액

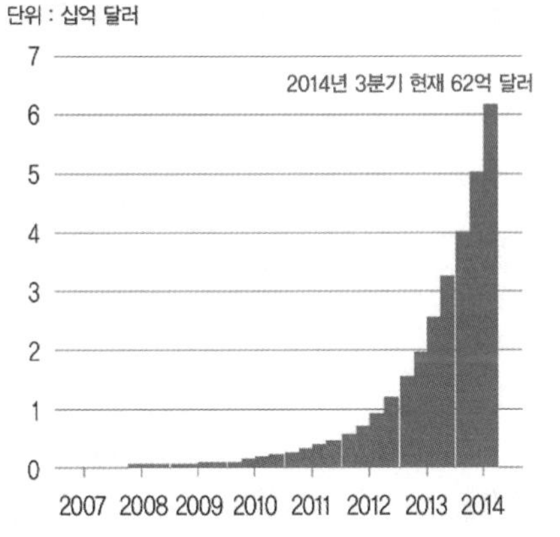

자료 : 렌딩클럽

클럽은 이 중 10% 정도만 추려내 대출 가능자를 정하고 이들에게 다시 A~G까지 7단계의 신용 등급을 매겨 온라인 대출 장터에 올려놓는다. 돈을 굴리고 싶은 개인 투자자들은 대출 신청자 명단을 보고 자신이 원하는 사람에게 투자한다. 이때 투자 금액은 최소 25달러를 기준으로 소액 분산투자하게 된다. 대출금리는 신용 등급에 따라 연 6.78~9.99% 수준이다. 몇몇 대출자의 채무 불이행을 감안한다고 하더라도 제로 금리에 가까운 은행 이자에 비해 높은 수익률을 기대할 수 있다. 회사(렌딩클럽)는 이 과정에서 대출금의 1~3%를 수수료로 받는다. 은행을 끼지 않는 P2P 대출 중개를 실현한 렌딩클럽은 지난해 3분기까지 약 62억 달러의 대출 거래를 성사시켰다. 지난해 12월 11일에는 뉴욕증권거래소에 상장했는데 첫 거래일에 공모가 대비 56%가 오른 23.43달러로 거래를 마쳤고 현재도 20달러 선에서 거래되고 있다. 상장 후 기업 가치는 85억 달러(9조 2,700억 원)에 달한다. 불과 창업 7년 만이다.

출처: 『한국경제매거진』, 2015년 2월 11일자, 장진원 기자.

2) 틈새 마케팅 – 볼링 앨리 단계

혁신제품을 조기 다수 시장에 앞서 **교두보 틈새시장**이 먼저 수용하는 시기다. 주류시장의 교두보 틈새시장에서 인정을 받아냈지만 아직 전반적이고 광범위하게 전파되지는 못한 단계로, 완전완비제품들을 만들어 보려는 공급자의 의지에 의해 추진된다. 공에 맞은 볼링 핀이 옆의 핀을 넘어뜨리는 것처럼 교두보 틈새시장이 다음 틈새시장으로 전진해 가면서 추진력을 더해 다음 단계인 **돌풍단계**로 발전하도록 하는 것이 목표이다. 교두보와 관련된 인접시장으로 확산을 꾀하는 전략을 쓰면 돌풍을 일으킬 수 있다. 이때는 제품에 부가되는 기술서비스가 중요한 시기로, **고부가가치 서비스**를 통해 확실한 **틈새시장 기반**을 확실히 잡아야 한다. 그림 〈12-5〉와 그림 〈12-6〉은 볼링 앨리 개념에 착안한 마케팅 전략을 설명한다.

이 단계에서는 새로운 틈새시장에서 **선도자로서 포지셔닝**(Positioning)을 하는 것이 무엇보다 중요하다. 그 이유는 주 고객인 실용주의자들이 질서와 안정을 중요시하는 특성을 보이고 또한 처음 접한 시장 선도자들에게 깊은 충성심과 신뢰를 느끼기 때문이다. 즉, **시장선도자의 이점**(First mover's advantage)을 누릴 수 있으며, 이로 인하여 선도자로서의

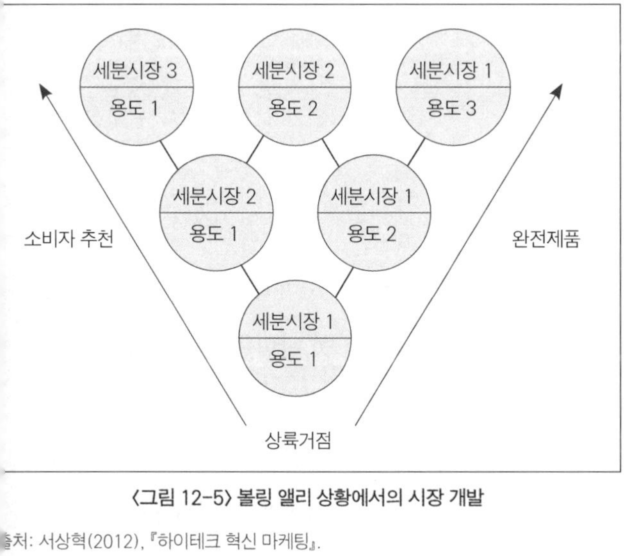

〈그림 12-5〉 볼링 앨리 상황에서의 시장 개발

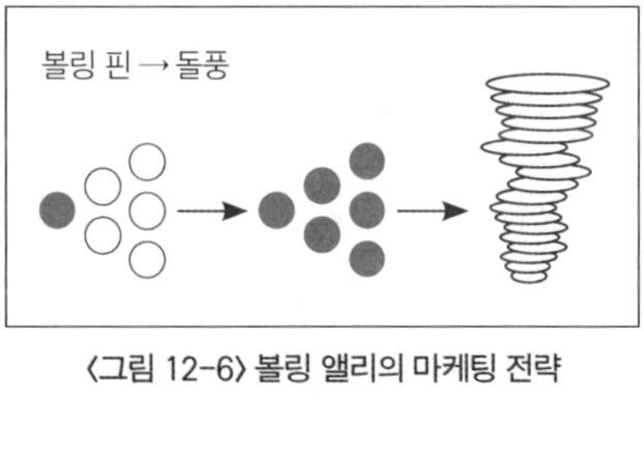

〈그림 12-6〉 볼링 앨리의 마케팅 전략

출처: 서상혁(2012), 『하이테크 혁신 마케팅』.

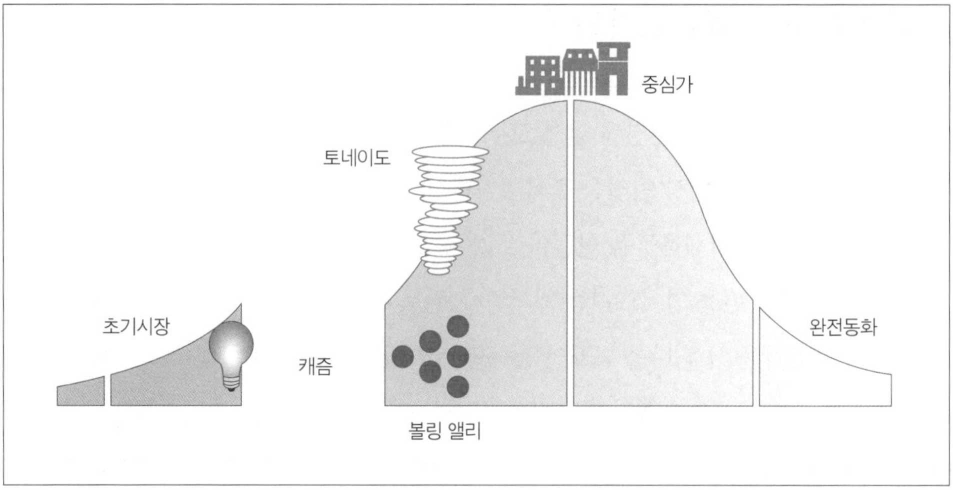

〈그림 12-7〉 시장 개발 모델

보상을 받게 된다. 시장선도자의 포지셔닝이 강하면 강할수록 후속 주자들의 제품은 상대적으로 누릴 수 있는 기회의 규모가 줄어든다.

최초의 볼링(Bowling) **핀**에 해당하는 표적 세분시장을 선택하려면, 현재 어떤 경쟁자도 제대로 소비자의 요구를 만족시키지 못하여 강력한 구매충동 욕구를 가지는 시장을 찾아야 한다. 기업의 규모와 전략 목적이 감당할 수 있는 시장을 택해야만 **고객 수요의 선순환**을 창출할 수 있다. 만약 그 욕구를 충족시키지 못할 경우에는 경쟁사들에게 시장을 내줄 수밖에 없는 불상사가 생긴다.

3) 토네이도 단계의 마케팅

볼링 핀 전략이 주효하면 인접 관련 틈새시장으로 확산되어 마침내 시장 전체를 휩쓰는 돌풍이 일어난다. 이 단계가 오면, 기업은 상품이 없어서 못 판다는 행복에 즐거운 비명을 지르게 된다. **돌풍**(Tornado)**단계**에는 실용주의자들이 시장선도자의 물건만을 사려고 줄을 선다. 제품 사용 방식은 구 패러다임에서 신 패러다임으로 전환되며, 인프라의 교체를 완료하는 시기다. 이 단계에서 최대 80%의 시장을 점유하는 거대 **고릴라 기업**이

탄생되고 그 외 나머지 기업은 침팬지와 원숭이로 전락하여 고릴라가 남겨놓은 나머지 바나나를 나눠 먹게 된다. 실용주의 고객들은 선도 고릴라 기업이 시장을 지배하여 시장의 질서와 안정을 지키고 표준으로 정착해주기를 바라기 때문이다.

이 단계에서는 수요가 공급을 초과하고 고객과 수주물량이 급증하여 **수요적체현상**이 일어나므로 원활한 **제품공급**(On-time delivery)이 어떠한 마케팅 기법보다 중요한 단계이다. 이때는 **공급! 또 공급!**, 즉 무조건 양적으로 제품을 많이 출하하는 것이 중요하다. 서비스는 일시적으로 우선순위에서 밀리고, 기업은 무조건 고객이 원하는 대로 원활히, 품절 없이 그리고 품질 하자 없이 물량을 공급하는 것에 전념해야 한다. 그러지 않으면 경쟁기업이 그 역할을 대신할 것이기 때문이다

예로 Lap Top PC 돌풍 초입 상황에서 Dell은 제품 준비가 안 되었고, IBM은 제품의 반응은 좋았으나 원활한 공급을 못하여, **돌풍 주도**의 기회를 반환하였다. 그에 반해 HP는 프린터 시장에서 적시 공급과 공격적인 저가 가격대 주도 정책을 통해 시장을 확대하여 초고속 성장을 이룰 수 있었다. 토네이도 단계는 이미 시장이 성숙하고 소비자의 수요가 절정에 달한 상태이므로, 새로운 수요 창출 마케팅보다는 유통과 배송과 같은 내부 역량 강화를 통하여 향후 장기적으로 관리하게 될 고객 기반을 확보하는 데 기업의 자원을 집중하여야 한다.

광고 홍보 면에서는 조기 다수 수용자를 대상으로 시장 상황에서 **혁신제품이 차지하는 시장점유율과 위상** 등을 강조해야 한다. 특히 이번에 나온 신기술 제품이 업계 표준으로 등극했고, 많은 사람들이 앞 다투어 이 제품을 채용하기 시작했다는 점을 부각시켜야 한다. 그렇다면 토네이도 단계에서 바람직한 마케팅 전략은 무엇일까? 그 답에 대한 힌트는 토네이도 시기를 성공적으로 마치고 이른바 고릴라가 된 Microsoft나 Oracle, Cisco 등으로부터 얻을 수 있다. 이들의 경험을 토대로 이 시기의 전략을 정리하면 다음과 같다.

(1) 승자독식의 원리

이 시기에는 앞장에서 설명한 **수확체증적 사고**, 즉 사용자 기반의 확보가 관건이다.

물론 주어진 파이를 놓고 싸우는 제로섬(Zero sum) 게임은 아닌 것이 분명하지만 단 하나의 기업만이 고릴라가 될 수 있다는 승자 독식의 원리를 명심하고 1등이 되기 위한 최선의 노력을 기울여야 한다. 이러한 정신은 Oracle회장인 Larry Elisson이 칭기즈칸의 말을 인용한 "It is not enough that we win. All others must lose!(우리가 승자라는 것만으로는 충분치 않다. 모든 경쟁자들이 쓰러져야 한다!)"라는 말에 정확히 반영되어 있다.

(2) 유통 시장의 장악

이 시기에는 유통망의 장악이 무엇보다 중요하다. 즉 수요도 중요하지만 공급 측면이 반드시 뒷받침되어야 한다는 의미이다. 파이프라인, 즉 **유통망을 재빨리 장악**하고 **표준화된 제품**을 신속하게 공급하는 것이 중요하다. Moore는 이 시기의 중요한 모토로 "Just Ship!(그저 제품 출하에만 집중하라!)"이란 표현을 사용하였다.

(3) 표준화 및 단순화

토네이도 시기는 마케팅의 예외 상황임을 인정하고, 고객이 원하는 다양한 요구를 제품에 반영하느라 자원과 시간을 낭비하지 않는 것이 좋다. 제품을 **표준화**(Standardization), **단순화**(Simplification)하는 것이 빠른 확산과 보급에 매우 효과적이기 때문이다. 시장지향성과 고객에 대한 대응을 이 시기에는 잠시 자제해야 한다. 토네이도 단계는 **시장점유율 전투**에 전력투구해야 하는 시기이다.

(4) 광고와 전략적 파트너링

토네이도 시기에 유용하게 사용되는 전략적 무기는 광고와 **전략적 파트너링**(Strategic partnering)이다. 이 시기에 실용주의자들은 향후에 표준이 될 제품을 사려고 들며, 따라서 다수의 소비자가 선택하는 제품을 선호하게 된다. 따라서 광고는 이들에게 확신을 주고 네트워크를 따라서 극대화시켜 주는 유용한 심리전의 도구로서 기능을 수행하게 된다. 캐즘 단계에서 광고가 무용지물이었던 것과는 매우 대조적인 상황이다. 또 **전략적 연계**는 고릴라가 되고자 하는 기업이 자주 애용하는 매우 효과적인 도구이다. 이들은 전략적 파트너십을 통해 표준을 장악하고 제품을 성공시키되 주도권을 가지려고 한다. 그리고 토네이도가 끝나가는 시점이 되면 파트너 기업을 하나 둘 배제시키고 자기만의 독점적 지위를 확보하게 되는 것이다.

토네이도가 걷히고 나면 사실상의 표준이 확정되고 승자와 패자가 나뉘게 된다. 이때 표준을 장악하고 시장의 지배력을 갖게 된 기업 혹은 이들의 제품을 고릴라라고 한다. Microsoft, Intel, Oracle, Cisco, IBM, Siebel 등이 각자의 시장에서 고릴라가 된 기업들의 예이다. 이들은 가치사슬(Value chain)상의 여러 구성원들에게 강력한 협상력을 행사하게 되며 경쟁기업들을 지배하게 된다. 소비자들도 이들에게 점차 **고착화**(Lock-in)되어 전환해야 하는 경우 높은 전환비용을 감수해야 한다. 한편, 고릴라가 다 먹지 못하고 남겨 둔 일부 바나나는 침팬지의 몫이 된다. 여기서 침팬지는 고릴라와 일전을 펼쳤던 **표준전쟁**의 당사자를 의미한다. Microsoft와 겨루던 Apple컴퓨터가 그 예이다. 침팬지들이 고릴라에게 패하는 이유는 다양하다. Apple이나 Sony와 같이 지나치게 폐쇄적인 제품정책을 취한다거나 아니면 스위치 시장에서 Cisco에 대부분의 시장을 내어준 3Com과 같이 소극적인 성장전략을 취하는 등의 이유이다. 3Com은 수백 퍼센트씩 성장하는 시장에서 수십 퍼센트의 성장전략을 취했다가 나머지 시장 대부분을 Cisco에 넘겨주고 말았다. 고릴라와 침팬지 외에 원숭이기업들도 있다. 이들은 고릴라 제품들과 **호환**이 된다는 점에서 침팬지와 다르다. 이들은 대개 저렴한 복제품으로 생존하며 마진이 적은 저가의 제품을 생산한다. 고릴라는 시장의 반 이상을 장악하며 프리미엄을 누리면서 업계를 지배하게 되고, 침팬지와 원숭이들은 그 나머지 시장을 나누어 갖게 된다.

4) 중심가 단계에서의 마케팅

(1) 완전완비 +1(대규모 맞춤 마케팅)

중심가(Main street)단계는 조기 다수 수용자들의 인프라 대체로 새로운 패러다임이 시장에 정착했던 돌풍 단계를 거쳐야 비로소 시작된다. 제품 판매가 안정기에 들어서는 때로서 더 이상의 폭발적인 시장수요는 일어나지 않는다. 이 시기는 이제 **공급이 수요를 초과하게 되고**, 이전 단계에서 초점을 두었던 기술적 구매권자나 인프라 구매담당자가 아닌 **최종사용자에게 접근**하여 새로운 수요를 창출하는 것이 필요하다.

이 시기에는 후속시장을 개발해야 하는 인프라가 전진 배치되며 남은 1/3의 대규모 **잠재시장**을 공략하는 것이 목표이다 그러나 새로운 기능이나 성능 향상의 개발이 아니라, 기 개발된 기존 제품에 **부가적 요소**(디자인, 편리성)를 **추가**하는 방식으로 전략 방향이 바뀐다. 이제 **마케팅이 주도하는 제품개발**이 시작된다. 그리고 다시 고객 만족, 고객 서비스가 중요해진다.

캐즘 마케팅 전문가들은 이것을 '**틈새시장의 확장**(Niche market expansion)'이라 표현한다. 틈새시장의 확장은 이미 출시된 완전완비제품에 작은 변화를 주어 최종사용자에게 차별화된 가치를 제공하는 지렛대 효과를 향상시킴으로써 이루어진다. 이것을 '**+1 마케팅**'이라고 표현한다. 이와 같은 형태의 **대규모 맞춤 마케팅**(Mass customization)은 새로운 형태의 기술 도입이기보다는 최종고객의 편의성 증대를 목적으로, 보기 좋도록 디자인하거나 기능상 부가가치의 확장을 통하여 필요없는 개발 비용을 줄이고 수익을 극대화한다.

최근 화두가 되고 있는 대규모 맞춤형 마케팅, 관계 마케팅, 체험 마케팅이 적용될 수 있는 단계다. 광고와 홍보 면에서 살펴보자면, 후기다수사용자의 경우에는 기술을 평가할 능력이 부족하므로 제품 브랜드와 회사의 이미지를 강조해야 한다. 대부분의 소비자들이 이 제품을 사용하고 있다는 점, 그리고 경쟁자들이 등장하여 가격경쟁으로 염가로 구매할 수 있다는 점을 통해, 고객이 이 제품을 안심하고 사용할 수 있으며 손해 보지 않는다는 믿음을 심어줘야 한다.

(2) 완전동화 단계에서의 마케팅

불연속적 혁신이 완전 동화되는 시기로 **기술수용주기의 말기**(End of life)를 의미한다. 이 단계부터는 일반소비재 마케팅이 그대로 적용된다.

기술수용주기 단계를 거치면서 일어나는 시장구조의 변화에 따라 각 단계별로 강조되는 사항들은 달라진다. 캐즘 마케팅 전문가들은 제품과 시장의 특성을 근간으로 첨단기술 시장에서 고려해야 할 아홉 가지의 고려 사항과 포지션을 소개한다.(〈그림 12-8 참조〉) 예로 볼링 앨리 단계에서는 혁신적 제품을 무기로 틈새시장에 집중하는 제품 선도력과 고객 친밀성이 요구되어진다. 돌풍단계에서는 기업의 규모에 따라 적절한 가격정책을 선택하고 운영하는 능력을 강화해야 한다. 중심가 단계에 들어서면 저가시장이나 틈새고급시장을 대상으로 시장 주도권을 유지해야 한다.

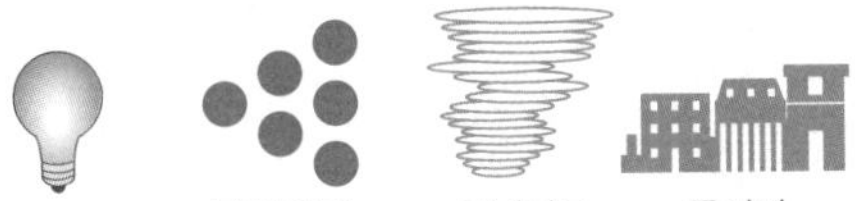

		볼링 앨리	토네이도	중심가
표적 고객	✔	✔		✔
강렬한 구매충동 욕구	✔	✔		✔
완전완비 제품	✔	✔	✔	✔
파트너십의 주도권	✔	✔	✔	
유통정책			✔	
가격정책			✔	✔
포지셔닝			✔	
갱쟁우위	✔			✔
시장 개발		✔		

자료의 나머지는 위에서 표시된 우선순위 문제에 촛점을 둔 전술적 모델을 보여준다.

〈그림 12-8〉 수명주기 단계별 우선순위의 변화

미래 예측

포브스 선정 "2015년에 주목해야 할 핀테크 스타트업 15곳"

1. 빌가드(BillGuard)

2010년에 시작된 서비스로, 과다하게 책정된 은행 수수료나 신용카드 사용액 청구 시 발생하는 쓸데없는 비용을 사용자에게 알려주는 서비스로서 지금까지 300만 달러의 투자금을 확보했다.

2. 플랜와이즈(Planwise)

2011년 출발한 초기에는 금융 의사결정 기능이 주였지만 최근 부동산 및 모기지 거래에 초점을 맞추어 주택 거래 당사자, 브로커, 모기지 운영업자 등에게 부동산 물건 리스트를 무료로 제공한다.

3. 온덱(OnDeck)

소상공인 대출 서비스로서 세금 납부 실적은 물론 소셜 활동까지 체크하는 알고리즘을 통해 신용을 측정해 24시간 내에 신속하게 대출 받을 수 있다. 천편일률적인 은행의 대출 심사를 탈피해 은행권 대출이 어려운 소상공인을 공략하며 승승장구하고 있다.

4. 웰스프런트(Wealthfront)

2011년 설립된, 금융자문 분야에서 가장 잘나가는 스타트업이다. 맞춤형 자산 배분 서비스와 상품 선정 서비스를 제공하는데 모두 독자 개발한 알고리즘을 통해 서비스된다. 현재 약 10억 달러의 자금을 관리하고 있다.

5. 커렌시 클라우드(Currency Cloud)

기존의 은행권이 85% 이상을 장악하고 있는 국제 결제 시장을 파고든 영국의 스타트업으로 현재 한 달에 약 500만 달러 규모의 거래를 처리하고 미국에서 1000만 달러의 투자를 유치했다.

6. 스트라이프(Stripe)

애플페이의 지불 파트너로 선정되면서 더욱 유명해진 스타트업으로 모바일 앱이나 전자 상거래를 운용하는 개발자 대상 온라인 결제플랫폼이다. 17억달러의 기업 가치를 인정받아 8천만 달러 이상의 투자유치에 성공했다.

7. 에퍼파이트(Epiphyte)

'착생식물'이란 뜻의 에퍼파이트는 설립 2년 차 스타트업이다. 비트코인이나 암호화된 전자 통화들이 점차 합법적인 통화로 간주되기 시작하면서 기존 금융회사에 이들에 대한 운용 서비스를 제공한다.

8. 아스트로페이(AstroPay)

브라질 중부와 중국 등 아직까지 신용카드 결제가 어려운 신흥 시장에서 결제 서비스를 제공한다. 남미 최대의 국제 신용카드 결제 서비스로 성장했다.

9. 뱅킹업(Banking Up)

2006년에 설립된 금융 서비스 제공 핀테크 기업이다. 주로 빈곤층과 은행 이용이 어려운 이들을 대상으로 직불카드 등의 서비스를 제공하는 마이크로 은행으로 볼 수 있다.

10. 스퀘어(Square)

간편한 사용, 광범위한 문제를 해결할 기술 주도 솔루션 등 핀테크 기업의 목표가 가장 잘 나타난 기업으로 평가받는다. 값비싼 POS 단말기 설치나 카드사 수수료가 없어도 전용 앱과 소형 단말기(square)를 통해 신용카드 결제를 가능하게 해준다. 현재 기업 가치는 6000만 달러로 추산된다.

11. 티팔티(Tipalti)

국제 결제 플랫폼으로 최근 1300만 달러의 투자를 유치했다. 거대한 규모의 국제 결제 시스템을 자동화하는 데 성공했고 이를 통해 전 세계 누구에게나 대금을 송금할 수 있다.

12. 플린트(Flint)

스퀘어와 같이 POS 시스템이 필요 없는 모바일 결제 스타트업이다. 스퀘어보다 진화한 방식을 개발해 어떤 하드웨어도 필요없이 신용카드나 직불카드를 스마트폰 카메라로 촬영하기만 하면 결제가 된다. 지난 2년간 15만 명이 플린트 앱을 다운로드받았다.

13. 체크(Check)

2007년에 페이지원스(Pageonce)라는 이름으로 창업했다가 2013년 들어 모바일 결제 시스템에 주력하면서 사명을 체크로 바꿨다. 최근에는 잘못된 요금 청구나 연체료 미납 같은 개인 금융 관리를 서비스하는 데 치중하고 있다. 2013년에는 5000만 달러에 달하는 투자를 유치했다.

14. 집마크(Zipmark)

소상공인들이 겪는 고통 중 하나가 결제에 걸리는 시간이다. 집마크는 일종의 디지털 계산서 역할을 한다. 회사가 점주와 고객 모두를 심사한 후 디지털 계산서를 발행하면 고객이 이를 클릭해 지불이 이루어진다. 결제 금액이 고객의 계좌에서 점주의 계좌로 직접 이체되기 때문에 최종 결제에 드는 시간은 하룻밤에 불과하다.

15. 위페이(Wepay)

유명 스타트업 액셀러레이터인 와이컴비네이터의 후원으로 올 초 1500만 달러의 투자를 유치하는 데 성공했다. 대규모 결제나 크라우드 펀딩 같은 온라인 지급 결제와 관련한 API에 역량을 집중하고 있다. 이용자의 지급 결제 플랫폼을 보다 안전하게 관리하는 솔루션을 제공한다.

출처: 『한국경제매거진』, 2015년 2월 11일자, 장진원 기자.

산업트렌드 3

한국콘텐츠진흥원, "2015년 콘텐츠 산업 10대 트렌드"

1. 스마트 핑거 콘텐츠, 손가락이 문화를 지배하다

간편한 디바이스를 대상으로 '손가락 하나 까딱' 하는 것으로 즐거움을 소비하고, 짧은 영화나 드라마, 웹툰처럼 가볍게 즐길 수 있는 스낵컬쳐 콘텐츠의 인기가 높아질 것이다. "50분 드라마가 10분, 5분으로 줄고 게임도 짧은 시간 내 소비하는 형태가 될 것이다. 이는 갑자기 나타난 트렌드는 아니지만 올해도 더욱 강화될 것으로 보인다.

2 스핀오프 창조력의 샘, 제작의 재조명

기존 드라마, 영화, 책 등의 등장인물이나 상황에 기초해 새로운 이야기가 창조되고, 속편 제작, 시즌제 제작에서 스핀오프 제작으로의 변화될 것이다. 이미 애니메이션에서도 많은 스핀오프 사례가 등장했다. 창조력을 기반으로 또 다른 콘텐츠가 나오는 현상이 관측된다.

3 뉴 노멀 복고와 일상 콘텐츠에서 길을 찾다

저성장, 저소득, 저수익률 시대에 새롭게 부상하는 표준인 뉴 노멀 현상이 나타나고, 콘텐츠 산업에서도 복고와 일상 콘텐츠 등이 인기를 끄는 양상이 나타난다. 2014년 선풍적인 인기를 끌었던 쎄시봉, 토토가, 미생, 국제시장 등이 저성장 시대의 사람들에게 준 위안을 떠올려 볼 것이다.

4 데이터마이닝을 통한 마인드마이닝, 축적된 데이터 분석의 힘

방대한 양의 누적 데이터 속에서 의미있는 데이터 패턴을 발견하고, 소셜 미디어 분석을 통해 특정 지역, 연령대의 소비자 선호를 파악하는 마인드 마이닝은 데이터 마이닝에서 한 단계 발전한 것이다.

5 스마트 디바이스와의 접목, 영역과의 경계를 허물다

콘텐츠 '융합' 과 '콜라보레이션' 을 넘어 신개념 콘텐츠 생산의 시대가 다가오고, 기존 콘텐츠가 스마트 디바이스에 적합하게 진화된 신개념 서사 콘텐츠가 나타날 것이다. 특히 올해 가상현실 기기에 콘텐츠가 접목되는 새로운 콘텐츠 생태계가 창출될 것이다.

6 중국의 역습, 지킬 & 하이드, 기회의 나라

중국 경제 및 콘텐츠 산업의 고성장(10.9%), 한중 공동제작의 확대, 중국 내 콘텐츠 시장 규제 강화 및 중국 자본의 한국 콘텐츠 시장 잠식에 대한 우려는 기회로 볼 수 있는 동시에 우리 경쟁력이 잠식당할 상황이 발생할 수 있어 정책적으로 대응해야 할 필요가 있다.

7 역직구 활성화에 따른 한류 콘텐츠의 후방효과

한류 파급효과로 인해 외국인이 국내 상품을 구매하는 '역직구'가 활성화되고, 한-중 FTA의 타결로 양국 간 교역장벽 낮아져 역직구 현상이 더욱 활성화 될 전망이다.

8 플로우 소비의 진화, 소유에서 접속으로

동영상 스트리밍 서비스의 폭발적 성장은 '플로우' 소비시대로의 진입을 알렸다. OTT(Over The Top) 및 음원 스트리밍 서비스 성장은 흐름(플로우)의 소비 시대가 더욱 강화될 것이라는 관측이 불러온다.

9 콘텐츠 큐레이팅, 정보사회의 역설

정보 과잉 속 선택장애에 빠진 소비자들을 위한 맞춤형, 안내형 정보제공이 증가하고, 영화, 만화 등 다양한 분야에서의 큐레이션 서비스 확산되는 등 콘텐츠를 선별, 추천해 주는 큐레이션 서비스가 올해도 강력한 트렌드로 자리 잡을 것이다.

10 옴니채널 광고와 유통업계의 격변의 징조

옴니채널인 다양한 경로로서 유기적 결합을 통해 일관된 커뮤니케이션을 제공하는 체계가 구축되고, 매장 쿠폰, 스마트 전단지, 멤버십 등이 플랫폼에 상관없이 구축되는 옴니채널의 활성화로 콘텐츠 산업에도 파급효과가 있을 것이며 이는 시장을 발전시킬 수 있는 새로운 계기가 될 것이다.

출처: 제5차 창조산업전략포럼, http://www.ddaily.co.kr, 2015. 2. 19, 이종창.

참고문헌

유승삼(2003), "첨단기술 신제품 마케팅 성공 공식", LG-AD Marketing Trend Review.

서상혁(2010), 『창업마케팅: 벤처 및 하이테크 창업마케팅을 위한 원리와 실제』, 두남.

서상혁 역(2012), 『하이테크 혁신마케팅』, 경문사.

Moore, Geoffrey(1991), *Crossing the Chasm*, Harper Collins Publishers.

Moore, Geoffrey(1995), *Inside the Tornado*, Harper Business.

13장
창업기업에 특히 유용한 마케팅 기법

이 장은 지금까지 설명된 표준적인 마케팅들과는 달리 창업기업에 특별히 유익한 마케팅 실행전략을 제시한다. 이를 위해 창업기업의 주요 특성인 고객선호에 대한 신속한 반응, 작은 틈새시장, 네트워크 의존성, 직관과 경험 의존 등의 측면을 감안한 별도의 마케팅 기법을 설명하고자 한다. 이 장에서 설명되는 주요 내용은 다음과 같다.

- 입소문 마케팅
- 인플루언서 마케팅
- 게릴라 마케팅

Ⅰ 창업마케팅의 개요

1장. 창업마케팅의 정체와 특징

Ⅱ 창업기업의 사업기회평가

2장. 창업기회 평가의 요소와 주안점

3장. 시장성 분석

4장. 마케팅 조사 및 수요예측기법

Ⅲ 신제품 출시전략

5장. 신제품 개발과정과 성패 요인

6장. 신제품 출시 초기 대응 전략

Ⅳ 창업을 위한 STP전략

7장. 시장세분화, 표적시장 선정 및 포지셔닝 전략

Ⅴ 창업마케팅 실행

8장. 창업기업의 상품관리와 브랜드 전략

9장. 창업기업의 가격전략

10장. 창업기업의 유통전략

11장. 창업기업의 촉진전략

Ⅵ 하이테크/창업기업 특화 마케팅

12장. 하이테크 제품의 고객행동과 마케팅

13장. 창업기업에 특히 유용한 마케팅기법

1. 입소문 마케팅

1) 입소문 마케팅의 정의

입소문 마케팅이란 '사람의 구전을 통하여 사물에 대한 평판 등이 전달되고 이러한 현상을 기업의 홍보활동이나 판촉활동에 활용하는 시도'라고 할 수 있다. 그동안 이러한 입소문은 자연발생적 마케팅의 형태로 이를 가시화하고 관리하는 것이 쉽지 않기 때문에 활동이 많지 않았지만, 최근 인터넷의 생활화와 함께 입소문의 영향력이 증대됨에 따라 입소문 마케팅은 고객과의 관계를 구축할 때 매우 중요한 위치를 차지하게 되었다. 특히, 실생활에서의 입소문만 아니라 페이스북, 블로그 등과 같은 SNS(Social network system) 등의 미디어가 부흥하면서 인터넷에서 고객이 고객에게 직접 전달하는 입소문 정보가 넘쳐나게 되었으며 이러한 입소문은 광고보다 고객으로부터 더 많은 관심과 신뢰를 받고 있어 주요한 커뮤니케이션의 지위를 차지하게 되었다.

2) 입소문의 표적

입소문의 표적으로 가장 적절한 연령층은 일반적인 경우 20대 후반에서 40대 초반까지의 여성층이라고 한다. 실제로 주부들은 광고보다 옆집 학부모가 추천하는 학원이나 제품에 훨씬 더 신뢰를 보이는 경향이 있으며, 또한 구매결정권의 80% 이상이 여성에게 있다는 보고는 이미 알려진 바이다. 그러나 입소문이 자연발생적으로 발생하므로 입소문이 발생하기를 기다리거나 입소문이 많은 곳에 광고하는 것 등은 입소문 마케팅이라 할 수 없다. 즉, 상품에 대한 고객 사이의 정보 교환이나 공유의 구조가 의도적으로 설계되어야 하고 이를 바탕으로 실행되어야 입소문 마케팅이라 할 수 있다. 고객으로부터 고객에게 전달되는 흐름, 즉 입소문의 실체에 대한 설계 존재 유무에 따라 입소문 마케팅이 결정된다. 또한 입소문 구조를 설계하고 그 결과로서 입소문을 가시화할 수 있어야 증대된 입소문의 영향력을 마케팅에 활용할 수 있으며 이는 효과적인 마케팅 활동에 반드시 필요한 요소인 것이다.

3) 입소문의 성공조건

1. 입소문 메신저 속성 간파
2. 적합한 제품 범주와 내용 패턴 파악
3. 마음 움직이는 관심 테마 제공
4. 고객의 입소문 앰버서더로 진화
5. 장기간 프로모션 성격 이해
6. 제품이나 서비스의 체험 경험
7. 입소문 유발 프로모션 툴의 최대한 활용
8. 다른 마케팅 활동과의 통합
9. 스토리텔링 방식의 구성
10. 얼리어답터의 입소문 활용

〈그림 13-1〉 입소문의 열 가지 성공조건

입소문의 성공조건으로 크게 열 가지를 언급할 수 있는데, 이를 그림으로 표현하면 〈그림 13-1〉과 같다.

위의 열 가지 성공조건의 내용들을 좀 더 구체적으로 서술하면 다음과 같다.

① 입소문 메신저의 세 가지 속성을 간파하라

입소문을 전파하는 사람들인 입소문 메신저의 세 가지 속성인 **입소문 앰버서더**(우량고객 중 적극적으로 추천하는 고객), **권위자**(제품이나 서비스의 전문가 고객), **커뮤니티 이펙터**(커뮤니티 안에서 영향력이 있는 고객)의 속성을 잘 파악한 후 실행에 옮겨야 한다.

② 입소문 메신저에 적합한 제품의 범주와 내용의 패턴을 파악하라

제품에 따라 입소문 메신저의 역할이 달라지는데, 예를 들어 화장품이나 건강식품, 음식점, 엔터테인먼트 분야는 이미 고객들이 일정한 지식을 보유하고 있기 때문에 신선함이나 실증가치에 중점을 둔 **화제제공형**이나 **체험제공형**이 입소문에 효과적이고, 금융상품이나 하이테크 상품인 경우에는 일반소비자가 접근하기 어려운 분야로 감성적 접근보다는 신뢰가 가는 전문가형이 입소문 마케팅에 더 효과적이다.

③ 입소문 마케팅에 마음을 움직이는 관심 테마를 제공해라

효과적인 입소문을 증대시키기 위해서는 **입소문 메신저**들의 관심사에 눈을 돌릴 필요가 있다. 마케팅 스토리의 관심사와 고객이 느끼는 상품의 효익이 잘 연관되어야 한다.

④ 고객을 입소문 앰버서더로 진화하도록 유도하라

입소문 마케팅을 성공시키려면 동호회나 고객 간의 교류를 통해 고객 만족도를 높여야 하는데 이를 위해서 기존 고객을 대상으로 설문조사를 실시하여 고객만족도와 재구입 의사나 추천 의사 등을 파악해야 한다.

⑤ 입소문은 장기간 프로모션이라는 것을 염두에 두어라

하이테크 제품일 경우 입소문 메신저가 대부분 전문가 고객으로 이들을 이해시킬 검증이나 증거가 필요하게 되어 다른 경로에 비해 추천단계에 이르기까지 확산속도가 늦기 때문에 끈기 있는 프로모션이 요구된다.

⑥ 제품이나 서비스를 체험함으로써 입소문을 내도록 유인하라

입소문 메신저들에게 체험을 통해 제품이나 서비스를 이해시키는 것이 입소문 마케팅에서 중요하다. 신제품 개발단계에 있는 제품이라면 제품 정보를 제공하면서 설문조사나 그룹인터뷰, 모니터링 등을 실시하는 것만으로도 참여를 높일 수 있고 입소문 파워를 이끌어 낼 수 있다. 무료 **체험 마케팅**을 활용하여 입소문을 확산시키는 것이 대표적인 방식이다.

⑦ 입소문을 유발하는 프로모션 툴을 최대한 활용하라

입소문 프로모션 툴, 즉 전단지, 우량매장을 소개하는 카드, 무료엽서, 옥외광고, 샘플제공 등의 활용은 입소문을 보다 확대시키는 데 도움이 된다.

⑧ 다른 마케팅 활동과 통합하라

입소문 자체만으로 효과를 보기는 어렵기 때문에 다른 마케팅 수단인 광고나 홍보 등 매스미디어에 의한 노출이 동시에 이루어지도록 연계하여 실행해야 한다.

⑨ 스토리텔링식의 내용으로 구성하라

입소문 전파자들에게 전달해야 할 핵심문구를 정리하여 **스토리텔링**식의 내용으로 구성하여 전달하도록 한다. 그러기 위해서는 고객이 체험을 통해 다른 고객에게 가장 전달하고 싶어 하는 부분을 짚을 수 있도록 소문이 전달되는 과정을 상상하고 제품 특성을 고객의 시각으로 정리하여 교육시켜야 한다.

⑩ 얼리어답터들의 입소문을 활용하라

하이테크 제품의 경우 기술력이나 사용법에 대해 고객이 알기 어려운 탓에 남들보다 먼저 신제품을 즐기고 소개하는 것을 즐기는 일종의 **얼리어답터**를 만나기 위한 부문별 온라인 커뮤니티를 찾아 활용하는 것이 유효하다.

4) 온라인 입소문마케팅의 성공요소

최근의 대표적이며 강력한 온라인 입소문마케팅방식인 **블로깅**은 전통적인 PR방식을 완전히 바꿔서 예전에는 언론이 입소문을 낳았지만 이제는 입소문에 언론이 관심을 갖게 되었다. 그만큼 영향력이 커진 블로거들과의 협력방안에 대하여 알아보도록 한다. 먼저 블로거와의 11가지 협력방안을 제시하면 〈그림13-2〉와 같다.

1. 많은 블로거와의 교류
2. 호감 가는 제품/서비스 준비
3. 블로거와의 링크 연결
4. 블로거의 블로그 일독
5. 블로거에 대한 선물 제공
6. 블로거에 대한 즉각적인 응답
7. 블로거의 블로그의 신중 접근
8. 블로거와의 긍정관계 유지
9. 블로거를 위한 일반정보 제공 노력
10. 블로거와의 지속적인 관계 유지
11. 기자홍보를 위한 블로그 활용

〈그림 13-2〉 블로거와의 11가지 협력방안

위의 블로거와의 11가지 협력방안에 대하여

좀 더 살펴보도록 하겠다.

① 영향력이 있는 블로거에게만 초점을 맞추는 것은 그다지 신뢰할만한 전략이 아니다. 가능한 많은 블로거와 친교를 맺어야 하는 것이다. 아직 유명세를 타지 않은 블로거 중 누가 나중에 파워블로거가 될지 모를 일이다.
② 블로거들은 형편없는 제품이나 서비스에 인내심을 보이지 않는다. 창업기업의 블로거 관리가 쉬워보이지만 거기에는 블로거가 창업기업의 제품이나 서비스에 호감이 있다는 전제가 있어야 한다.
③ 링크를 거는 것은 가장 진실된 마음전달 방식이다. 블로그에 링크를 연결해 놓은 창업기업, 제품, 서비스 그리고 사람과의 관계는 쉽게 끊기 어려운 일이기 때문이다.
④ 블로거의 마음에 들어야 한다. 적어도 블로거의 블로그를 읽는 성의는 보여야 하는 것이다. 많은 마케터들은 블로거가 자신의 블로그를 읽지 않았다는 사실을 수시로 확인하고 있다는 것을 간과해 버린다.
⑤ 대부분의 블로거가 블로그 운영으로 큰 수입을 얻지 못하기 때문에 제품 샘플이나 티셔츠, 펜 등 소소한 선물을 증정하는 것으로도 큰 도움을 줄 수 있다. 이는 많은 노력을 기울이지 않더라도 블로거를 기쁘게 해줄 수 있다는 의미이며 같은 비용을 들인다고 한다면 이 편이 더 효과적인 마케팅 전략이다.
⑥ 입소문을 내고 싶다면 블로거의 전화나 이메일에 즉각 응답해야 한다. 이 원칙은 상식적으로 당연해 보이지만 실제로는 거의 지켜지지 않고 있다.
⑦ 블로거의 블로그를 자사의 제품이나 서비스의 이야기로 도배하는 창업기업은 위험할 수 있다. 이와 같은 융단 포격식의 접근은 소기의 목적을 달성할 수 없을 뿐만 아니라 그 블로거도 속히 관계를 끊어야 할 귀찮은 존재로 여길 것이다.
⑧ 창업기업이 일을 그르쳐 블로거가 부정적인 글을 올린다면 창업기업과 블로거의 친분은 갈림길에 서게 된다. 일부 창업기업은 이 상황에서 장벽을 쌓고 몸을 숨기는 실수를 범한다.
⑨ 창업기업이 블로그에서 다뤄질 만큼 비중이 크지 않다면 블로거에게 도움이 되려

는 의도에서 **정보**를 제공하고 다른 정보원을 소개해 주거나 통찰력 있는 분석자료를 제공한다. 이런 노력이 지속되면 다음에는 블로그의 주제로 다뤄질 가능성이 높아질 것이다

⑩ 창업기업의 제품이 블로거의 관심을 끈 후에도 블로거와의 **친분유지**를 위해 계속 노력해야 한다. 언젠가는 그 친분이 다시 필요하게 될 것이기 때문이다.

⑪ 기자에게 홍보하려면 기자의 블로그를 이용해야 한다. 기자에게 메일을 보낸다고 해도 그 메일이 소중하게 읽혀질 확률은 거의 제로에 가깝다. 따라서 다수의 언론인들이 운영하는 **개인블로그**를 활용하는 것이 더 바람직하다.

창업전략

스타트업, 수익보다 사용자에 집중

'배달의 민족'으로 유명한 '우아한 형제들'의 윤현준 최고기술책임자(CTO)는 2일 서울 삼성동 코엑스에서 열린 '스마트 클라우드쇼 2013'에서 '스타트업 100% 리얼 실전 스토리'라는 주제의 강연에서 "스타트업이 수익이 나기까지는 적지 않은 시간이 필요하지만, 일단 사용자가 모이기 시작하면 (수익과 회사 규모가) 자동으로 커질 것"이라며 이같이 말했다. 구글이나 카카오톡 역시 창업 초기 당시에는 매달 수익금만 까먹는 상황에서도 사용자를 모으는 데 주력했다. 사용자가 많아져야 지속적인 수익 기반이 형성되기 때문이다. 배달의 민족 역시 초기에는 수익이 전혀 나지 않았지만 월 100만 명의 사용자가 모이자 한 달 50만 건의 주문이 발생하기 시작했고, 본격적으로 영업을 할 수 있는 환경이 조성됐다고 설명했다.

우리나라 배달음식 시장을 혁신했다고 평가 받는 스마트폰 앱 배달의 민족은 사용자에게 반경 3km 내에 있는 배달업소를 소개하고 주문, 결제를 지원하는 회사다. 배달의 민족 앱 하나에는 전국 13만 개의 짜장면·치킨·족발집 배달업소가 소개된다. 지금이야 연 매출 100억 원을 올리는 회사로 성장했지만, 2010년 창업 당시에는 앱의 필요성을 알리는 것조차 힘들었다. 기존 전단지 시장에서는 배달의 민족을 경쟁상대로 인식했고, 음식점 사장님들은 스마트폰에 익숙하지 조차 않았기 때문이다. 우아한 형제들은 우선 기존 광고 업체들에 "배달의 민족은 스마트폰 시장에서 광고를 개척할 수 있는 협력 가능한 사업자"라고 끊임없이 설득했고, 광고를 받아야 하는 음식점을 먼저 공략했다. 직접 시장에 뛰어든 결과 시장은 점점 넓어지기 시작했다.

윤현준 CTO는 "스타트업이 반드시 알아야 할 것은 영업자가 따로 필요 없다는 것"이라고 말했다. 윤 CTO는 "시장의 환경과 변화, 소비자의 필요(니즈)를 파악하기 위해서는 직접 현장을 돌아야 한다"며 "전문가는 필요하지만 창업 초기 영업 담당자를 두기보다 스타트업 구성원이 모두 현장을 뛰는 것이 중요하다"고 말했다.

두 번째 강연자로 나선 조산구 코자자 대표 역시 "스타트업에서 가장 중요한 것은 일단 발로 뛰는 것"이라고 말했다. "다양한 모임에서 아이디어와 사업 팁을 얻는 것이 스타트업에 큰 도움이 되기 때문"이다. '한국판 에어비엔비(AirBnB)'로 불리는 코자자는 일반인이 집의 빈 방을 인터넷 사이트에 등록해 여행자들에게 저렴한 가격에 제공할 수 있도록 돕는 국내 소셜 숙박업체다. 코자자를 창업한 조산구 대표는 지난 2011년 창업을 위해 대기업을 나왔다. 당시 그의 나이 49세였다. 조산구 대표는 "정부가 나서서 스타트업 과정에서 '나이'를 차별하는 것은 문제가 있다"며 "청년이라는 것은 나이가 아니라 마음자세로 구분되는 것"이라고 했다. 그는 또 "스타트업에서는 개발력이 곧 사업"이라며 스타트업은 끊임없는 혁신이 필요하다고 강조했다. 조 대표는 "개발에 투자하지 않으면 회사가 망할 수 있다"며 "테크놀로지를 활용해 꾸준히 개발해야 한다"고 말했다.

출처: 스마트크라우드쇼 2013, 2013. 8. 2, 연선옥 기자.

2. 인플루언서 마케팅

1) 인플루언서의 정의와 중요성

인플루언서(Influencer)란 '소비자에게 영향을 미치는 존재', 한편으로는 '중립적인 제3자'라고 정의할 수 있다. 앞서 기술된 입소문 마케팅에서는 사람이 사람에게 내용이나 평판을 전달함으로써 마케팅 효과를 극대화하는 전략과 기법이 소개되고 메신저의 역할이 강조되었는데, 인플루언서 마케팅의 인플루언서는 더욱 영향력을 끼치는 메신저로서, 이들의 활동이 일반인보다 입소문 효과를 크게 가져온다는 것에 착안하여 메신저의 유형에 포커스를 둔 마케팅 활동이라 할 수 있다.

입소문 마케팅 기법이 그 어느 때보다도 중요한 역할을 하고 있는 상황에서 입소문 발생과 전파에 개입하는 인플루언서의 존재를 각별히 주목하는 것이 필요하다. 특히 개인의 정보를 쉽게 발신하도록 하는 차세대 인터넷 웹3.0환경으로 인하여 인플루언서들이 대거 출현하는 것이 가능해졌다. 이는 소비자와 미디어의 관계, 나아가 소비자와 기업과의 관계를 계속 변화시켜가고 있다.

디지털미디어 시대의 새로운 빅 메가폰 역할을 하는 이들 인플루언서는 '시티즌 마케터(Citizen marketer), '시티즌 저널리스트(Citizen journalist), '파워블로거(Power blogger), '원 퍼센터(1 percenter)' 등과 같은 개념이다.

2) 인플루언서의 유형과 협력방안

인플루언서는 아래과 같이 그 특징에 따라 프로페셔널 인플루언서와 개인 인플루언서 두 가지 유형으로 나눌 수 있다.

첫째, '프로페셔널 인플루언서'는 전문가나 특정 영역에서 카리스마를 가진 사람 또는 그 영역에 유명세를 떨치고 있는 사람들로 정의할 수 있다. 이들의 전문성은 곧 신뢰성 향상에 영향을 주기 때문에 이 사람들을 중요시해야 한다. 이들의 특성은 '중립성'과 '전문성'이다. 이들과의 협력을 이끌어내려면 전문성을 더욱 배가시키는 일들을 제안하는 것이 필요하다. 함께 공동개발의 기회를 가지거나 축적된 노하우를 서적으로 출판하는 등을 제안하거나 일정한 업무를 준비하여 그들의 업무 폭을 넓히는 기회를 주는 것도 좋은 방법이다. 예를 들면 조사나 상품기획의 감수, 세미나 강연, 취재, 이벤트 참여 등이다.

둘째, '개인 인플루언서'는 블로그를 중심으로 인터넷 미디어상에서 커다란 영향력을 행사하고, SNS에서 큰 규모의 커뮤니티를 운영하고 있는 사람으로 인터넷상에서 높은 영향력과 친근감을 지닌 인플루언서이다. 이들 개인 인플루언서와 협력하는 방안으로는 크게 두 가지가 있는데, 하나는 인터넷상에서 협력하는 것으로 블로거들이 관심을 가지는 정보나 상품들을 제공하거나 블로거들의 사이트를 잘 구축할 수 있는 다양한 필요품들을 제공하여 주는 것이고, 다른 하나는 인터넷상에서 활동하는 사람들을 오프라인 장소에 초대하는 것으로 블로거 회의나 세미나를 개최하는 것이다.

성공적인 인플루언서 마케팅 전략의 수립은 각각의 목적에 따라 이들 두 가지의 인플루언서를 어떻게 선정하고 조합시키느냐에 달려있다. 결국 인플루언서끼리 연관성을 가지면서 전체적인 정보 발신은 증폭되게 되고 결과적으로 커다란 영향력을 발휘하게 된다. 결국 인플루언서 마케팅에서는 이를 전략적으로 조합시키는 것이 필요하다.

3) 인플루언서를 움직이는 관심테마

인플루언서들을 강제로 움직일 수는 없다. 이들을 움직일 수 있는 것은 이슈나 트렌드 또는 그들의 관심사이다. 이슈나 트렌드에 편승한 관심 테마는 인플루언서에게 언론의 관심을 끌어 사람을 움직이고자 하는 경우 매우 큰 역할을 한다.

도시기획 시뮬레이션게임인 '심시티'는 도시를 설계하고 개발하며 운영하는 가상 도시 개발프로그램으로 주로 자녀를 둔 아버지 세대인 30-40대의 남성이 주요 고객이며

'아이들의 교육문제'와 '부모 자식 간의 커뮤니케이션'을 관심테마로 설정하여 사회현상이나 구조를 자연스럽게 가르치고 배울 수 있다는 것과 아버지와 아이들 사이의 커뮤니케이션을 돈독하게 활성화할 수 있다는 등 게임의 재미뿐만 아니라 자녀와의 문제를 해결한다는 내용을 알림으로써 큰 성공을 거둔 좋은 예이다.

또한 '드미 르네상스'라는 대형 스포츠 센터는 웰빙 열풍을 타고 사회문화와 여가생활을 총 망라한 소비트렌드가 건강으로 빠르게 자리 잡아가고 있다고 예상하여 유행에 민감한 여성을 대상으로 겉모습만의 아름다움이 아니라 마음이나 육체의 건강 등 포괄적인 여성의 미를 생각하자는 포괄적인 취지에서 '홀리스틱 뷰티'라는 관심테마를 설정하고, 권위있는 미용 애널리스트와의 협업을 통하여 피트니스 프로그램을 공동으로 개발하는 등 기획단계부터 인플루언서를 참여시켰다. 더불어, 관심 있는 다른 블로거와 의견교환을 할 수 있게 하고 체험프로그램을 운영하였는데, 이는 자발적인 블로거들의 기사화로 이어져 여성지나 정보지에 소개됨으로써 예상보다 3배 많은 접수가 이루어지는 등 큰 성공을 거두었다.

4) 인플루언서 마케팅의 7단계

인플루언서 마케팅의 7단계는 먼저 인플루언서 마케팅의 전략을 수립하기 위한 정보를 정리하고, 그 과정에서 관심테마를 설정하고, 인플루언서 마케팅의 프로그램을 설정

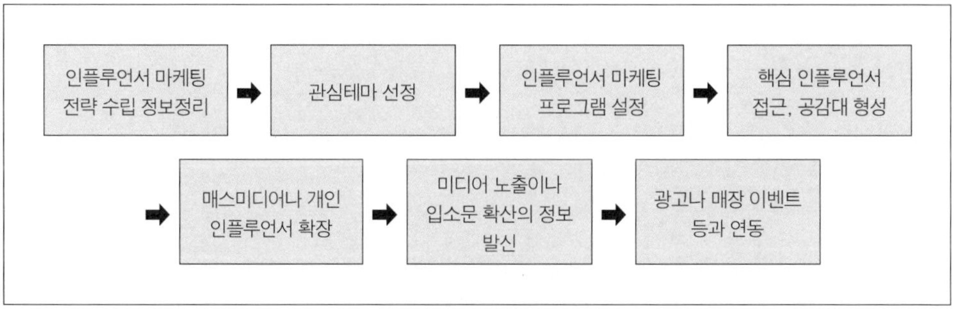

〈그림 13-3〉 인플루언서 마케팅의 7단계

한 후에, 핵심 인플루언서에 대한 접근 및 공감대 형성을 이루고, 매스미디어나 개인 인플루언서로 확장한 후, 미디어 노출이나 입소문 확산에 의한 정보발신을 수행하고, 마지막에 광고나 매장이벤트 등과 연동시키는 과정으로 이루어진다.

이를 단계별로 도식화하면 〈그림 13-3〉으로 표현할 수 있다.

창업전략

닌텐도, 혁신의 상징에서 개혁 대상으로

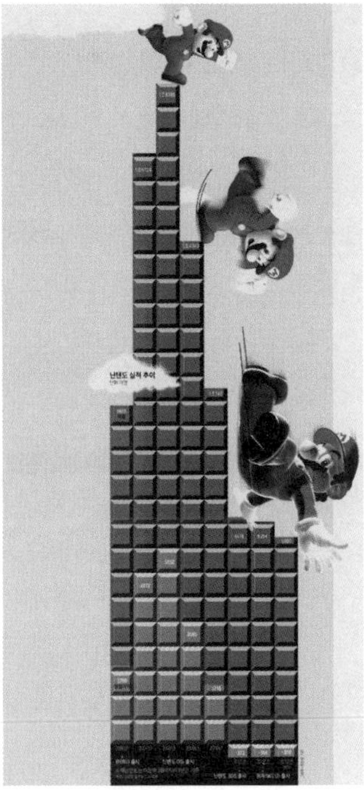

게임기 만드는 닌텐도만 게임 룰이 바뀐 것을 몰랐다. 시장은 모바일로 옮겨갔는데 게임기 만드는 것만 고집하다 3년 연속 적자 '날개 없는 추락' 닌텐도, 혼자 다 하려다 다 잃었다. 2009년 이명박 전 대통령이 "왜 한국은 이런 게임기를 못 만드냐"며 혁신의 상징으로 칭송했던 닌텐도가 불과 몇 년 만에 벼랑 끝에 선 것이다. 과연 닌텐도의 무엇이 문제였을까? 그 실패 원인을 세 가지로 분석해 본다.

① '게임기'라는 틀에 갇혀 '모바일'을 놓치다

닌텐도는 스스로를 '게임기를 만드는 회사'라고 정의했다. 전 세계에 게임기를 2억대 이상 팔았던 회사이기에 그렇게 생각하는 것도 당연했다. 닌텐도의 게임기 개발 역량은 2006년 말 시판된 '위(Wii)'에서 최고조에 달했다. 그러나 그렇게 생각함으로써 자신의 역량을 너무 좁게 가뒀다. 닌텐도가 스스로를 '게임기를 잘 만드는 회사'가 아니라 '게임을 잘 만드는 회사'라고 생각했다면, 급격히 확장하는 모바일 시장에 진출하는 등 더 많은 기회를 얻을 수 있었을 것이다. 그러나 닌텐도는 지금까지 모바일 게임을 단 하나도 내놓지 않았다. 하지만 지난 5년간 외부 환경은 급변했다. 그렇다면 왜 하지 않을까? 기득권 때문이라고 설명할 수 있다. 위와 DS를 합쳐 게임기를 2억대 이상 판매한 닌텐도가 게임기라는 플랫폼을 무시하기란 말처럼 쉬운 일은 아닐 것이다. 게임기로 계속 신화를 창조할 수 있다고 믿었기 때문이다.

② 닌텐도만의 컬러를 잃다

게임기 시장에서 닌텐도와 경쟁하는 소니의 플레이스테이션이나 마이크로소프트의 X박스는 여전히 건재하다. 그렇다면 닌텐도의 또 무엇이 문제였을까? 위유라는 게임기 자체의 매력이 반감됐다는 것이다. 이렇게 된 이유는 플레이스테이션과 X박스와의 경쟁에서 이기려는 데 집착하다가 본연의 컬러를 잃어버린 것이다. '슈퍼마리오'와 '젤다의 전설'로 대변되는 닌텐도 게임의 특징은 누구나 즐길 수 있는 가벼운 게임이라는 점이다. 그런데 차세대 게임기인 위유에서 방향을 바꿔 자신들만의 강점인 단순성을 버리고, 화려한 그래픽과 복잡한 스토리를 자랑하는 플레이스테이션이나 X박스의 아류로 가는 길을 택한 결과, 지금까지 수성을 잘하던 쪽이 갑자기 블루오션을 찾겠다고 뛰쳐나갔다가 모든 것을 잃어버린 격이 되었다.

③ '내가 다 만든다'의 한계

2012년 여름 닌텐도 본사 연구소에서 그해 연말 출시를 목표로 막바지 개발 중이던 차세대 게임기 위유에서 게임이 잘 돌아가지 않는 문제가 터져, 사내 개발자들이 총동원되는 바람에 게임기 시판과 동시에 나와야 할 주력 게임 소프트웨어 발매가 줄줄이 늦어지는 결과를 초래했다. 이때문에 2012년 말 위유 발표 이후 닌텐도가 위유에 장착해 쓸 수 있는 대표 게임(플래그십 게임)으로 내놓은 것은 3개에 불과했다. 초기 판매가 게임기의 성공 여부를 가르는 열쇠임을 감안할 때, 발매 직후의 중요한 시기에 신작 게임 부족으로 위유가 사용자들의 관심을 끌지 못한 것은 치명적이었다.

출처: 『Weekly BIZ』, 2014년 2월 22일자, 최원석 기자.

3. 게릴라 마케팅*

1) 게릴라 마케팅의 정의

원래 전통적 게릴라 마케팅이란 비정규전의 방식으로 경쟁사를 당황하게 하고 혼란시킬 목적으로 경쟁사의 여러 영토를 소규모적이며 간헐적으로 공격하는 것이며 다소 부정적인 의미도 내포하고 있었다. 그러나 여기서는 Levinson 박사의 의견을 토대로 창업기업이 창업 초기에 수행하는 특정적 마케팅을 지칭하는 것으로 한다.

특정적 마케팅인 게릴라 마케팅은 자유로운 수단을 사용해서 정해진 목표를 추구하며 돈보다는 주로 시간, 에너지, 상상력 및 정보를 투자하는 것을 필요로 한다.

2) 게릴라 마케팅의 추진전략

게릴라 마케팅은 보통 비즈니스의 마케팅 비용을 감소시켜 마케팅 투자 효과를 극대화시킬 수 있도록 하며 필요 없는 요소는 제거하고 핵심적인 내용만을 가지고 마케팅에 집중한다.

게릴라 마케팅은 성과를 측정할 때 예전의 방식인 판매나 고객의 숫자, 웹사이트 방문 횟수, 총매출액 등과 같은 지표 대신 새로운 척도인 이익 지표에 집중한다. 창업기업의 성과는 매출액보다는 이익이 관건인 것이다.

이러한 이익 중심의 마케팅을 수행하기 위한 추진방침을 〈그림 13-4〉와 같이 다섯 가지의 내용으로 정리할 수 있다.

* 이 절의 내용은 Levinson, Jeannie (2008), *Start up Guide to Guerrila Marketing*, 박희라 역(2009), 『게릴라마케팅』을 토대로 작성됨.

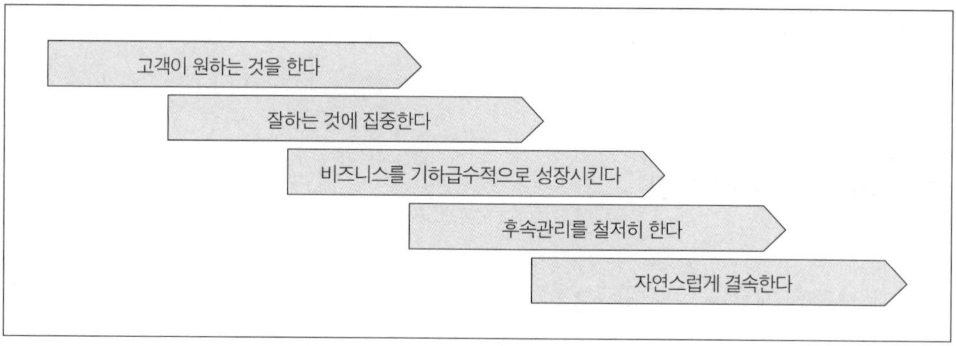

〈그림 13-4〉 게릴라 마케팅 수행 추진전략

① 고객이 원하고 들어야 할 필요가 있는 것에 대해 말하고 잠재고객에게 특징을 설명할 때는 논리적으로 접근하며 감정에 대해서는 정서적으로 속삭여야 한다. 게릴라 마케팅은 창업기업 입장보다는 고객중심으로 이루어져야 한다. 모든 표현은 고객에 대한 내용을 담고 있어야 하며 고객이란 말이 들어가야 한다. 또한 받는 것보다는 고객에게 무엇을 줄 수 있는지에 관심을 가져야 한다.

② 전문성에 초점을 맞추고 다양성에 관한 관점은 배제하면서 더 많은 제품이 아니라 더 탁월한 제품을 제공하는 데 초점을 맞추어야 한다.

③ 비즈니스를 동시에 세 가지 다른 방향, 즉 좀 더 수익성이 좋은 거래, 좀 더 정기적인 거래, 추천에 위한 거래 및 신규고객을 추가하는 거래 등으로 추진한다.

④ 힘겹게 거래를 성사시킨 고객에 대하여 이메일, 우편엽서, 전화 등을 이용하여 후속관리를 수행하면서 성실하게 고객에게 헌신하고 친밀하게 접촉하면서 진심을 입증해야 한다.

⑤ 경쟁자들과의 경쟁구도 형성보다는 협력 방안에 대한 생각을 통하여 상호 상생할 수 있는 길을 모색해야 한다.

3) 게릴라 마케팅의 특징

게릴라 마케팅의 특징을 크게 네 가지 관점에서 나누어서 서술하여 보면, 재무와 정책 관점, 마케팅 수행 관점, 고객 응대 관점 및 협력 구축 관점으로 대별할 수 있다. 이러한 게릴라마케팅의 특징을 〈그림 13-5〉에 나타내었다.

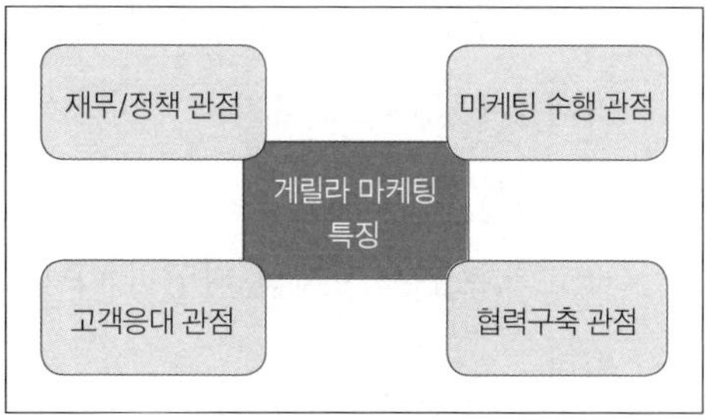

〈그림 13-5〉 게릴라 마케팅의 특징

(1) 재무와 정책 관점에서의 특징

- 마케팅 과정에서 돈보다는 시간, 에너지, 상상력, 정보에 투자한다.
- 인간행동의 실제 법칙인 심리학에 토대를 두고 이를 활용한다.
- 고객의 숫자나 응답, 총매출액에 집중하기보다는 이익의 크기에 관심을 기울인다. 이익은 마케팅의 효과를 측정하는 가늠자 역할을 한다.
- 외형이 큰 규모를 유지하고 있는 회사를 지향하는 대신 작은 비즈니스에 초점을 맞춘다.
- 로고에 의존하는 대신 전체적인 아이디어를 전달해 주는 행동과 내용의 전이 혹은 전달이 되는 미임(Meme)의 힘을 활용해 광고의 혼돈을 뚫고 나간다.
- 확장과 다양화를 추구하는 대신 수익성을 키우면서 초점을 유지한다.

(2) 마케팅 수행 관점에서의 특징

- 작은 비즈니스 경영자들을 주눅 들게 하는 신비주의를 버리고 전체 마케팅 과정을 있는 그대로 투명하게 드러낸다.
- 광고나 웹사이트처럼 단일한 마케팅 무기가 효과가 있다고 믿는 대신 적합한 마케

팅 조합만이 효과가 있다는 것을 유념한다.

- 대중적인 마케팅만을 천명하면서 무심하게 행동하는 대신 항상 세심한 주의를 기울이며 전화 예절 등 세부적인 사항에 관심을 쏟는다.
- 마케팅에서 테크놀로지를 무시하기보다는 이를 적극적으로 활용하고 친화적이 될 것을 권유한다.
- 광고를 부추기는 대신 다양한 마케팅 무기를 사용한다. 광고는 그중의 하나일 뿐이다.
- 메시지를 전달하기 위해 큰 그룹을 겨냥하기보다는 개개인과 작은 그룹을 겨냥한다(나노캐스팅).

(3) 고객 응대 관점에서의 특징

- 구매가 끝난 후에도 고객을 무시하지 않고 후속 관리에 전념한다.
- 새로운 고객을 늘리면서 직선적으로 성장하기보다 기하급수적으로 성장을 도모한다. 즉, 게릴라들의 거래 하나하나가 규모를 확장하고, 반복구매를 더욱 증가시키며, 고객추천이라는 거대한 힘을 활용해 새로운 고객을 추가하면서 기하급수적으로 성장한다.
- 고객에게 무엇을 받을 수 있을까보다는 무엇을 줄 수 있을까에 관심을 기울인다. 즉 고객과 잠재고객을 돕기 위해 무료로 제공할 수 있는 정보들이 무엇인지 생각한다.
- 자신의 회사에 대해 말하는 '나' 중심의 마케팅이 아니라 '고객' 중심의 마케팅을 하면서 고객에 대해 말한다.
- 마케팅으로 판매를 성사시키려 하기보다는 먼저 고객의 승낙을 얻고 관심을 보이는 사람들에게만 판매를 확장시킨다.
- 일방적인 독백형 마케팅이 아닌 쌍방향 마케팅으로 고객과의 대화를 촉진한다.

(4) 협력 구축 관점에서의 특징

- 다른 비즈니스와 경쟁하기보다 그들을 협력자로 여긴다. 즉 협력의 복음을 전파하면서 다른 사람을 돕고 다른 사람이 도움을 주도록 만든다.
- 판매에 급급하기보다는 관계를 맺는 데 전념한다. 장기적 관계는 최고의 이익을 가져다주는 원천이다.

4) 게릴라 마케팅의 속성

게릴라 마케팅의 주요 속성은 〈그림 13-5〉에 나타낸 것과 같이 네이밍, 브랜드, 포지셔닝, 품질, 위치, 비즈니스 업그레이드, 게릴라 세일즈맨의 추천 받아내기, 신뢰감, 추천장, 명성 등의 10가지로 대별할 수 있다.

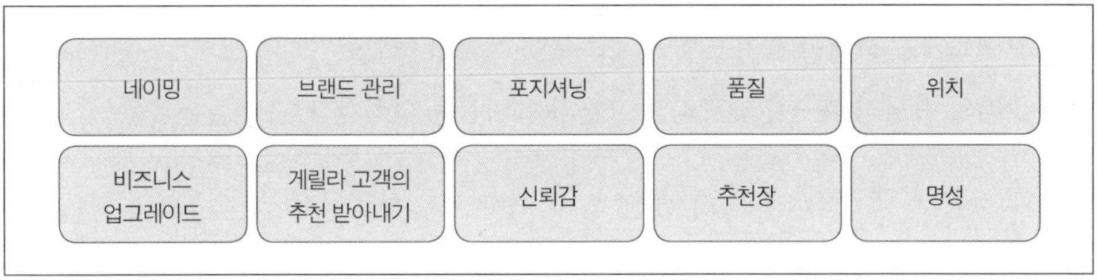

〈그림 13-5〉 게릴라 마케팅의 주요 속성

① 네이밍

게릴라 마케팅을 시작하는 첫 걸음은 바로 창업기업의 회사이름을 결정하는 일이 다. 네이밍은 처음부터 주의를 끌고 비즈니스가 지속되는 내내 관심을 유지시킬 수 있게 하고, 경쟁기업을 위축시키고, 쉬우면서도 모방할 수 없게 하며, 발음과 철자를 단순하게 하고, 약속이나 스토리를 드러내는 이름으로 한다. 또한 고객들이 이름을 보고 무엇을 제공하는지 알게 하고, 고객이 이름을 보거나 듣는 순간 강한 흥미를 느끼고 주목하게 하며, 향후에 확장과 다양한 성장에 방해가 되지 않게 하는 등의 내용을 고려하여 네이밍을 진행해야 한다.

② 브랜드 관리

잠재고객과 고객에게 신뢰를 받기 위해 필요한 것이 브랜드이다. 브랜드를 구축하는 데에는 시간과 헌신과 지속성이 필요하다. 결국은 반복될 수 있고 단순하고 이해할 수 있고 유서 깊은 브랜드를 보유해야 하는 것이다.

브랜딩이 중요한 이유는 다음과 같다.

- 제품 혹은 서비스에 대해 특별성, 독특한 품질과 성격을 가지고 있다는 인상을 줄 수 있다.
- 세계가 복잡해질수록 고객들은 브랜드 네임에 끌리게 된다.
- 충성심을 가진 고객이 생성된다.
- 마케팅의 미래는 가장 강력한 브랜드 인지도를 가진 비즈니스가 차지한다.
- 브랜드에는 고객이 즐기는 총체적인 구매 경험이 포함된다.
- 고객의 감정적 욕구를 건드리고 그들과 유대감을 형성한다.

③ 포지셔닝

비즈니스가 존재하는 이유가 포지션이다. 포지션이 잘 구축되었다는 것은 고객의 필요을 충분히 충족시킬 수 있다는 것으로 이는 성공의 발판이 된다. 강력한 포지션을 구축하기 위해 필요한 세 가지는 독특할 것, 매력이 있을 것, 믿음을 줄 것이다. 브랜딩이 제품이나 서비스와 관계가 있는 반면에 포지셔닝은 사람, 즉 고객과 관계가 있다. 포지션은 브랜드를 창조하고 제품이 나아갈 방향과 자발적인 고객집단을 만들어준다.

④ 품질

품질은 제품이나 서비스에 집어넣는 어떤 것이 아니라 고객이 제품에서 끄집어 내는 어떤 것임을 알아야 한다. 진정한 의미의 품질을 확보하려면 창업자 자신의 취향에서 벗어나 고객의 취향으로 향해야 한다. 또한 품질이 제품이나 서비스의 가격에 영향을 미칠 수 있다는 점을 유념해야 한다.

⑤ 위치

예전에는 유망한 비즈니스들은 높은 임대료와 교통이 붐비는 시내의 중심지에 위치에 있었으나 이제는 온라인 접근이 가능한 장소이면 어디든지 있을 수 있게 됨으로써 고객 접근 가능한 위치성이라는 의미는 중요하지 않게 되었다.

⑥ 비즈니스 업그레이드

고객이 원하는 부분(구매, 삶의 질 향상)을 파악하여 다양한 혜택(할인 등)으로 고객의 만족도를 더욱 높이는 것이 중요하다. 지혜로운 비즈니스는 불황기에 규모를 확대시켜 이익 상승을 꾀한다. 비즈니스 업그레이드가 가능한 기회의 예로는 배달, 동반제품, 설치, 서비스 계약, 별도의 부품, 고급형 버전 등이 있다.

⑦ 게릴라 고객의 추천 받아내기

1년에 두세 번 모든 고객에게 간단한 이메일을 발송하는 추천 프로그램을 활용할 수 있다. 제품이나 서비스를 구매한 후 최대 30일까지 지속되는 MMS(Moment of maximum satisfaction, 최대만족순간)현상을 활용하여 고객으로부터 추천을 받도록 한다.

⑧ 신뢰감

신뢰는 이익으로 가는 길이며 신뢰를 얻으려면 뭐든지 해야 한다. 신뢰는 고객들이 어떤 비즈니스를 지지하는 주된 요인이기에 신뢰를 얻기 위해 많은 노력을 해야 한다. 결국 창업기업은 고객으로 하여금 제품이나 서비스를 믿기 전에 창업기업 회사 자체를 믿게 해야 한다.

⑨ 추천장

비즈니스를 시작한 바로 그 순간부터 대량의 추천장을 받기란 매우 어려운 일이지만 영업을 시작한 바로 첫 날부터 추천장을 받도록 노력해야 한다. 비즈니스 운영방식을 좋게 평가하는 고객이 있으면 그 고객에게 지금 한 말을 글로 작성해 줄 것을 요청하고 이러한 추천장이 창업기업의 비즈니스에 어떤 의미를 갖게 되는지 정직하게 말해야 한다.

⑩ 명성

명성을 얻는 것은 비즈니스를 신규 영입하고 유지 발전시키는 데 도움이 된다. 그를 위해서는 많은 시간과 노력이 필요하게 된다. 명성의 토대를 이루는 요소들은 총체적인 지속성, 서비스 수준, 불만 고객을 다루는 능력, 전화 매너, 청결한 외모, 직원들의 태도, 품질 등이 있다.

5) 게릴라 마케팅의 수립전략

〈그림 13-6〉 마케팅 수립을 위한 일곱 가지 요소

게릴라 마케팅이든 일반 마케팅이든 성공하려면 꼭 명심해야 할 것이 두 가지 있다. 첫째, 계획을 가지고 시작하는 것이고, 둘째, 그 계획에 전념하는 것이다. 이러한 마케팅 계획을 아주 짧고 명료하게 수립하는 일곱 가지 요소에 대하여 〈그림 13-6〉에 나타내었다.

① 마케팅 목적을 수립한다

추상적이거나 뻔한 진술은 삼가고 구체적으로 작성한다. 정말로 얻고 싶은 결과로서 측정 가능하고 달성 가능하고 정해진 시간 내에 해야 하는 목표를 세우는 것이 중요하다.

② 경쟁우위를 강조한다

자사가 가지고 있는 우리만이 할 수 있는 경쟁우위를 내세운다. 마케팅 활동은 여기에 의존해야 하며 그중에서도 딱 한 가지만 선정한다. 마케팅 전략에 자사의 경쟁우위를 강조하고 이것이 문제에 대한 해결책이라는 점을 소구한다.

③ 표적고객을 명시한다

표적고객집단이 구체적이고 좁을수록 좀 더 정확히 겨냥할 수 있다. 성공적인 마케팅 프로그램들의 10%는 가격을, 10%는 창의적 작업을 그리고 70%는 표적고객을 정확히 겨냥한 덕분이라는 말도 있다.

④ 사용할 마케팅 도구를 열거한다

사용할 도구는 감당할 수 있고 이해할 수 있고 제대로 사용할 수 있는 것이어야 한다. 고객의 마음과 돈을 얻으려는 전투를 위해 적합한 마케팅 도구를 갖추어야 한다.

⑤ 틈새시장을 서술한다

치열한 경쟁으로 인해 혼란스럽고 이익이 적게 나는 시장에서 하위 그룹에 있는 것보다 규모는 좀 더 작은 시장일지라도 리더가 되는 것이 유리하다. 틈새시장이 명확히 규정되면 이를 모든 마케팅에 분명히 반영한다.

⑥ 자사의 정체성을 밝힌다

정체성은 기업의 성격이고 고객이 생각하는 이미지일 뿐만 아니라 진실을 토대로 하는 실제 모습이다. 자사의 실제 정체성을 커뮤니케이션 하면 접촉하는 대상들은 편안함과 느긋함을 느끼게 된다.

⑦ 마케팅 비용을 명시한다

마케팅 경비를 기꺼이 지출하기 위한 예산을 명확하게 고정시켜 놓아야 한다. 창업초기에는 마케팅에 총수입의 10% 정도를 투자하고 매출액이 늘어나면 점차 비율을 낮추도록 한다.

6) 게릴라 마케팅과 유사 마케팅

게릴라 마케팅과 유사하거나 같이 실행할 수 있는 마케팅의 종류로는 〈그림 13-7〉에 나타난 것처럼 대체적으로 다섯 가지가 있다.

〈그림 13-7〉 게릴라 마케팅의 유사 마케팅 종류

① 퓨전 마케팅(혹은 공생마케팅)

창업기업이 독자적이고 독립적으로 제품이나 서비스 마케팅을 추진하는 데 있어서 한계와 어려움을 극복하고 더 많은 잠재고객에게 홍보나 광고 효과를 창출하기 위하여 동종이나 이종 창업기업끼리 상호 협력하여 수행하는 마케팅을 말한다.

예를 들어 비디오가게가 지역 세탁소의 할인쿠폰을 나눠주고 그 세탁소는 비디오가게의 할인쿠폰을 나눠주는 경우나 맥도날드 광고처럼 보이다가 코카콜라 광고인 듯 전환되더니 결국 디즈니의 최신영화를 홍보하는 경우와 같은 협업 광고가 그 예이다.

② 통합 마케팅

창업기업이 주어진 시간과 자금과 노력 등의 자원을 가지고 광고, 웹사이트, PR 활동 등을 개별적으로 운영하는 것보다 통합적으로 세 가지 모두를 결합하면 효과가 배가될 것으로 기대하면서 추진하는 마케팅을 말한다.

③ 초점마케팅

제품과 마케팅의 성격이 가장 구체적인 부분까지 부합되어, 즉 나노스케일의 고객관점까지 세분하여 실시함으로써 더 직접적으로 홍보가 가능하게 하는 마케팅을 말한다.

예를 들어 비아그라 상품을 TV광고에서 홍보할 때 전국적인 TV광고를 한다면 브로드캐스팅(Broadcasting)이 되고, 남성전문 케이블 채널에서 광고한다면 내로캐스팅(Narrowcasting)이 되며, 남성의 건강문제를 다루는 TV프로그램에서 광고하면 마이크로캐스팅(Microcasting)이 될 것이다. 하지만 가장 정확한 유형의 마케팅은 남성 전문TV의 건강채널 특히, 발기부전문제를 다루는 프로그램에 광고를 내보내는 것이다. 이것이 나노캐스팅(Nanocasting), 즉 초점마케팅의 개념인 것이다.

④ 퍼미션 마케팅

고객에게 무조건 판매하려 들지 말고 승낙을 얻어낸 다음 그 승낙을 확대하는 방식으로 수행하는 마케팅을 말한다.

예를 들어 여름캠프를 운영하는 기업이 먼저 여름캠프와 관련된 무료 DVD자료 신청을 받고 그 DVD자료 안에 과거 캠프 참가자들의 즐거워하는 모습, 아름다운 풍경과 멋진 시설들을 보게 함으로써 상담을 유도하고 그를 통하여 참가신청을 받는 방식으로, 먼저 고객에게 승낙을 구하고 그 승낙을 확대시킴으로써 캠프프로그램을 판매할 수 있게 되었다.

⑤ 대화형 마케팅

창업기업과 고객 간에 대화가 이루어지며 관계 발전이 용이한 쌍방향 소통방식으로 수행하는 마케팅을 말한다.

잠재고객을 단순 소비자나 인구통계학적인 그룹의 일원으로 취급하지 않고 소중한 손님, 친애하는 고객으로 대우하면서 고객과의 대화를 통하여 마케팅을 수행하는 것이다.

창업트렌드 3

Outstanding, "2015년 주목해야 할 해외 스타트업 슈퍼루키 20"

글로벌 벤처업계에서도 제2의 구글, 아마존, 페이스북을 목표로 급속히 존재감을 나타내는 슈퍼루키라는 상장가능성이 큰 스타트업들이 늘고 있다.

'글로벌 IT벤처업계에서 2015년 주목해야 할 스타트업으로서 2009년 이후 설립됐고 최근 사업기반이 급격히 확장되고 있으며, 기업가치 5조 이하 규모를 지닌 회사를 대상으로 조사했다.

1. 위워크(WeWork): 기업 가치 5조 원

위워크는 근무공간 대여업체이다. 웬만한 대형 IT기업 못지않게 좋은 사무공간을 여러 창업팀을 공동으로 쓸 수 있도록 지원하고 입주기업 간의 네트워킹 파티, 법률 및 세무자문을 담당하기도 한다. 알고 보면 진부하고 식상한 사업모델이지만 문화적, 정서적인 접근방식과 전 세계적으로 불고 있는 창업열풍에 힘입어 성장을 이어나가고 있다.

2. 스트라이프(Stripe): 기업 가치 4조 원

스트라이프는 모바일 결제기업이다. 핀테크 트렌드의 선두주자로 각광받고 있는 스트라이프 제품의 강점은 개방성이다. 고객사들은 API(응용프로그램개발환경) 공유를 통해 손쉽게 접근 및 설치가 가능하고 각 나라별 통화에 대한 대응은 물론 알리페이, 비트코인 등 다양한 결제수단을 제공받고 있다.

3. 퓨어 스토리지(Pure Storage): 기업 가치 3조 3,000억 원

퓨어스토리지는 올플래시 스토리지의 강자이다. 올플래시 스토리지란 HDD보다 성능이 높은 SSD를 저장매체로 하는 스토리지를 말한다. 퓨어스토리지는 과도기 속 기민한 대응으로 성장가도를 달리고 있다. 흥미로운 것은 삼성전자로부터 전략적 투자를 받았으며 주요 부품을 이용하고 있다는 것이다.

4. 하우즈(Houzz): 기업 가치 2조 5,000억 원

하우즈는 집안 인테리어와 관련된 수백만 개 이미지 콘텐츠를 제공하는 회사이다. 그리고 이용자가 인테리어 전문가와 커뮤니케이션을 할 수 있도록 지원한다. 수익모델은 가구 및 장식판매로 콘텐츠와 커머스가 절묘하게 결합된 서비스로 평가받는다.

5. 제스퍼 인포테크(Jasper Infotech): 기업 가치 2조 2,000억 원

인도 전자상거래업체 스냅딜의 운영업체이다. 예전에 소개한 플립카트와 더불어 인도의 아마존이라 불린다. 최근 소프트뱅크로부터 7,000억 원을 투자받으며 공격적 행보를 예고하고 있다.

6. 뉴타닉스(Nutanix): 기업 가치 2조 2,000억 원

뉴타닉스 또한 요새 주목 받고 있는 실리콘밸리 신생 스토리지 기업이다. 서버, 스토리지를 합친 통합 제품으로 비용절감 및 작업 효율화를 내세우고 있으며 가장 최근 1,500억 원 투자를 유치했다.

7. 딜리버리 히어로(Delivery Hero): 기업 가치 2조 2,000억 원

주로 영국, 독일, 호주 등 유럽 및 태평양쪽에서 활동하고 있는 배달앱 강자이다. 다들 익숙한 요기요와 배달통의 대주주이며 이미 2~3년 전부터 수천억대 연간 매출액을 기록하고 있다.

8. 매직립(Magic Leap): 기업 가치 2조 2,000억 원

매직립은 증강현실(AR)에 관한 기술업체이다. 3D를 좀 더 깔끔하고 또렷하게 볼 수 있는 기술을 보유하고 있으며 얼마 전 구글로부터 5,900억 원을 투자받아 화제를 모았다.

9. 인스타카트(Instacart): 기업 가치 2조 원

'식료품 배달대행'이라는 특이한 서비스를 운영하고 있다. 바쁜 직장인과 젊은 부부를 겨냥해 만든 심부름센터라고 볼 수 있다. "이런저런 장을 봐줘"라고 요청을 하면 1~2시간 안에 배달해주는 식이다.

10. 커우다이 쇼핑(Koudai Shopping): 기업 가치 1조 6,000억 원

모바일에 특화된 중국 전자상거래 업체이다. 쇼핑환경을 구축했다기보다는 레이션 형태로 잘 정돈된 상품을 제공하고 있다는 점이 눈에 띈다.

11. 슬랙 테크놀로지스(Slack Technologies): 기업 가치 1조 2,000억 원

슬랙은 이메일, 메시지, SNS, 개인 스토리지 등 각종 커뮤니케이션 및 업무협업 도구를 통합 및 제공하는 서비스이다. 이메일을 대체할 툴로서 기대를 모으고 있으며 유네스코가 선정한 10대 IT기술 중 하나로 선정되었다.

12. 액티피오(Actifio) : 기업 가치 1조 2,000억 원

백업 혹은 공유를 통해 생기는 카피 데이터를 효율화하는 기업이다. 이를 통해 스토리지 활용공간을 높

이고 비용을 낮춘다. 지난해 1,100억 원의 투자금을 유치했으며 국외 비즈니스에 박차를 가하고 있다.

13. 클라우드플레어(CloudFlare) : 기업 가치 1조 1,000억 원

지난 몇 년간 꾸준히 주목을 받았던 보안업체이다. 디도스 방어, DNS 편집 등 웹사이트 방어 및 최적화에 관한 유무료 서비스를 제공하고 있으며 CDN(콘텐츠전송네트워크)를 중요 사업축으로 운영한다.

14. 에이엔아이 테크놀로지스(ANI Technologies) : 기업 가치 1조 1,000억 원

인도의 콜택시 서비스 올라캡스의 운영업체이다. 크게 다섯 가지 형태의 각기 다른 차량서비스를 운영중이며 스냅딜과 마찬가지로 소프트뱅크의 대대적인 지원으로 급성장하고 있다.

15. 항저우 주안구어 네트워크(Hangzhou Juangua Network) : 기업 가치 1조 1,000억 원

중국 전자상거래 업체 모구지에의 운영업체로서 여성의류에 특화된 쇼핑몰이다. 콘텐츠와 소통을 중요한다는 측면에서 스타일난다에 영향을 받지 않았나 생각되며 모바일, 큐레이션에 강점이 있다.

16. 마이택시: 기업 가치 1조 1,000억 원

싱가포르 콜택시 서비스 그랩택시의 운영업체이다. 그랩택시는 싱가포르, 말레이시아, 태국, 베트남, 인도네시아, 필리핀 등 동남아시아에서 돌풍을 일으키고 있으며 얼마 전에는 소프트뱅크로부터 투자를 받고 서비스 지역을 확장하겠다는 뜻을 밝힌 바 있다.

17. 저스트펩(JustFab) : 기업 가치 1조 1,000억 원

여성으로 대상으로 하는 구두, 핸드백 전자상거래 업체이다. 흥미로운 것은 중간유통이 아닌 자체 패션 브랜드와 디자인을 공급하고 있으며 이용자의 취향을 파악해 상품을 제시하는 등 IT기술을 적극 활용하고 있다는 점이다.

18. 어니스트 컴퍼니(Honest Company) : 기업 가치 1조 1,000억 원

유명배우 제시카 알바가 미국계 한인 브라이언 리와 공동창업한 회사로서 유아용품을 전문으로 다루고 있다. 제시카 알바의 스타성과 상품 투명성에 힘입어 순조롭게 성장하고 있으며, 조만간 상장절차를 밟을 예정이다.

19. 제오시스(Giosis) : 기업 가치 7,000억 원

싱가포르를 거점으로 하고 있는 전자상거래 기업, 큐텐의 운영업체이다. 제오시스는 처음부터 글로벌

대상으로 크로스보더(국경간 거래) 플랫폼을 구축하고자 했다. 일본, 중국시장에 진출했으며 최근 '직구 열풍'과 더불어 주목을 받고 있다. 특이사항으로 대표이사가 지마켓 창업자인 구영배씨로서 그는 이베이와 공동출자해 회사를 만들었다.

20. 복스미디어(Vox Media) : 기업 가치 4,000억 원

버즈피드와 더불어 뉴미디어 분야에서 두각을 나타내고 있는 기업이다. 버즈피드가 가볍고 범용적인 콘텐츠 플랫폼이라면 반대로 복스미디어는 퀄리티 높은 기사를 앞세우고 있으며 IT, 스포츠, 게임, 음식, 부동산, 쇼핑 등 여러 버티컬 매체를 갖고 있다는 점에서 버즈피드와 다르다.

출처: http://outstanding.kr, 2015. 2. 5, 최용식 기자.

참고문헌

박희라 역(2009), 『게릴라 마케팅』, 비즈니스북스.

박희라 역(2009), 『Start Up 게릴라 마케팅』, 비즈니스북스.

서상혁(2010), 『창업마케팅: 벤처 및 하이테크 창업마케팅을 위한 원리와 실제』, 두남.

서상혁 역(2012), 『하이테크 혁신마케팅』, 경문사.

Levinson, Jay Conrad (2007), *Guerrilla Marketing*, Houghton Mifflin.

Levinson, Jeannie (2008), *Startup Guide to Guerrilla Marketing*, Entrepreneur Press.

BUSINESS START-UP MARKETING

부록

성공하는 신제품의 15개 핵심전략

신제품 성공에 대한 여러 측면의 연구결과 검토에서 볼 수 있듯이 신제품의 성과에는 확실한 패턴이 존재한다. 즉 신제품의 성공은 단순한 우연의 결과가 아닌 예상 가능하고 컨트롤할 수 있는 것이다. 본 부록에서는 지금까지의 발견과 결론을 바탕으로 신제품 성공의 15가지 요인을 정리하여 살펴본다.

제1요인: 독특하고 우월한 제품

고객에게 독특한 효익과 우월한 가치를 전달할 수 있는 차별화된 제품은 다른 어떤 요인보다도 성공과 실패를 가르게 된다. 독특한 효익과 우월한 가치를 보유한 제품은 이런 요인을 가지지 않은 제품대비 다섯 배의 성공률, 네 배의 시장점유율, 네 배의 수익성을 보이는 것으로 나타났다. 이러한 결과가 제품 혁신가에게는 놀라운 일이 아닐지 모르나 모든 사람이 이를 확실히 알고 있는 것은 아니다. 정말로 대부분의 기업이 이 점을 놓치며 미투(Me-too) 제품이나 모방제품을 내는 것을 관례로 하고 있다. Cooper의 신제품에 관한 연구에 의하면 기업의 많은 시간과 에너지가 모방품이나 차별성이 없는 제품개발에 사용되며 그러한 노력의 82%는 실패하는 것으로 나타났다. 위와 같이 대부분의 기업들에서 제품의 우월성이 프로젝트 선정의 기준이 되지 않고 이를 강조하는 구체적인 활동과 정도 전무하다는 점이 드러난다. 우월한 제품개발에서 우선시하는 사항은 개발기간 단축, 자원절감 등이다. 제품개발시 다음의 여섯 요인을 점검해 보는 것이 필요하다.

- 고객을 위한 독특한 특징이 있는가?
- 경쟁 제품보다 고객의 필요를 더 잘 충족 하는가?
- 상대적으로 높은 품질을 가지고 있는가?
- 경쟁력 있는 제품으로 고객의 문제를 해결해 주는가?
- 고개의 비용을 절감해 주는가?
- 혁신적이거나 멋진가?

만약 상기 여섯 요인에서 높은 점수를 기록한다면 그 신제품은 성공확률이 높지만 낮은 점수를 기록한다면 그 제품이 성공을 거둘 확률은 낮다. 상기 여섯 가지 요인을 달성하는것이 프로젝트 리더와 팀원 모두의 목표가 되어야 하며 이러한 우월성을 창조하기 위해 노력해야 한다. 우월성은 디자인, 모양, 기능, 속성, 스펙, 심지어 포지셔닝에서도 도출된다는 사실을 기억해야 한다. 중요한 점은 우수성이란 R&D나 기술, 디자인 부서의 관점이 아닌 고객의 관점에서 규정되어야 한다는 것이다. 즉 고객의 필요, 욕구, 문제, 선호에 대한 이해에서 비롯되어야 하며 다음의 과정을 거쳐야 한다.

① 프로젝트의 초기단계에서 고객의 소리를 파악하라

고객의 표출된 욕구(Want)가 아닌 심층적인 필요(Need)를 파악해야 한다. 이러한 과정은 도전적인 일이지만 이것이 혁신적인 제품개발을 가능하게 할 것이다. 그러므로 제품개발을 시장과 고객에 대한 탐구에서부터 시작하라. 고객의 필요, 욕구, 선호, 호감을 탐구하여 그들이 진정으로 원하는 것이 무엇인지 파악해야 한다.

② 제품의 경쟁력에 대해 분석하라

모든 면에서 완벽한 경쟁력을 확보한 제품은 없다. 중요한 점은 제품의 우월성으로 이는 현재 혹은 장래에 출시될 제품과 비교한 우월성이다. 단지 현재의 시점에서만 우월성을 갖춘 제품이 아닌 미래에 출시될 수 있는 제품대비 우월성을 갖추어야 한다.

③ 제품에 대한 다단계의 테스트 및 검증 과정을 거쳐라

제품의 스펙이 결정되면 본격적인 개발 이전에 콘셉 테스트나 프로토타입 테스트를 실시하라. 제품 개발 이후에는 필드테스트나 베타테스트의 실시를, 또한 출시 전 단계에서는 시험시장이나 시험판매를 고려하라.

제2요인: 강력한 시장지향성

고객의 필요와 욕구, 경쟁적인 상황, 시장의 본질에 대한 철저한 이해가 신제품 성공의 본질적인 요인이다. 이러한 사실은 모든 성공적인 신제품에 대한 연구에서 공통적으로 발견되며 이는 다음의 요인으로 점검할 수 있다.

- 필요성에 대한 인식
- 사용자의 필요에 대한 이해
- 지속적인 고객 접촉
- 강력한 시장지식 및 시장조사
- 시장조사활동의 질적 수준
- 초기 단계 마케팅 활동에 대한 더 많은 투자

불행히도 강력한 시장지향성은 대부분의 신제품 개발과정에서 생략하는 경우가 많다. 안타깝게도 신제품 개발의 모든 과정에서 소홀히 취급하는 것이다. 신제품이 성공하기 위해서 시장지향성은 필수적이다. 아이디어 수집단계에서부터 고객들로 구성된 표적집단면접, 일 대 일 면접, 고객현장방문, 판매원들의 아이디어 반영, 선도 소비자그룹과의 관계형성 등의 활동이 이루어져야 한다. 시장지향성은 제품의 스펙이나 요구사항을 결정하는 디자인 단계에서도 매우 중요함에도 불구하고 실제상황에서는 시장조사를 제품디자인을 확정하고 나서 행하는 경우가 많다. 이때 조사결과가 부정적이라도 개발을 강행하는 경우가 많은데 이것은 잘못된 것이다.

본격적인 개발에 앞서 경쟁력 있는 제품을 개발하기 위해 고객의 필요와 욕구, 문제점, 선호, 호감 등을 파악하는 것은 제품 디자인팀에 훌륭한 지침이 되는 통찰력을 제공한다.

기술위주제품(실험실이나 기술연구소에서 나오는 혁신적인 제품)의 경우에도 최종 디자인 단계에서 제품에 대한 고객의 필요와 욕구를 반영하고, 소비자의 수용 여부를 파악하기 위해 상당한 수준의 마케팅 자료 투입이 필요하다.

고객 자료의 투입은 초기 단계의 시장조사에서 끝나서는 안 된다. 고객과 제품의 콘셉트와 디자인을 테스트하는 것은 일회성의 일이 아니며 상호관계 속에서 계속적으로 이루어지는 과정이다. 프로토타입이나 최종제품 단계에서도 이러한 과정은 필요하며 이와 관련된 제반활동이 이루어져야 한다.

제3요인: 세계로 눈을 돌려라

제품개발이 국제적인 지향성을 갖는 것은 제품혁신에 중요한 단서를 제공하며지금까지의 연구결과가 이 사실을 뒷받침해준다. 국제적인 시각에서 개발된 제품은 신제품 성과에 대한 여러 가지 측정에서 두 배에서 세 배 정도 더 높은 결과를 보여준다. 또 국제적인 제품은 국내시장에서도 국내용만으로 개발된 제품에 비해 그 성과가 좋다. 시장점유율에서 국내제품에 비해 두 배에 가까운 점유율을 보인다.

일반적으로 국내시장용으로 제품을 먼저 개발하고 이후에 약간 변형된 버전을 수출하는 전략이 많으나 이는 근시안적이며 열등한 제품을 낳는다. 이러한 전략은 오늘날과 같은 글로벌 시장에서는 빈약한 신제품 출시라는 결과를 가져오며 앞으로는 더욱 그럴 것이다. 글로벌한 시각에서의 제품개발이란 다음의 활동을 국제적인 시각에서 활용하는 것을 의미한다.

- 신제품 아이디어를 여러 나라에서 얻는다.
- 제품 개발단계의 검토 및 진행 여부 결정을 위해 글로벌 그룹을 형성한다.
- 개발단계별 진행 여부 결정에 글로벌 기준을 도입한다.
- 프로젝트를 국제적인 팀이 수행하며 팀 멤버를 국제적인 인력으로 구성한다.
- 국제적으로 고객을 접촉한다.

제4요인: 개발 초기단계의 검토를 강화하라

지금까지의 연구결과는 본격적인 개발 이전 단계에서의 아이디어 선별, 시장조사, 기술적인 가능성 검증 등이 성공과 실패를 가르는 결정적인 요인임을 보여준다. Cooper의 연구 결과에 의하면 단지 7%의 비용과 16%의 노력이 초기단계에 사용된 것으로 나타났으며 이것이 신제품 실패의 중요한 원인으로 파악되었다. 성공적인 프로젝트는 실패한 경우에 비해 1.75배의 일인당 개발투입일수를 사용하는 것으로 나타났다. 이와 관련하여 일본 기업들은 서구 기업에 비해 신제품 기획단계에 더 높은 중요성을 부여하고 있는 것으로 나타났다. Havelock과 Elder의 연구에 의하면 일본의 개발자들은 기획(Planning)과 수행(Implementation) 단계를 명백히 구분하고 있으며 기획단계의 의도는 본격개발에 앞서 개발에 관련된 문제 및 기술에 대해 완전히 이해하는 것이다. 이와 관련한 다른 연구에 의하면 한국 기업은 일본 기업에 비해 수행단계를 더 강조하는 것으로 나타났다.

초기단계에서 많은 검토를 한다면 개발기간을 길어지게 한다는 불평을 받을 수 있으나 연구결과는 이러한 활동이 다음의 이유로 개발시간 단축과 성공확률 증가를 가져 온다는 것을 보여준다. 첫째, 초기단계의 생략은 제품 실패의 가능성을 높인다. 둘째, 제품개념을 잘 정의하는 것은 개발과정을 가속화한다. 목표고객의 필요와 욕구가 정의되지 않고, 필요한 제품의 성능이나 기능이 분명하지 않으면 R&D, 디자인, 기술진들이 개발과정에서 시간을 낭비하게 되고 이러한 사항을 반복해서 수정하는 경우가 발생한다는 것이다. 셋째, 제품 개념이 처음부터 끝까지 동일하게 남아있는 경우는 드물다는 것이다. 처음의 개념과 출시제품의 개념이 동일한 경우는 매우 드물다. 개발과정의 이런 속성을 볼 때 초기단계에서 이것을 예견하고 수정하는 것은 이후 진행 과정이나 후반의 개발과정에서 시간을 절약하고 능률을 높여 준다.

제5요인: 처음부터 제품과 프로젝트의 정의를 명확히 수립하라

개발에 앞서 프로젝트와 제품을 명확하게 정의하는 것은 성공의 주요 요인이다. Hewlett-Packard의 연구와 Cooper의 연구는 이 사실을 잘 보여준다. Cooper의 연구에 의하면 제품 개념에 대한 명확한 정의가 신제품 성공의 두 번째 요인으로 나타났다.

- 신제품 개발에 제품 및 프로젝트에 대한 명확한 정의단계를 두는 것은 개발 초기단계에 더 많은 주의를 집중하게 한다. 제품 및 프로젝트에 대한 명확한 정의가 의사소통의 수단과 지침이 된다. 모든 관련자들이 동의했다는 것은 개발에 관련된 사람들이 제품과 프로젝트에 대해 명확하고 일관된 정의를 공유하며 일한다는 것을 의미한다.
- 이러한 정의는 프로젝트의 개발 과정이나 팀 멤버들에게 명확한 목표를 제공한다. 일부 IT기업 등의 경우와 같이 시장과 기술이 너무 빨리 변화하고 앞이 불투명한 경우 이러한 과정을 엄격히 적용하는 것이 어려울 수 있다. 그렇지만 아무것도 할 수 없다거나 개념 정의가 유동적이라고만 할 수는 없을 것이며 이러한 경우도 상황에 맞추어서 최선의 정의를 내리고자 시도해야 할 것이다. 확정할 수 있는 부분과 확정하기 어려운 부분을 구분해서 수행할 수 있는 바를 시도해야 할 것이다.

제6요인: 마케팅 계획 활동의 필요

제품의 명확한 정의와 적합한 제품출시과정, 확실한 마케팅 계획은 제품 출시 후 성공 여부를 가져다주는 주요 요인이다. 세계 제일의 제품도 저절로 팔리지는 않는다. 강력한 마케팅 노력, 목표를 제대로 갖춘 판매활동, 효과적인 A/S활동이 신제품 출시 성공에 필수적이다. 마케팅 목표에서부터 시작하여, 전략, 프로그램 등으로 이행되는 마케팅 계획은 복잡한 과정이다. 이를 위해서는 한 권의 책이 필요할지도 모른다. 그럼에도 불구하고 마케팅 계획 활동은 신제품 개발과정에 반드시 포함되어야 한다. 예를 들어 목표시장을 정하고 포지셔닝 전략을 수립하는 것은 마케팅 계획의 핵심 과정이며 이는 본격 개발이 진행되기 전 제품 개념 정의의 한 부분으로 형성된다. 이후 진행되는 마케팅 과정의 여러 사항도 신제품 개발과정에 들어가야 한다. 신제품 출시와 마케팅 계획에 관련한 세 가지 중요한 사항은 다음과 같다.

- 마케팅 계획을 개발하는 문제는 신제품 개발과정의 하나이다. 이것은 물리적인 신제품 개발과 마찬가지로 중요하다.
- 마케팅 계획 개발은 신제품 프로젝트 초기단계에서 시작해야 한다. 이 과정은 제품이 시장에 출시하는 단계에 임박해서 이루어져서는 안 된다.
- 마케팅 계획이란 시장에 대한 지식만큼만 유효하다. 마케팅 계획에 필요한 지식을 얻기 위한 시장조사 결과는 신제품 개발과정에 반영되어야 한다.

제7요인: 적정한 조직구조와 풍토가 성공의 핵심이다

제품혁신을 위하여 조직을 디자인하라. 제품혁신은 어느 한 부서만의 일이 아니다. 여기에는 다양한 원칙과 범 기능적인 노력의 결과다. 신제품 개발을 위하여 어떻게 조직을 디자인하는가는 상당히 중요하며 신제품 개발에 관한 연구결과는 이를 잘 반영한다. 연구 결과에 따르면 R&D와 마케팅 간의 상호작용, 내부 핵심그룹 간의 상호협조, 다부서 · 기능 투입, 팀원과 팀 리더 역할의 중요성은 계속 언급된다. The Stanford Innovation Project의 하이테크 기업의 신제품 출시연구는 개발, 제조, 마케팅 기능 간의 상호 동시관여가 신제품의 성공과 실패를 나누는 핵심적인 요인이라는 점을 밝힌다. 또한 Cooper의 연구, 일본의 연구, Griffin의 연구 등에서도 범 기능적으로 구성된 팀이 신제품 성공의 관건임을 보여준다. 범 기능적으로 이루어진 팀을 구성하는 방법은 세 가지로 볼 수 있다.

- 균형적인 매트릭스 조직(Balanced matrix): 프로젝트 매니저와 기능 매니저가 프로젝트에 관한 책임과 권한을 나누어 갖는 조직이다.
- 프로젝트 매트릭스(Project matrix): 프로젝트 매니저가 프로젝트 진행의 주된 책임을 지며 기능 매니저는 필요인원을 할당하고 프로젝트 진행에 기술적인 전문 조언을 한다.
- 프로젝트 팀(Project team): 여러 기능에서 온 프로젝트 팀을 구성하고 프로젝트 매니저가 프로젝트에 대하여 전적으로 책임을 지며 기능 매니저는 프로젝트에 관여하지 않는다.

프로젝트의 성격이나 속성에 따라 상기 조직 구성 중 적합한 조직구성이 달라 질 수 있을 것이나 어떠한 경우에도 권한을 가지고 헌신하는 프로젝트 리더의 존재 여부는 성공의 필수적인 요인이다. 일반적으로 매우 복잡하고 규모가 큰 프로젝트의 경우에는 프로젝트 팀 조직이 적합하다고 할 수 있으며 간단한 프로젝트의 경우 프로젝트 매트릭스 조직이 적합할 수 있을 것이다. 또한 이러한 기능적인 조직을 성공적으로 움직이기 위해서는 조직풍토와 조직문화가 중요하다. 3M같은 기업의 경우 이러한 문화의 중요성을 잘 보여준다.

제8요인: 최고경영층의 지원과 적절한 개입이 중요하다

Stanford Innovation Project와 Hewlett-Packard Study는 최고경영층의 지원이 신제품 성공과 직결됨을 발견했다. 그러나 Cooper의 연구에 의하면 최고경영층은 지원은 성공과 실패의 경우 비슷하게 이루어진 것으로 나타났다.

최고경영층이 프로젝트의 진행에 직접 관여하거나 세부 방향을 제시한 프로젝트의 경우 성공률이 미미하게 나타났다. 최고경영층의 지원이 결정적으로 필요한 경우는 제품 시장에 출시할 때이다. 중단된 프로젝트와 출시에 성공한 프로젝트를 비교하면 최고경영층의 지원은 매우 중요한 요인으로 나타났다. 최고경영층은 필요 자원을 할당할 수 있으며 필요 없는 절차를 생략할 수 있고 그 외에도 프로젝트 진행에 필요한 적절한 조치를 취할 수 있기 때문이다.

메시지는 분명하다. 최고경영층의 제품개발 및 혁신에 대한 역할은 제품개발이 이루어질 수 있도록 절차를 확립하는 것이며 최종단계에서는 후원자의 역할을 담당하는 것이다. 본 개발절차 확립의 역할은 매우 중요하다. 최고경영층은 제품개발이 기업성장의 원천임을 확증해야 하며 기업목표와 전략에 기반을 둔 제품의 비전과 전략을 개발해야만 한다. 이를 위해 필요한 자원을 확보해야 하며, 이러한 자원이 시급한 단기적 필요에 의해 전용되지 않도록 해야 할 것이다. 그러나 최고경영층이 개발과정에 깊숙이 개입하거나 프로젝트 진행의 세부사항에 간섭하거나 참여하지 않아야 할 것이다.

제9요인: 기업의 핵심 경쟁요인을 활용하라

레버리지, 즉 핵심역량의 활용과 시너지 효과는 새로운 비즈니스를 기존 비즈니스와 연결시켜주는 끈이며 이를 활용하는 것은 신제품의 성공 가능성을 높인다. 가능하다면 자신이 가진 강점에서부터 공격을 시작하라. 즉 기업이 자체 보유한 자원이나 기술을 활용하고 시너지를 추구하는 것이 많은 신제품 개발연구에서 주장된 사항이며 이는 다음의 논거에서 비롯된다.

① 필요한 자원의 확보가 가능하며 그 비용이 낮다.

만약 기업 내에 존재하는 기존 자원으로 제품 개발이 가능하다면 이는 일반적으로 자원을 외부에서 조달할 때보다 비용이 적게 소요된다. 비슷한 논리로 제품이 기업의 기존 고객에게 판매될 수 있다면 이미 확보된 영업조직과 유통조직을 활용할 수 있으며, 이것은 비용절감, 위험요인축소, 시간절약 등의 효과가 있을 것이다.

② 기존 지식을 활용할 수 있다.

시장이나 기술의 측면에서 기업이 이미 전문성을 확보한 분야에 진출하는 경우는 새로운 분야로 진출하는 경우보다 기존의 지식을 더 잘 활용할 수 있을 것이다.

③ 경험을 활용할 수 있다.

어떤 일이든 많이 할수록 더 잘하게 된다. 만약 신제품이 기존의 비즈니스와 밀접히 연관돼 있다면 과거의 경험을 활용해 비용을 절감할 수 있을 것이다. Booz-Allen & Hamilton의 연구에 의하면 신제품 도입 횟수가 배로 증가할 때마다 29%의 비용절감을 보인 것으로 나타났다. 레버리지는 두 가지 타입으로 볼 수 있다.

- 기술적인 레버리지(활용): 내부의 개발 기술이나 엔지니어링 기술을 활용, 기 구축된 내부의 제조 및 운영자원과 경쟁요인을 활용하는 경우
- 시장레버리지(활용): 기존의 고객기반, 영업조직, 유통채널, 고객서비스자원, 광고 및 촉진, 시장에 대한 지식 등을 활용하는 경우

기술적 레버리지 →

시장 레버리지 ↑	기술적 부합성 미흡	보통 수준	기술적 부합성 우수
마케팅 역량 부합성 우수	사례가 거의 없음	해당 사례 전무	성공률 53.3% (전체 8.64%)
보통	성공률 3.3% (전체 8.6%)	성공률 71.1% (전체 47.4%)	성공률 84.2% (전체 9.7%)
마케팅 역량 부합성 미흡	성공률 22.7% (전체 12.6%)	성공률 40.9% (전체 12.6%)	사례 전무

〈그림〉 마케팅 기술 및 기술적 시너지가 신제품 성공률에 미치는 영향

성공적인 프로젝트는 중상 이상의 기술 레버리지와 중간정도의 마케팅 레버리지를 활용하는 경우가 가장 많으며 이는 71~82%의 높은 성공률을 나타낸다. 기술과 마케팅 모두에서 높은 레버리지를 활용하는 경우는 조사대상 중 8.6%의 경우에 불과했으며 성공률도 53%를 보여 기존의 비즈니스와 가까운 경우에 대한 의문을 제기하게 한다.

그러나 분명한 것은 레버리지 효과를 과소평가할 수 없다는 것이다. 레버리지가 없는 분야의 프로젝트는 예상치 못한 곤경이나 장애요인에 처할 수 있다. 레버리지가 필수적이라고 할 수는 없으나 성공의 가능성을 높여주는 것은 확실하다. 만약 레버리지가 낮은 프로젝트를 추진할 경우 외부자원을 활용할 필요가 있으며 이에는 위험요소와 비용이 수반될 것이다.

제10요인: 매력적인 시장을 겨냥하라

시장의 매력도는 개발프로젝트 선정의 중요 요인이다. 마이클 포터의 '5 Forces Model'에서도 시장의 매력 요인이 산업 수익성을 결정하는 요인으로 고려되고 있다. 또한 여러 가지 전략기획 모델에서도 시장의 매력도를 비즈니스 단위간의 자원배분 기준으로 삼고 있다. 신제품 개발에서도 시장의 매력도는 중요하다. 더 매력적인 시장을 겨냥한 제품이 성공률이 높으며 이러한 시장의 매력도는 두 가지 측면에서 볼 수 있다. 이는 Cooper의 연구 및 Stanford Innovation Project 에서도 밝혀졌다.

- 시장 가능성: 긍정적인 측면에서의 시장 환경으로서 크기, 성장성, 소비자의 강력한 욕구존재, 제품의 구매가 소비자에게 중요한 의미가 있을 때이며 이러한 시장을 겨냥한 제품은 성공률이 높다.
- 경쟁상황: 부정적인 측면의 특징들로서 극심한 경쟁, 가격기반경쟁, 너무 높은 품질수준, 강력한 경쟁자의 존재 등이며 이러한 부정적인 요인들로 인해 경쟁 강도가 높은 시장을 겨냥한 제품은 성공확률이 낮다.

제11요인: 신제품 개발과정에 진행 여부 판단요소를 선정하여 시행하라

진행 여부에 대한 엄격한 결정은 매우 중요함에도 불구하고 흔히 소홀히 취급하는 경향이 있다. 많은 기업이 가치 없는 프로젝트를 포함하고 있다는 고백을 한다. 이 프로젝트들은 시장이 충분치 않거나, 기업과 연관이 없거나, 경쟁상의 이점이 없는 형편없는 아이디어인 경우가 많다. 기업에 있어 신제품 개발자원은 소중한 것이며 실패할 프로젝트에 자원을 할당하기에는 다소 무리가 있다.

좋지 않은 프로젝트를 제거하고 최상의 프로젝트에 집중한다는 것은 엄격한 진행/중단의 과정을 거친다는 것을 의미한다. Cooper의 연구에 의하면 초기단계에서 프로젝트를 선정할 때 충분한 고려가 이루어지지 않는 것으로 나타났다. 88%의 프로젝트에서 이 선별과정이 불충분했음이 밝혀졌다. 프로젝트를 선별하기 위한 기준이 없었으며 의사결정이 한 사람의 결정자에 의해 이루어지는 오류가 범해지고 있는 것이다. 37%의 프로젝트에서 개발시작 전 비즈니스 및 재무적인 분석이 없었으며 65%의 경우 상업화 이전의 사업성 분석이 없었다.

또 다른 심각한 문제는 제한된 자원에 비해 너무 많은 프로젝트가 존재한다는 것인데 이는 프로젝트를 중도에서 중단하는 것을 꺼리는 경향에서 연유한다. 많은 개발관련자들이 소속기업에서 결코 프로젝트를 중도에서 중단하는 일이 없음을 이야기한다. 많은 기업에서 프로젝트는 스스로의 생명력을 가지고 있어서 개발 속도가 감속될지언정 결코 중단되는 일은 없다. 그러나 모든 프로젝트를 살려두는 것은 누구에게도 이익을 주지 않는다.

신제품의 성공과 실패에 대한 많은 연구에서 성공적인 신제품 프로젝트의 요인이 무엇인지 알 수 있으며 상당한 수준에서 예측 가능하다. 이는 다음과 같다.

- 기업전략과의 일치 여부 및 전략적 중요성
- 제품의 우월성
- 시장의 매력도

- 기술적, 마케팅 측면에서의 레버리지 가능성
- 기술적인 가능성
- 수익과 위험

이러한 여섯 요인을 프로젝트 선정과 우선순위 결정모델의 내적 구성 요인으로 활용해야 한다.

제12요인: 신제품 성공은 컨트롤 가능하다

개발 시작에서부터 끝까지 프로젝트 수행의 완벽함, 일관성, 질적 수준이 강조돼야 한다. 신제품의 성공은 기술이나 시장이나 제품의 문제가 아니고 프로젝트를 리드하고 여기에 참여하는 사람들에게 달려있다. 경영층과 프로젝트팀은 제품개발 과정에서 수행의 질적 수준을 높일 수 있는 엄격한 원칙을 개발하고 적용하는 방향으로 신제품 개발활동을 진행해야 한다. 신제품 개발과정의 질적 수준달성을 방해하는 여섯 가지 원인과 해결책을 살펴보면 다음과 같다.

- 개발 과정상의 중요 관리요망 사항에 대한 무지: 때때로 프로젝트 팀 멤버나 매니저들은 개발과정의 각 단계에서 무엇을 해야 하는지에 대하여 이해하지 못한다. 이에 대한 해법은 프로세스를 확립하는 것이며 이것이 1990년대의 소위 비즈니스 리엔지니어링이었다.
- 시행 기술의 부족: 많은 프로젝트 팀원들은 이 일을 어떻게 수행하는지 모르거나 과소평가한다. 이에 대한 해답은 위에서 기술한 대로 확고한 절차를 확립하여 이를 개발과정에 포함시키는 것이다. 또 시장 조사를 어떻게 하는지, 제품 스펙을 어떻게 결정하는지와 더불어 프로젝트 매니지먼트에 대한 훈련과 다기능으로 구성된 팀의 필요성이 해결책이다.

- 잘못된 제품개발 과정: 어떤 기업들은 매우 중요하지만 번거로운 과정을 생략한 신제품 개발 절차를 가지고 있다. 이에 대한 해결책은 본 부록에서 논하는 15가지 핵심 성공요인에 비추어 신제품 개발 절차를 전면적으로 재점검하는 것이다. 단지 신제품 개발 절차를 갖는 것이 중요한 것이 아니라 어떠한 절차를 갖고 있느냐가 관건이다.
- 지나친 자신감: 많은 개발자들은 자신들이 이미 모든 과정을 잘 알고 있다고 생각하여 그들이 보기에 필요 없다고 생각하는 일 때문에 고생할 필요가 없다고 생각한다. 이에 대한 해답은 어떤 과정이나 활동을 생략할 경우 신중을 기하고 단순한 견해나 추측에 기인한 가정을 피하라는 것이다.
- 너무 성급하다: 때때로 시간절약을 위한 성급한 결정이나 행동이 반대의 결과를 가져온다는 것을 명심하라.
- 너무 많은 프로젝트: 많은 경우 엄격한 프로젝트 선택 과정의 결여로 동원 가능한 자원에 비해 너무 많은 프로젝트가 넘쳐 나고 있다. 이에 대한 해결책은 위의 핵심성공요인 11번에서 지적한 엄격한 진행/중단 결정에 입각한 자원의 집중이다.

상기 신제품 개발 관련에서의 여섯 가지 문제요인을 심사숙고하여 신제품 개발의 질적 수준을 보장할 수 있는 개발절차를 확립해야 한다.

제13요인: 필요한 자원을 필히 확보하라

너무 많은 프로젝트가 시간과 자금의 부족으로 어려움을 겪고 있으며 그 결과는 예측 가능하다. 신제품 성공요인은 언뜻 보기에 사소한 것처럼 보여 너무 많은 신제품 개발 담당 매니저들이 사태의 중요성과 그 의미를 제대로 파악하지 못한다. 경쟁이 심화되면서 기업들은 축소지향의 리스트럭처링에 익숙해 있으며 더 많은 것을 더 적은 투자로 하고자 한다. 이 결과 신제품 개발(혁신)을 투자가 아닌 비용으로 간주하고 그 비용을 줄이려고 하며 그 결과 필요자원이 제한되거나 삭감된다. 이러한 단기적인 시야는 결국 그 대가를 지불하게 된다.

다수의 신제품 개발 프로젝트에서 시장지향성이 결여되어 있으며 이는 그 프로젝트에 사용될 수 있는 마케팅 자원의 부족과 직접적인 관련이 있다. 전체 중 단지 16%의 비용과 32%의 시간이 마케팅에 사용되며 그마저도 대부분이 개발 후반기 제품출시 단계에서 사용된다. 이와는 대조적으로 성공적인 프로젝트에서는 실패한 경우에 비해 훨씬 더 많은 비용과 투입인력의 시간이 마케팅 활동에 사용된다. 전반적으로 성공적인 프로젝트에서는 실패한 프로젝트 보다 두 배 이상의 비용을 출시활동이 아닌 마케팅 활동에 사용한다.

다른 중대한 문제는 개발의 초기단계에 충분한 자원이 투입되지 않는다는 것이다. 단지 7%의 비용과 16%의 시간이 사전단계의 활동에 투입된다. 이러한 문제에 대한 부분적인 해결책은 자원역량분석(Resource capacity analysis)을 통하여 찾아볼 수 있다.

이 분석은 기업의 프로젝트 수행에 필요한 자원을 계량화하여(일반적으로 인적 자원) 이를 조달 가능성과 비교하게 해준다. 이러한 자원역량분석이 모든 문제의 해결책은 아니나 문제해결을 시도하는 데 필요한 정보를 제공해 준다. 이것은 상당히 전술적인 사안으로 자원부족의 본질 및 정도를 파악하는 데 필요한 통찰력을 제공해서 이에 대한 해결책 모색의 시발점이 될 수 있다.

〈표〉 자원역량 대 수요분석을 위한 사례

프로젝트	생산/관리		마케팅		연구집단 A		연구집단 B	
	인력/기간	누적치	인력/기간	누적치	인력/기간	누적치	인력/기간	누적치
Alpha	3	3	2	2	10	10	5	5
Beta	4	7	2	4	10	20	5	10
Gamma	3	10	2	6	15	35	5	15
Delta	5	15	3	9	15	50	8	23
Epsilon	6	21	3	12	5	55	8	31
Foxtrot	6	27	2	14	5	60	5	36
가용인력/기간	20		10		60		40	
활용률%	135.00%		140.00%		100.00%		90.00%	

제14요인: 속도가 중요하지만 개발의 질을 희생해서는 안 된다

신제품 개발 시 속도는 매우 중요한 요인이며 경쟁우위요인을 제공한다. 대부분의 기업들이 과거 5년에 비해 제품개발에 소요하는 시간을 1/3 정도 단축했다. 그러나 여기에는 주의가 필요하다. 많은 경우 사이클 타임 단축 시도가 그 반대의 결과를 가져온다. 최선의 의도로 취한 지름길이 때로는 재앙을 가져오기도 하는 것이다. Cooper의 연구에 의하면 신제품 개발에 성공적인 기업들은 그렇지 못한 기업보다 더 많은 시간을 투여한다는 것이 밝혀졌다.

신제품 개발 사이클 타임 단축을 위한 다섯 가지 방안을 살펴본다.

- **처음 시도부터 완벽을 기할 것**: 시간을 절약하는 가장 좋은 방법은 같은 과정을 되풀이 하지 않는 것이다.
- **사전준비 및 프로젝트와 제품의 명확한 정의**: 본격 개발 이전에 사전준비를 철저히 하며 추측이나 검증되지 않은 낭설이 아닌 사실에 근거하여 프로젝트 및 제품정의를 시행하라. 이는 개발기간의 단축을 가져올 것이다.
- **권한이양이 이루어진 진정한 다기능 인력으로 구성된 팀을 구성하라**: Peter의 연구에 의하면 개발시간 지연의 75%는 조직 상하 간의 의사결정을 위한 메모나 보고서 왕래나 직선적인 개발 진행과정에서 비롯된다고 한다.*
- **패러렐 프로세싱(Parallel processing)**: 빠른 프로젝트 진행이 요망되는 현실에서 직선적이고 순차적인 방식의 개발진행은 구식의 부적절한 방법이다. 주어진 시간한계 속에서 충분하고 수준 높은 개발을 하는 데 필요한 모델은 럭비게임식의 패러렐 프로세싱이다. 이러한 모델에서는 여러 가지 활동이 동시에 진행될 수 있다.
- **우선순위 확정 및 집중화**: 자원을 진정으로 필요하고 가치 있는 활동에 집중함으로써 필요한 일을 잘할 수 있을 뿐 아니라 빨리 할 수 있게 된다. 그러나 이것은 다른 활동을 희생하는 것을 의미하므로 훌륭한 의사결정과 프로젝트의 진행/중단에 관한 올

* Peters, Thriving on Chaos,

바른 기준이 요구된다.

제15요인: 엄격한 원칙에 입각한 다단계의 개발과정을 적용하는 기업이 탁월한 성과를 보인다

많은 기업에서 신제품 개발과정은 불완전하며 잘못된 생략이나 가정으로 점철되어 있다. 필요한 일이 필요한 시점에서 진행되지 않으며 일관성이 결여되어 있고 작업수행의 질이 떨어진다. 이는 여러 번 반복된 신제품 개발연구에서 밝혀진 결과로서 이에 대한 해결책은 조직적인 신제품 개발과정 확립이다. 지금까지의 성공적인 신제품 개발사례 연구에서 살펴본 대로 대부분의 미국제품개발자들은 신제품개발단계-관문과정(Stage-gate process)을 채택했으며 최상의 성과를 이룩한 기업들은 한 단계 더 진전하여 좀 더 정교한 버전인 제3세대 단계-관문과정(Third generation stage-gate process)을 채용하고 있다.

신제품 개발 프로젝트를 적절한 절차수립 없이 진행하는 것은 마치 축구경기에서 선수들에게 포지션을 정해주지 않고 경기에 임하게 한 후 좋은 결과를 기대하는 것과 같다. 행운이 함께한다면 가끔씩 성공할 수 있을지도 모르나 궁극적으로는 더 잘 조직되고 훈련된 팀이 승리할 것이다.

신제품 개발과정이란 복수의 병렬적 활동(Parallel activities)으로 구성된 다기능 단계로 나누는 것을 말하며 각 단계에는 진입 전에 관문(Gate) 혹은 의사결정 지점을 두는 것이다. 이러한 새로운 신제품 개발과정을 지지하는 증거는 매우 강력하다. Booz-Allen & Hamilton의 연구는 이러한 새로운 개발 과정을 뒷받침하고 있으며 이에 대한 경험이 많은 기업이 더 높은 성공률을 보인다는 것을 발견했다. Cooper의 연구 또한 훌륭한 성과를 보이는 기업들에게서 이러한 신제품개발단계-관문과정(Stage-gate process)를 찾을 수 있음을 최근의 연구 결과로 제공하고 있다.

저자 약력

서상혁(주필)

- 현직: 호서대학교 글로벌창업대학원 및 벤처대학원 교수(2002-)
- 학력: 서울대학교 경영학석사(1982), 프랑스 Grenoble대학교 경영학박사(1989) 최우수 논문 평점('Mention Tres Honorable') 획득
- 주요 경력: 한국생산기술연구원 기술경영실장, 한국산업기술평가원 정책조사연구단장(1990- 2001), 기초기술연구회 연구성과 확산단장 역임
- 사회활동: 한국기술혁신학회 회장(2011), 한국기업기술가치평가협회 회장(2009), 대외경제 전문가 Pool 위원, 정부산하기관 경영평가위원 및 정부출연기관 상위평가위원 등 역임
- 주요 저서 및 연구문헌: 『기술마케팅』, 『Meta-analyse et le Marketing』 등 140여 건이 있음. 특히 『기술마케팅』은 UN 산하 기술이전기관인 APCTT(환태평양 기술이전센터)에서 영역하여 Guide Book으로 사용 중

이소영(공동 저자)

- 현직: 호서대학교 벤처대학원 교수
- 학력: 이화여자대학교 문학사 (영어영문학과), 이화여자대학교 신문방송학 석사, 고려대학교 경영학박사(마케팅 전공)
- 주요 경력: ㈜컨벤션밸리 대표, ㈜비엠디 이사, MCI Group Holdings Ltd. 한국지사 Marketing Director 역임
- 사회활동: 중소기업청 내부 평가위원 등
- 주요 저서 및 연구문헌: "거래 가치가 관계 가치 및 성과에 미치는 영향에 관한 연구"(2015 유통학회 심사위원 선정 우수논문상 수상) 등

김희진(공동 저자)

- 현직: CreativeAn 기획이사 / 마케팅 커뮤니케이션 기획
- 학력: 서강대학교 문학사(1985), 호서대학교 글로벌창업대학원 창업컨설턴트학과 졸업 경영학석사 (2015), 호서대학교 일반대학원 테크노경영학과 박사 과정 재학 중(2015~)
- 주요 경력: 금강기획, 맥켄에릭슨, KORAD, Lee & DDB, Bates Korea, 제일기획, Diamond Ogilvy, HSBC, FX Gear, Altavia 등 마케팅 커뮤니케이션 에이전시 거쳐 현재 CreativeAn 기획 이사로 재직 중

최병조(공동 저자)

- 현직: 인천대학교 창업지원단 책임멘토(2014-)
- 학력: 연세대학교 행정학사(1985), 호서대학교 글로벌창업대학원 창업컨설턴트학과 재학중(2014-)
- 주요 경력: 코스닥 상장기업 ㈜케이스 CEO, ㈜디오텔 중국지사장 역임. 나우보이스전자㈜ 등 4개 회사를 창업하고 운영
- 사회활동: 창업마케팅연구회 회장(2015), 벤처창업학회 이사, 경영지도사, 정부지원사업 평가위원
- 주요 저서: 공저 『창업상권분석론, 스토리두잉 역세권상권』

이형곤(공동 저자)

- 현직: (주)지엔에스파트너스 대표이사(2001-)
- 학력: 한양대학교 공과대학 학사(1986) 및 석사(1988) 호서대 벤처대학원 박사과정(2014-)
- 주요경력: LG금속 기술연구소 선임연구원, (주)삼진메탈이엔지 기술부장, ㈜메타텍 사업부장, (주)한국기술무역 컨설팅사업본부장(1988-2000), 단국대, 중앙대 외래교수(2012-2014) 역임
- 대외활동: 인천대 및 서울과기대 외래교수, 전경련 중소기업경영자문단 자문위원, 미래부 창조경제타운 총괄멘토, 서울시 창업스쿨 담임교수, 서울벤처창업포럼 회장 겸 운영교수, 한국벤처창업학회 이사, 산업부와 중기청 등 정부 기술개발사업 심사/평가위원으로 활동
- 주요 저서 및 수상: 『창업실무』(공저, 2013), 중소기업청장 표창(2012)